한 출판인의 사초

국립중앙도서관 출판예정도서목록(CIP)

한 출판인의 사초(私草) : 1993·1994 / 지은이: 윤형두. --
파주 : 범우, 2018
  p. ;   cm

ISBN 978-89-6365-236-8 04810 : ₩9000
ISBN 978-89-6365-235-1 (세트) 04080

출판자[出版者]
수기(글)[手記]

013.04-KDC6
070.502-DDC23   CIP2018007016

1993·1994

한 출판인의 사초
私 草

윤 형 두

한국출판의 조사

서문

　기록은 삶의 흔적이다. 그래서 역사를 거울삼으면 흥망을 알고 사람을 거울삼으면 운명을 안다고 하였다. 그동안 많은 사람과 교류하며 살아왔다. 그 교류가 곧 나의 역사다.

　쇼펜하우어는 인생론에서 "인간 개개인에 대해 생각해보면 한 생애의 역사는 어쩔 수 없이 반드시 패배자로서 낙인찍히기 마련이다. 왜냐하면 끝장이 난 모든 생애는 재앙과 실패의 연속에 지나지 않기 때문"이라고 했다. 나의 지내온 삶도 지나온 기록들을 살펴보면 후회의 고백서며 참회의 기록이다. 실수라기보다 욕심이 빚어낸 결과이며 항시 유동적인 인간의 심리에 의해 이익을 추구하고 환경에 의해 배신당하기도 한다.

　나는 그런 나약해지는 마음을 되잡기 위해 지난날을 돌이켜보며 돌아올 날들의 삶을 위해 다짐의 글을 써왔다.

　글 같지 않은 글은 쓰지 말자고 하면서도 나는 습관적으로 글을 쓰고 또 남의 글을 읽었다. 위대한 철인의 글이나 불후의 명저보다 나와 동시대인들이 쓴 글들이 감명을 주었다. 유종호 교수의 한국전쟁 전후의 고향에서 일어났던 이야기를 진솔하게 담아낸 1950년의 《회상기》, 김현 님의 1986년에서 1989년의 381일간의 독서일기인 《행복한 책 읽기》, 1960년대부터 거창한 얘기에 가린 그 시절의 속살을 샅샅이 헤쳐낸 민병욱 기자의 《민초통신 33》을 읽고 이런 글들이 어느 현학적이고 고차원적인 고담준론보다 나의 독서편력에 단맛을 주었다.

그래서 2016년 9월에 《한 출판인의 사초(私草)》(1995~1997)를 낸 후 집안과 주변에서는 시시껄렁한 이야기를 《책과인생》이란 잡지에 연재하고 그것을 또 단행본으로까지 엮어서 발행하느냐고 성화지만 그 원성을 감내하고 1993, 1994년의 일기를 합해 또 한 권의 《한 출판인의 사초》를 발행하게 되었다.

또한 요사이 읽고 있는 모지스 할머니의 이야기가 용기를 북돋아주었다. 그녀는 76세에 한 번도 배운 적 없이 그림을 그리기 시작하여 93세에 《타임》지 표지를 장식하였으며 100번째 생일은 '모지스 할머니의 날'로 지정되고 존 F. 케네디 대통령이 그녀를 '미국인의 삶에서 가장 사랑받는 인물'로 칭했다. 101세의 나이로 세상을 떠나기 직전까지 왕성하게 활동하며 1600여 점의 그림을 남겼다. 나의 이 작업도 무료의 소견법이요 카타르시스의 배설이요 패배자의 기록이나마 타인의 글을 출판하면서 나의 글도 하는 욕심 섞인 마음의 소산이라 여겨주시기 바랍니다.

2018년 3월 12일

차례

서문 · 5

1993년 · 9
1994년 · 233

1993년

1월 1일

날짜를 쓰니 어쩐지 기분이 이상하다. 새해의 첫날이라는 것이 실감 나는 것 같다. 올해가 문화관광부가 지정한 93 책의 해다.

아침 산행 대신 신문을 읽으며 아침을 보냈다. 10시에 박연구씨와 구반포에서 만나 피천득 선생 댁에 가기로 약속이 되어 있어 둘째 재준이 차로 9시 반이 좀 지나 약속 장소에 갔더니 박형이 벌써 와 있었다.

피 선생님 댁에 들러 내외분께 세배를 드렸다. 사모님은 많이 늙어가는 것 같은데 피 선생은 건강하시다. 그 곳에서 수필에 관한 이야기들을 나누다 11시 반이 넘어 집에 돌아왔다.

둘째네 집으로 가 손녀 알음知이를

피천득 선생 댁 앞에서

보고 큰아이 집에 가 바다海, 열매實를 데리고 집으로 내려와 점심을 같이 했다.

오후에는 기아산업 사보에 실을 글을 한 편 썼는데 여간 힘든 게 아니었다. 결과는 좋은 글이 못된 것 같다. 힘들여 쓴 글인데 마음에 들지 않는다. 수필이라 술술 나와야 하는데.

한전韓電에서 청탁받은 글도 써야 하는데 힘들어 내일로 미루었다.

고서방에 들어가 고서들을 만졌다. 시간 가는 줄도 모르고 저녁 때가 되었다. 고서와는 전생에 어떤 연이 있었는지 그것에 빠지면 헤어날 줄을 모른다. 돈과 시간을 투자하였기 때문일까.

오경환 사장에게 산 책은 좀 신중을 기했어야 하는데 마음이 편하지 않다. 이제 서지학에 대한 식견을 먼저 길러야겠다고 생각하니 마음이 편해진다. 어제 진길동 씨가 와서 《동문선》 목판본을 1책당 10만 원씩 달라는 것을 사지 않았는데 1년 전에 오경환 사장에게 15만 원씩 주고 산 것이 많았다. 고서 수집이란 원칙이 있는 게 아니니 우선 안목이 있어야 할 것 같다.

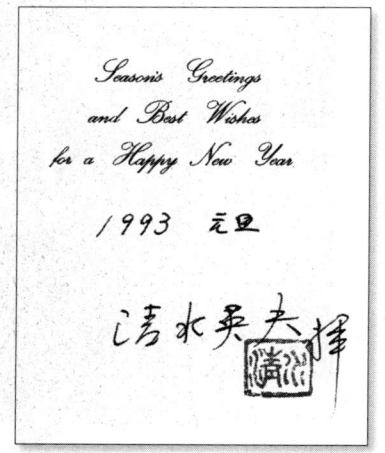

일본, 시미즈 히데오淸水英夫 선생의 연하장

일본, 요시다 기미히코吉田公彦 선생의 연하장

고서는 보고 즐기되 빠지지는 말자. 오히려 그 시간에 글을 쓰거나 출판학 공부를 하거나 좋은 분들과 교류하는 것이 더 유익하지 않을까.

아침에도 피천득 선생 댁에서 술을 좀 했고 점심에도 포도주를 한 잔, 저녁에도 한잔 했다. 기분만 좋고 몸에는 탈이 없었으면 좋겠다. 절제하는 생활에 속히 길들여져야 할 것 같다.

정월 초하루 어떤 큰 결심도 또 특별한 감회도 없이 하루를 지내는 것 같다. 무병무사해 주기만을 빈다.

재준이에게 서울대 미대의 자기 스승인 최완수 선생이 계시는 관송미술관에 다니며 동양화에 대한 연구를 해 보라 하였더니 수긍을 하지 않는다. 강요하지는 말자. 그 나름대로 자기의 포부와 계획이 있지 않겠는가. 나의 기대보다 더 충실하게 살아가고 있으니 마음을 놓자.

삶이란 걱정을 그림자처럼 달고 다니는 것이라 하지만 기쁨도 따라 주지 않겠는가. 딸 성혜와 큰며느리 건강이 좋지 않으니 걱정이다. 우환이여 가거라.

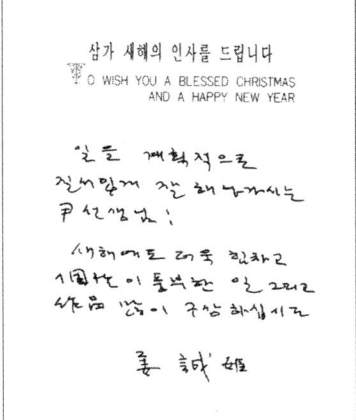

강성희 희곡 작가의 연하장

우석출판사 김석중 대표의 연하장

1월 2일

오전 중에 한전 사보에 보낼 글 한 편을 썼다. 오후에는 고서 정리를 하는데 돈이 투자되었다는 생각이 떠오른다. 필요한 것 이외는 처분을 하자. 그래서 그 돈으로 출판계의 후진을 위한 장학금을 만들고 신간 내는 데 투자하고 직원들 처우개선과 인재도 맞아들이자. 그리고 근무환경도 개선해야 할 것 같다. 출판인은 출판물로 승부를 걸자.

출판인의 새해 구상

윤형두(범우사 대표)

1993년은 본사가 창립 27주년을 맞는 해다. 그 기념도서로《진경산수(眞景山水)—겸재도록(謙齋圖錄)》을 펴낼 예정이다. 이 책은 '92년 초에 기획되어 현재 편집이 진행되고 있다. 본사 기간도서인《한국 전적인쇄사》,《한국의 고지도》를 잇는 책이 될 것이다.

새해는 본사가 '한국의 책 시리즈'를 시작하는 해이기도 하다. 우선은《한국의 금속활자》,《한국의 목판본》,《한국의 판화본》,《한국의 목활자본》을 선보일 계획으로 작업중이다.

'92년 말에 세 권을 낸 성인용《아라비안 나이트》를 3월에 10권으로 완간하고, 본사에서 꾸준히 계속하고 있는 역사물 출판의 일환으로《펠로폰네소스 전쟁사》도 준비중이다. 1월에는 그동안 1년 넘게 번역교정편집해 온《그리스 로마 신화사전》도 출판된다.

새해는 '책의 해'다. 출판인의 한 사람으로서, 또 책의 해 추진준비위원회 위원장, 조직위원회 부위원장으로서 다음의 일만은 꼭 하고 싶다.

우선 93책의 해 행사를 일괄적으로 끝낼 것이 아니라, 온 국민에게 책에 대한 인식을 새롭게 심어, 책이 국가 발전과 사회 기여에, 얼마나 큰 영향을 미치는가에 대한 홍보를 집중적으로 하여 독서장려운동을 계속적으로 진행해 나가야 한다.

둘째, 금속활자의 종주국으로서 국가적 자부심을 선양하고, 국민으로 하여금 긍지를 갖도록 하며, 자라나는 청소년들에게 조상의 위대함을 가르치는 좋은 계기로 삼아야 한다.

셋째, 통일에 대비하여 북한에 보낼 책과 남북공동출판기금 마련을 위한 '통일을 위한 출판기금 조성' 사업을 전개해야 한다. —《독서신문》

금년에는 봉천동에다 신新 사옥을 건축하여 편집실과 자료실은 옮겨야 할 것 같다. 아직 출판물 유통기구가 현대화되어 있지 않아 관리부와 영업부는 마포 사옥에 있어야 될 것 같다.

오후 늦게 안춘근 선생의 큰 자제 내외와 꼬마가 다녀갔다. 안 선생이 병고의 절망에서 호전되고 있다니 그것보다 더 다행한 일이 없다. 진심으로 쾌유를 기원한다.

저녁에는 앨범 정리를 하였다. 살아온 흔적들을 볼 수 있었다. 또 새로운 느낌도 왔다. 열심히 살았구나. 그러나 사진으로 꼭 남겨졌어야 할 순간들을 포착하지 못한 것도 너무 많다는 것을 느꼈다.

있는 자료, 있는 사진으로라도 개인사個人史를 남겨야 할 것 같다. 내가 없어지면 누가 그 작업을 해주겠는가? 쓰레기로 변해버릴지 모르는 자료들을 화집이나 책으로 남겨 놓자. 부질없는 짓일지라도 기록은 흔적이니까.

1월 3일

즐거운 관악산행을 다녀왔다. 송종극 선생과 둘이서 오늘은 삼막사, 깔딱고개를 넘는 좀 험한 길을 다녀왔다.

송 선생은 올해 희수인 77세가 되신다고 한다. 그러나 젊은이 못지

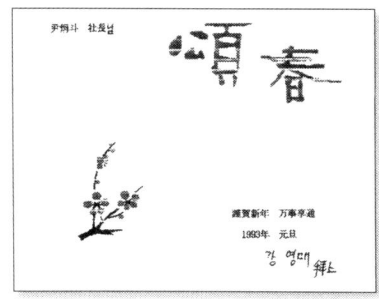
강영매씨의 연하장

신흥인쇄주식회사 박충일 대표 연하장

않게 정정하시다. 송 선생은 나에게 잔신경을 쓰지 않게 하시고 또 대화에 부담도 주지 않아 여간 마음 편하지가 않다.

집에 돌아와 지하실 서고정리를 하였다. 그곳에 있는 책도 양으로 치면 여간 많은 것이 아니다. 그런데 경비가 소홀한 것 같다. 빨리 사옥을 지어서 옮겨야 할 것이다. 그리고 가능하면 체계적으로 목록도 만들고 정리하여 활용을 하자. 일부 2층 서재로 옮겨놓을 것은 올려놓고 또 정리할 것은 범우사로 보내어 신간 발간 참고용과 판매용으로 구분하여 목록 정리를 해야 할 것 같다.

자료실에 안미경 씨를 오게 하는 문제는 더 생각해보자. 고서를 정리하기 위해서라면 사람을 쓰는 것이 좋을 것 같고 직원이 늘어난다는 것을 생각하면 신중해야 한다.

내일 KBS FM에서 생방송을 한다는데 아무런 준비를 하지 못했다. 그러나 내가 아는 대로 자연스럽게 하겠다. 지금 준비를 한다고 해서 얼마 만큼 철저를 기하겠는가. 항시 준비 없이 모든 일을 대하는 내 자신이 얄밉지만 그것이 천성인데 어찌하겠는가.

1월 4일

아침 일찍 출근을 하였다. KBS FM과의 전화 대담이 8시 반에 있었는데 독서의 중요성과 책을 읽는 사람이 사회의 지도자가 되어야 한다는 말 등을 하였다.

9시에 범우사 시무식을 하였다. 밝은 기분으로 하였다. 순풍이 와도 방향을 잘 잡고 기회를 최대한으로 이용하는 자에게만 좋은 결과가 온다는 말을 하였다.

10시에는 대한출판문화협회 시무식에서 김낙준 회장이 참석하지 않아 내가 1993년 역사적인 책의 해에 역사적인 출협에서 역사적인

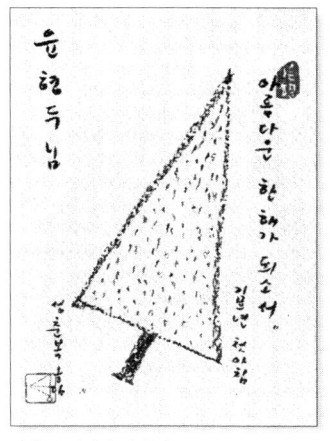
성춘복 시인의 연하장

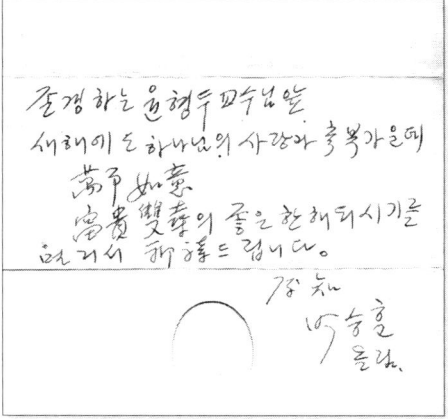
박승훈 교수의 연하장

일을 담당한다는 긍지를 갖는 사람들이 될 것과, 오늘 일을 내일로 미루면 공허한 어제를 남기는 것이니 후회없는 생을 살기 위해서는 오늘에 충실하고 내일을 준비하는 데 최선을 다해 달라고 부탁하였다.

오늘 신년사는 순조로웠다. 건강 탓인 것 같았다. 아니 잘하면 축적한 내 역량이 서서히 발휘되는 것인지도 모른다. 내가 아는 것보다 내가 생각했던 것보다 항시 표현은 반에도 못 미처 못내 아쉬워했던 내가 아니었던가.

금성출판사에 가서 김낙준 회장에게 신년 인사를 하고 을유문화사에 가서 정진숙 회장에게 인사를 드린 뒤 일조각에 갔더니 한만년 회장이 안 계셨다. 그래서 나, 김낙준 회장 그리고 나춘호 부회장과 롯데에 가서 점심을 하였다.

그리고 문화부에 가서 장차관, 기획실장, 국장들에게 신년 인사를 하고 범우사로 돌아와 일을 하는데 워낙 일이 밀려 진도가 나가지 않는다.

또 오후 4시부터 7시까지는 한국일보의 김철훈 기자가 〈문화인, 예

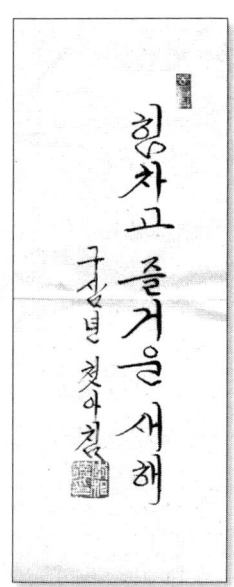

이상덕 님의 연하장

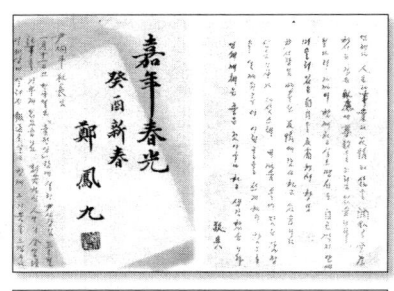

정봉구 교수의 연하장

정진숙 회장의 연하장

윤광모 대표의 연하장

경희여중 홍승주
교장의 연하장

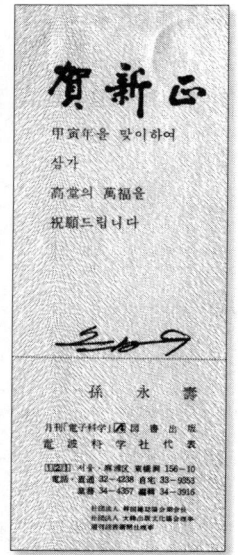

전파과학사 손영수 대표 연하장

이운희 님의 연하장

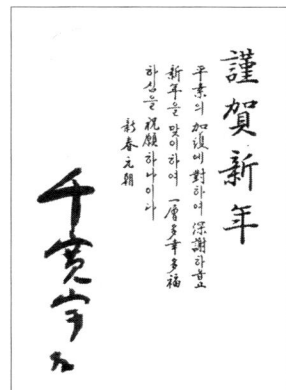
언론인 천관우 선생 연하장

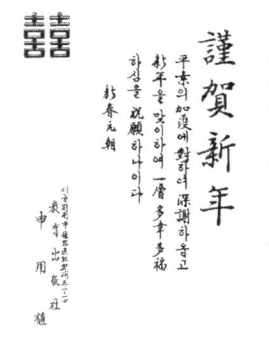
교육출판사 신용식 님 연하장

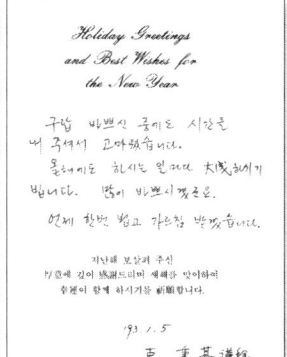
조병기 교수의 연하장

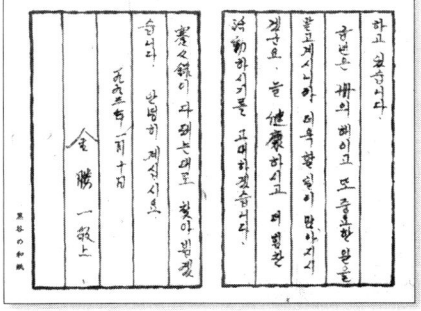
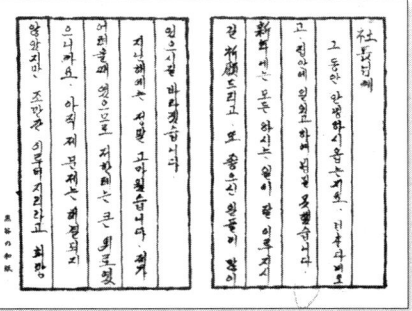
김승일 씨의 편지

술인)란에 실을 기사와 관련해 취재를 와 같이 대담을 하고 퇴근을 하였다.

김 기자에게 인사를 하고 싶었지만 어쩐지 쑥스럽고 또 속물스러운 마음을 보이는 것 같아서 《전적인쇄사》 책만 주고 말았는데, 상례적으로 촌지들을 준다는데 내 평생 그런 일을 해보지 않아 결례를 한 것 같아 마음이 개운치는 않다.

93 책의 해에 대한 홍보를 위해 내일은 교통방송, 모레는 KBS TV, 또 녹화방송 등 밀려오는 약속을 뿌리치지 못하고 받아놓아 여간 마음

1993년 17

《출판저널》 표지 책의 해 조직위원회 현판식

에 부담이 가지 않는다.

내일 새벽에 정동로타리클럽 모임이 있는데 12시가 되도록 잠을 이루지 못하니 내일 또 하루가 힘들 것 같다.

건강에 유의해야 하는데 의지력으로 극복하자.

1월 9일

아침에 일기를 쓴다.

그동안 바빴다. 1월 4일에는 아침에 KBS 아침뉴스 시간7시 20분경에 TV 방송을 하였다. 첫 출연인데 만족스럽지 못했다. 경험 부족보다는 준비 부족인 것 같다.

출협에서 만들어 준 페이퍼를 가지고 하려던 것이 원인이다. 내 뜻대로 말한 시작 부분과 결론 부분은 그대로 합격점이었는데 중간에 써 간 원고에 의존한 것이 오히려 매끄럽지 못했다. 좋은 경험이다. 그러나 가능하면 나는 방송은 하지 않는 것이 좋을 것 같다. 방송 체질이 아닌 것 같다. 활자로 말하겠다.

4일 날 오후1시 10분에도 KBS 제1라디오의 〈오후의 광장〉에서 책의 해에 관한 방송을 하였다. 그것은 잘 한 것 같다. 이제 라디오 방송에는 자신이 붙는 것 같다. 그러나 TV 방송은 자제하자.

1월 9일에는 저녁에 순농 16회 동창들이 용산역전 식당에서 모였다. 20여 명이 나왔다. 거기에서 내가 서울시 문화상을 받았다고 축하패를 주어 감사히 받았다. 나는 상패를 받으면서 특히 오늘이 있기까지는 순농 16회 동창들의 은혜가 컸다고 말했다.

1월 12일 한국일보, 15일 조선일보, 16일 동아일보, 13일·16일·18일 광주일보 광고

신윤식, 임형택, 전태성 등의 도움이 많았다. 신윤식 동문에게는 지금도 《책과인생》 광고 등 신세를 지고 있다. 잊어서는 안 될 일이다.

금년 초부터 결재권을 재민이에게 넘겼다. 자신의 것이라 생각하고 잘 해 주리라 믿는다. 《아라비안 나이트》를 대량 광고하는데 기대에는 미치지 못하지만 3년은 그런 방법으로 밀고나갈 작정이다.

사회적 분위기가 무르익으면 범우사 도서 전체의 종합광고도 한번 해볼 생각이다.

만드는 것도 중요하지만 유통 쪽으로도 전략을 세워봐야겠다. 한 권의 책이 한 사람의 독자를 만나지 못하면 그것은 휴지가 되지 않는가.

1월 10일

송종극 교수, 정진웅 부장과 같이 산행을 하였다. 오후 3시 반에 순천대 김진호 총장 장남 결혼식이 서울대 동창회관에서 있어 급히 산행을 마쳤다.

2시 좀 넘어 집에 도착해서 정 부장과 같이 샤워를 하고 2시 30분경에 집을 떠나 3시 반에 식장에 도착하였다.

1월 11일자 한국일보 〈문화인 예술인〉 '좋은 책 만들기 뚝심외길 35년'

혼주와 인사를 하고 순천에서 김준민, 송보현 교수 등이 상경했고, 신윤식, 전태성, 백남열 동창과 임형택 동창도 나왔다. 일요일인데도 성의 있는 사람들이다. 현직 총장이라 예식장이 가득 메워졌다.

집으로 오는 길은 임형택 친구가 자기 차로 집까지 태워다 주어 집에 와 차 한 잔 나누고 갔다. 항시 고마운 친구다.

나는 오늘 동기동창회재경 기금으로 50만 원을 희사했다. 술 사는 것보다 나을 것 같아서다.

집에 와 지하에서 고서 정리를 계획성없이 하고 있으니 마음이 후련치가 않다. 기독교, 불교 관계 도서를 정리할까? 일제시대의 것이나 1960년대 이전의 현대 출판물은 귀하다고 하니 시대 구분에 따라 정리를 할까 생각이 정돈되지 않는다. 앞으로는 어느 한 특정 부분에 관한 책만을 수집하고 체계적으로 정리해야겠다. 욕심이 잉태하면 사망을 낳는다 하지 않는가. 수집한 것을 도둑을 맞고 지금도 심적으로 고통을 받고 있지 않느냐. 허전하지 않을 정도만 갖자.

첫째, 사원들에게 잘하자. 또 신세진 사람에게 신세를 갚자. 또 출판에 돈을 쓰자. 금년에 시작하는 봉천동 사옥 신축에 돈이 모자라면 마포사옥을 정리하자.

나의 대에는 더 이상 돈을 벌기보다 정의롭고 착한 일을 위해 사회에 보답하는 일을 하자. 가능하면 인권, 환경, 반전 등에 관한 책도 내자. 수지는 맞지 않겠지만 사회와 인류에 공헌하는 길이 아니겠는가.

1월부터 당장 직원들의 처우개선부터 하자. 범우사의 이름, 범우 출판장학회, 전적자료관만으로도 두 아들, 한 딸에게는 충분한 것을 남긴 것이 아니겠는가.

재준이에게 좀 신경을 써야겠는데 자신이 무엇인가 확고한 목표를 정하지 못하고 있는 것 같아 염려가 된다. 좀 더 기다려 보자.

1월 12일

11시 출판인대학에 가서 장학금을 수여하다. 후진들의 장래가 밝아지기를 기원하는 축사를 하였다. 2시에는 일산단지 이사회에 참석하였다. 어려운 고비는 넘겼다. 허창성 사장이 보이지 않았다.

오후 6시 30분에는 박기봉 사장이 번역한 《맹자》 출판기념회에 참석했다. 거기에서도 축사를 부탁해서 한마디 했다. 생각했던 것보다 만족도는 50% 정도였지만 실수는 안 했던 것 같다.

비봉출판사 박기봉 대표 역서 《맹자》 출판기념회에서 축사를(1.12)

단체 기념사진(1.12)

기념회를 마치고 몇 사람과 2차를 하였다. 동국전산의 홍우동 사장이 계산을 했다. 신세를 많이 진다. 갚아야지.

또 점심시간에는 천혜봉 선생을 만나 한국의 옛 책 계약을 하고 고서에 대한 이야기를 많이 나누었다. 유익하였다. 자주 만나 뵐 생각이다.

1월 15일

아침에 김 부장 등 영업부 직원과 환담하였다. 사원들과의 대화를 자주 가질 생각이다.

점심에는 전병석 사장과 종근당 15층에서 같이 했다. 신윤식 벗의 이야기도 좀 했다. 전혀 영향이 없을 것을 알면서도 전 사장 아우가 YS 조직에 깊이 관여하고 또 조각組閣에서도 일익을 담당하고 있다고 해서 친구로서 말을 해 보았다. 어제 전병석 사장이 아우를 만났는데 벌써 차관급까지 내정자를 보고했다는 것이다. 출판에 관한 이야기를 많이 했는데 그는 출판업의 전망에 대하여 부정적이고 절망적인 견해를 많이 피력한다. 그러나 나는 그래도 성장한다는 희망을 갖고 싶다.

사무실에 돌아와 석사학위를 받았다는 동국대 정보산업 대학원 임봉영을 만나고 《주간 조선》에서 산행에 대한 취재를 온 최 기자를 만났다.

사무실에 오니 윤 실장, 이 차장 등이 있어 같이 퇴근을 하였다.

집에 와서 정곤이 동생이 보내 온 생선으로 회를 떠서 두 아들과 같이 양주 한 잔씩을 했다.

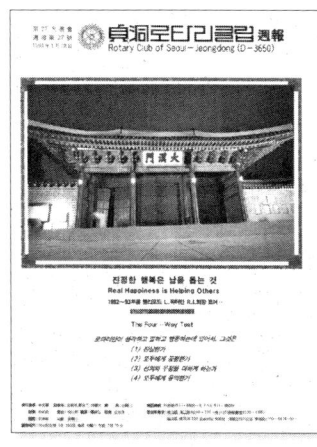

《정동로타리클럽》 주보지에 〈동참한다는 기쁨〉이라는 수필 게재

    10시 반이 되었는데도 여수에 간 아내에게서 연락이 없다. 어제 돌산 집에 살고 있던 형구 아우가 집을 비워놓고 여수로 이사를 갔다는 연락이 와서 부랴부랴 간 것이다.

    어떻게 그럴 수가 있을까. 집을 비운다고 며칠 전이라도 알려줄 일이지.

1월 17일

    새벽에 일어나 현대자동차 사보에 실을 6매짜리 원고를 썼다. 산행도 다녀왔다. 남애로로 해서 전 코스를 송종극 선생과 동행하였다.

    송 선생과의 산행은 부담이 없어 항시 즐겁다. 전 코스를 주파하였는데도 2시 이전에 집에 도착하였다. 또 지하실 서고에서 많은 시간을 보냈다. 얻는 것도 없으면서 추위에 떨어가며 건강에도 좋지 않을 터인데 일요일이면 습관적으로 지하에서 고서를 만진다.

    산행을 하면서 나는 1년 후에 다가올 출협 회장선거에 경선을 할 것인가 생각을 해보았다. 어제 이기하 사장 딸 결혼식에 들러 문동지 형을 만났는데 내가 소극적이라는 말이 떠돈다는 것이었다.

그것이 사실이다. 나는 지금 아직 결정을 내리지 못하고 있는 상태다. 김낙준 회장이 다시 하겠다면 경쟁할 의향이 거의 없다. 김 회장이 임성원 사장을 통해 당신은 1년만 또는 6개월만 하고 단행본 쪽에 넘겨주겠다고 하였다기에 나는 기대를 걸고 그의 밑에서 부회장으로서 최선을 다하는 것이다. 출협은 그동안 교과서와 전집 출판사가 주도해 왔기 때문에 이제 단행본 출판사에게 한번 기회를 달라는 것이다.

나는 앞으로 좋은 수필 또 가능하면 피천득 선생이 항시 나에게 써보라 권하시던 아리시마 다케오有島武郎의 사소설 류를 써보고 싶다. 나는 펜을 잡으면 좋은 글이라고 할 수는 없지만 그렇게 힘들지 않게 글이 나온다. 글을 쓰는 데는 선천적인 재질을 타고나는 것인지도 모른다.

범우사도 내년 정초에는 윤 실장을 상무로 하고 범우사를 주식회사로 한 다음 공동대표로 하는 방법도 강구해보자. 자식들에게 자애로운 애비가 되자. 자식들이 효자가 되어 주든 말든 부모는 자식에게 모든 것을 주는 것이 아니겠는가.

내일 또 KBS 라디오에서 책의 해에 대한 대담을 하잔다. 몇 번이나 거절을 하였는데 거절도 여의치 않다.

이제 가능하면 출판계 일에서 서서히 손을 떼자. 지금 회장을 맡고 있는 출판학회 일이나 하고 남은 임기 동안 출협 일에 충실하고 다른 일 등에서는 손을 끊자.

출협회장에 미련이 없다면 얼마나 내 처신이 홀가분할까? 정치 쪽에 관심을 끊고 그 정력을 출판계를 위해 봉사하겠다는 것이 멍에가 되고 있는 것 같다. 좋은 책을 내고 좋은 글을 쓰자. 좋은 책을 내는 일은 차차 재민이에게 인계하자.

방금 안춘근 회장 큰 자제로부터 전화가 왔다. 영월에서 연락이 왔는데 안 회장님 병세가 악화된 것 같단다. 중대 부속병원에 입원을 하게끔 주선을 해달란다. 내일 출근을 해서 중앙대에 연락을 해보고 영 어려우면 김민하 총장에게라도 부탁드려야 할 것 같다.

병세가 호전된다고 하여 기뻐했는데 오늘도 금년 봄에는 안 선생과 같이 다시 등산을 하리라 기대했었는데 마음이 착잡하다. 한국 출판계를 위해 내 능력껏 전력투구를 해보겠다고 다짐하였으나, 선거 과정 등이 공명정대한 것 같지 않으니 출협회장이 되겠다는 뜻은 포기하자. 그것이 현명한 길인 것 같다.

김낙준 회장이 임성원 씨를 통해 약속한 대로 자기가 물러난다면, 지금 나에게는 주변 여건이 좋아지고 있으니 역량껏 한국 출판계를 위해 내가 그동안 계획했던 일을 성사시켜 보겠다.

1월 19일

아침부터 바빴다. 정동로타리 모임에 7시 20분까지 참석하여 김형석 교수의 〈일하는 재미〉라는 말씀 중에, 로마가 놀기 위해 돈을 버는 풍조가 고조되었을 때 망했고 로마 시민이 일하는 재미로 모두 열심히 일할 때 흥했다고 한다. 또 있는 자돈, 권력가 부패해져 사회가 병들어 간다는 말씀도 해주었다. 나도 있는 자에 속하지 않겠는가. 가난한 자와 더불어 사는 내가 되어야 할 것이다.

사무실에 들러 안춘근 회장 입원실 때문에 김민하 총장실에 전화 걸고 그 결과를 기다리고, 아내가 여수가는데 차표 때문에 이율재 서울역장에게 전화하고 또 11시에 열리는 93 책의 해 선포식에 좀 빨리 가야하고 바빴다.

세종문화회관에서 개최한 93 책의 해 선포식은 무난히 마쳤다. 조

93 책의 해 선포식 팸플릿

93 책의 해 행사 로고와 심볼

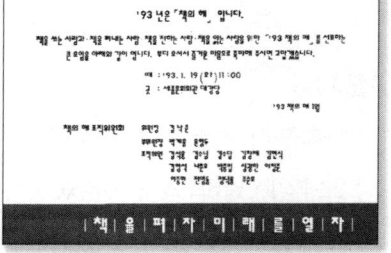

93 책의 해 선포식 초청장

직위에서 나보고 신문기자 접대하는 일을 맡으라고 해서 맡았다.

이수정 장관 등 조직위원들과 같이 하는 점심시간에도 동참하지 못하고, 나 혼자 고생하고 있다는 불만도 생겼지만 이왕 맡은 일이니 남들 하기 싫은 일도 정성껏 해주었다. 그것이 결과적으로 출판계를 위하고 사회와 국가를 위하는 일이 아니겠는가.

승용차에 오니 안춘근 회장 입원실이 정해졌다는 중대 총장실에서의 연락이 왔다. 급히 중대 용산부속병원에 갔더니 입원수속을 마치고

93 책의 해 선포식(1월 19일)

올라가는 안 회장 일행을 승강기에서 만났다.

안 회장이 참으로 말라 있었다. 이장규 박사의 마지막 모습과 다를 바가 없었다. 마음을 편안하게 하시라고 말씀드린 후 얼마간 있다가 자꾸만 그만 가보라고 해서 그곳에서 김민하 총장에게 전화 드렸더니 안 계셔서 고맙다는 인사를 비서에게 했다.

또 사무실에 와 이율재 역장이 침대표를 해주겠다하여 재민이를 통해 표를 사왔다. 전에 역장실에 책을 달라고 해 2박스 갖다주었다.

오늘 책의 해 선포식, 안 회장 입원실, 아내의 차표 등 바빴던 하루였다.

93 책의 해. 내가 추진위원장으로 유치하는 데 앞장섰다.

안 회장을 그동안 내 정성껏 받들어 왔다. 전력투구하였다. 나와 같

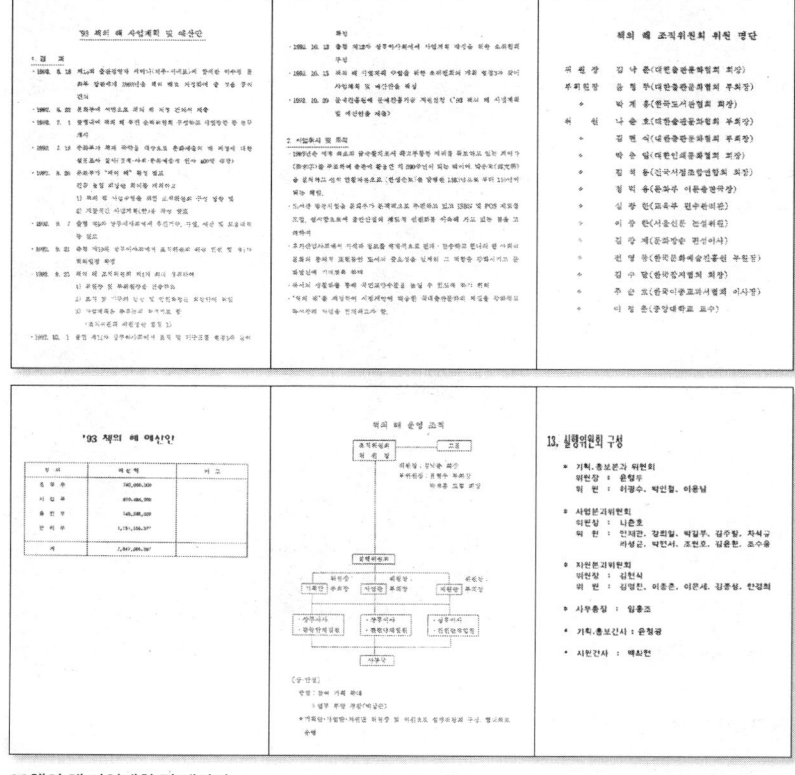

93책의 해 사업계획 및 예산안

이 소심한 사람이 김민하 총장에게 직접 전화를 한 것은 나에게는 대단한 용기의 발로였다.

지금 어제 KBS에서 방송한 방송을 듣고 있다. 너무 말이 빠르다. 그리고 또 음성이 나의 음성 같지 않고 음이 찢어져 나오는 것 같다. 가능하면 방송에는 나가지 말자. 나간다면 말을 천천히 그리고 음성을 가다듬자.

내가 쓴 수필들을 요사이 읽고 있다. 그런데 수필은 내가 말로 표현하는 것보다 월등히 나은 것 같다. 그러니 수필을 쓰자. 책의 해가 되어

《출판문화》 1월호에 소개된 93책의 해 행사 관련 기사

많은 일들을 피할 수는 없지만 내 능력의 한도는 넘지 말자. 오늘 한편으로는 보람 있는 날이었다.

1월 21일

무척 바빴다. 오후에는 출협 이사회가 있었고 이서지를 만났고 중대병원에 안춘근 선생 문병을 갔다. 안 회장이 간행물윤리위원회의 상賞이 어느 정도의 비중이 있는 것이냐고 물으시고 또 당신의 수필집 표지 디자인을 재준이가 하고 있다니 기뻐했다.

한 시간쯤 앉아 있는데 또 빨리 가보라고 재촉하여 그곳을 나와 황인철 변호사의 호상소가 있는 강남성모병원에 갔다.

홍성우 변호사, 이돈명 변호사 등을 만나고 나오려는데 김승균 사장이 와서 이야기를 좀 나누다 나는 그곳을 떠났다. 아는 사람도 얼마 없고 또 근자에 민주화 투쟁을 하는 사람들만 모일 것 같은데 나는 이제 그 대열에서 멀어져 있는 것 같은 느낌을 그들의 세계에서 받는 것도 싫어 집으로 왔다.

황인철 변호사에 대한 평가들이 신문마다 실렸다. 민권변호사로서

《한국일보》 1993년 1월 20일자 광고

문학과지성사의 동업자로서 훌륭한 일을 많이 한 변호사로 그려주었다.
　그와 나는 한때 앰네스티 운동을 같이 했으며 구속자를 위한 모임 등에도 같이 참석하기도 하여 만나면 친근감을 주고받던 사이였는데 능력있고 다정한 사람이 세상을 떠난 것이다.

1월 22일
　아침에 산에 갔다 오니 8시 경 안춘근 선생 장남에게서 전화가 왔는데 새벽에 안춘근 선생이 돌아가셨다는 것이다. 언제인가는 오리라 생각했던 부음이었지만 어젯밤에 만나 뵈었는데 이럴 수가 하는 마음 아픔이 강하게 밀려왔다.
　민병덕, 윤병태, 오경호, 문병열 선생 등에게 부음을 알리고 목욕을 하고 10시 경에 영안실에 가니 영정도 없고 시신도 옮겨져 있지 않고 우왕좌왕하는 분위기였다. 그래서 장례식은 5일장으로, 장지는 교회 장지로 정하고 오경호 교수와 차를 한 잔 마시고 있는데 민병덕 교수, 남석순 국장, 윤병태 교수가 왔다.
　12시 좀 넘어 식당에 가 식사를 하고 있는데 고서연구회 멤버들과 이철지, 나중열 사장 등 중대 대학원 동문들이 많이 와주었다. 남석순 국장과 김희락 국장이 고생을 많이 해주었다.

5시가 되어 재민이와 같이 집으로 돌아왔다. 부모님의 차례도 모셔야겠고 몸도 별로 좋지 않고 또 있으면 술을 많이 마실 것 같아 돌아왔다. 낮부터 소주 서너 잔을 마셨더니 속이 좋지 않다.

고 안춘근 선생

생전에 정봉구 교수에게 온 집안에 쌓인 책을 보고 모두가 부질없는 일이라고 말씀하셨다는 것이다. 재물도 명예도 모두가 부질없는 것이다.

그러니 안 선생도 책을 모으면서 그 행위 자체에 희열을 느꼈을 것이다. 나도 즐거워서 책을 모았다. 또 그것이 재산적 가치도 있을 것이며 또 애서가라는 명예도 얻을 수 있다는 생각을 안 해본 것은 아닐 것이다. 즐거운 일이면 하고 괴로운 일이면 하지 말자.

나의 스승이 한 분 돌아가셨다. 항시 가깝게 모시던 분이다. 내가 최선을 다하여 모신 분이다. 어떻게 보면 육친의 장형처럼 어렵게 모셨던 분이다. 그렇게 모셨으므로 나에게 큰 혜택도 있었다. 한국 출판학회 회장도 되었고 일본에 있는 출판계 인사와도 교류하게 되었으며 김병철 박사 등과도 알게 되었다. 그에게 바친 만큼 나는 얻었다고 본다. 그 분의 업적이나 명예 관리를 후학들이 해야 되지 않을까 하는 생각을 해보았다.

1월 23일

방금 안춘근 회장 빈소에서 돌아와 목욕을 하고 있는데 전성진 벗으로부터 전화가 왔다. 유원균 친구가 세상을 떠났다는 것이다. 며칠

유원균(왼쪽) 벗과 함께

유원균 벗의 결혼식

유원균 벗

전 고대안암병원을 갔다 온 후 항시 불안했던 일이 일어난 것이다.

아침에 신세계공원에 있는 어머니 산소에 갔다왔다. 꼭 돌아가신 지 20년이 되었다.

집에 돌아와 좀 누웠다가 안 선생 빈소에 가서 하루 종일 있었다. 김형윤 씨가 왔다 가고 김희락 국장이 저녁에 와 같이 있다 김 국장이 봉천동 4거리까지 바래다 주어 집에 왔다.

유원균, 다정한 친구가 또 한 사람 타계했다. 아까운 사람도 다 이렇게 가고 마는데 . 그러나 너무 슬퍼하지 말자. 삶과 죽음은 자연에게 전혀 타격을 주지 않는다. 그러니 우리도 그 때문에 상심할 필요는 없다.

우리도 자연의 일부이니까.

그래도 마음은 한없이 슬프고 무겁다. 내일은 상가에 가봐야겠다.

1월 24일

가슴도 갑갑하고 뱃속도 쓰리고 아프다. 그리고 마음도 허전하다. 안춘근, 유원균 두 사람의 죽음이 나로 하여금 이렇게 무기력 상태로 몰고 가버리는 것인지. 잠은 잤으나 개운치 않고 아침에 일찍 눈은 떴으나 허탈감이 나를 엄습하고 있다.

아침 여덟 시쯤 한승헌 변호사로부터 새해 인사 전화가 왔다. 시골을 다녀왔다는 것이다. 안 선생의 부음을 전했다. 정초지만 전해야 한다는 생각 때문에 기쁘지도 않은 말을 전하고 나니 괜스리 미안한 생각도 든다. 오늘 신윤식 형이 산에 온다니 산에 가야겠다.

신윤식 형과 정진웅 부장이 집으로 와서 같이 차를 타고 서울대입구에서 내려 송종극 선생을 모시고 서울대 호암회관 있는 데서 사당동 능선을 타고 연주봉에 올랐다.

산정에서 모두 같이 점심을 하고 하산을 하였다.

집에 돌아와 목욕을 하고 유원균 상가에 재민이가 차를 운전해주어 갔다. 태안중학교 동창 등 몇 사람의 문상객이 있었다.

고인의 처남인 송종의씨가 자기 매형은 자기가 죽였다 하면서도 후회의 빛이라기보다 고인이 현실보다 꿈에 얽매여 살았으며 소심했다고 하였다. 모든 평가는 각자 나름이겠지만 고인은 열심히 충실하게 인생을 살다 아깝게 간 사람이다.

그 곳에서 2시간 정도 있다 나와서 안춘근 선생 빈소에 와서 저녁 8시 반까지 있다가 날씨도 차고 몸이 추워 오는 것 같아 집에 돌아왔다.

인생은 다 이런 것인데 하는 생각이 마음을 편치 않게 한다. 하도 슬품이 밀물처럼 밀려와 정신을 차릴 수가 없다. 안 회장 장례식 후 좀 쉬어야 할 것 같다.

1월 27일

어제는 아침에 정동로타리 모임을 마치고 10시부터 시작하는 안춘근 선생 발인제에 참석하고 김포군 대곶면 상도동 제일교회 공원 묘지에 묻히는 안 선생의 하관식에 참석하였다.

무척 추웠다. 몸도 성하지 않은데 2시간 가량 추위에 떨었다. 말끝마다 예수를 믿지 않으면 지옥에 간다는 말을 강요하는 목사의 설교가 어쩐지 마음에 와닿지 않고 왜 저렇게 신앙을 강요하는가 하는 생각이 들었다.

하관식을 마치고 오다가 점심을 하고 사무실에 왔는데 오한이 들었다. 집에 돌아와 누웠는데 더욱 심하다. 춥고 떨리고 기침이 나서 아내가 사다준 약을 먹고 잠을 청했다.

밤새 깊은 잠은 오지 않고 몸은 떨리고 배도 아프고 여간 고통스러운 것이 아니었다. 어제 장지에 가서 차 속에 있다 제례가 시작할 때나갈 것을, 처음부터 끝까지 밖에서 떨고 서 있었던 것이 무리였다.

오늘 하루 종일 누워 있으니 좀 차도가 있는 것 같으나 오늘 밤을 넘겨봐야 알 것 같다. 좀 쉬자. 아니 내가 일하지 않는다고 하여 지구가 반대로 돌겠는가. 내일 출협 상무이사회, 모레 출협 총회 등이 있다지만 몸이 불편하면 집에서 쉬겠다.

어제 영암 고모님이 돌아가셨다는 부음을 받고 아내와 충언이 동생 내외가 장례식에 참석차 영암으로 떠났다. 내가 고모에게도 많이 소홀했던 것 같다. 이제 아버님 형제 자매분들도 모두 타계하셨다. 작은어머니에게 언제 전화를 드려봐야겠다. 그리고 외숙모에게도 들러봐야겠다. 정신없이 산 세상이다.

1월 28일

이틀 동안 누워 있으니 만감이 교차된다. 나의 출생에서부터 범우사의 탄생 등에서 시작되는 과거사가 떠오르고 내가 살아오면서 남겨놓은 낙수들이 강하게 떠오른다.

삶이 무엇이었던가. 죄의 연속이었다. 착한 일을 한 것도 죄를 어느 정도 은폐해보려는 것에 불과하다.

어느 사람은 이 죄들을 종교라는 힘으로 사함을 받으려 하고 있다. 또 어느 사람은 죄는 인간 본래적인 것으로 치부해버리고 무심코 넘겨버리는 사람도 있다. 나는 죄의식을 가지면서도 그 죄의식이 나의 삶에 토양이요, 자양분으로 알고 살아간다.

나에게 죄의식이 없다면 나는 얼마나 오만하였을까. 또 위선이라도 해보려는 노력도 하지 않았을 것이다.

수필집 《넓고 넓은 바닷가》의 개고편 원고를 만지작거리며 보니 그래도 그 곳에 나의 심정의 일부라도 토로하고 또 자책과 자기 성찰에 부단히 노력해왔다는 흔적이 보인다.

신학기 중앙대 신방대학원 강의요목을 써보고 또 도로시 카민즈의 《편집자란 무엇인가》라는 책을 읽었다.

카민즈는 편집자라기보다 유진 오닐, 윌리엄 포크너, 에드거 스노우 등 많은 작가를 키운 사람으로, 그들과 일생을 교류하면서 죽을 때까지 랜덤하우스 출판사에 헌신한 사람이다. 훌륭한 편집자가 좋은 책을 만들고 출판사도 키운다.

도로시 카민즈 지음
《편집자란 무엇인가》(일지사)

내일은 출협 총회도 있고 하여 출근을 해야겠지만 이런 나만의 시간을 가져보자. 그리고 이제 아니, 금년 여름쯤은 시간을 내서 내가 태어난 일본 고베에 한번 가보자. 그리고 나의 일대기를 솔직하게 정리해보자. 타인에게 피해가 가지 않는 한도 내에서 철저히 자기해부를 한번 해보자.

아내가 영암 고모 장례식에 갔는데 그 곳에 큰 눈이 왔다는데 걱정이 된다. 무사히 돌아와주기를 빈다.

11시경 아내가 돌아왔다. 충언 내외와 같이.

1월 29일

몸이 불편한데도 출근을 하였다. 11시에 인사동 선천집에서 열리는 일산단지조합 예산심의회의에 참석하였다. 그동안 내가 맡은 책임과 이기웅 이사장을 도와야 된다는 생각 때문에 참석했으나 구비구비마다 난관에 봉착하여 순조롭지가 않다.

2시부터의 출협 총회에 참석하여 김낙준 회장이 설명치 못한 질의를 대신하여 답하였다. 출판 연감, 출판인 대학의 중단에 관한 것은 내가 불참한 상무이사회에서 논의된 모양인데 정성껏 설명을 드렸다.

모두 무난히 끝을 맺었다. 내가 다음에 무엇을 하지 않겠다는 결의만 서면 마음은 한결 가벼울 것 같다.

정종진 국장 위로금 건 1백만 원은 나춘호 사장에게 전해주고, 또 L씨와 Y씨 두 상임의 수고에 대한 보조비로 회장단에서 각자에게 1백만 원씩 주자는 것이다. 그것도 내키지 않는 일이나 일단 응낙하였으니 정리해주자. 그러나 출협의 이런 관행이 마음에 들지 않는다. 이 다음부터는 명확하게 거절하자. 그것이 윤형두답지 않겠는가.

김낙준 회장이 안춘근 상가에 조의금을 부탁해 댁에다 전해주었다.

댁에는 큰아들 내외가 있었다.

집에 돌아와 저녁을 하고 TV를 보는데도 어쩐지 마음이 우울하다. 어떤 방법으로든 기분 전환을 해야겠다. 건강 탓도 있겠지.

1월 30일

93년의 1월, 참으로 눈코 뜰 새 없는 한 달이었다. 양력 정초, 책의 해 선포식, 라디오 TV 방송에 나감, 34편의 수필을 쓰고 안춘근, 유원균, 영암 고모님의 별세, 위장병, 몸살감기, 또 김정흠, 이적인 등이 하는 예술가 단체라는 데서의 고발범우문고 중 몇 건의 인세건 때문에, 참으로 다마多魔의 한 달이었다. 59세 아홉수의 액 때문인지 모르지만 너무나 가혹한 것 같다.

올해를 어떻게 보낼 것인가 하는 걱정이 앞선다. 가능하면 금년은 일을 벌이지 말자. 모든 일에서 한 발짝 물러나자. 출협 문제에 대해 내 체력의 한계 내에서 돕자. 지난 안 선생 장례식 날도 강추위 속에 한 시간 이상을 떨고 있었던 것이 이렇게 건강을 해친 것이다. 무리를 하지 말자. 이제 나를 내가 스스로 보호할 때가 된 것 같다.

그리고 출협 회장 등의 욕심을 버리자. 그것에 연연한 것 같으니까 나를 우습게 보는 사람들이 생기는 것이다. 특히 KHI, 또 LHJ나 YCK도 그런 면에서 나를 다루고 있는 것은 아닌지?

곧 버리는 것이 얻는 것이다. 모두 버리므로 모두를 얻자. 오늘 애서가 클럽 시상식에도 몸이 불편해 참석을 못했지만 불참에 대한 미안한 감 같은 것도 떨쳐버리자.

안 선생에 대해선 최선을 다하였다. 그것으로 만족하자. 그분의 은혜에 대한 몇 백분의 1이라도 보답하였다고 본다. 그에 대한 존경심만큼은 끝까지 간직하자. 누가 무어라 하든 그 마음이 변해선 안 된다. 인간은 살아가면서 성숙해야 한다. 이제 인간적인 완숙을 위해 명상하며 고뇌하자.

1월 31일

몸살감기로 산행도 가지 못하고 집에 있었다. 오전 중에 영락의원에 가서 주사 맞고 약 타오고 좀 쉬어야겠다면서도 습관인지 일하게 된다.

수필집《넓고 넓은 바닷가에》교정을 보고 잠깐 지하실 서재에서 일하고 현대 한국선시를 읽고 또 2층 서고에서 헌책들을 손질하고 한 시도 쉬지 못했다.

성격 탓일 것이다. 그러면서 느꼈다. 내가 너무 많은 일을 하려 하고 이제는 너무 많은 것을 소유하고 있다는 것이다. 모든 것을 갖고 싶었던 시대는 나에게서 지났다. 쌀이 없어 몇 끼니씩 굶고 버스비가 없어 을지로2가에서 상도동까지 걸어오고, 우산 살 돈이 없어 비를 맞으며 시내를 다니고, 차 값이 없어 하루 종일 다방에 잡혀 있다가 종업원의 선심으로 집으로 돌아오던 일, 돈이 없어 책을 사보지 못하는 등등 그 지긋지긋한 가난은 나에게서 어느 정도 물러났다.

한 곳으로 무엇인가 몰아야겠다. 출판에 전력투구하든지, 모든 것을 잊고 법정 스님처럼 산하를 주유하든지, 있는 재산을 한 곳으로 몰아 문화재단을 만들거나 장학사업을 하든지, 그렇지 않으면 모든 것에서 관심을 완전히 벗어버리고 집에서 책이나 보며 유연한 생활을 하든지.

나도 어느 때인가는 안춘근 선생처럼 부질없는 일들만 했다고 살아온 인생이나 행동들을 후회할까. 그분은 그렇게도 이루어 놓은 것이 많은데도 인생은 부질없는 것이라 했다고 했지 않는가. 나는 지금까지 최선을 다했으며 내 삶에 보람을 느낀다. 아니 내 그릇에 넘치는 생을 살고 있다.

재준이 일이 곧 매듭지어지겠지. 범우사도 활성화되어 가는 것 같다. 재민이, 성혜가 잘 하겠지.

여하간 좀 쉬었으면 좋겠다. 성격개조다. 적당히 게으름을 피우는 쪽으로 집에서 있으니 좋다. 오랜만의 휴식인 것 같다.

2월 4일

몸은 아직도 좀 불편하지만 모든 것에서 해방되어보려 노력하고 있다. 모임에도 가능한 한 빠지고 원고 청탁을 일단 거절하고 사무실에서의 일도 최소한으로 줄이고 있다. 이제 건강해야겠다는 마음, 편하게 살아야겠다는 생각, 모든 것을 재민이에게 맡기자는 생각, 속상한 일도 시간이 해결해 주겠지 하는 초조로움이나 걱정을 떨쳐버리는 쪽으로 방향을 바꾸었다.

그동안 급하게 초조하게 속 끓임의 연속이었다. 이제 그런 것에서

이찬 교수의 《한국의 고지도》(범우사 간)가 한국출판문화상 저작상을 받았다. 앞줄 우측에서 두 번째가 이찬 교수.(2월 5일)

해방되고 싶다. 그런 나를 버리고 무아의 경지에서 살고 싶다.

더 이상 실력을 쌓을 필요도 없으며, 더 이상 나를 과시할 필요도 없으며, 더 이상 성장할 필요도 없으며 나 있는 그대로 또 무식하면 무식한대로, 무능하면 무능한대로, 퇴보하면 퇴보한대로 그대로 살다가 가고 싶다. 남에게 피해주지 않고 도울 수 있는 힘이 있으면 돕고, 그 동안 지속해왔던 취미 생활을 지속할 수 있으면 그것이나 지속하고, 그 동안 맺어왔던 인간 관계나 이어가면서, 그것도 힘과 환경이 닿지 않으면 억지로 지속하거나 맞출 필요도 없을 것 같다.

가끔 여행이나 다니자. 건강을 위해 운동도 하고, 아니 그런 것에 대해서도 신경을 쓰지 말자. 하고 싶을 때 하자. 하기 싫은 일은 하지 말고 하고 싶은 일만 해도 몇만분의 1도 하지 못하고 갈 것이 아닌가.

더 편하게, 더 편하게 먹는 것도 소식을 하며 게으름을 피우며 살자. 남들보다 몇십 배 노력하며 살아왔다. 또 몇백 배 고생하며 살아왔다. 이제 쉰들 신도 나를 게을렀다고 나무라지 않을 것이다.

2월 7일

안춘근 선생의 장례식 때 젊은이들이 오늘 관악산행에서 모두 만나 안 선생 추모 산행을 하면서 남애로에 표석이라도 하나 세우자고 제의를 하여 기대를 걸고 10시 10분까지 약속장소에서 기다렸으나 젊은이들은 한 사람도 나타나지 않고 송종극 선생과 김성현 선생만이 나오셨다.

우리 3인은 남애로를 거쳐 전 코스를 주행하였다.

점심을 하는데 무척 날씨가 추워져 하산을 서둘렀다. 참으로 은사의 무덤 찾기라 하더니 그때 그렇게 서두르고 채근하고 자기들만이 안 회장을 위해 최선을 다하는 사람들처럼 하더니 오늘의 모습을 보니 세상 인심을 읽는 것 같았다.

나도 죽으면 그 허망함이 이보다 더 하리라. 내 자신이 살면서 흔적을 남길 수 있는 데까지 남기자. 수필을 남기고 범우사를 남기고 범우 장학회를 남기고 또 가능하면 진실된 친구와 동학同學과 제자를 남기자.

지금 아직 아무도 이렇다 할 사람을 갖고 있지는 않다. 너에게 진실한 친구 한 사람 있느냐. 너에게 진실한 제자 한 사람 있느냐. 장학금을 탄 사람 중에서 고맙게 생각하며 따르는 사람이 있느냐. 이렇게 공허하고 유치한 물음을 던져본다.

동국대 민주동문회 정기총회 알림에 관한 신경림 회장의 편지

나를 일컬어 사통팔달四通八達, 마당발, 우정의 대부 등으로 지칭하는 사람도 있다. 문인, 출판인, 정치인, 예술인, 다방면으로 많은 인사들을 사귀었다.

그러나 어려움을 대신하거나 나를 위해 희생을 감내할 사람이 한 사람이라도 있느냐고 물으면 대답을 유보할 수밖에 없다.

안 회장 때도 유원균 장례 때도 보았지 않느냐. 그렇게 인생은 가고 남는 것은 아무것도 없는 것이다.

미련을 갖지 말자. 기대를 걸지 않으면 서운할 것도 없다. 오늘 그들이 오지 않은 것이 당연한 것이 아니겠느냐. 세상사 다 그런 것이 아니겠는가.

2월 10일

오사카大阪로 가기 위해 10시 30분경 집을 나섰다.

이번에는 철저한 책여행이 목적이지만, 그보다 내가 59년 전에 태

어나고 누나인 하루코春子가 여섯 살에 세상을 떠난 고베神戶의 산노미야三宮에 가보는 것도 큰 기대 중 하나다.

　11시 반경에 김포공항에 도착하여 환전을 하고, 큰아이가 와서 이 기사와 같이 차를 마시고 있는데 나와 동행하기로 한 김승일 박사가 왔다.

　출국 수속을 밟고 곽일출 사장에게 드릴 선물을 사고 JAL 962호에 탑승하였다. 12시 50분발 비행기는 1시 5분에 이륙을 하였다.

　나는 좌석 22G에, 김승일 박사는 22F에 앉았다.

　1시 40분경 간단한 기내식이 나와서 같이 먹으면서 중국 쪽 출판기획에 대해 이야기를 나누었다.

　지금은 2시 5분 전이다. 30분 후면 오사카에 도착한다. 나는 이번에 곽일출 사장 책방에서 고서 등 책을 좀 사고 또《아라비안 나이트》와《삼국지》에 관한 책, 또 앞으로 진행할《플루타르크 영웅전》에 관한 자료도 부탁해 놓고 올 계획이다. 그 외에도 대형물 출판을 위해 무엇인가 한두 가지 자료를 찾아보아야 될 것 같다.

　앞으로 당분간은 범우사가 대형물을 기획하고 대량 광고를 하고 대량 판매 쪽으로 방향을 돌려야 될 것 같다. 그래서 가능하면 재정구조를 단단히 한 다음 인재를 등용하여 명실상부한 기획 출판을 할 수 있는 출판의 명문, 전통출판의 요람을 만들어야겠다.

　봉천동 사옥은 엘리트의 집합소, 한국 출판의 본산本山, 한국 출판문화의 기원지가 되도록 해야겠다. 우선 그러기 위해선 2, 3년간 돈을 버는 출판물, 시류에 맞는 출판물을 만들어야겠다.

　잘하면 김병철 박사와 10여 년 동안 정성들여 만든《아라비안 나이트》가 그 기반을 구축해 줄 계기가 될 수도 있을 것 같다. 아직 속단은 이르지만 그럴 징조는 보인다.

비행기가 착륙을 위해 하강하는 것 같다.

2시 30분쯤 되어 오사카 국제공항에 내려 출국 수속을 마치고 출구로 나갔더니 곽일출 씨가 김태호라는, 오사카 시립대학에서 일본사를 공부한다는 사람과 같이 나와 있었다.

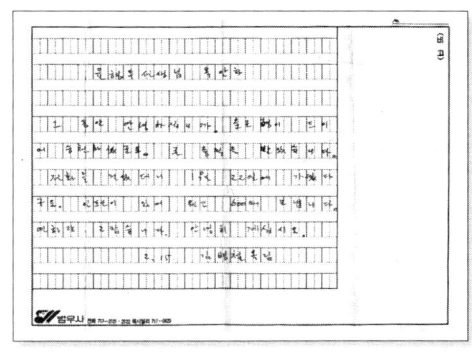

중앙대 김병철 대학원장의 편지

오사카에도 몇 번째 온 것 같다. 오사카는 도쿄에 이어 일본 제2의 도시로 서일본의 상업과 산업의 중심지다. 역사적으로는 4세기부터 나니와難波라는 이름으로 여러 차례 일본의 수도가 되었다. 1583년 도요토미 히데요시가 오사카 성을 쌓고 새로운 정치체계를 형성한 뒤 급격히 발전하였다. 옛날에는 오사카만으로 흐르는 요도가와淀川의 하구河口에 있는 오사카는 수많은 운하와 물의 도시로 동양의 베니스로 일컬어지기도 했다.

그러나 도시가 번창하면서 대부분의 운하가 메워지고 고층 빌딩이 들어서 그때의 정취가 사라진 지 오랜 것 같다.

공항 휴게소에서 차를 한잔 하면서 일본 체류 계획을 상의한 후 오사카 역으로 곽 사장의 차를 타고 왔다.

오사카 역 밑에 있는 기노쿠니야 오사카점에서 책을 좀 사고 역 지하에 있는 만지야萬字屋 서점에 들러 고서 한 권을 사가지고 나왔다. 그곳 점주店主 왈, 한국에서 여승구 사장이 오면 가끔 들른다고 하였다.

역전 지하를 나오면서 선술집에서 튀김과 함께 일본 술 한잔씩을 하였다. 그러고 나서 오사카의 번화가라는 도톤보리道頓堀 거리의 신사이바시心齊橋에 있는 아센스アセンス라는 서점에 들렀다.

이 서점은 파칭코로 돈을 번 가네모토金本라는 재일교포 2세가 세운 서점이라는데, 한국의 명동 같은 번화한 거리에 5층 서점을 경영한다는 것은 자랑스러운 일이었다.

그곳을 나와 곽일출 씨의 히노데 서점日出書房에 와서 고서를 좀 사고 나유키茶遊季라는 일식집에 가 저녁을 했다.

저녁 값은 내가 내고 대중목욕탕에 가서 네 사람이 같이 목욕을 하고 히노데 서점 근처에 있는 프레지던트호텔에 짐을 풀었다. 바쁜 일정이었다.

그런데 한국에 관한 고서는 거의 말라가고 있다는 감感이 왔으며 또 값이 너무 비싸서 사기 힘들다는 생각이 들었다. 그리고 2, 3백 년 전의 일본 책도 구경할 수가 없었다. 한국도 2, 30년 후면 그렇게 되지 않을까 하는 생각이 들었다.

2월 11일

아침 9시에 호텔을 출발하여 걸어서 이마자토今里 역에 가서 전차를 타고 쓰루바시鶴橋 역에서 다시 갈아타고 오사카 역에 내려 아침을 먹고 고베행 전차를 탔다.

오사카에서 특급 JRJapan Rail로 고베로 가다가 아시야芦屋에 잘못 내려 당황했다. 나는 거기에서부터 심장이 뜀을 느꼈다.

12시 좀 넘어 고베의 산노미야 역에 내렸다. 참으로 가슴이 고동쳤다. 어머니가 나를 잠재우기 위해 나왔다는 그 역, 감회가 깊었다.

역전에서 김승일 씨가 사진을 찍어 주었다. 옛 모습은 아니었지만 산노미야 역은 산노미야 역이었다. 어머니의 말씀대로 그곳에서 얼마 되지 않은 곳에서 내가 태어났다는 미유키도리御幸通 3정목은 10여 분 이내의 거리에 있었다.

일본 고베의 산노미야 역 앞에서

그러나 3정목 5번지 33호는 없어지고, 3정목은 1, 2번지로 모두 통합이 되었다. 3정목에는 유니온호텔, 국제회관, 아파트 단지 등이 들어서 변해 버렸다. 그 근처 파출소에 가 물어도 번지가 변한 지 하도 오래되어 모르겠다는 것이었다. 그리고 구청도 오늘은 2월 11일 일본의 개국 기념일이라 모두 쉬었다.

우리는 유니온호텔에서 차를 한잔 하고 3정목 근처를 돌았다. 오사카 출판주식회사, 조총련 효고兵庫 현 본부 등이 있었고, 이곳은 지금도 한국인들이 많이 살고 있는 곳이라고 한 노인이 일러 주었다.

나는 어머니가 나를 낳았을 때 바닷물이 만조였다는 해안통으로 갔다. 바닷가로는 넓은 고속도로와 고가도로가 지나가고 깨끗한 항만과 현대적인 선착장이 만들어졌으나 갈매기 한 마리 날지 않는 검은 바다였다.

나는 출생지를 잃어버렸다. 내가 태어났다는 이국의 고베라는 항구의 3정목 5번지의 33호에 갔으나 번지도 바뀌고 2차 대전의 폭격이 쓸

어버려 옛 흔적은 하나도 없었다. 대신 그 위에 빌딩이 석양의 빛을 받으며 우뚝 서 있다. 갈매기가 날았다는 해변도 2층의 한신阪神 고속도로가 시야를 막고 뱃고동 소리도 그친 지 오래인 것 같다. 몇천 톤급의 기선, 몇만 톤급의 유조선들이 닻을 내리고 정박해 있는 고베 항구, 해마다 외국선박이 1만 척이 넘게 드나들고 세토나이카이瀨戶內海, 시코쿠四國, 규슈九州로 떠나는 뱃길의 출발지다. 항구에는 보트타워가 있고 국제 항만 박물관과 거대한 인공섬인 포트아일랜드에는 아름다운 유원지가 있다고 한다.

로코야마 케이블 티켓

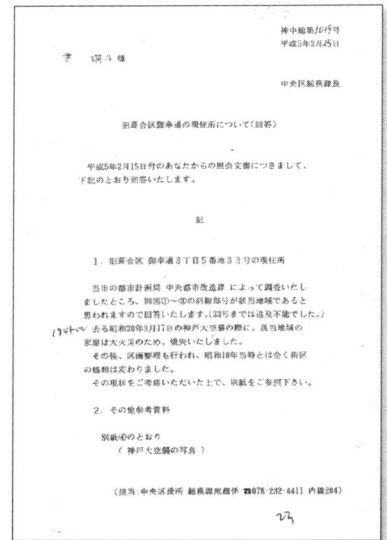

출생지의 구청에서 보내온 우편물

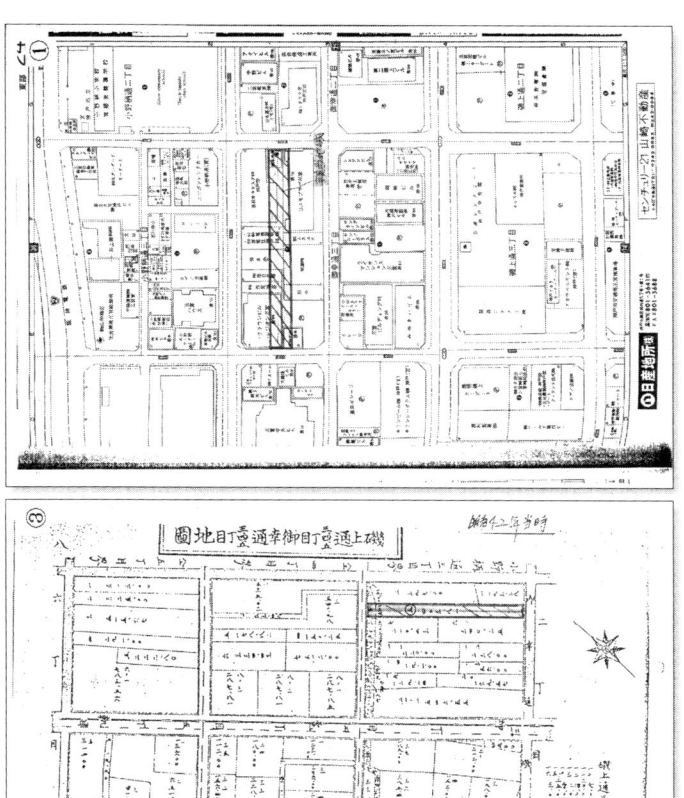

그러나 그것은 내가 찾은 내 낭만의 항구는 아니었다. 어머니가 말하던, 범선이 닿고 모래사장이 있고 썰물이 밀려오면 그 모래사장에 생선이 하얀배를 내놓고 벌떡거렸던 그런 바다가 아니었다.

나는 허탈한 마음으로 창고가 즐비한 선창가를 거닐다 로코바시六甲橋를 건너 고베 중심가로 오다가 고풍스런 레스토랑 127방칸番館이라는, 고베의 역사와 전통을 현대에 전하는 1870년에 생긴 나유키茱遊季라는 곳에서 맥주 한잔을 하였다. 술이 취해 올라왔다. 무엇인가 갖지 못한 듯한, 또 귀중한 것을 잃은 듯한 기분이었다.

우리는 고베 시립박물관에 들러 도타쿠銅鐸의 세계전을 관람하였다. 그리고 고베의 상설전시관도 구경하고 박물관 옆에 딸려 있는 깨끗한 독서실도 구경하였다. 우리나라는 국립중앙박물관에도 그런 독서실이 없는데 부러웠다.

시내 중심지에 있는 고토後藤서점이란 고서점에 들렀다. 10만 권이 넘는 고서 중에서 내가 찾는 한국 관계 책은 하나도 찾을 수 없어《일본의 예술론》이란 책 한 권을 사 가지고 나왔다. 허전한 마음을 안고 고베 산노미야 역에서 JR선을 타고 오사카로 향했다. 오래도록 간직하고 있었던 추억을 누구에겐가 빼앗겨 버린 듯한 심정이었다.

JR선에서 책을 읽는 사람들이 눈에 많이 띄었다.

오사카 역에 내려 그곳에서 1, 20분 거리에 있는 고서점의 거리를 찾아갔다. 질서정연한 10여 개의 고서점에는 책들이 가득하였다. 2시간 동안 책방을 뒤졌으나 내가 살만한 책은 보이지 않았다. 한국 관계

고베 항에서

고베의 나유키 식당 앞에서

일본 고서점에서

의 책이라면 꼭 필요하지 않더라도 한두 권 사려고 했으나 마땅한 책이 없어 출판에 관한 책과 독서에 관한 책 몇 권을 사들고 나왔다.

식당가에서 김승일 씨와 저녁을 하며 일본 술을 한잔 했다.

2월 12일

호텔 2층에서 아침을 먹었다. 안내자는 한국인으로 평택 임씨라는 여자였다. 한 해 전에 이혼을 하였다는 여자인데 아들이 일본에서 대학을 다닌다는 것이다. 우리는 이마자토今里 역에서 전철을 타고 쓰루바시鶴橋에서 내려 오사카 역으로 가서 그 근처 서점에서 책을 샀다.

그리고 또 기노쿠니야 서점에 가서 들고 가기 어려울 정도로 책을 샀다. 그리고 커피를 마시며 휴식을 취했다. 피곤하였다. 그러나 책을 산다는 것은 즐거운 일이다. 많은 책을 샀다. 책방 모두를 사고 싶은 욕망이 일었다. 그러나 그것은 꿈이다. 그런 꿈을 실현할 수 있으리라는 엉뚱한 망상을 항시 떨쳐버리지 못하고 살고 있다.

저녁을 복어집에서 먹고 노래방에 가서 우리나라 노래만 10여곡을 불렀다. 그리고 호텔에 와서 잠을 청하는 것이다. 언제쯤 잠이 들려는지.

그런데 호텔로 히노데서점日出書房의 곽일출 사장이 와서 술집에 가자고 한다. 술집에서 만난 긴키近畿대학의 이원식 교수 등과 술을 많이 마셨다. 그렇게 그리워하던 나의 출생지 고베가 나로 하여금 만취케 하였는지도 모른다. 술이 취해 그 이튿날 한국으로 오는 것마저도 무리였다.

2월 20일

일본을 다녀 온 후에도 며칠간 일기를 쓰지 않았다. 오사카에서의 과음 탓도 있지만 시간에도 쫓겼고 심사가 그다지 평온치도 않았던 것 같다.

그동안 내린 결론은 내가 관계하고 있는 여러 단체에서 하나하나 손을 떼자는 것이다. 그리고 범우사의 운영, 그것도 좋은 책, 길이 남을 책을 내는 데 정력을 쏟자는 것이다. 모든 잡사들을 정리하자는 것이다. 더 나아가 범우사의 창고에 있는 책도 일단 모두 어떤 방법으로든 정리하고 인사 문제도 해결할 때까지 해결하자는 것이다.

어제 출판협동조합 총회가 있었다. 정기총회에서 이기웅, 한인환이 이사장에 출마하고 나에게 이사를 맡으라고 했지만 양쪽 모두에게 나는 이사를 하지 않겠으며, 당선이 되더라도 사퇴한다고 밝혔다. 어제 7표 차로 이기웅 사장이 재선되었다.

나는 지금 심정으로는 협ᄂ동조합이 공급업무를 소홀히 한다면 탈퇴하여 주금 1억 원을 찾아서 범우출판 장학금에 넣고 싶은 생각이다. 놔두어봐야 아무런 득도 없고 1년에 은행 금리도 안 되는 30여만 원의 배당이 나오는 곳에 무엇 때문에 두겠는가. 한국출판계나 재민이의 장래에 보탬이 되지 않는다면 탈퇴하여 찾아오겠다.

오늘도 고서연구회, 수필문우회 모임이 있는 날이다. 나는 두 모임에 나가지 않고 집에 일찍 돌아와서 《신동아》 3월호를 읽으며 시간을 보냈다. 한번 모든 단체나 잡다한 일에서 손을 끊어 보겠다. 신세진 곳 아니고는 관혼상제 같은 곳에도 가지 않겠다. 내가 출판계의 어떤 감투 때문에 의례히 참석하고 돈을 내겠지 하는 생각을 갖는 사람이 있을지도 모른다.

1년 후 출협 회장 선거에도 여건들이 나에게 유리하면 한번 뛰어보겠지만 그동안처럼 선거꾼들이 작당하는 추한 선거판이라면 출마하지 않겠다.

김종원씨가 보내온 편지. 졸저 〈활자와 더불어 25년〉에 대한 감상과 안부

1993년 51

이번 협동조합 선거에도 들리는 소문에 의하면 출협 회장까지 한 J사의 K 사장이 계몽사, 한림 등의 표를 모으기 위해 돌아다녔다는 말을 듣고 환멸을 느꼈다. 그는 김 회장의 가장 친한 측근이 아닌가. 체통을 지켜야 할 사람이 그 모양이니 내년은 더 추할 것이 아닌가. 그런 아사리 판에서 회장을 하면 무엇 하겠는가. 출판학회와 장학회나 잘 운영하자. 그러려면 출판 기획을 잘하여 성공을 해야 한다. 출판을 잘해야 한다.

오늘 점심시간에 허영환 성신대 교수와 한문영 씨를 만났다. 내년에 발간할《서울 고지도》때문에 상의하기 위해서였다. 그 자리에서 허 교수가 나의 눈썹과 촉기 등을 보아 미수米壽까지는 꼭 산다고 하였다.

그러면서 색기가 좋지 않은데 위장이 나빠서 그러니 아침 공복에 당근, 사과, 감자 등의 야채즙과 생 검은 콩을 불려서 230알쯤 6개월만 먹으면 건강을 찾을 수 있다는 것이다.

나는 집에 돌아와 아내에게 그 말을 하였다. 그리고 나는 수영은 좋지 않으며 땅을 밟는 운동을 하라는 것이다. 요즘 아침 산행을 하지 않은 지가 얼마간 되었다. 내일부터는 시작해야겠다. 로타리 조찬 모임 등이 있지만 건강을 위해 아침 산행을 열심히 해야 될 것 같다.

2월 20일자 한겨레 광고

2월 21일

겨울비가 왔다. 10시에 서울대 앞에 나갔으나 아무도 오지 않았다. 안춘근 선생이 돌아가신 후 애서가 산악회는 더욱 침체되는 것 같다. 내가 부회장이어서 이제 재건을 서둘러야 하는데 어쩐지 의욕이 나지 않는다.

어제도 《월간 조선》 기자가 애서가산악회를 취재하고 싶다는데 보일 것이 없어 사양하였는데 굳이 다음 주나 그 다음 주에 산행을 같이 하잔다.

회원이 아무도 없는데 딱한 일이다. 철쭉동산까지 올라갔다가 다시 내려왔다. 한 번도 그렇게 내려온 일이 없다. 혼자서라면 더욱 완주를 하였다. 그런데 오늘은 길도 질고 또 마음이 심란하였다.

집에 돌아와 여유 있게 목욕을 하고 점심도 먹고 지하실에 가 고서도 만졌다. 나는 서서히 하나하나 손을 끊는다는 생각을 해왔다. 그런데 그것이 아니다. 20여 년간 출판계를 위해 열심히 일해주었다. 이제 앞으로 길면 한 20년간 출판사 범우사를 위해 내 능력을 모두 쏟고 싶다.

재준이가 미술출판사를 차리겠다면 그 출판사를 위해 혼신의 힘을 쏟을 계획이다. 그동안 힘이 분산되어 있던 것을 출판물을 만드는 데 힘을 집중하겠다. 좋은 기획도 하고 이번에 《아라비안 나이트》로 좀 돈과 마음에 여유가 생기면 첫째, 인재를 구하는 데 치중하겠다. 박광순 한영환씨, 또 내가 모르는 젊은층에서 인재를 구해봐야겠다. 김승일 씨도 가능하면 편집위원으로 같이 일하는 방향도 강구해보자. 인간성이 좋고 중국어와 일본어를 잘하는 능력자니 편집기획에 보탬이 될 것 같다.

출협 관계도 3년 책의 해 기획은

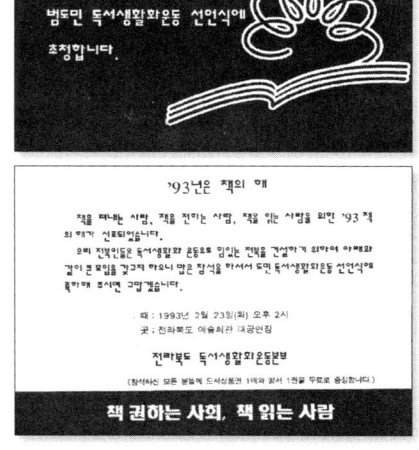

93 책의 해 전북 범도민 독서생활화 운동선언식(2월 23일) 초청장

다 수립해 주었으니 사업은 나춘호 부회장이 할 것이다. 4월 출판학회 세미나, 8월 국제출판학회 세미나를 마치면 임기가 끝나므로 누구에겐가로 학회장직도 넘겨주자. 안춘근 선생이 창립 멤버 중에 지금까지 학회를 같이 하고 있는 민병덕 씨를 꼭 한 번 출판학회 회장을 시켜드리라는 부탁도 있었으니 그도 좋지 않겠는가.

그동안 모아두었던 고서도 하나하나 정리하자. 이제 즐길 만큼 즐겼지 않느냐. 꼭 필요한 사람들에게 가는 것이 얼마나 바람직한 것인가. 고서연구회도 창립 멤버로 초창기부터 안춘근 회장을 도우면서 깊이 관여를 했다. 한국출판학회장, 중대 신방대학원 객원교수, 서울시문화상 수상자, 거기다 범우사 사장이면 더 이상의 영광이 어디 있겠는가. 범우사 사장 자리를 더욱 빛나보이게 하자.

2월 23일

병석에 누워 있다. 장이 무척 상한 모양이다. 어제는 몸이 불편한데

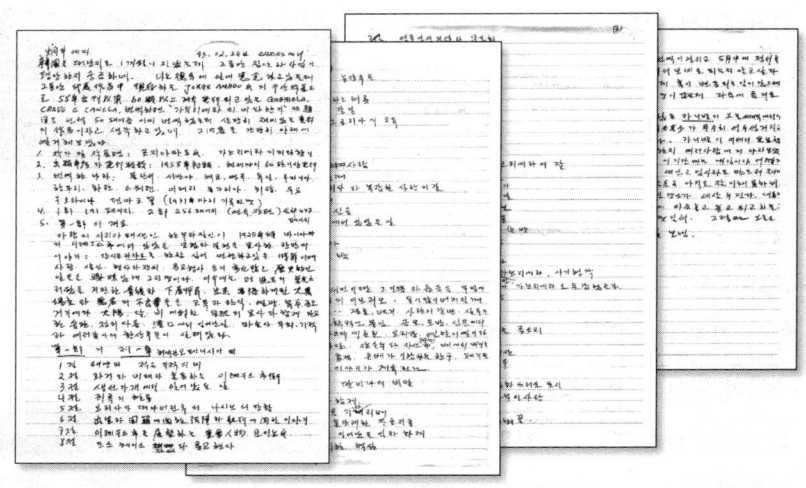

브라질에서 한치선씨의 편지(안부와 함께 번역 중인, 조지 아마두의 《가브리엘라, 정향과 계피》 소개)

도 아침 7시 코리아나호텔에서 일산단지 간담회가 있어 나갔다.

이기웅 사장은 나오지 않았다. 허창성 사장도, 윤석금 사장도 나오지 않고 78명이 모여 이기웅 사장의 사표 문제로 의논을 하였으나 결론이 나지 않았다. 나는 꼭 하실 만한 분이 있으면 몰라도 그렇지 않으면 이기웅 사장을 재선출하여 시작한 일들을 매듭짓게 해야 한다는 의견을 내었다.

오늘은 아침 10시부터 출판인 대학 강의가 있어 몸이 불편한데도 출협에 가서 〈출판경영론〉 강의를 무사히 마쳤다.

그리고 사무실 근처 부산집에서 점심을 하고 범우사에 들른 후 스포츠센터에서 운동을 하고 영락의원에 가 주사를 맞고 약을 타왔다. 장이 상한 것 같다는 것이다. 쉬고 싶다. 며칠이고 아니 한 달이나 몇 달이나 집에서 쉬고 싶다.

오늘은 아랫배에 가끔 통증이 오지만 어제처럼 온몸이 고통스럽지는 않다. 죽으면 가는 것인데 아무것도 하지 못하고 아무도 만나지 못하고 가족도 떠나 흙으로 가는 것인데 왜 나는 쉬지 못하고 이렇게 매일 매일 뛰어야만 하는 것인지.

일을 재미로, 즐거움으로 할 수 있는 건강만 있다면 얼마나 좋겠는가. 오늘도 쉬고 싶은데 신윤식 친구의 어머니가 별세하였다고 한다. 저녁때가 아니면 내일 가봐야 할 것 같다. 하루도 마음 편하게 쉴 수가 없다.

아침부터 전화벨이 계속 울린다. 아내가 내가 시골 갔다는 거짓말을 하기 싫어 전화를 받지 않다가 오전 9시가 넘어 누구의 전화일 것 같으니 받아 보시오 하여 받은 전화는 일산단지 유 상무의 전화다.

분명 오늘 있을 총회에서 나를 한 분야를 담당시키려는 전화일 것이다. 협동조합도 이사를 하지 않기로 하였으니 일산단지 일도 건강이 따라주지 않으니 좀 쉬고 싶다.

그리고 3월 4일, 3월 8일 출판인대학 강의도 가능하면 이두영 국장에게 넘겨야겠다. 왜 그가 녹음을 하라고 했는지 모르겠다.

어제 문민정부의 새 총리에 황인성, 감사원장에 이회창 대법원 판사가 지명되었다고 정치권은 법석이다. 또 중대의 이정춘 교수가 신문방송 대학원장이 되었다. 우리 출판학회 이사이고 나를 가르쳐주신 교수라 축하 화분이라도 보내야겠다.

이런 일들이 내가 해야 할 일들이다. 그런데 나에게는 무거운 짐으로 다가오고 있다. 그것이 건강의 탓인 것 같다. 활동을 줄이고 음식을 줄이자. 그리고 나의 휴식의 시간을 갖자.

범우사 대표, 협동조합, 일산 단지, 고서 연구회, 한국 언론학회, 서지학회, 문헌정보운영회, 서울유통, 수필문학진흥회, 얼마 전 그만둔 출판연구소 이사 운영위원, 출협 부회장, 애서가 산악회 회장, 출판인대학 학장, 출판학회 회장, 동창회 관계 삼육회 회장, 순농동창회 자문위 부위원장, 이 외에도 무엇인가 더 있을 것 같다정동로타리 이사 및 주보책임자.

20여 개의 감투를 쓰고 어떻게 견디겠는가. 여기에다 3개 언론대학원 강의, 또 한 달이면 3, 4편이 넘는 원고청탁에 의한 글쓰기, 이제 다 줄이자. 범우사 대표만으로도 충분하다. 서울유통 등도 재민이에게 이사 자리를 넘기자.

저녁 6시경 이 기사가 와서 이비인후과를 들러 영락의원에서 주사 맞고 약을 탄 후 성모병원강남 영안실로 갔다.

신윤식 자당 빈소에 가서 분향하고 거기 와 있는 전태성, 김창식, 정진웅과 신윤식의 친형에게 인사하고 나는 몸이 불편하여 집으로 돌아왔다.

무엇이든 무리를 하지 않겠다. 신 형을 위해 더 있었으면 했지만 내 몸에 해가 될 것 같아 집으로 왔다. 안춘근 회장 초상 때 무리를 하여 얼마나 오랫동안 고통을 받았는가. 몸을 좀 아끼자. 그래서 건강을 유지하자.

2월 24일

새벽 3시에 잠이 깨어 잠이 오지 않는다. 범우사의 일들이 자꾸 머리에 떠오른다. 《책과인생》 광고비 수입 건, 《아라비안 나이트》의 판매에 대한 전망과 10권 완질 BOX 진행, 《삼국지》 개역판의 진행문제, 또 다른 신간들의 기획과 진행문제, 그 외 잡다하게 많은 생각들이 머리를 친다.

어제는 안춘근 선생의 수필집 《언제 고향에 갈 수 있을까》를 3분의 2쯤 읽었다. 문학성보다 그 분의 삶을 읽은 것이다. 그 분의 얼굴이 뚜렷이, 아니 그분의 인생이 뚜렷이 떠오르는 글은 아니었으나 책사랑에 대한 애정을 곳곳에서 접할 수 있었다.

이런저런 잡념들이 나의 잠을 빼앗아갔다. 어제 고서연구에 실린 박세록 씨의 〈시조의 형태론과 한국의 문화〉란 글도 읽었다. 나름대로의 전문적인 식견을 가지고 있었다.

이제 나도 잠이 오지 않거나 시간이 나면 학문적인 글도 쓰고 정리할 것을 정리해야겠다. 그리고 가능하면 책으로 많은 것을 남겨야겠다. 독자를 위해서라기보다 나를 위해서 몇 권의 책을 만들었다. 그것으로 범우사가 재정적으로 큰 피해를 보는 것은 아니니 그런 쪽으로 방향을 바꾸어 스트레스를 받지 않는 한도 내에서 저술활동을 해봐야겠다.

잠이 오지 않으니 무료하고 또 헛된 시간을 보내는 것이 아깝다. 내일부터라도 한 가지 일을 시작하자. 아니 날이 새면 2층 서재에 올라가 하던 일부터 해보자.

3시에 깬 후 잠을 자지 못했다. 안춘근 선생의 수필집을 읽었다. 그분은 부담가는 일, 하기 싫은 일은 하지 않고 술담배 안하시고 청교도적으로 살아오셨다. 그런데 나쁜 병인 위암으로 돌아가셨다.

안 회장님의 글을 보니 그는 무척 고독을 느끼며 살아오신 것 같다. 남들이 보기에는 의연한 것 같이 보였지만 속앓이를 하시면서 살아왔다. 그렇게 많은 것을 이룩했으면서도 항시 더 많은 것을 남기려 자기 앓음을 하신 것 같다.

나는 오늘에 누리고 있는 것을 내 생애 최고의 정점으로 알고 더 이상의 것을 바라지 말자. 심심하면 또 스스로 하고 싶으면 하자. 억지로 명예나 지위를 위해서는 이제 모든 것을 멈추자.

오늘 오후 5시에 일본 사가미하라에서 왔다는 사또 씨가 캐피탈호텔 커피숍에서 만나자고 하니 한번 가서 만나보자. 여러 번 구니모도 씨의 소개로 전화가 왔는데 그동안 만나보지 못해 미안했다. 내가 다녔던 오노 제1소학교 시절의 적은 낙수라도 주울 수 있다면 다행이겠다.

사또 씨를 캐피탈호텔에서 만났다. 나이는 60이고 사가미하라에서 빌딩 임대업을 하는 사람인데 구니모도 씨에게 나에 대한 말을 듣고 도움이 될까 싶어서 연락을 했다는 것이다. 신사神社가 있고, 강이 있고, 계피나무가 있고 또 전에 확인한 제2육군병원 터 체신학교 사관학교 등은 맞았다.

오늘 김승일 박사와 같이 만났는데 김 박사와 오노 소학교에 편지를 한 번 해보기로 하였다. 집에 돌아오면서 박환덕 교수 모친이 별세하여 상가에 들러왔다. 몸도 좋지 않아 이강수 교수와 한 30분 있으면서 이병한 중문학 교수 소개도 받고 같이 이야기를 나누다 왔다. 박 교수와의 관계를 봐서 더 오래 있어야 되겠지만 나를 돌보는 쪽으로 마음먹었다.

집에 돌아와 홍경호 교수의 긴 전화를 받았다. 독일어 사전 문제, 또 《책과인생》에 글을 쓰겠다는 것과 자신에게 관심을 가져달라는 것이다. 소설가로 등단하더니 의욕이 대단한 것 같다.

2월 26일

아침 7시 10분 전이다. 어제는 제14대 대통령 취임식이 있었다. 김영삼 대통령이 진정 문민정치를 해주기를 바란다. 회의보다는 기대를 해본다. 군사정치보다는 나아지지 않겠는가.

어제 신윤식 친구의 어머님 장례식에 참석하고 천안에 있는 장지까지 전태성, 순천에서 온 박만호, 김준민과 같이 다녀왔다. 시골길을 갔다 오니 기분도 좋아졌다. 가끔 나들이를 해야겠다.

어제 퇴근길에는 스포츠센터에서 운동을 하고 배효선 사장, 권만택 사장과 술 한 잔을 하면서 배 사장에게 내년 출협 회장 문제에 대해 임성원 사장을 비롯한 김낙준 회장 주변에게 여론을 물어달라고 하였다. 만약 김 회장이 중임을 원하면 나는 지금부터 선거에 대한 관심을 갖지 않겠노라는 말을 하였다.

그것이 내 진심이다. 김 회장과 경쟁을 해가면서 회장을 하고 싶지도 않고 또 돈과 조직을 가지고 있는 그와의 선거전이라면 피하는 것이 이기는 것이다.

나는 이제 즐겁지 않고 신경을 곤두세우는 일은 하지 않겠다. 며칠간 요양을 해보니 내 병은 분명 신경성 병환이다. 새벽에도 신경을 좀 썼더니 배가 아프더니 신경을 가라앉히니 또 좋아지는 것 같다.

9시 뉴스에 김영삼 정부의 각료가 발표되었다. 신윤식 친구가 기대하던 체신부 장관이 되지 못했고 문화부에 한완상 교수나 남재희 의원이 되리라 봤는데 한완상 교수는 통일원 장관 겸 부총리가 되었고 문화부 장관은 전혀 모르는 이민섭 의원이 되었다.

순천농 후배인 허신행 박사가 어려운 농수산부 장관에 임명되었다. 서울시장에 김상철 변호사가 되었는데 의외였다.

그런 곳에 관심을 갖지 말자. 내 업에 충실하자.

10시 반에는 대한인쇄문화협회 총회에 가서 감사패를 받고 11시 반부터 롯데호텔에서 열리는 책의 해 조직위원회 회의에 참석하였다.

돌아오면서 인사동에 들러 고서 제본한 것을 찾아왔다.

고서를 수리한다는 것은 즐거운 일이다. 그런데 수리를 맡기면 한 달이 넘도록 해주지 않아 신경을 쓰게 하여 즐거움을 경감시킬 때도 있지만.

집에 돌아오는 길에 안춘근 선생의 《고향에 언제 돌아갈 수 있을까》라는 수필집 100부를 댁에 갖다드렸다. 댁에는 사모님이 계셨다. 지나간 일들을 후회하고 계셨다. 좀 더 강력히 초기에 수술하게 할 것을 하고.

그 분의 고집이다. 누구에게도 당신의 병을 알리지 않은 그 고집. 그것을 자존심이라 할 수야 없지 않을까. 애석한 일이다. 나라도 초기에 알았으면 수술을 강권했을 것이다. 후회는 언제나 지난 후에 남는다.

저녁에 신윤식 친구에게 위안의 전화를 했다.

대한인쇄문화협회에서 받은 감사패

2월 28일

신윤식 사장이 어제저녁에 등산을 같이 가자고 하더니 아침에 북한산으로 운전기사와 같이 가겠다는 전화가 왔다. 아내에게 오늘 신윤식 사장과 같이 등산을 간다고 했더니 아침 일찍 재준이와 수산시장에 가서 생선회를 사왔는데 동행하지 못해 서운했다.

서울대 앞에 갔더니 송종극 선생이 나와계셨고 또 유영식 사장이 이순찬 씨 등을 기다리고 있었다. 이후재 씨가 온다고 하였으나 10시가 넘었고 산행을 하다 만나겠지 하고 올라갔는데 만나지 못했다.

관악산에서 한미은행의 성 전무를 만났는데 은행을 그만두고 통관 출입사무를 보는 회사를 설립 중에 있다는 것이다.

세상이 빨리 바뀌고 있다는 것을 느낄 수 있었다. 나이가 들어 일자리를 잃어가고 있는 사람들이 주변에 많아지고 영전榮轉이나 기쁜 소식보다 죽거나 슬픈 소식을 접하는 경우가 많아지는 것 같다.

등산을 시작할 때는 몸이 무척 좋지 않았는데 산정에 오르자 몸이 풀려 건강을 찾은 것 같다. 송종극 선생과 즐거운 산행, 유익한 산행을 하였다. 명궁名弓도 쓰지 않을 때는 시위를 풀어두어야 한다는 말 등 좋은 말씀을 많이 해주셨다. 매번 얻는 것이 많다.

집에 돌아와서는 오늘은 지하 서고에 가지 않고 이상보 박사의 《정년 기념 논총》 중에서 이진호 강사명지대가 쓴 〈최제우의 용담유사에 나타난 동학사상〉을 읽었다.

사람이 곧 하늘이요 땅이요 우주라는 사상에 대해 공감이 간다. 사람이 없으면 하늘이고 땅이고 아무것도 없다.

사람 섬기기를 하늘과 같이 하라. 지당한 말이다. 내가 곧 하늘이요 땅이다. 나를 귀중하게 여겨야 한다. 그러기 위해선 먼저 나를 둘러싸고 있는 이웃을 먼저 사랑하고 아끼자.

3월 1일

삼일절이다. 집에서 쉬었다. 앞산에 30여 분 갔다온 것 외에는 집에서 TV 등을 보면서 시간을 보냈다.

만해 한용운 일대기, 서일 독립운동가의 손자이야기를 TV로 봤다. 독립운동가 후손의 비참상을 모르는 바는 아니지만 민족정기와 기강이 잡히지 않았던 현실을 개탄한다.

만해를 보면서 지조를 지킨다는 것이 얼마나 고독한 것인가를, 또 자기와의 투쟁에서 얼마나 싸워 이겨야 하는가를 봤다. 그러면서 자신은 아무것도 한 일이 없다는 자기 학대 때문에 더욱 힘들어하는 것도 보았다.

독립운동을 하던 분들 중에 역사에 기록되지 않은 분들이 얼마나 많은가. 심지어 1919년 3월 1일, 역사에 길이 남을 민족대표들은 식당 태화관에서 자기들끼리 독립선언을 하였다. 그 시간, 군중이 모인 파고다공원에서 독립선언서를 낭독하고 만세운동을 유발시킨 사람은 시골교회 전도사인 정재용 선생이시다. 독립운동이나 민주화운동이나 그 밑에 이름 모를 민초들이 항시 있었다는 것을 우리는 잊어서는 안 된다. 역사를 거울 삼으면 흥망을 알고, 사람을 거울 삼으면 운명을 안다고 했다.

나 자신도 작은 세계에서나마 나와의 투쟁에서 번뇌하고 고통을 감내하며 나를 지키기 위해 부단한 노력을 해왔다. 현재 지켜온 이 작은 양심과 지조만이라도 흔들림없이 지켜나갈 각오다.

늙으면 추해진다고 한다. 또 변절한다고들 한다. 또 권력에 영합하기 위해 수단을 가리지 않는다고 한다. 그러나 나는 지금껏 지켜온 내 자신을 추하게 하거나 병들게 하지는 않겠다. 권력도 명예도 이제 모두 내 것이 아니다. 얼마 만큼 건강하게 좀 더 사회에 봉사하고 출판의 길에 충실하면서 여생을 누리느냐에 달려 있다.

독재와 싸우고 감옥에 가고 고문을 당하고 하는 육체적 고통보다 권력이나 명예나 허세를 떨어버리는 마음가짐이 어떻게 보면 더 힘들런지는 모른다. 그리고 돈에 대한 끝없는 욕망을 끊어버린다는 것은 나와 같은 성장의 과거를 가진 자에게는 더욱 힘든 일이었는지 모른다.

나는 자선 사업가는 아니다. 문화 사업이라도 사업이다. 이윤을 위해 좋은 기획도 하고 부지런히 일해야 한다. 그러나 그 이윤을 문화사업과 사회봉사에 써야 한다. 부정하게 돈을 벌지 말자. 그리고 돈은 보람 있는 곳에 쓰자.

3월 11일

지금 일본 아카사카赤坂 도큐東急 호텔 535호에서 이 글을 쓴다. 서울유통 최선호 사장의 권유에 못 이겨 몸도 불편한데 아침 9시 30분발 KAL로 김포공항을 떠났다. 허창성 사장도 온다고 했는데 동행하지 않았다. 생각지도 않았는데 출협의 이두영 국장이 동행이 되었다.

2시간의 비행 시간 동안에 비봉출판사의 박기봉 사장과 동석이 되

미국에서 온 김병철 교수의 편지

《출판문화》 3월호, '특집/출판현장 점검과 전망 ⑫ 인력양성-좌담회'에 대한 기사

어 출판협동조합 등 한국 출판계에 관한 많은 이야기를 나누었다. 마음을 비우고 이야기한다는 것, 그것은 득보다 실이 많다는 것을 안다. 그러나 출판계의 올바른 역사를 알린다는 것은 해야 될 일인지도 모른다. 진실되지 못한 행동, 언행이 일치하지 못하는 내 주변의 출판인들. 나는 꼭 말한 대로 실천하겠다. 그래서 진실된 사람, 뜻은 못 이루더라도 진실되게 참되게 행동했다는 것은 보여 주고 싶다.

나리타 공항에 도착하니, 최선호 사장의 일본 친구로 지난번에도 신세를 진 모리 신지森進二 사장이 버스를 가지고 마중을 나왔다. 일행 12명, 또 통역을 한다는 정씨일본 체육대학 강사와 또 동행 한 명과 같이 소형 버스를 타고 어느 시골 식당에서 카레라이스로 점심을 먹고 출판물 물류회사인 '산북San Book'의 미호美浦 창고를 둘러보았다. 그리고 와세다 구에 있는 산북 본사에 가서 부사장과 기획실장의 브리핑을 듣고 자료도 얻었다. 유익했다.

저녁에는 힐튼 호텔에서 저녁 대접을 받았다. 모리 씨의 친구 요시무라 준이치吉村順一 씨와 인사를 했다. 그가 저녁을 사는 것인지 몰라도 대단한 신세를 졌다. 게다가 쇼까지 보여 주어 쇼를 보고 도큐호텔로 왔다. 쇼 같은 것은 내가 즐기는 쪽이 아니지만 동행과 같이 행동해야 하므로 웃는 시간으로 여겼다.

나는 이번 여행에서 무엇을 얻게 될지 모르겠다. 그러나 유익했으면 한다. 그리고 첫째 건강을 해치지 말자. 어제 서울에서 아내와 같이 미아리에 가서 금침金針도 맞았지 않는가! 지금 임성원 사장이 도쿄에 있는데 내일 서울에 간다고 전화가 왔다. 좋은 친구라고 본다. 1년에 한번쯤 만나지만 심성이 좋은 것 같다. 손해가 갈지라도 마음을 털어놓고 싶은 사람이다. 서울에 가서 만나 마음속 말을 한번 하자고 했다. 그

(주)서울출판유통 일본유통 센터 시찰단

	성명	영문명	소속사 및 직위	비고
1	尹炯斗	YOON, HYUNG DOO	범우사 대표	(주)서울출판유통 이사
2	金彦鎬	KIM, EOUN HO	한길사 대표	(주)서울출판유통 이사
3	朴琪鳳	PARK, KI BONG	비봉출판사 대표	(주)서울출판유통 이사
4	洪承大	HONG, SEUNG DAE	한양서적 대표	(주)서울출판유통 이사
5	朴鍾成	PARK, JONG SUNG	고려서적 대표	(주)서울출판유통 이사
6	崔善鎬	CHOI, SUN HO	세계사 대표	(주)서울출판유통 대표이사
7	金 榮	KIM, YOUNG		(주)서울출판유통 업무국장
8	李斗暎	LEE, DOO YOUNG	(사)대한출판문화협회 사무국장	
9	南基范	NAM, KI BEOM	공간환경 대표	설계사
10	李昔奉	LEE, SUK BONG	S.T.M 부장	Computer Programer
11	鄭相福	JEONG, SANG BOK	S.T.M 부장	Computer Programer
12	禹喆均	WOO, CHUL KYUN	진명서적 과장	
13	高大勳	KO, DAE HUN	진명서적 주임	

산북 물류창고 내부에서

런 말을 한 것이 나에게 손해를 줄지라도. 하고픈 말을 했다.

535호, 이 방은 독방이다. 혼자 편하게 자야겠다. 또한 민주당 전당대회가 있어 김상현 의원의 일이 궁금하다. 이번에 아무것도 도와준 것이 없어 미안하기도 하다. 그러나 나는 정치와는 철저히 손을 끊기로 하였으니 우정이 없는 것이 아니라 정치에 관여하는 일체의 일은 하지 않겠다.

11시가 되어 간다. 내일 아침 일을 생각해 잠을 청하자.

3월 12일

아침 일찍 일어났다. 5시경이다. 목욕을 하고 이두영 국장에게 전화를 했다. 아침 산책을 같이 했다. 산책길에서 출협에 대한 나의 현재 입장, 또 장래의 설계에 대한 말도 했다. 기회를 만들어 보되 그것이 여의치 않으면 단념하겠다는 이야기를 했다.

아침을 먹고 8시에 캠프Kamp 대표인 타다 아키오多田昭夫 씨의 안내로 도사카시타東坂下 1정목에 있는 구리타출판栗田出版 판매주식회사 본사에 갔다. 엔도遠藤 사장을 비롯해 다시로야마田白山 전무, 하야시 취체역林取締役, 물류부장 등이 마중을 나와 회의실에서 환영사를 하였고, 내가 단장으로서 인사말을 하였다.

두 번의 스피치를 무난하게 해냈다는 생각이 들었다. 아침 9시경부터 오후 3시가 넘도록 견학하고 질의하고 토론하고, 또 한국 상황에 대해 내가 설명하고 참으로 진지했다. 그리고 점심도 융숭히 대접받았다.

이제 어디를 가나 나이탓인지 원로 대접을 받는다. 서글퍼지기도 하지만 마음가짐, 몸가짐, 또 어느 때 어느 곳에서라도 인사말 한마디 할 준비는 해두어야겠다.

4시 반이 넘어 도큐 호텔에 들어와 통역인 정씨, 안내자였던 타다多田 씨, 또 한양서적의 홍승대 사장, 고려서적의 박종성 사장, 최선호 사장, 이두영 국장과 같이 14층 바에 가서 물탄 양주 한 잔씩을 했다. 그 값은

구리타출판 판매주식회사에서 답사를

내가 내었다. 그만한 것은 해야 할 것 같아서다. 돈을 좀 벌어야 될 것 같다. 돈 쓰는 데도 마음이 가벼웠으면 한다. 항시 궁색하였던 옛날의 생각에서 벗어나지 못하는 나로부터 언제쯤 해방이 될 수 있을까. 아니, 지금까지는 절약 때문에 오늘이 있는 것이 아닐까 하고도 생각한다.

저녁에도 술을 마시지 말자. 그리고 절대 과식을 하지 말자. 명심하자. 7시에 저녁을 한다는데 꼭 지키자.

아카사카赤坂 뒷골목 서울 뚝배기집에서 설렁탕을 맛있게 먹었다. 식후 모두들 한잔 하러 간다고 갔다. 나는 K사장과 책방에 들러 책 몇 권을 사고 돌아와 이야기를 나누다가 그는 자기방으로 갔다.

L사장과 B사장의 서먹서먹한 관계, L사장의 좀 독선적인 행동, 또 C사장이 그와 비슷한 오만함이 보인다는 것 등 염려를 나타냈다. 나는 듣고만 있었다. 그러나 K사장의 말이 일리가 있다는 생각이 들었다. 그는 아이디어맨이고 노력형이다. 거기에 따르는 신뢰성 문제 등 뒷말들이 없는 것은 아니지만 출판인으로서는 대성할 자질을 갖고 있다고

구리타출판 판매주식회사 본사에서

본다.

저녁 11시가 넘었다. 지금 아내와 통화를 했다. 김상현 의원이 민주당 대표 최고위원에 낙선했다는 것이다. 신순범 의원이 최고위원에 당선되었단다. 민주당이 정당으로 얼마나 역할을 할 수 있을까 미지수다.

내일도 건강했으면 한다. 부침이 심하다. 오늘 저녁때는 좋지 않았다. 신경을 써서일까?

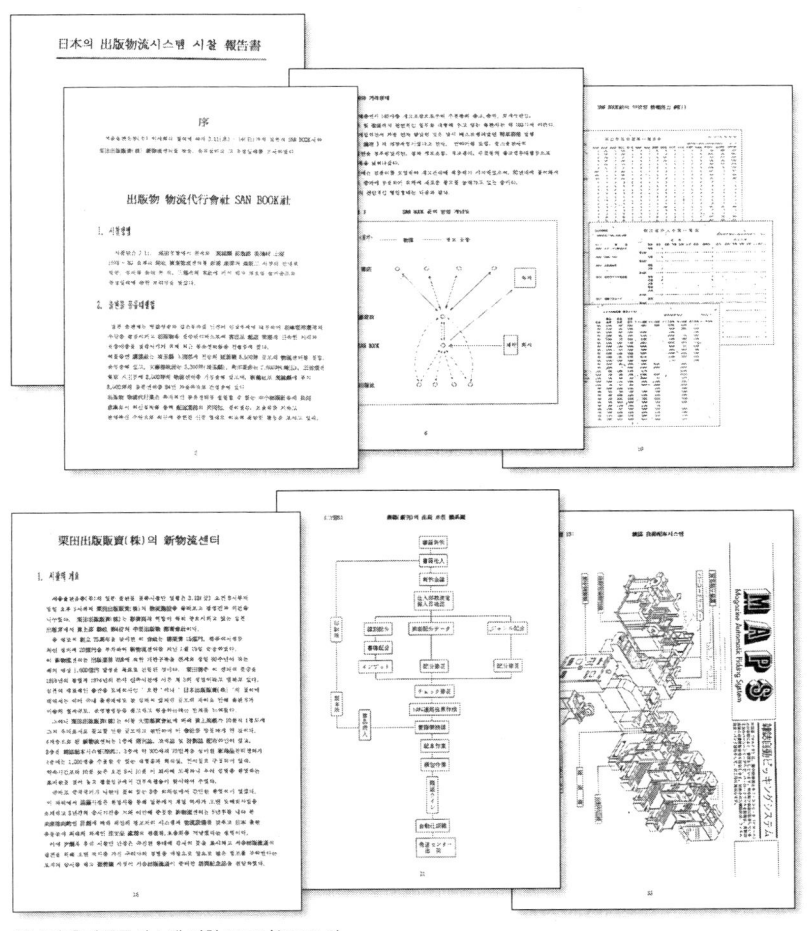

일본의 출판물류시스템 시찰 보고서(1993. 3)

3월 13일

　이 일기를 쓰는 시간은 사실은 14일 오전 2시 30분이다. 아침에 히에 신사ひえ神社를 갔다 왔다. 도쿄東京의 아카사카赤坂 중심부에 있는 옛 신사였다. 주변에 총리 공관, 중의원 의사당과 자민당, 사회당 당사 등 정치집단이 있었다.

　오늘, 아침을 먹고 이두영 국장과 간다神田 서점가를 갔다. 이와나미서점에서 이 국장은 먼저 볼일이 있다고 하여 가고, 나는 남아서 책을 보았다. 살 책은 많았으나 도쿄의 옛지명인 에도江戶에 관한 책을 주로 샀다. 한국은 내년이 '서울 정도定都 600년의 해'라 그것을 기념하는 책 제작에 참고하기 위해서다.

　고서점에 가서도 몇 권의 책을 샀다. 그런데 《조선역사》라는 한말韓末 목활자 교과서가 낱권인데 일본 돈으로 6만 8천 엔이었다. 엄청난 값이었다. 현실성이 있는 값인지 모르겠다.

　지금은 한국 고서들이 너무 싼값이지만 문화재 보호법 등이 풀리면 세계적으로 대우받을 날이 오지 않겠는가. 고지도 복사판이 보통 1800엔이니 한국 돈으로 1만 원이 된다. 한국에서는 3천 원에도 사지 않겠지만 생각해 볼 일이다.

　저녁을 한국집 일룡에서 하고, 나는 정종 두 잔을 했다. 호텔에 돌아와 김언호·박기봉·홍승대·박종성·최선호 사장 등과 서울유통, 일산단지에 대한 이야기를 두 시가 넘도록 했다. 일산에 대해 염려들을 했고 이기웅 사장에 대해서도 여러 의견들이 나왔다. 모두가 다 애정을 가지고 하는 말이었다.

　서울에 가면 이기웅 사장하고 점심이라도 하면서 일산단지 문제에 대하여 의논을 해야 할 것 같다. 또 술을 마셨다. 커피도 마시고 그래서 잠을 이루지 못한다. 나약한 마음이여, 과단성 없는 결단이여, 또 자책

하며 먼저보다 나아졌지 않느냐고 자위할 것이 아니다. 개선을 시도해 보자, 끊임없이.

3월 14일

    무사히 일정을 마쳤다. 아침을 좀 많이 먹었더니 속이 약간 불편하다. 그러나 염려할 정도는 아닌 것 같다. 그것도 신경 때문이겠지. 마음을 편하게 갖자. 서울 집에 전화를 했더니 아내가 명쾌한 음성으로 받는다. 신윤식 형의 자당께서 별세하여 조화도 보내고 재민이가 문상도 갔다고 한다. 재민이가 다 잘하리라 본다.

    어제 아침 14층 화식당에서 도쿄 시내를 굽어보며 아침을 먹는데 그렇게 기분이 상쾌하고 음식이 쑥쑥 내려가는 것 같았다. 분위기가 중요한 것 같다. 그런 분위기를 만들기 위해서도 노력을 해보자. 그리고 배와 가슴이 답답한 것부터 고쳐 보자. 소식을 하며 오래 씹고 기분을 맑게 갖고 하는 습관을 들여야겠다. 약으로 병을 다스리는 것이 아니라 마음으로 치료하자. 한국에 가면 그렇게 하자. 또 내일부터 허겁지겁하지 말고 한 달쯤 더 있다 온 것쯤으로 잡고 여유를 갖자.

    2, 30분 후면 이 호텔을 떠나 나리타 공항으로 간다. 거기서 수속을 밟고 3시 50분 KAL기로 고국으로, 아니 일터로 가는 것이다. 무엇을 얻었는가는 어떻게 좋은 계획을 세우는 데 보탬을 주느냐는 데 있다. 조급하게, 또 꼭 무엇을 꼬집어 얻지 못했더라도 무엇인가 활력이 잠재되어 있을 것이다.

    한 시간 후면 서울에 도착한다. 또 출판에 전념하자. 그것이 내 갈 길이다. 잡지 《책과인생》도 신경을 쓰면 살릴 수 있을 것 같은데 광고사원을 두는 방법도 시도해 보자.

《구리타주보》에 실린 (주)서울출판유통 시찰단에 대한 기사

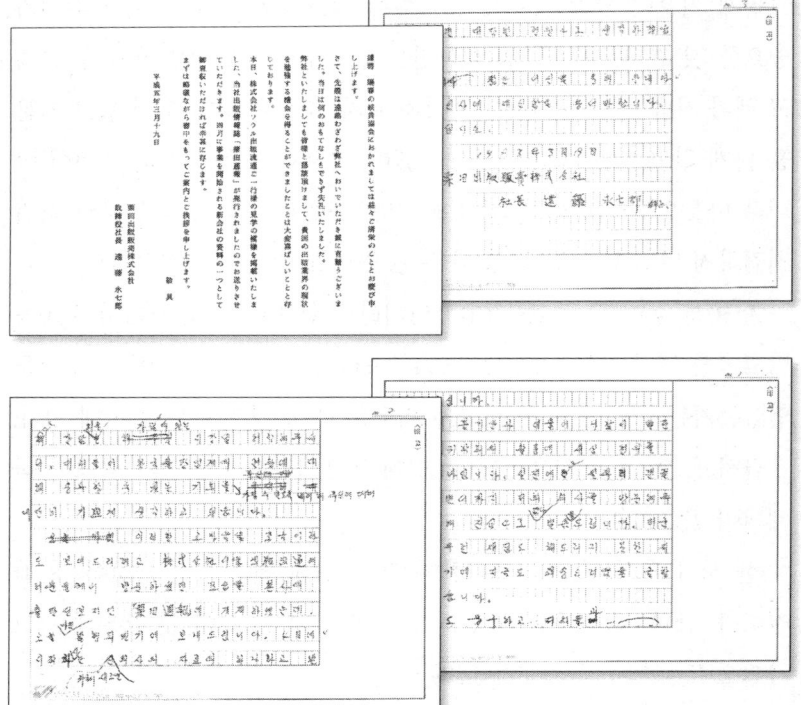

일본의 출판물류센터 방문 후 구리타출판판매주식회사 엔도 사장의 감사 편지

3월 24일

　일본에 다녀온 후 또 바쁘게 10여 일이 지났다. 독서문화진흥법 추진위, 도서권 발급회사 주주총회, 한겨레 주주총, 출협 상무회의, 일산 단지이사회, 또 대학원 강의 등 눈코 뜰새 없이 다녔다.
　이기웅 사장과 술 한잔 한 후 또 몸이 좋지 않았다. 여승구 사장 회사 30주년에는 참석했는데 고서전시회 등만 관람하고 돌아왔다. 또 아는 사람들과 어울리면 술을 할 것 같아서다. 술, 과식만은 절대 삼가하자.
　아내의 권유로 금침을 두 번 맞았다. 아직 효과는 모르겠는데 아내와 영자 이모는 몸이 좋아졌단다. 오늘 아내와 이모가 침놓는 분을 모시고 장인 치료차 청주에 갔다.
　몸은 더 마르는 것 같다. 또 아침산행, 회사일 등이 몸에 부친다. 금침 때문인지 몸이 나른하고 무력감 같은 것이 몸을 내습한다.
　그저 타의에 의해 끌려가는 것 같다. 스스로 의욕 같은 것은 솟지 않는다. 연일 나오는 뉴스, 공직자, 국회의원 등의 부정축재 기사 등이 더욱 내 마음을 우울하게 하는지도 모르겠다.
　오늘도 정진태에게 노동운동, 정치에 대한 미련 등을 버리고 출판에 전념해보라는 말과 우리 범우사에서 인생의 승부를 걸어보라고 했다. 이력서를 가지고 와서 4월 1일부터 근무해보라고 했다. 실력과 능력이 있는 사람이 전력투구해 주면 범우사의 발전에 큰 보탬이 될 것 같은데 마음을 정착시킬지 의문이다.
　한문영 씨와 출판 진행에 관한 이야기를 나누고 오늘은 2~30분 일찍 퇴근을 했다. 4월에 있는 출판학회 세미나, 또 강의록, 출판학 연구에 실을 논문 등도 준비해야 하는데 손에 잡히지 않는다. 자꾸 약해져가는 몸에 대한 신경만이 곤두세워진다.
　신경성이라 하지만 또 혹시 하는 생각이 머리를 떠나지 않는다. 내

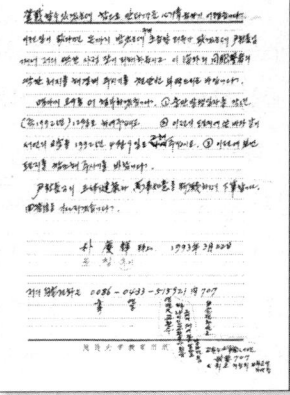

박경휘씨의 편지

고원 시인의 편지

일은 음식으로 병을 낫는다는 한의원을 한번 찾아가봐야겠다. 그리고 계속 몸이 이러면 4월 중에 종합진찰이라도 받아봐야겠다.

3월 30일

아침 6시에 글을 쓴다.

생활에 변화는 없다. 어제도 출근, 서울유통이사회 참석, 중대 신방대학원 강의 등 바빴던 하루다. 또 건강을 위해 신당동에 있는 제선의원에 가 침을 맞았다.

그동안 금침을 맞고 또 제선의원에 가 식이요법에 관한 지도를 받고 침도 맞고 하였더니 위장 아픈 것이 덜한 것 같다. 나의 몸이 수음체질이라 한다. 나의 체질에 나쁜 음식은 일체 입에 대지 않을 생각이다. 그것이 몸을 해롭게 한다는 것이다. 그리고 저녁 음식을 가능하면 먹지 않거나 줄여야 한다는 것이다. 그렇게 노력하겠다. 그래서 좀 건

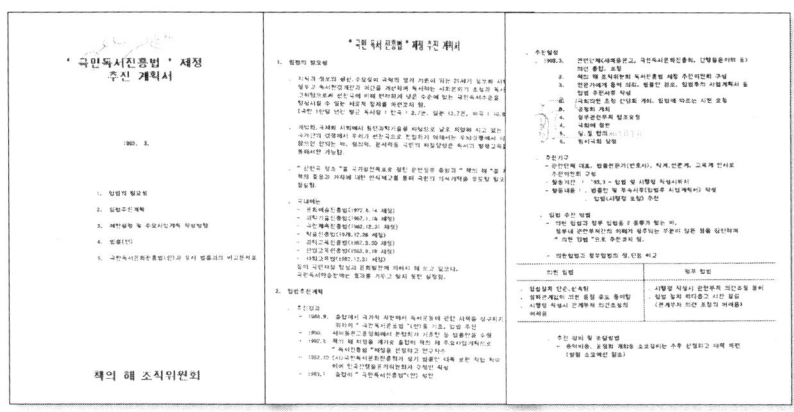

국민독서진흥법 제정 추진 계획서

강이 회복되는 것 같으니 신경을 써서 몸 관리에 전력을 기울이겠다.

지난 금요일에는 으악새 클럽 모임이 있었다. 한완상 부총리, 장을병 총장, 한승헌 변호사, 김상현 의원, 리영희 교수 등 모두 사회적으로는 명성을 얻고 있는 사람들이다. 내가 좀 뒤졌지만 그러나 내 나름대로 내 길을 가고 있으니 부끄럽거나 열등감을 가질 필요는 없다.

그런데 이상두 교수가 돌아가셔서 그 자리가 비었다. 건강해야 한다. 그리고 가능하면 장수하여야 한다. 오래 살면서 업적을 남기자. 이상두 형도 오래 살았으면 많은 것을 남겼으리라 본다. 아깝다. 우리 범우사에도 많은 도움을 주었을 터인데. 이번에 으악새 모임에는 김중배 한겨레 논설위원과 임헌영 씨가 같이 하기로 하였다. 좋은 사람들이라 본다. 으악새 클럽에 좀 신경을 쓰자. 20년이 넘는 정이 베인 모임이 아닌가. 모임이란 관리하지 않으면 흐트러지고 만다.

무엇보다 우선은 건강을 정상적인 궤도까지 올려놓자. 그리고 유연하게 사회활동을 하자. 무리하게는 하지 말고. 오늘도 내일 아침 7시 20분에 모이는 정동 로타리에 참석하기 위해 20분 후면 떠나야 한다.

1993년 75

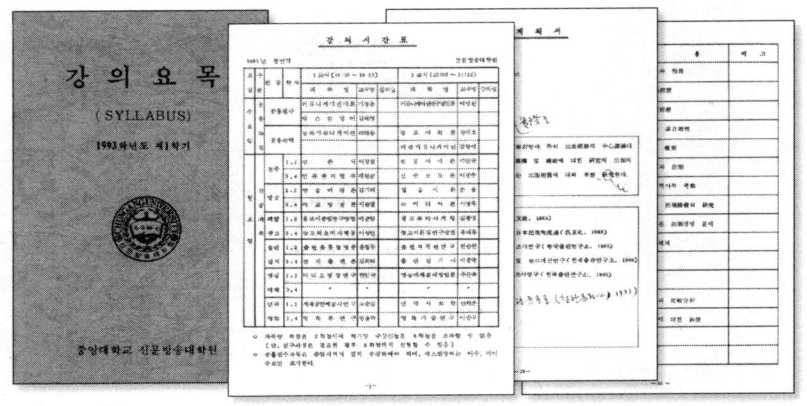

중앙대 신문방송대학원의 1학기 강의 《출판유통 경영론》 시간표와 계획서

무엇보다 건강이다.

4월 2일

새벽 4시에 잠이 깨어 잠을 청하나 오지 않는다. 어젯밤 부정축재자들의 자정自淨에 대한 MBC 시사토론을 듣고 자정 넘어 잤는데도 몇 번 잠을 깨고 그리고도 4시 이후는 잠을 이루지 못했다.

고민이 있는 것도 아니고 잡념이 있는 것도 아니다. 무념의 상태에서 평안하게 살기로 한 지가 오래다. 운명에 순응하면 업혀가고 운명에 저항하면 끌려간다고 하지 않느냐. 그러나 그것이 뜻대로 되고 있는 것 같지 않다.

어제는 출판인 대학 수료식이 있어 오후 4시에 참석하였다. 노양환, 허창성, 하동석, 홍우동 씨 등이 참석하였다. 그들이 출판인 대학의 폐원廢院에 대하여 서운하다고 한다. 오히려 그 원인이 나에게 있는지도 모른다. 내 주장은 출협에서 하고 있는 출판인 대학은 일본의 에디터 스쿨처럼 독립시켜야 하며 출판연감, 출판문화 등은 일본의 출판뉴스사에서 운영하듯이 별개로 운영하고 출판협회는 대정부 관계와 전반

에세이포럼 회원들과 함께

적인 출판진흥을 위해 힘써야 한다.

내가 한 번 상임이사회에 나가지 않았더니 그런 결론이 나버렸다. 대세의 결정이니 어찌하겠는가마는 출판연감만은 어떤 형태로든 출협에서 출판해야 할 것 같다는 건의를 해보겠다.

어제 김낙준 회장이 교보 지방 매장 문제에 대하여 오픈하는데 전력을 기울여보겠다 하여 나는 찬성한다고 하였다. 교보가 독점한다는 것, 조정기능이 없는 출판물 유통에 있어 횡포할 가능이 있다는 것을 배제할 수는 없지만 현재와 같은 출판물 유통의 난맥상을 바로잡는 데 대형매장이 늘어나는 것이 좋은 방법일런지 모르겠다.

서울유통도 힘을 길러야 할 터인데 힘을 갖게 될지 의문이다. 몸무게가 자꾸 빠진다. 52.7kg다. 최소의 중량인 것 같다.

성혜가 침을 맞으면 체중이 주는 것이 정상이라 하여 마음이 좀 놓이지만 어쩐지 불안하다. 오늘 한의사에게 물어봐야겠다. 또 이대로 자꾸 체중이 내리면 종합진찰을 해봐야겠다. 건강이 좋아져야 할 터인데 계속 신경이 쓰인다.

4월 10일

어제는 부모님 기일이었다. 부산에서 길순이 동생이 생선 등을 가지고 왔다. 형문이 처와 숙모님이 같이 왔다. 제수는 가고 숙모와 길순이는 집에서 자고 어머님 산소에 오늘 아침 같이 갔다가 길순이는 부산으로 가고 숙모는 마포 집으로 모셔다 드렸다.

요사이 날씨가 좋지 않다. 그래서인지 내 건강도 쾌하지 못하다. 제선한의원에 가서 침을 맞고 왔다.

소화가 잘 되지 않는다고 하였더니 의사는 아주 길게 맥을 짚어보고 침을 놓아주곤 가타부타 말을 하지 않는다. 녹용이 있으니 먹으면 어떠느냐 했더니 먹으라고 짧은 대답을 한다.

다음주에는 방사선 의원에 가서라도 검진을 해볼까 한다. 그렇지 않으면 장승백이에 유명한 내과의사가 있다니 거기라도 가봐야 할 것 같다. 체중도 52.9나 53kg밖에 되지 않는다. 너무 쇠약하여 목욕을 하는데도 남의 눈이 의식된다.

생명이란 무엇일까. 이렇게 두려워하고 집착하고 있으니 그것을 넘을 수 있는 나는 될 수 없을까. 초월, 초연할 수 있는 나는 될 수 없을까. 생명은 우주와도 바꿀 수 없다는 현실을, 아니 진리를 부정할 수는 없지만 생명의 유지 때문에 아니 고통에 대한 두려움 때문에 한없이 움츠리고 있는 자신이 가엽기도 하다.

진찰, 내시경 검사 등 어느 것 하나 뚜렷이 결정하지 못하고 우유부단하게 시간을 보내면서 괜찮겠지, 신경성이야 하고 마음 돌려먹기로 그때그때를 모면해보려는 얄팍한 마음가짐이 또한 밉기도 하다.

어제도 김장호 교수의 《산책山冊》 출판기념회가 평화출판사에서 있었는데 가지 못했다. 깜빡 잊었었기도 하지만 아니 알아도 가지 않았을지도 모른다. 심신이 모두 약해버려 가능하면 남들 앞에 나타나기가 싫어졌다.

오늘 순천의 김준민, 서울에서의 염기용 씨댁 혼례에도 축하금만 송금하고 말았다. 피부가 늘어지고 뼈만 앙상한 몸을 볼 때마다 왜 이렇게라는 의문을 던져보지만 아무런 화답은 찾을 수가 없다.

이제 목숨을 걸고 부딪혀 볼 때가 된 것 같다. 그래서 여의치 못하면 장기입원을 하든지 시골로 낙향을 하든지 해야 되는 것이 아닐까. 잡사와 속세에 묶여서 하루도 헤어나지 못하는 나에게서 탈피해야, 아니 탈출해야 할 것 같다. 토요일 오후 실컷 술이라도 마셔 버릴까. 그것도 용단이 있어야 하지. 나약한 심사여.

김정학 교수의 엽서

4월 16일

밤 12시가 되었는데 잠을 이룰 수 없다. 금년에 돌아가신 안춘근 선생, 유원균 벗 생각이 자꾸만 떠오른다.

3일전 장승백이에 있는 이문호내과에서 내시경 검사를 한 결과, 위에 염증이 있다는 진단이 나왔다. 혹 나쁜 병이 아닌가 하고 염려했던 걱정이 사라졌다. 몸에 대해 좀 자신감을 가지고 살아야겠다는 생각이 들었다.

어제도 낮에 박충일 사장과 점심을 하면서 술 한잔을 했고 오늘 저녁도 초등학교 동창인 36회 모임에서 소주 한 잔을 하였다. 내일 아침에 어떤 증세가 나타나려는지 모르지만 지금은 아무렇지 않다. 운명에 겁낼 것이 아니라 숙명에 순응하면서 살아야 되는 것이 아닌가.

번역가 김병철 교수에게 보내는 편집부의 편지

김병철 교수의 답장

요사이 나는 범우사의 일과 또 주어진 일을 수동적으로 처리해 갈 뿐 능동적으로 일을 만드는 일은 하지 않고 있다. 아니 피하려 하고 있다. 이것이 건강에 도움이 된다고 생각하기 때문이다.

그러나 그 수동적인 일마저 무척 벅차기도 하다. 봉천동 사옥 건축 때문에 벽돌 등 자재를 구하러 다녀야 하고, 옆집 말일성도 교회의 지반과 담에 금이 갔다는 내용증명서가 날아와 신경을 써야하고 5월 1일에 있는 책의 해 조직위원회와 공동 개최하는 세미나 일로 모임을 가져야 하고, 또 도서진흥법 추진 등 각종 모임에 참석해야 하고…… 나 스스로를 감당하기 어려운 나날들이다.

그러나 시간이 갈수록 모임의 횟수도 줄어들 것이다. 오늘 오후 김민하 중앙대 총장 삼남 결혼식에 참석하고 나는 가능하면 부조금만 보내고 참석들은 안 하는 것이 정신건강상 좋겠다는 생각이 들었다.

그저 옛부터 지켜왔던 인간관계나 유지하고 새로운 인간관계를 맺지 말자. 정동로타리 때문에 김연호 사장댁 등 양가에 부조는 하였지만 너무 발을 넓히지 말자는 생각이 들었다. 여유를 가지고 살자. 나쁜 병이 아니라니 한시름 놓인다.

한국일보 1000자 춘추도 가능하면 잘 쓰자. 그러나 무리는 하지말자. 잘 써지면 잘 써지는대로 무난하면 무난한대로 써서 보내자. 인위적으로 사람을 사귀지 말자. 그리고 글도 꼭 발표하기 위해 쓸 것이 아니라 쓰고 싶을 때 써놓자. 발표야 하든 안 하든 그것이 남는 것이 아니겠는가.

이제 잠을 청해보자. 54kg까지 체중을 올려보자. 그것도 노력이다. 잠을 청해보자.

4월 24일

간밤에는 우박이 퍼부었다. 그러나 아침 정원은 그렇게 깨끗할 수가 없다. 개나리, 진달래는 지고 작약, 모란 등이 꽃을 머금고 있다. 주목

관악산에서

상록수 등이 새 잎을 돋우고 있다.

내시경 검사를 한 후 자신감을 얻어서인지 건강이 좋아지는 것 같다. 정신적인 영향도 있는 것 같다. 금침, 또 재선 한의원에서의 침 치료도 효과가 있는 것 같다. 체질치료는 수음체질이라 하더니 며칠 전에는 또 금음체질이라 하여 어쩐지 믿음이 가지 않는다. 그러나 금음으로 가능하면 식이요법을 계속할 생각이다.

요사이도 고화와 고려본 두루마리 또 죽책 등 도둑맞은 물건들이 자꾸 새롭게 떠올라 여간 마음이 아픈 게 아니다.

그러나 아내를 원망하지 말자. 오히려 내가 간수를 등한히 했기 때문이 아니겠는가. 그런 귀중한 것들을 아무 도난방지 설치도 하지 않고 집에다 둔 것이 잘못이 아니었겠는가. 아내에게 이제 그 물건들에 대한 말은 하지 말자. 있는 것만이라도 잘 간수하자. 또 고서는 꼭 필요한 것 이외는 정리를 하자. 그것에 신경을 쓰지 말고 출판에 전력을 기울이자.

5월 1일에 있는 세미나는 책의 해 조직위가 주최니 그 쪽에서 진행하도록 하자. 논문도 쓰고 수필도 쓰고 해야 하는데 마음이 차분하게 잡히지 않는다. 건강이 좀 좋아진 것 같으니 그것으로 안위를 하자.

어제 최창섭 교수와 상의한 커뮤니케이션 도서를 계속 간행해보자. 그쪽이 앞으로 유망할지도 모르니 그런 방향으로 하자.

4월 29일

산과 바다와 꽃과 책, 이런 것들을 생각케 한다. 그리고 거기에다 맑은 하늘 그리고 태양과 흰 구름 같은 것이 어울렸으면 더욱 좋겠다. 강물과 흘러가는 구름 그리고 스치는 바람 같은 인연들이 다 지나면 무엇이 남을까?

저녁 9시가 넘으면서부터 잠이 오기 시작하는데 성혜가 10시 반이 넘도록 오지 않아 기다리다 잠을 청하려니 이미 잠이 달아난 후다.

막내 성혜를 빨리 출가시켜야겠다. 아내가 나와의 결혼 생활이 불만족스럽기 때문에 성혜의 혼사를 서둘지 않는 것 같은데 아내가 나와 결혼하지 않았다면 지금보다 더 행복할까? 모를 일이다. 내가 아내에게 가정적이지 못하고 잔신경을 써주지 않았다는 게 이렇게까지 원망받을 이유가 되는지 모르겠다.

바다를 생각하자. 꽃을 바라보자. 또 산과 높은 하늘을 보자. 인간들을 생각지 말자. 인간세世는 어떻든 모두가 괴로움이 아니겠는가.

오늘 손영수 사장이 와서 말하지 않았던가. 한 해만도 정승이 몇 명인데 역사에 몇 명이나 기억될 수 있는가. 상장이니 훈장이니 부질없는 것이 아닌가 하는 말을 하고 갔다. 내 책상 위에 놓인 '서울시 문화상' 상패를 보고 한 말인지도 모른다. 그러나 나는 그것을 영예롭게 생각한다. 힘겹게 부지런히 살아왔다는 증거가 아니겠는가.

내일 아침 하늘을 보자. 구름 낀 하늘이라도 보자. 또 정원에 핀 꽃을 보자. 비에 맞아 늘어진 꽃이라도 보자. 또 산을 보자. 검은 색으로 푸르러가는 산을 보자. 그래도 양에 차지 않으면 오염에 덮인 인천항의 바다라도 찾아가보자.

산과 바다와 하늘과 태양 그리고 꽃 모두가 좋다. 살아 있으매 느끼는 것이 아닌가. 그런데 인간세만은 왜 이렇게 지저분하고 추악한지……

5월 1일

5월 푸르름에 세수하고 싶은 계절이다. 한결 기분이 상쾌해진다. 일 년 내내 5월 같은 계절이면 좋겠다. 춥지도 덥지도 않고 공기도 맑고

중국, 대문보戴文葆 선생의 편지

싱그러운 나무에 화려한 꽃이 어울려 생동감을 주는 5월.

오늘 한국출판학회가 주관한 〈21세기 출판발전을 위한 전문인 육성책〉이라는 세미나를 세종문화회관 대회의실에서 열었다. 항시 급하고 당황하고 촌스럽게 회의를 진행하고 발언도 하지만 끝맺음은 무사히 한 것 같다. 또 한 일을 마쳤다. 결과는 먼 훗날 평가하는 것이다. 이제 잊자. 그리고 다음 일을 생각하자.

한국일보의 1000자 춘추, 대학원 강의, 또 특강, 중국 국제학회 참가건 등 앞을 보고 걷자. 무리하지 말고 서둘지 말고 욕심내지 말고, 차분차분하게 아니 게으름부리며 굼벵이처럼 하자.

오늘도 세미나를 마치고 술을 했다. 또 전문대학이지만 많은 대학교수가 학회에 입회했고 발표 등에도 참여했다.

전영표 교수가 무엇 때문인지 당신을 주축으로 한국출판문화학회를 따로 조직하고 한국출판학회를 약화시키는 것 같지만 우리 학회가 전통성이 있으니 포용하도록 노력하자.

홀가분한 마음으로 또 날을 보내자. 그러다 일이 있으면 또 할 수 없이 긴장하자. 방송국에서 나와 달라는 것은 거절했다. 가능하면 방송에는 나가지 말자. 그러는 것이 나에게 유익할 것 같다. 내일 비가 온다지만 산에나 갔다 오자.

5월 5일

어린이날이라 쉬었다.

어제는 아침 간부회의, 오후에는 출협 상무이사회의가 끝나고 김낙준 회장과 나춘호 부회장과 같이 문화재 관리국장으로 발령이 난 정덕용 국장실을 방문하고 차를 한잔 하고 나왔다.

저녁에는 성북동에 있는 요정에서 정동 로타리의 강경식 의원 국회의원 당선 축하연이 있어 참석했다 끝까지 있다가 나왔다. 요사이 신윤식 사장의 심기가 그리 좋은 것 같지 않아 끝까지 있다 돌아왔다.

오늘은 지하실 서고에서 책을 만지고 오후에도 2층 서고에서 고서를 분야별로 선별하는 일을 하다 보니 또 하루가 갔다.

모레 93 서울도서전이 열린다. 그 날 김영삼 대통령이 참석하는데 나보고 간단한 브리핑을 하라는 것이다. 거절할 수 없어 승낙은 하였

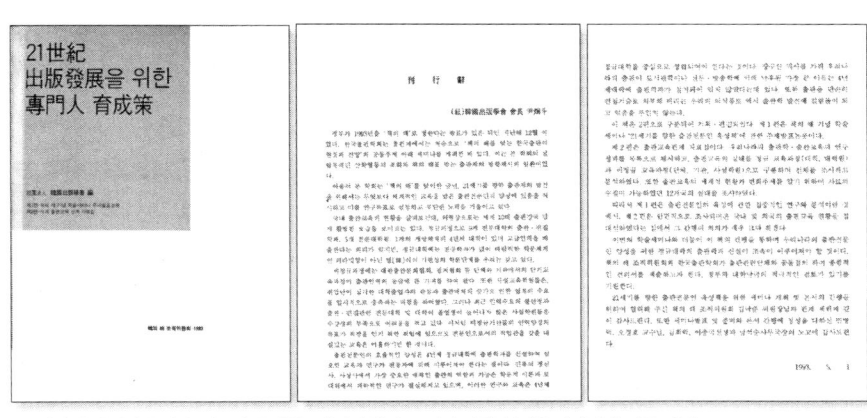

〈21세기 출판발전을 위한 전문인 육성책〉 세미나 책자 표지와 간행사(다음 페이지에 전문 게재)

〈21세기 출판발전을 위한 전문인 육성책〉 간행사

(사)한국출판학회 회장 **윤형두**

출판 전문인의 양성

정부가 1993년을 '책의 해'로 정한다는 발표가 있은 뒤인 지난 해 12월이었다. 한국출판학회는 출판계에서는 처음으로 '책의 해를 맞는 한국출판의 현실과 전망'이란 공동주제 아래 세미나를 개최한 바 있다. 이는 본 학회의 설립목적인 산학협동의 조화와 책의 해를 맞는 출판계의 방향 제시의 일환이었다.

아울러 본 학회는 '책의 해'를 맞이한 금년, 21세기를 향한 출판계의 발전을 위해서는 무엇보다 체계적인 교육을 받은 출판전문인의 양성에 있음을 직시하고 이를 연구목표로 설정하고 부단한 노력을 기울이고 있다.

국내 출판교육의 현황을 살펴보건대, 외형상으로는 세계 10대 출판강국답게 활발한 모습을 보이고는 있다. 정규 과정으로 9개 전문대학의 출판·편집 학과, 5개 전문대학원, 1개의 개방체제의 4년제 대학이 있어 고급인력을 배출한다는 의의가 있지만, 정규대학에는 전공학과가 없어 바람직한 학문체계인 피라미드형이 아닌 벨(鐘)형인 기형상의 학문단계를 우리는 갖고 있다.

비정규과정에는 대한출판문화협회, 잡지협회 등 단체나 기관에서의 단기교육과정이 출판인력의 공급에 큰 기여를 하여왔다. 또한 사설 교육학원들은, 취업난이 심각한 대학졸업자의 관심과 출판매체의 증가로 인한 업계의 수요를 일시적으로 충족하는 역할을 하여 왔다.

그러나 최근 인력 수요의 불안정과 출판·편집관련 전문대학 및 대학의 졸업생이 늘어나자 많은 사설학원들은 수강생의 부족으로 어려움을 겪고 있다. 이처럼 비정규 기관들의 인력양성의 목표가 직장을 얻기 위한 취업에 있으므로 전문인으로서의 직업관을 갖춘 내실 있는 교육은 미흡하기만 한 것이다.

출판전문인의 효율적인 양성은 4년제 정규대학에 출판학과를 신설하여 심오한 교육과 연구가 전공자에 의해 이루어져야 한다는 점이다. 인류의 정신사, 사상사에서 가장 중요한 매체인 출판의 역할과 기능은 학문적 이론과 토대 위에서 과학적인 연구가 절실해지고 있으며, 이러한 연구와 교육은 4년제 정규대학을 중심으로 성립되어야 한다는 것이다. 장구한 역사를 가진 우리나라의 출판이 도서관학이나 신문·방송학에 비해 낙후된 가장 큰 이유는 4년제 대학에 출판학과가 설치되어 있지 않았다는 데 있다. 또한 출판을 단순히 편집기술로 치부해 버리는 우리의 의식풍토 역시 출판학 발전에 걸림돌이 되고 있음을 부인치 않는다.

이 책은 2편으로 구분하여 기획·편집되었다. 제1편은 '책의 해' 기념학술세미

> 나 '21세기를 향한 출판전문인 육성책'에 관한 주제발표 논문이다.
> 　제2편은 출판교육관계 자료집이다. 우리나라의 출판학·출판교육의 연구성과를 목록으로 제시하고, 출판교육의 실태를 정규 교육과정(대학, 대학원)과 비정규 교육과정(단체, 기관, 사설학원)으로 구분하여 전체를 조사하고 분석하였다. 또한 출판교육의 세계적 현황과 변화추세를 알기 위하여 자료의 수집이 가능하였던 12개국의 실태를 조사하였다.
> 　따라서 제1편은 출판전문인의 육성에 관한 집중적인 연구와 분석이란 점에서, 제2편은 단편적으로 조사되어 온 국내 및 외국의 출판교육 현황을 집대성하였다는 점에서 그 간행의 의의가 매우 크다 하겠다.
> 　이번의 학술세미나와 더불어 이 책의 간행을 통하여 우리나라의 출판전문인 양성을 위한 정규대학의 출판학과 신설이 조속히 이루어져야 할 것이다. '책의 해' 조직위원회와 한국출판학회가 출판관련 단체와 공동결의하여 종합적인 건의서를 제출하고자 한다. 정부와 대학당국의 적극적인 검토가 있기를 기원한다.
> 　　　　　　　　　　　　　　　　　　　　　　　　　　1993. 5.

으나 그렇게 마음이 내키는 일은 아니다. 나는 그런데 나서고 싶지 않다. 출협 부회장이고 책의 해 조직위 부회장이라 어찌할 수 없는 일이니 해야겠지만 자기들이 하기 싫은 일들은 나에게 모두 미루는 것 같고 하다가 안 되는 일도 나에게 미루는 것 같은 생각이 든다.

　내년의 문제도 빨리 결정지어 버리는 것이 어떨지? 표현은 않더라도 마음으로는 가부간 결정지어 버리는 것이 마음 편할 것 같다.

　오늘 방정배 교수로부터 전화가 왔다. 언론학회 회장에 출마했으니 밀어달라는 것이다. 내가 그렇게 할 수 있을까. 내가 회원들에게 전화를 할 수 있을까. 가까운 분들에게 만이라도 부탁해보자.

5월 7일

삼성동 무역회관에서 93 서울도서전이 열리는 날이다.

　아침 6시 반에 집을 나섰다. 인터컨티넨탈호텔에서 아침식사를 겸해 출협 상위常委가 있었다. 그리고 10시 반에는 테이프 커팅이 있었는데 김영삼 대통령이 참석했다.

나는 전시장 입구에서 93 도서전의 개요를 브리핑했다. 그동안 차 안에서 한두 번 브리핑 내용을 읽어보았지만 그다지 신경을 쓰지 않았다. 아니, 잘하겠지 하는 마음으로 태연해보려 했다. 어젯밤에도 청와대, 문화부 등에서 리허설을 해보라 했지만 나는 게시판에 있는 그대로 읽겠다고 하였다.

아침에 하도 한 번 해보라 해서 해보았다.

김 대통령 앞에서 브리핑을 마쳤을 때 모두가 잘했다고 칭찬을 해주었으나 나는 또 하나의 짐을 벗었다는 생각만 들었다.

점심에는 이민섭 장관 등과 식사를 같이 했다. 나는 일본 아리다 민속관의 1층 도자기 전시관이 있고 2층에 교과서 전시를 하고 있다는 말을 했다. 일본은 공공 도서관도 많지만 지방 문화관이나 자료관, 박물관 등도 도서관을 겸하고 있다는 말 등을 했다.

점심을 먹고 이 장관과, 김낙준 회장과 같이 다시 도서전시회에 들러 범우사 코너로 가 장관에게 재민이를 소개시켰다. 나는 자랑스럽게 아들을 소개했다. 나와 같이 급한 성질만 고치면 훌륭한 인재로 키울 수 있다는 생각을 하니 흐뭇했다.

3시가 좀 넘어 전시관을 나와서 침을 맡기 위해 필동에 있는 재선한의원에 갔으나 하도 사람이 많아 돌아오는 길에 스포츠센터에서 좀 쉬었다.

집에 오니 아내는 회관에 가고 없어 재민이네 집으로 가 저녁을 먹었다. 장인 영감이 서울 성모병원에 입원하셨단다. 내일은 가봐야겠다.

5월 16일

어제 한국일보 1000자 춘추란에 〈역사의 역리逆理〉라는 글을 실었

93 서울도서전 홍보 팸플릿

프랑스 대사관에서 보낸 특별초대권

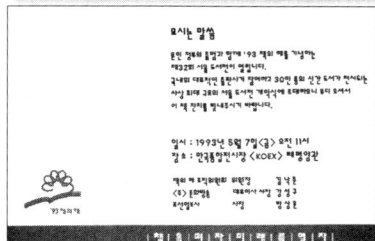

93 서울도서전 초청장

93 서울도서전 특별초대권

다. 5·16이 역사의 필연으로 정착되어 가는 것을 비판하는 글이었다.

역사를 통한 군사정권 32년을 점검해보는 작업을 하고 싶다. 특히 군사정권의 씨앗이 된 5·16을 심도 있게 다루고 싶다.

어제 이기웅, 전병석 사장과 점심을 했다. 그 자리에서도 나의 출협 회장 출마에 대한 말이 나왔다. 이 사장이 예상 외의 인물이 나올 수

1993년 89

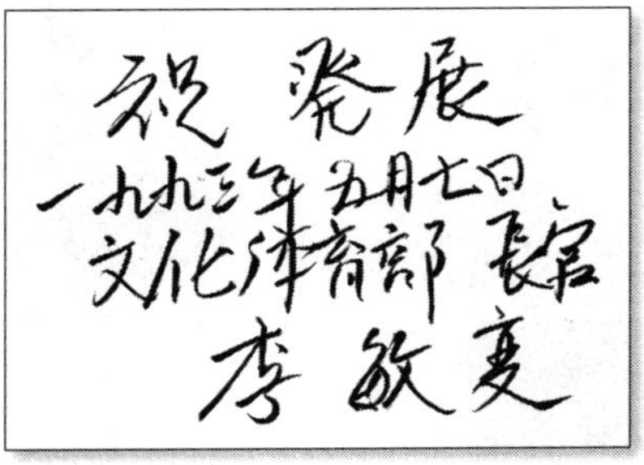

93 서울도서전 방명록

祝 發展
一九九三年 五月七日
文化體育部 長官
李 敏渉

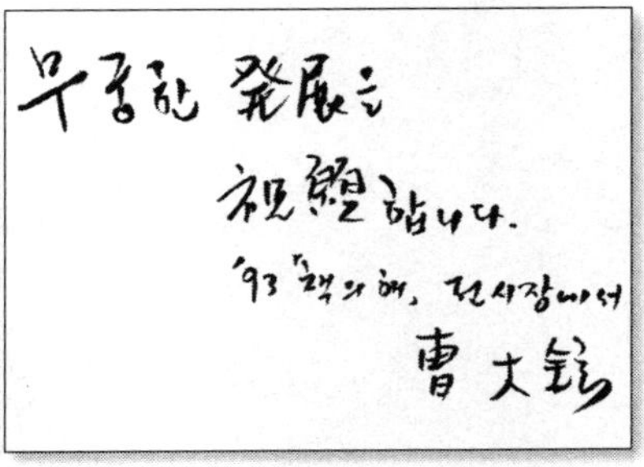

무궁한 發展을
祝願합니다.
93 책의해, 전시장에서
曹 大鉉

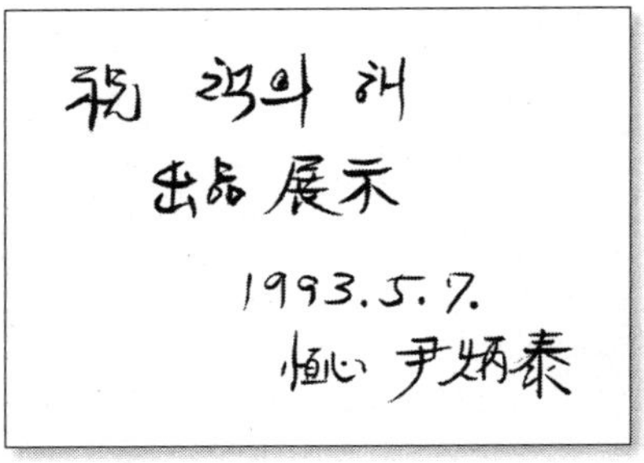

祝 책의 해
出品 展示
1993. 5. 7.
恒心 尹炳泰

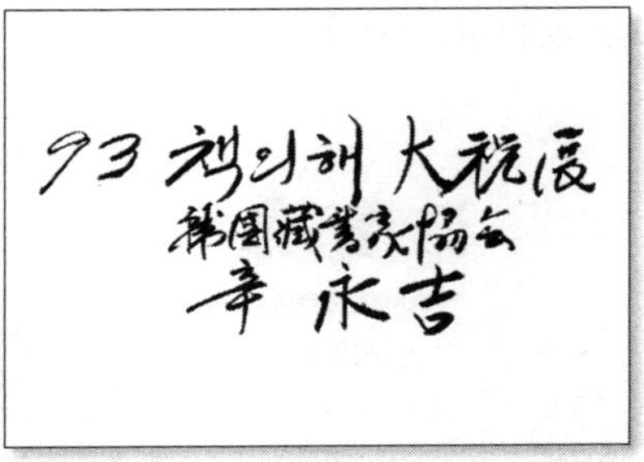

93 책의해 大祝宴
韓國藏書家協會
辛 永吉

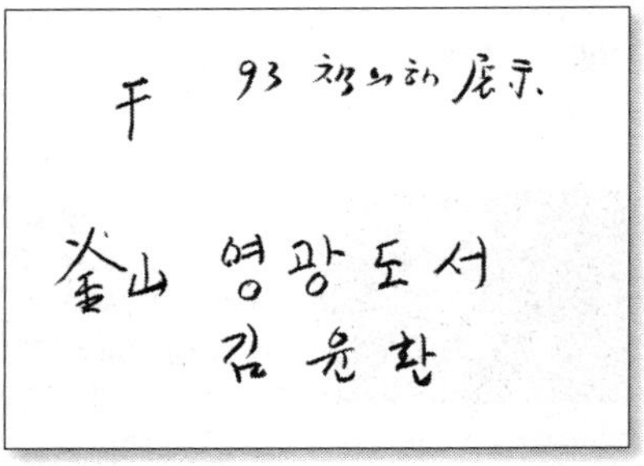

于　93 책의해 展示.
釜山 영광도서
김 윤환

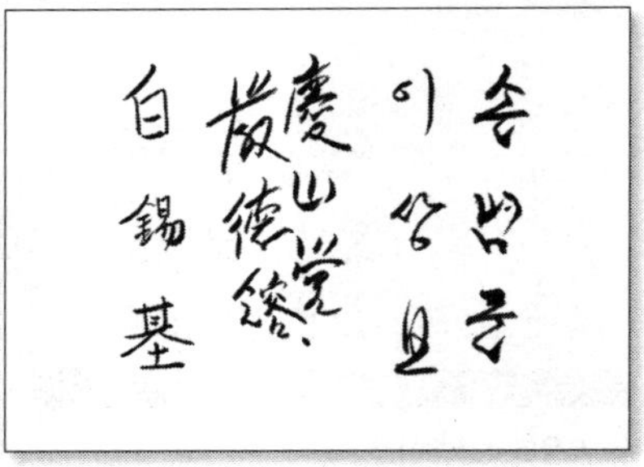

송영근
이상보
慶山 學 總
嚴德
白 錫 基

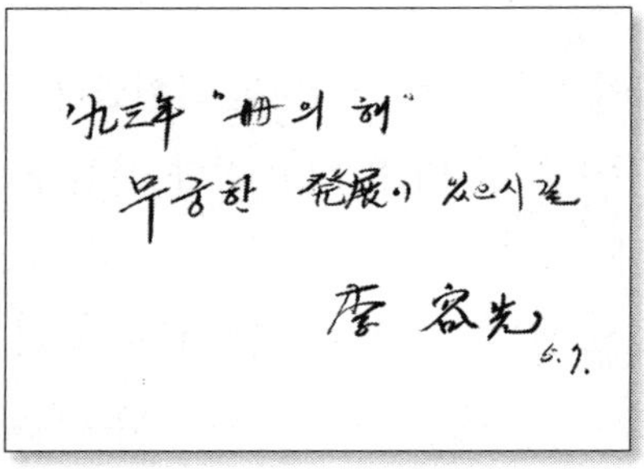

'九三年 "册의 해"
무궁한 發展이 있으시길
唐 容先

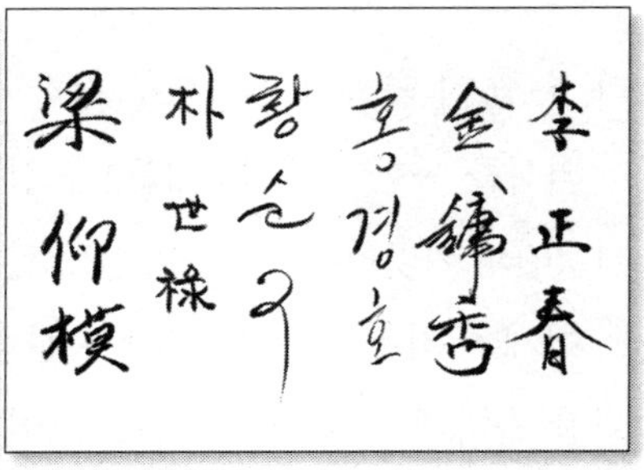

李 正春
金 鑄秀
홍경호
황순구
朴世様
梁 仰模

서울도서전 범우사 코너에서 민병덕(우측), 이종국 교수와 함께

5월 7일자 중앙일보, 〈93 서울도서전〉 종합광고

있다는 예측을 전에도 한 번 말하더니 이번에 또 말했다. 그 저의를 모르겠다.

그가 출마하겠다는 건지 그렇다면 내가 나가겠는가? 그렇게까지 내가 회장 자리에 집착하고 있는 것은 아니니까. 출판학회, 글 쓰는 일, 또 사옥 건축문제. 내가 할 일이 그것 말고도 너무나 많다.

기회가 되면 한 번 해보겠다는 생각이다. 기회가 오지 않으면 무리하지는 않겠다. 6월부터는 서서히 김낙준 회장 주변부터 타진해보겠다. 그리고 참모 구성도 해보겠다. 적을 삼아서는 안 되겠지만 명분 없는 사람들과는 야합하지 않겠다. 맑은 물에는 고기가 살지 않는다는 구정물 같은 논리는 내세우지 않겠다.

오늘도 송종극 교수와 둘이서 산에 갔다가 오면서 우리 집에 들러 차 한 잔 하고 가셨다.

《삼도》에 낼 수필 한 편을 썼다. 고베 산노미야 이야기를 썼다. 좀 다듬어야 할 것 같다. 12시가 넘어 잠이 오지 않아 양주 한 잔 마시고 이 글을 쓴다.

5월 21일

마음이 좀 태평해지는 것 같다. 2, 3일 동안에 《삼도》와 《동부》두 곳에 원고 30장 이상을 썼다. 문학성은 없지만 그래도 글을 썼다는 것은 일을 한 것이다. 몸무게도 54kg로 늘었고 건강도 좀 좋아진 것 같다.

그런데 오늘 낮에도 이기웅, 김종수, 신동설과 같이 점심을 하면서 정종 한잔을 했더니 몸이 좀 편하지 못한 것 같다.

오후 4시에는 중국에서 인민출판사 사장인 설덕진薛德震, 부사장인 오도홍吳道弘, 왕덕수王德樹 부주임 등이 범우사로 찾아와 환담하고 가든호텔 〈이화〉에 가서 저녁을 같이 했다. 그들과도 북한과의 목록 교환 등 출판 교류에 대한 부탁을 했지만 그들도 북한을 오감이 없는 모양이다.

중국, 대문보戴文葆 선생의 편지

요사이 살을 찌우기 위해 따로 운동을 하지 않는다. 그래서 1kg쯤 늘었지만 가만 있는 것이 건강을 위해 좋은지는 모르겠다. 또 그렇게 한 번 해보자.

봉천동 새 건물도 4층이 올라갔다. 그 곳에다 무엇을 할 것인지, 모두 전시 공간을 만들 것인지, 세를 놓을 것인지 결정해야 될 것 같다. 모두 책에 관한 공간으로 썼으면 좋겠다. 그러나 관리비, 세금, 그리고 건축비, 생활비 등이 나와야 할 터인데 그것이 나올지 의문이다. 더 좀 생각해보자.

그러나 신경을 곤두세우지 말자. 돈에 대한 것에서 조금씩 해방되자. 돈 때문에 얼마나 고통을 받았는가. 없어서, 벌기 위해서 관리하기 위해 없어질까 두려워.

5월 28일

오늘은 부처님 오신 날이라 쉬었다.

이번주 초에는 으악새 모임이 있었다. 한완상 부총리, 장을병 총장, 김상현 의원, 한승헌 변호사, 김중배 위원장 그렇게 모인 것 같다. 리영희 교수는 원주 가고 임헌영 씨는 문학기행을 가서 불참하였다.

설덕진 북경인민출판사 사장과 오도홍 선생

범우사에서. 왼쪽부터 김승일 박사, 필자, 설덕진 사장, 한승헌 변호사, 오도홍 선생, 왕덕수 주임

〈정동로타리클럽〉 주보 5월 25일자, 정동칼럼에 졸필 〈문화 유산〉이 실렸다.

한겨레의 김중배씨와 임 형은 이번이 첫 모임이다. 다 좋은 사람들인 것 같다. 형제 클럽이니 친형제처럼 지내보자. 김 의원에 대해서도 좀 관심을 더 가져보자. 40년이 넘는 이끼 낀 친구가 아닌가.

오늘도 앞산에 갔다 오고 건물 짓는 데 둘러보고 변정일 선수의 세계타이틀 복싱 방어전 TV 구경을 하고 서재에 올라왔다.

6월 중에 있을 출판사 창업자 특강 원고를 써보려 했으나 잘 되지 않는다. 어쩐지 손에 잡히지 않는다. 2일 전에는 하루 쉬면서 1000자 춘추 원고 두 편,《유공》에 보낼 원고 한 편을 썼는데 한 편 이외는 졸작이다.

차분해지지 않는다. 건강이 좋다 나쁘다 한다. 이 기사 말로는 내가 아파보이지 않는다는데 아픈 것을 어떻게 하겠는가.

6월에는 중앙대 신방대학원 강의 이외는 아무것도 맡지 말자. 중대는 명색이 객원교수라니 교안을 철저히 만들어서 성의껏 강의를 하자. 어쩌면 1년으로 끝날지도 모르지만.

무엇에나 집착하지 말자. 7월도 중대 신방대학원 강의 이외는 하지 말고 8월은 중국 갔다 오고 9월 2학기도 가능하면 강의를 맡지 말자. 9월은 독후감 모집, 장학회 창립기념식을 가져야 될 것 같고 한국출판학회 총회는 내년 2월로 미루자. 이번 이사회에서 가결을 보자. 그리고 6월 초 안 선생 묘소나 다녀오자.

5월 30일

새벽에 잠을 깼다. 잠을 청하나 잠이 오지 않는다. 여러 잡념만 쌓인다. 특히 특강원고 때문에 생각만 자꾸 나지 손에 잡히지 않는다. 내 현재의 위치 때문에 자연히 해야 하는 일 등이 많은 것 같다.

그것들을 떨어버리자. 하고픈 일만 해도 인생은 얼마나 짧은 것인데 하기 싫은 일 때문에 신경을 쓸 필요가 어디 있겠는가. 아니, 하고 싶은 일은 일을 하다 보니 거기에서 파생되는 일이 생기고 그 일만은 하기 싫은 그런 모순을 낳고 있는지도 모른다.

강당에 서고 싶어 강의를 맡았더니 이곳저곳에서 특강을 해달라 하고, 고서를 즐기다보니 도둑을 맞고, 책을 분실하지 않을까하는 잠재의식이 나를 괴롭히고 있다.

그러니 모든 것을 버리는 것뿐이 없다. 요사이 사정司正 바람에 많은 사람들이 바람을 맞고 있다. 이는 모두가 가졌기 때문이다.

어제도 이광재 교수의 회장 선출 투표와 손용 교수의 언론학회 회장 취임식 때문에 갔지만 거기 가서도 심기는 불편했다. 상대 출마자인 방정배 교수 보기가 그렇고 또 학자가 아닌 실무 출신 회원들에 대한 성토 같은 것이 마음에 내키지 않았다.

이제 언론학회도 탈퇴할 필요까지는 없지만 이사라든지 또 깊이 간여하는 일은 하지 않겠다. 언론에 관한 책을 내어 출판인으로 그들에게 나를 보이겠다. 그리고 출판학회 회장이면 되었지, 그 쪽에 발을 들여놓을 하등의 이유가 없다.

오늘 일요일이다. 관악산에 갔다 와서는 아무래도 특강 원고를 써야 할 것 같다. 창업자 코스에 60명이 와야 한다는데 그것이 가능할지 의문이다. 김희락 씨의 제안으로 이정춘 박사님이 추진하시는 것 같은데 한국출판계를 위해서라도 인재를 키우는 일이니 성공했으면 좋겠다.

6월 3일

오늘 김영삼 대통령이 취임 100일을 맞은 기자회견을 하였다. 그 자리에서 현직 대통령으로는 처음 5·16 쿠데타라고 공식 표명을 하였다.

나는 지난 5월 15일에도 한국일보의 1000자 춘추에 5·16을 쿠데타라 규정지어야 한다는 〈역사의 역리〉라는 글을 썼고, 어제 6월 2일 한국일보 1000자 춘추에 〈말의 성찬〉이란 글에서도 5·16이 5·18, 12·12 모든 군사 쿠데타의 뿌리라고 말했다. 그런데 오늘 그 열매를 맺은 것 같다. 참으로 통쾌하다. 참으로 오래살고 볼 일이다. 5·16의 적자들, 그들은 어데로 갈 것인가. 그 밑에 직간접으로 기생하던 그 인물들이 또 부상하여 날뛸 것이다. 세상은 그런 것이 아니겠는가.

나는 이제 아무것도 하지 않아도 된다. 세상만 발라진다면 내가 나설 필요가 무엇 있겠는가. 모두들 엉거주춤하고 있기 때문에 나서본 것이다. 내가 몸담고 있는 문화의 본산인 출판계의 개혁만이라도 시도해보려 했던 것이다. 이제 정의로운 사회, 상식이 통하는 사회, 능력을 인정하는 사회, 권모술수가 사라진 사회, 이런 사회를 한번 만들어 보자.

6월 2일자
동아일보 광고

6월 6일

　오늘은 현충일이며 일요일이다. 아침에 서재에 앉아 있다. 10시에 안성 엄마목장에서 순농 16회 동창들의 합동회갑연이 있어 참석하기 위해 떠난다.

　어제는 범우사 야유회가 송추에서 열렸는데 나는 참석하지 못하였다. 그제4일 출판학회 이사회가 있었는데 술을 마신 것이 무리였는지 몸이 좋지 않아서다.

　술을 마시지 않아야 된다. 술 한 잔에 1년은 단명한다는 위협을 가해야 될 것 같다. 술을 마시고 나면 고통을 받는다. 그런데도 그 때의 기분에 따라 술을 마신다.

　담배는 거의 끊었는데 술은 끊지 못하고 있다. 나는 분위기에 약한 것 같다. 술 마시는 분위기만 피하면 되는데 그렇게 하면 모든 활동에 지장이 올 것 같다. 그래도 금주하는 습관을 길러야겠다.

　출협의 독서진흥법 추진을 나에게 맡긴다. 벅찬 일이다. 그러니 이 문제는 최선을 다해야 할 것 같다. 남은 7~8개월 동안 독서진흥법 제정을 위해 한번 뛰어보자! 아니 시간은 3개월밖에 남지 않았다. 그 중간에 중국 출판학회 참석이 있고 하니 힘껏 뛰어봐야 2개월 정도다.

　60일을 하루같이 내 힘껏 일해보자. 그래도 되지 않으면 할 수 없지 않느냐. 성불성은 하늘에 맡기고 해보는 것이다.

　중대 특강 강의안도 마련해야 하는데 손에 잘 잡히지 않는다. 무엇인가 허전한 것 같은, 모든 것을 잃어버린 것 같은 허탈감이 온다. 무기력증 같은 것인지. 자리에 앉아 차분하게 마음을 정리해보려 한 것인데 또 넋두리만 늘어놓으니 횡설수설한 것 같다.

6월 7일

어제는 안성 엄마목장에서 순농 친구들 합동 회갑연이 있어 다녀왔다.

광주에서 정기선 내외 가족과 순천에서 김상섭 내외, 또 박만호 친구가 미역까지 사가지고 왔다. 서울에서는 회갑을 맞은 임형택, 정윤택, 전태성, 정성채 그리고 표경석, 신윤식, 윤오영, 오현수, 기대웅, 김홍기, 김종식 등 많은 친구가 참석했다. 늦도록 즐겁게 지낸 다음 김종식 내외와 서울에 와서 헤어졌다.

40년이 넘게 사귄 친구들이다. 오랜 세월 그래도 가깝게 지냈다. 얼마나 더 오래 지속할 수 있을지. 정이야 오래 가겠지만 명이 얼마나 오래갈지. 모두 건강해주기만을 빈다. 회갑을 맞은 친구 중 박경석이가 몸이 불편해 참석을 못 했다.

어제 또 과음을 한 탓인지 아침에도 별로 몸이 좋지 않다.

아침에 범우사 사장실에서 중국에 다녀오신 국회도서관장 강주진 박사와 차를 마시면서 중국에 관한 말씀을 들었다.

점심 시간쯤 되어 출협에 가 도시락을 먹으면서 김낙준 회장, 김수남, 이중한, 박 도서관협회장 등과 독서문화진흥법에 대하여 회의를 하였다. 이 일도 시일만 끌고 있기에 내가 서둘렀다. 그렇게 하지 않으면 또 실기를 할 것 같아서다. 내가 책임지는 한 최선을 다하자. 출판계를 위한 일이 아닌가.

이두영 국장이 좀 만나자고 하여 회의 후 만났더니 암만해도 출협에 있기 어렵겠다는 것이다. 나도 그런 분위기를 벌써부터 느끼고 있었다. 그래서 떠날 바에는 서로를 위해 빨리 결단을 내리라고 하였다.

전에 이기웅 이사장이 협동조합 전무이야기를 하기에 내가 이두영 국장에게 조합전무라도 가려면 지금이 기회라고 말했다. 이 국장 자리를 사무실과 별실인 3층으로 옮기고 또 회장 수행도 다른 사람에게 맡기는 것을 보면 사무국장으로서의 권한을 잃어버린 것이다. 명분은 독서문화진흥법이 중요하니 그것을 전담하라는 것이었지만 나도 잘 납득이 가지 않았다.

나는 이 국장의 의사를 이기웅 사장에게 전해주고 이 국장에게 전화하라고 하였다.

그들의 운명은 그들 것이다. 그들이 잘 타협하기를 바란다. 각자의 성장은 출판계의 성장이며 출판계의 성장은 국가의 성장이다.

오늘 중대 신방대학원에 가서 종강 강의를 하였다. 의미 깊은 말 한 마디도 하지 못하고 강의를 마쳤다. 열의가 식은 것인지, 나태한 것인

순농 16회 동창들의 합동회갑연을 임형택 형의 안성 엄마목장에서 함께 했다

지. 최선을 다하지 않았다고 하는 것이 옳을 것 같다. 최선을 다하지 못할 바에야 이제 강의도 후진에게 맡기는 것이 낫다고 생각한다.

6월 12일

우주 속에 내가 누구인가? 이 시간 속에 있는 내가 누구인가?

이런 의문이 갑자기 떠오른다. 내 자신을 어떤 방법으로든 한 번쯤 점검해본다는 것은 헛된 일은 아닌 것 같다. 그저 관성에 따라 행동하는, 세풍에 따라 휘날리는, 세류에 따라 흘러가는 그런 나인지도 모른다.

어제저녁은 출협 간부들 회식이 대자리쪽 형제가든에서 있다하여 갔더니 거의 끝나가는 무렵이었다. 나춘호 부회장, 임홍조, 윤청광, 강희일 이사 등이 와 있었다. 소주 넉 잔쯤 한 것 같다. 9시 좀 넘어 집에 돌아왔다.

오늘도 관례에 따라 하루를 넘겼다. 어제 술 탓에 몸이 좀 불편하였다. 로타리 모임이 있었는데 참석하지 않았다. 마음이 내키지 않아서다. 지난 화요일 평화은행 직장 모임에 참석해서도 여간 불편하지 않

〈출판문화〉 6월호, '특집/출판현장 점검과 전망 ⑮ 종합정리-좌담회' 기사

〈출판문화〉 6월호, '중복출판의 실태 및 문제점'

왔다. 내가 몸담을 곳이 아니라는 생각이 들었다. 남을 돕는 모임이라기보다 특수 계층이 모이는 곳 같다는 생각이 들었다. 내 마음에 잠재된, 빨리 떨어버려야 할 열등의식 같은 것인지도 모른다.

6월 13일

나의 산행을 준비 하느라 아내와 재준이가 노량진 수산시장에 다녀왔다. 병어 횟감, 멍게, 새우 등을 사온 모양이다.

오늘 비가 올 것 같아 가죽 등산화를 신었다. 이 신은 두 번 뒷굽갈이를 했고, 한 번 전체 밑창갈이를 하였다. 아마 신은 지가 15년쯤 된 것 같다. 허창성 사장 소개로 수제화라 하여 범우사 사무실에서 맞춘 걸로 기억된다. 상표가 알프스인가 하는데, 안춘근, 김병철 두 분도 그곳 등산화를 신으셨다. 그 사이 그분들은 새로운 등산화로 바꾸셨는데 나는 아직도 그대로 신고 있다. 그들 중 한 분은 돌아가시고 한 분은 미국으로 가셨다

송종극 선생이 10시 10분까지 오시지 않아 혼자 출발하는데 10분쯤 후 송 선생이 오셔서 같이 등산을 하였다.

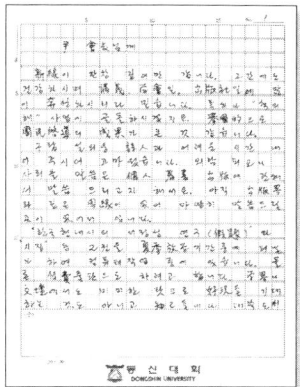 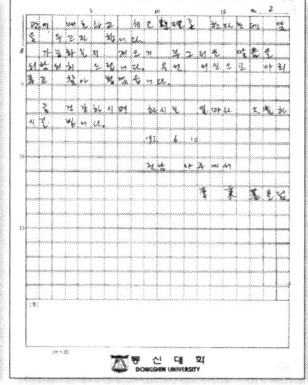

동신대학교 조병기 교수의 편지

오늘도 안 선생 이야기를 하셨다. 돌아가실 때까지 안춘근 선생과 오랫동안 같이 다닐 수 있으리라 생각했는데 먼저 가셨다고. 그리고 그분은 보수적이고 권위주의적이었다고. 아이들은 얼마든지 낳아야 하고 또 꼭 상석에는 당신이 꼭 앉으셨다고.

돌아오는 일요일에는 그분의 산소에 간다. 오늘 산행에 잔뜩 구름이 끼고 물안개가 날렸지만 다행히 비는 오지 않았다.

저녁에 미국에서 김병철 박사 전화가 왔다. 오늘 누구와 산행을 했느냐고 묻는 그분의 음성은 쩌렁쩌렁하였다. 건강하시라고 인사하며 전화를 끊었다. 오늘은 여유를 즐기는 산행을 한 것 같다. 오르내리면서 많이 쉬었다.

6월 19일

그제는 아침 8시 반에 가든호텔에서 출협 회장단 김수남 사장, 한승헌 변호사와 강인섭 의원이 같이 아침을 하면서 독서진흥법에 대한 이야기를 나누었다. 내가 강인섭 의원을 제안자로 선정하였고 그날도 개요 설명을 내가 했다.

출협 임원진이 좀 벅찬 일은 나에게 떠맡기는 것 같다. 부회장으로서 최선을 다하자.

어제는 이천 서울유통 개업식에 참석하여 출협 회장 축사를 대독하였다. 신현웅 국장, 박충일, 권병일 회장 등 200여 명의 출판계 인사들이 참석하였다.

저녁에는 범우출판장학회 이사회 모임을 가졌다. 한승헌 변호사는 선약이 있어 불참하셨는데 한 변호사를 이사장으로 모셨다.

이정춘 박사, 이종국 씨, 김미령 씨 등과 저녁을 하면서 술을 하였는데 과했던 것 같다. 어제 쓸데없는 말도 많이 한 것 같다. 좋은 말도 취중에 하면 실없는 말로 들린다. 이제 말도 삼가하자. 이제 늙었지 않았느냐. 추하지 않게 말수도 줄이자.

오전 중에 지압집에 가 지압을 받고 오후 4시에 집에 돌아와 앞산에 갔다 와서 쉬었다. 내일은 안춘근 선생 묘소에 간다. 거기에서 남애 출판문화상 발기식을 갖는다. 내가 할일을 또 하는 것이다.

이렇게 하나하나 매듭지어가자. 21일에는 중대 신방대학원 출판사업자 과정 개강식, 22일에는 독서진흥법 관계로 국회에 가서 개요 설명을 해야 한다. 할 때까지 내 능력껏 해보자.

7월 13일

송종극 교수와 관악산행을 하였다. 하늘에는 구름이 가득하다. 지지난주 엄마목장에서 꽃사슴에게 차인 발목이 아직도 시원치 않다.

오늘 여름 산행에서는 자주 찾는 계곡에 자리를 잡았다. 안 회장이 돌아가신 후로는 처음 간 자리였다. 산행 날이면 한 번도 거르지 않고 안춘근 선생님 생각이 난다. 사람은 없는데 그분의 생각만이 남았다.

생선회에 술을 마시고 있는데 빗방울이 튀고 천둥소리가 요란하다. 대충 식사를 하고 하산을 하는데 억수같이 비가 퍼부었다.

중대 신방대학원 창업자과정 안내서

　등산자들 모두가 비를 흠뻑 맞으며 산을 내려가고 있다. 20여 년 전 수락산 산행 때 줄기차게 내리던 비를 맞고 내려와 '산의 침묵'이란 수필 한 편을 썼다.

　덧없이 인생은 흘러가는 것 같다. 산행을 하면서 비에 젖은 오누이의 이야기, 개울을 사둔 마누라를 업고 건너는 이야기 등 해학적인 이야기로 한바탕 웃었다. 비 오는 날은 그런 음담패설이 제격인 것 같다. 비가 옷 속으로 스며들었다. 몸까지 흠씬 젖었다. 신발 속에 물이 고여 철벅철벅 소리가 난다.

　관악산 입구에서 송 선생과 헤어지고 산등성이를 넘어 집에 오는데 물을 퍼붓듯 비가 온다. 쏟아지는 빗줄기 속에 나홀로 걸어가고 있다는 생각이 들었다. 그래 나 혼자다. 그러나 나는 아직 나를 받아줄 가정이 있다. 그래서 둘이 된다. 오늘 오후는 푹 좀 쉬고 싶다.

독서진흥법
배경자료

(1993.6.21)

독서진흥법 배경자료

-차 례-

'독서진흥법' 배경자료

1. 입법의 필요성

. 지식과 정보의 생산.수요량이 국력의 평가 기준이 되는 21세기 정보화 사회를 앞두고 독서환경개선과 여건을 개선하여 독서하는 사회분위기를 조성하고 독서의욕을 고취함으로써 선진국에 비해 현격하게 낮은 수준에 있는 국민독서수준을 향상시킬 수 있는 제도적 장치가 절실함.

. 개방화, 국제화 사회에서 첨단과학기술을 바탕으로 날로 치열해 지고 있는 국가간의 경쟁시대에 우리가 2000년대에는 문화선진국으로 진입하기 위해서는 두뇌경쟁에서 이기지 않으면 안되는 바, 이에 필요한 창의력.분석력등 국민의 자질향상은 독서와 평생교육을 통해서만 가능하다고 봄.

. 현재 <도서관진흥법>에서 공공도서관이 독서진흥에 관한 활동을 하도록 규정되어 있으나, 공공도서관의 수가 절대적으로 부족하고 소장자료 및 시설 등 환경의 열악함과 재정의 빈약함, 그리고 소관부서가 문화체육부, 교육부, 내무부 등 여러부서로 분산되어 있고, 지방자치단체의 예산만으로는 재정기반이 약해 효율적이고 체계적인 도서관 발전을 기대하기 어려운 실정임.

. 1993년 <책의 해>를 맞이하여 각 기업체 뿐만 아니라 관공서, 민간단체, 은행, 개인 등 각계에서 다양한 독서운동이 확산되고 있는 바,

이런 자발적인 독서진흥운동을 지속적이고 체계적으로 추진하기 위한 제도적 뒷받침과 그 활동을 지원할 <독서진흥법>을 제정하여, 국민이 직접 참여하는 독서환경만들기운동 기반을 구축할 필요가 있음.

. "신한국 창조"를 국가발전목표로 정한 문민정부 출범과 "책의 해"를 계기로 책의 효용과 가치에 대한 인식제고를 통해 국민의 의식개혁을 유도할 필요가 절실함.

. 국내에는 이미

- 도서관진흥법(1991.4.8 제정)
- 문화예술진흥법(1972.8.14 제정)
- 과학기술진흥법(1967.1.16 제정)
- 국민체육진흥법(1982.12.31 제정)
- 학술진흥법(1979.12.28 제정)
- 과학교육진흥법(1967.3.30 제정)
- 산업교육진흥법(1963.9.19 제정)
- 사회교육법(1982.12.31 제정)

등을 제정하여 국민자질 향상과 문화발전에 이바지 해 오고 있으나, 국민독서력 증진에는 효과를 거두고 있지 못한 실정임.

-1-

안춘군 선생의 연하장

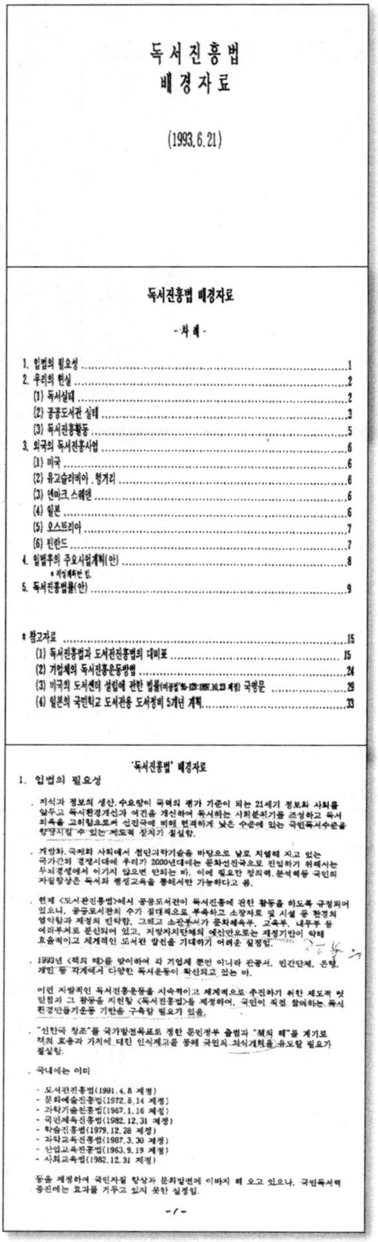

7월 16일

바다 아범의 전송을 받으며 아시아나 항공 OZ 126편으로 일본을 향해 김포공항에서 9시 25분 정각에 이륙했다.

기내에서 허창성 사장이 이인정 씨마나슬루 등반대장에게 나를 동국대 출신이라 소개하니까, "선배님, 공부 못하셨군요" 한다. 그 농담이 애교스러웠다. 그는 자기 자리로 가더니 양주 한 병을 갖고 왔다.

11시 20분 도야마富山 공항에 도착하였다. 이번 북알프스 산행은 일행 13명 중 범우사 이윤석 과장도 동행이었다.

도야마 현에 있는 도야마 시富山市는 다테야마 군을 끼고 있는 산악지대라 산악인들의 산악훈련이 자주 있는 곳이라 한다. 산악인 손경석 씨가 이끄는 대학산악연맹 한국등산학교 교사들이 단체로 훈련하기 위해 같은 항공기 편으로 도야마에 왔다.

우리 일행은 도야마에서 전세버스를 타고 가미고치上高地로 향했다. 중간 휴게소에서 한국에서 가져온 도시락을 먹었다.

4시에 가미고치에 도착하여 KK관광

센터알펜롯지에 여장을 풀고, 아즈사가와梓川 갓파바시河童橋 건너에 있는 음식점에서 저녁을 먹고, 마당에다 모닥불을 피워 놓고 이야기를 나누었다.

13명 중에는 출판인 이외의 분도 있었다. 네댓 사람 이외는 내가 잘 모르는 사람들이었다. 좌우 민족분단에서 야기된 민족적 비극들을

7월 14일자 조선일보, <영풍문고 상반기 소설부문 베스트셀러 20선> 종합광고

모두 통감하는 것 같았다. 그러나 그 관점이 정당한가에 대해서는 의문이 많이 제기되었다. 반공교육, 그것은 오랜 기간 동안 앙금으로 남아 있을 것이다.

8조 다다미방에서 허창성, 조원세, 이정일 사장과 4명이 잤다.

일본 북알프스를 등정한다는 것, 그것이 그렇게 의의가 있는 것인가. 이번이 세 번째 도전인 것이다. 1983년 12월에 허창성, 배효선 사장과 같이 왔다가 눈이 많이 내려 신시마시마新島島에서 되돌아갔고, 87년 6월 6일에는 가레사와 휘테까지 갔다가 눈 때문에 또 돌아갔다. 그때 사경을 헤맸다. 10시쯤 잠자리에 들었다.

7월 17일

새벽녘까지 잠들지 못했다. 이경훈 씨 꿈 등 비몽사몽이었다.

5시 30분쯤 기상을 했다. 숙소 주변에는 산죽山竹이 무성하고 새소리가 그치지 않는다. 산행의 무사를 기원할 뿐이다. 건강은 그렇게 나

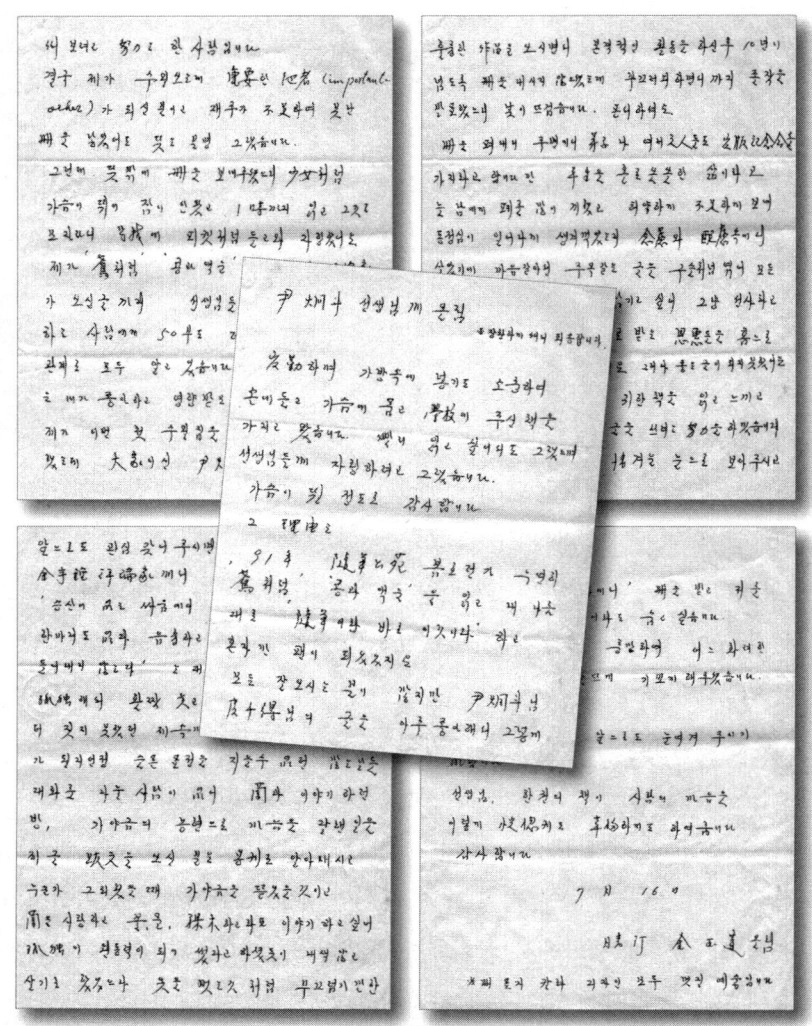

김옥련 선생의 편지

쁘지 않은데 가레사와 산장까지 무리가 없을지 모르겠다. 7년 전에는 해내었는데…… 좌절보다는 자신을 갖자.

7시 30분, 가미고치 출발.

8시 20분, 묘진칸明神館 통과.

9시 10분, 도쿠사와 로지德澤 Lodge 도착.

9시 50분, 도쿠사와를 떠나 2km지점에서 휴식.

요코오橫尾까지 2km라는 표지 보임. 중간 지점임.

10시 20분, 요코오에 도착.

가미고치 11km, 야리가다케槍ヶ岳 11km,

오후 3시, 가레사와 산장에 도착.

요코오에서 가레사와 휘테로 오르는데 무섭게 비가 쏟아졌다.
12시가 조금 지나서 강을 건넌 뒤, 강가에서 점심 도시락을 먹었다.
그 후부터 산을 오르는데 힘이 들었다. 다리에 이상이 생긴 것 같다.
오후 3시에 가레사와 산장에 도착했다. 1987년 6월 6일 가레사와 산장까지 왔다가죽을 고비를 넘기고 또 정상 등정에 실패. 그런데 이번에

북알프스의 요코오에서　　　　　　　　　　북알프스의 안내도

일본 북알프스 등반대원들과

모닥불을 피워놓고 이야기 꽃을 피웠다

일본 북알프스 등산로에서

도 또 왼쪽 발에 탈이 났다. 또 비가 억수같이 쏟아지고 있다.

저녁 10시에 모두들 내일 새벽 등반을 위해 잠들었다.

그런데 나는 내일 또 산행을 중도에서 포기해야 될 것 같아 마음이 개운치 않다. 지금도 비는 억수같이 퍼붓고 있다. 내일 아침에 일어나 상황을 보아야겠지만 여의치 않으면 이곳에서 쉬었다가 하산을 해야겠다.

좀 나으면 2시간 코스인 산정을 등정하고 하산할 것이고, 견딜 만하면 예정대로 강행할 것이다.

또 이윤석 과장도 가능하면 완주하도록 하여 일정에 차질이 없게 하겠다.

그러나 내가 하산하는 데 무리가 따른다면 같이 도쿄로 가야겠지. 왜 내게 이런 시련이 오는지 …….

밤중에도 두 번 일어나 화장실까지 걸어 보았으나 다리가 끊어지는 것같이 아프다.

7월 18일

　5시에 일어났다. 아픈 다리 때문에 참으로 망설여진다. 그러나 가다가 쓰러지는 한이 있어도 강행해야겠다는 마음이 들었다.

　6시에 아침을 하고, 6시 30분에 오쿠호타카다케奧穗高岳의 정상을 향하여 출발했다. 참으로 눈덮인 설산이다. 그리고 무척 가팔라서 이제 양쪽 다리가 다 찢어질 듯 아파온다. 비는 계속 내리고, 또 한기까지 든다.

일본 북알프스에 운무가 자욱하다

허창성 사장과

가레사와 산장 앞에서 범우사 이윤석 과장과   호다카 산장에서 조원세 사장과

7시에 5분쯤 쉬었다. 이곳이 해발 2,610미터라 한다.

8시에 또 쉬었다. 해발 2,740미터 지점. 운무雲霧와 비 등으로 100미터 앞이 보이지 않는다. 8시 20분에 2,770미터. 뇌조 한 쌍이 보인다. 을씨년스럽게 깃털을 세운 채 떨고 있는 것 같다. 산에는 아주 키가 작은 잔솔과 땅에 딱붙은 철쭉에 흰 눈꽃이 피어 있다.

8시 55분, 해발 2,900미터에는 뱀딸기꽃이 추위에 떨며 피어 있다.

9시 30분에 호타카穗高 산장에 도착하였다. 몸에서 열이 나고, 두 발이 움직일 수 없을 만큼 아프다. 양 다리에 붕대를 꽁꽁 감았는데도 아픔이 가시지 않는다.

호타카 산장에서 커피 한잔을 마셨다. 몸이 좀 풀린다. 산장에는 산악 책을 구비한 도서실이 있었다.

개가식 서가에 《산악인 강좌》, 《산의 과학》, 《산의 문학》, 《세계의 산》, 《알피니즘》, 《일본인의 모험과 탐험》長澤和俊 著, 《북알프스 박물지》大町山岳博物館編 등 1,000여 권의 책이 꽂혀 있었다.

12시에 3,125미터, 기압 793밀리바 지점에 도착하여 바람이 좀 가려지는 곳에서 점심을 먹었다. 모두 사시나무 떨듯 떨었다.

우리는 참으로 사력을 다하여 12시 30분에 정상인 해발 3,190미터의 오쿠호타카다케에 발을 올려놓았다. 산 정상을 꼭 밟아야 되겠다는 말이 무엇을 뜻하는 것일까.

이윤석 과장의 어깨에 기대기도 하면서 죽을 힘을 다하여 걸어 내려왔다. 다리가 더욱 아파왔다. 남에게 부담을 주지 않으려고 애썼다. 그것이 내 성격이다.

그러나 예정 시간 오후 5시보다 1시간 반 빨리 3시 30분에 다케사와岳澤 휘테에 도착했다. 해보겠다는 일을 성취한 것이다.

7월 19일

다케사와 산장에서 한덕여행사 이 선생과 같이 잤다. 10시 반경 잠이 든 것 같다.

호타카 산악도서실

다케사와 휘테에서

아침 4시 30분쯤 잠이 깼다. 잠은 흡족히 잤는데, 아침에 일어나니 다리의 고통이 더욱 심했다. 이정일 사장이 발을 주물러 주고 붕대를 감아 주었다. 걸어 보니 어제보다 더 심했다. 오늘 2시간 동안의 하산을 어떻게 감당할지 모르겠다. 아무래도 또 사투를 벌여야 할 것 같다. 평지까지 40~60분이니까 그 동안 이윤석 과장에게 좀 기대어 걸어 보자. 그외 다른 사람에게 부담을 주는 일은 하지 말자. 이 과장은 범우사 사원이고 조원세와 이정일 사장은 또 중대 신방대학원 동문이니까 좀 신세를 지자.

아침 6시 30분에 조금 먼저 이 과장과 출발했다.

하산이 완료된 것은 9시 30분. 죽을 힘을 다했다. 지금 갓파바시河童橋 위에 서 있다. 해낸 것이다.

'웨스턴 비碑'가 1.1km 지점에 있다는 표지가 있다. 웨스턴은 이곳을 일본 알프스라고 명명한 사람이다.

이혜석 사장과 10시 10분경에 가미고치에 도착했더니, 손경석 선생이 나와 있었다.

북알프스 정상 오쿠호타카다케를 밟고

오쿠호타카다케 정상에서

계획대로 완료했다.

가능하면 타인에게 피해를 주지 않으려 노력했다. 주변에서 이 과장, 조원세 사장, 특히 이정일 사장이 신경을 써주었다.

이제 나는 도쿄로 간다. 다른 사람들은 후지산富士山을 향해 갈 것이다. 도쿄에 가서 무엇인가 얻어야 할 것 같다.

> 11시에 사카마키坂卷 노천탕에서 15분간 온천을 했다.
> 12시 정각에 신시마시마 역사 내의 식당에서 산채정식750엔을 시켰다.
> 12시 40분에 승차하여 신시마시마를 떠났다.
> 1시 10분 마츠모토松本에서 도쿄행 고속도로로 진입했다.

추오고속도로 사카이가와境川에서 하차하여 2시 58분에 신주쿠행新宿行 버스를 탔다. 조원세 사장과 동행이었다. 차비는 둘이 합쳐 3,360엔이었고, 차 안에는 드문드문 사람들이 앉아 있었다.

게이오데이토덴테츠京王帝都電鐵 주식회사의 버스가 고속도로를 달리면서 10여 분마다 한 곳씩 있는 정류장에서 승객을 태웠다. 사람이 없는 곳에서는 정차하지 않았다. 우리나라도 고속도로가 넓어지면 이런 노선차가 필요할 것 같다. 그래서 지방민의 불편을 덜어 주었으면 한다.

텔레비전 화면으로 다음 정류장과의 연결 전철 정류장, 또 소요 시간, 중요 건물 등 자세한 정보를 입력시켜 놓고 안내한다.

신주쿠에 4시 반경 도착하여 기노쿠니야紀伊國屋에 가서 책을 샀다.

6시에 서점 뒤켠에 있는 초밥집으로 가 조원세 사장과 같이 저녁과 술을 했는데, 바가지를 씌워 호통을 한번 쳤다.

초밥집을 나와서 오쿠보大久保 1-10-10에 있는 한국인 민박에 들었다. 카사블랑카라는 집이다. 2인이 1박 1식에 1만 엔이라고 한다. 술값과 택시비는 내가 내고, 조 사장이 숙박비를 냈다.

저녁에 안내인의 안내로 다이쇼大翔라는 불고기집에 가서 도쿄에서 만나기로 한 이상보, 김승일 박사에게 연락을 했더니 연락이 되어 만나서 같이 술을 마시고, 조 사장, 김 박사 또 안내인 김씨와 신주쿠의 산비贊美라는 곳에 가서 노래를 몇 곡 불렀다.

긴장이 풀린 탓이다. 게다가 과음을 한 것 같다. 자제 - 그것이 부족하다. 송종극 선생의 말이 떠오른다. 마음이 여리고 센치하다고. 나쁜 성격을 버리자.

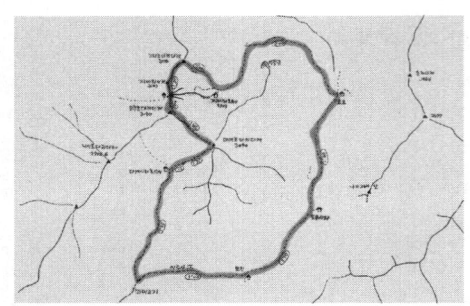
등반대원 일행이 등반한 코스

하산길에서

산행을 마치고 가미고치에서 일행과

7월 20일

아침부터 간다神田에 가서 책방을 뒤졌다. 책을 좀 샀으나 꼭 필요한 것들은 아닌 것 같다. 어제 마신 술 때문에 하루 종일 몸이 무겁다.

저녁에도 모두 술을 마시러 가는 모양인데, 나는 빠졌다. 내일 서울에 간다. 좀 달라져야 할 터인데. 행동으로 보여 주자, 달라진 모습을.

7월 21일

아침에 민박집에서 나와 집에 전화를 했다. 오늘도 몸이 불편하다. 정말 귀국하면 생활을 바꾸자. 외국에 나와 보니 내가 무엇인가를 더욱 느낄 수 있었다. 범우사, 윤형두가 하잘것없는 비천하고 속물스러운 존재라는 것을 뼈저리게 느꼈다.

9시 30분에 민박집을 출발하여 신주쿠에서 닛포리日暮里로 와 전철로 갈아타고 나리타成田 제2공항역에서 내렸다. 공항청사가 많이 바뀌었다. 신청사가 준공된 지 4개월쯤 되었다 한다.

이제 3시간 30분 후면 김포에 도착한다. 이번 여행은 여행 자체보다 귀국 후의 내 행동이 더욱 중요할 것 같다. 세월은 빨리 달아나고 삶에 대한 의미도 차차 희박해지니 어떤 행동이든 행동 변화를 가져보자.

7월 31일

0시 5분이다. 양주 한 잔을 책상 위에 놓고 일기를 쓴다.

7월 18일 일본 북알프스 오쿠호다카다케 등정을 마치고 온 후 처음 쓰는 일기다.

자정이 넘었는데도 잠이 오지 않는다. 아내는 청주 처가

신시마시마에서

에 가고 저녁 때 고서를 만지고 또 빌딩 짓는 7층 내 방에 페치카인지 무엇인지를 만들었다는 재민이의 말도 듣고 하여 마음이 산란하다.

왜 나는 고서를 만지고 있는지. 오후에도 인사동 정일사에 고서 수리본을 맡기고 또 수리한 것을 찾아왔다. 수리비만 60만 원이란다. 소멸되어가는 문화재를 살린다는 대의명분도 있지만 출판인이 다른 곳에 정신을 빼앗기고 있다는 행위도 된다.

오늘 최완수 저 《겸재 정선 진경산수화》 견본이 나왔다. 거금을 투

7월 22일자 동아일보, 《진경산수》 신간 소개

자한 책이다. 이 책을 팔기 위해 더욱 신경써야 하는 것이 아닐까, 출판인이라면.

어제는 독서진흥법 때문에 문공위 의원들의 비서관들과 윤청광, 정

종진 부장과 같이 간 일식집에서 회의를 가졌다. 나이 젊은 사람들과 말을 주고받다 보니 어른으로서 체통을 잃은 일은 없었는지 우려된다. 윤청광 씨가 분위기를 주도해나갔다.

요사이 범우사는 반품도 좀 줄어들고 정상 궤도를 향하는 것 같다. 큰아이가 서일전문대에 강의를 나가게 되었다. 가능하면 교수까지 되었으면 한다. 교수의 길이 얼마나 존경받고 또 여유 있는 생활을 할 수 있는 직업이냐. 재민이가 교수가 되겠다고 한다면 그쪽으로 밀어주고 싶다.

어쩐지 마음이 허하다. 오늘 스포츠센터에서 정태영 씨진보당 사건으로 감옥살이 한를 만났는데 왜 이렇게 말랐느냐고 한다. 나는 그의 눈을 똑똑히 보면서 채식을 해서 그렇다고 말했다. 몰골이 사나운 나를 보이는 것이 싫지만 어찌할 수 없다. 52kg까지 내려갔던 것이 54kg이니 2kg늘었다. 더 좀 살이 쪄야겠는데. 이렇게 또 잠이 오지 않으니 1kg쯤 또 내려가겠다.

J씨는 조봉암에 관한 원고를 우리에게서 교정 조판까지 한 것을 가져가 한길사에서 낸 사람이다. 이렇게 도의가 무너지고 있는지 모르겠다. 기분 나쁜 일은 빨리 잊자, 건강을 위해.

오늘 점심은 박충일 사장과 했다. 그는 나와 대학 동창인데 항시 다정다감하고 정의감이 투철하고 학구적인 좋은 사람이다.

8월 1일

관악산을 다녀왔다. 정진웅 부장과 등산길에 만난 김성실, 조명곤과 같이 산행을 하고 하산하여 맥주 한 잔씩을 하고 헤어졌다.

집에 오니 청주에 간 아내와 재준이만 없고 온 식구가 모여 있었다. 우리집안도 이제 대가족이 되어간다. 그러나 더 많았으면 하는 생각과 여유롭고 풍족하다는 생각이 들었다. 가난 때문에 산아 제한을 하였던 25여 년 전이 떠오른다. 가난이 얼마나 무서웠던 것인가. 그 시절을 잊지 말자. 너무 의식하기 때문에 오히려 밑가는 일이 많지만 그래도 그것이 그동안 성장에 원동력이 되었지 않느냐.

재민이가 차를 바꾸겠다고 한다. 그런데 짚차로 바꾸겠다는 것이다. 2천여만 원이 넘는 차로 바꾸겠다는 재민이의 마음가짐을 나는 이해하기로 했다. 내가 검약해봐야 내가 떠난 후면 얼마나 이 재산들이 유지될지 거기에 대한 의문도 간다.

재민이가 검소하기 때문에라는 안심과, 또 나처럼 고생을 하지 않았다는 것이 어쩐지 마음을 놓이게 하지 않는다. 친구에게 500만 원을 빌려주겠다는 말을 서슴없이 꺼낸다든지 또 내가 그에게 재량권을 많이 주고자 하는 것이 잘하는 것인지 잘못하는 것인지 모르겠다.

잊자. 또 일단 맡겼으니 믿어보자. 출판인으로서 충실한 삶을 사는 데만 전념하자. 그것이 범우사와 집안과 더 나아가 사회에 봉사하는 길이 아니겠는가.

8월 2일

김성실 씨가 와서 컴퓨터 관계 도서와 원고를 가져갔다. 미래는 정보 중에서도 컴퓨터 시대가 전개된다는 것은 사실이다. 출판도 그 방면을 외면할 수 없을 것 같다. 기획과 원고 검토 등을 의뢰하고 점심을 같이했다.

오늘도 몸이 좋지 못하다. 어제 약간의 술과 잠을 자지 못한 데서 연유한 것 같다. 모든 것을 잊고 초연해보려 하나 그것이 마음대로 되지 않는다. 고고해보자. 잡사에 얽매이지 말자. 속세에 연연하지 말자. 문학소년적 센티를 버리자. 그렇게 뇌까려보지만 천박한 소년성을 버리지 못한 것 같다.

출판사는 일부가 여름휴가를 가버려 썰렁한 분위기다. 이런 분위기에서라도 좋은 책을 기획하고 용역을 맡기고 하여 좋은 출판물을 낼 수 있지 않은가. 그런데도 사람 때문에 곤욕을 치르고, 신경을 써야 하는데 또 사람을 뽑겠다는 내 처사가 어쩐지 또 마음에 걸린다.

인재를 찾자. 그리고 인재를 키우자는 정신은 좋지만 그동안 얼마나 시행착오를 해왔는가.

오늘도 정 차장이 몸이 아프다고 나오지 않았다. 8월 말까지 기다려 보자. 그 후 결론을 내려야 될 것 같다. 사람을 쓴다는 것이 참으로 어렵다. 인사권도 이제 재민이에게 맡겨보는 것이 어떨지.

무엇보다 근엄해지자. 또 심사숙고하자. 행동 하나, 말 한마디에 무게를 주자. 그래서 명실상부한 신사가 되어 보자.

내년이면 60이다. 늙었다는 주눅이나 열등감보다 신사가 될 나이라는 것을 강요하자. 이제 근엄한 신사가 되는 것이다.

8월 5일

어제는 민자당 중앙당에서 독서진흥법 공청회가 있었다. 내가 강인섭 의원에게 부탁하여 진행되고 있다. 주제발표는 윤청광 씨가 했고, 반대 의견은 연세대 한 교수가 했다.

토론자로 조선일보 공종헌 위원, 문체부 사무관, 한우리독서 감사 등이 했는데 결론으로는 윤청광 사장이 승리했다. 마지막에 나에게 기회를 주어 일본이 독서대국이 된 역사적 배경을 무난하게 설명하여 보탬이 되었다고 한다.

나는 말로 배워 되로 풀어먹는 손해보는 짓을 마냥 해오고 있다. 연구나 생각은 많이 하는데 발표력은 부족하다. 하고 난 다음 후회한다.

그런데 어제는 만족은 아니었지만 설득력이 있었다고 한다.

저녁에는 김낙준, 윤청광, 임홍조, 백좌현, 출협 정 부장과 같이 서정에 가서 내가 저녁을 내었다. 김 회장이 내겠다는 것을 내가 내었다. 그래서 마음이 편했다. 윤청광, 임홍조 사장 모두 고생들 했다.

나는 요즈음 노추老醜에 대해 많은 생각을 한다. 근엄하여야겠다는 생각도 한다. 이제 나이 60을 바라본다. 이때부터가 가장 중요한 시기라고 본다. 배에도 적당한 무게를 실어야 안전한 항해를 할 수 있다고 하지만 모든 것을 잊고 떨어버리는 수양을 해야겠다.

오늘도 다짐다짐 하면서도 그렇게 옮기는 행동은 왜 그렇게 어려운지 모르겠다. 노년을 깨끗하고 숭고하게 보내자.

8월 7일

오늘 점심에 조선호텔 이태리 식당에서 이기웅 이사장과 식사를 같이 했다. 출판단지 건으로 서운하였다는 이야기를 한다.

나는 그에게 서운한 일을 한 적이 없다. 나는 그가 하는 일에 추호의 부끄럼도 없이 시종일관 그를 따랐다. 내가 내년 초에 출협 회장에 출마하겠다고 하였더니 어려울 것이라는 말과 김낙준 회장이 나오지 않으면 윤석금 씨를 기득권층에서 밀 것이라고 했다.

나는 성불성간에 여건이 되든 안 되든 한번 도전해보겠다고 했다.

이제 마음을 굳혀야 될 것 같다. 8월은 중국에 갔다 오고, 창업코스 마지막 강의를 하고나면 뛰어야 할 것 같다. 재민이도 내가 돈을 써야 한다는 것이었다. 불가능하게 보는 첫째 이유도 내가 인색하게 돈을 쓰지 않는다는 것이다.

이기웅 이사장도 내가 체력뿐 아니라 경제면에서도 장기전을 펴서는 승산이 적기 때문에 단기전을 펴기 위해 시간을 벌고 있다고 하면서, 그렇게 시간을 벌다 마지막에는 또 김낙준 회장에게 자리를 거저 주어버리는 것이 아니냐는 것이다.

나는 그렇지 않다는 것을 분명 밝혔다. 이제 이기웅, 허창성, 조원세, 이정일 사장 등에게 내가 출협 회장을 해보겠다는 진심과 김낙준 회장과의 일말의 야합도 하지 않았다는 것을 분명 밝히겠다. 앞으로 총회날까지 180일 남았다. 중국에 가기 전부터 가까운 분들부터 만나서 출협을 위해 무엇을 하겠다는 비전을 말하고 도움을 청해보겠다.

물방울 논리가 있지 않느냐. 연잎 위의 물방울처럼 한 방울 한 방울씩 모아보자. 그리고 절대 매표 행위 등 부정 행위는 하지 말자. 정의로운 문화단체를 만들기 위해 출마하는 것이다.

이제 뛰어들어 보자. 패하더라도 정의롭게 싸우다 지는 것은 부끄러울 게 없다. 문화단체의 맏형답게 깨끗한 선거의 선례를 남기자.

8월 10일

정동로타리 모임에 참석했다. 내가 살아온 과정과 현 형편이 맞지 않지만 꼬박꼬박 참석을 한다. 또 부회장이란 책임 때문인지 모르겠다. 빨리 1년이 지나고 짐을 벗었으면 한다.

오늘 편집사원 모집 시험을 보고 면접도 봤다. 인재들은 많은 것 같다. 직장을 갖기 위해 노력하는 사람도 있는 것 같고 출판계에 매력을 느끼고 있는 사람도 있는 것 같다. 출판계에 좋은 인재가 모여들어야 한다.

서울대 사회학과 출신이 톱을 했다. 오랫동안 근무해줄지 모르겠다. 4명쯤 뽑아 보겠다. 그 중 2명만 2~3년만 남아도 본전은 되는데 어떨지.

점심은 법문사 배효선 사장이 사서 종근당 건물 15층 식당에서 문예 전병석 사장과 같이 했다. 출협 회장 출마 의사를 비쳤다.

배 사장, 전 사장은 부정적 반응이다. 전 사장은 임인규, 권병일 사장도 두 번씩 했는데 김낙준 사장이 두 번 하는 것이 순리가 아니냐는 식이다.

그래도 나는 한번 도전해보겠다. 꼭 승산이 없더라도 해보겠다. 그래서 출협, 아니 출판계의 위상을 높여보겠다. 한번 해보는 것이다. 성불성은 하늘에 맡기자. 이제 단행본계가 한 번 해봐야 되는 것 아니냐는 기치를 들고 나가 보자. 상대방에 대한 비방이나 모함은 절대 하지 말자. 칭찬하면서 하자.

지금 조직은 9 : 1의 약세다. 그러나 한번 뛰어보자.

8월 13일

지난 11일에는 을지 서정연 사장에게, 12일에는 일산단지 운영위가 7시에 코리아나호텔에서 있어 그때 박기봉 사장에게 내가 출협 회장을 나서겠다고 귀띔했다.

반응이야 시원치 않았다. 그러나 하나하나 해보겠다.

점심은 종근당 펜디에서 허영환 교수가 사주어 한문영 씨와 같이 했다. 그들에게도 회장 출마 의사를 비쳤다. 출판 외부에서의 여론도 중요할 것 같아서다.

오후에는 어머님 산소에 갔다 왔다. 칡넝쿨이 묘를 덮었다. 모두 걷어내고 왔더니 마음이 개운하다.

어제저녁 7시에 김영삼 대통령이 금융실명제를 발표했다. 모두 내 이름으로 저금이 되어 있지만 아내 이름으로 된 것이 얼마쯤 있는지 알아봐야 할 것 같다.

오늘도 편하게 넘기자. 하루에 충실하는 것도 중요하지만 아무 탈 없이 무난하게 하루하루를 지내면 그것이 인생의 쌓음이다.

자료실의 안미경 씨가 직장에 마음이 붙지 않는 것 같다. 하는 일도 그렇고 전망도 밝지 않아서 그런 것 같다. 시간을 두고 해결해 보자.

낮에는 박성봉 교수의 차남 결혼식에 갔고, 저녁에는 이상보 박사와 같이 김대중 선생 생환 20주년 행사에 참석하였다. 한 번쯤 참석하는 것이 인사도 되고 좋은 추억도 될 것 같아서다.

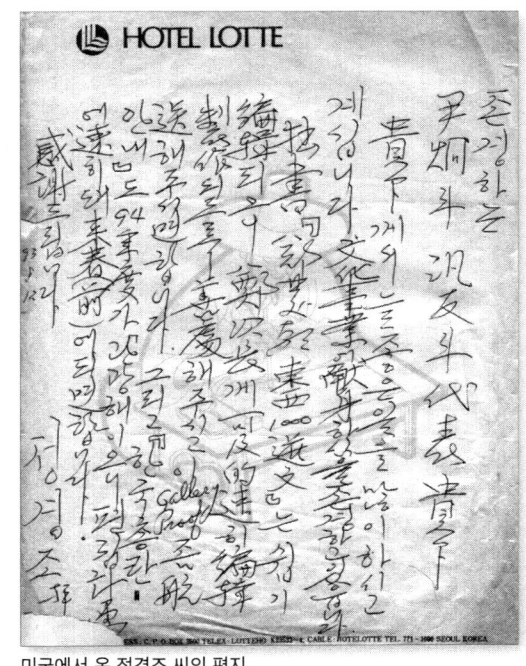
미국에서 온 정경조 씨의 편지

행사 뒤, 식사 시간에 김대중 선생이 내빈석을 돌며 인사하시기에, "제가 범우사의 윤형두입니다. 아시겠습니까?" 했더니 "이 사람아, 내가 노망했는가, 자네를 못 알아보게. 요사이 광고도 잘 보고 있다네" 하시며 다정하게 악수를 해주셨다.

어느 때인가 아우인 김형문이 김대중 선생이 나를 모른다고 말씀하셨다기에 물어본 것이다. 그분이 통일 문제에 대해 남은 여생을 바친다면 내가 도울 수 있는 일은 돕겠다.

김상현, 신순범 의원은 나를 대하는 것이 그리 반가운 기색이 아니다. 그것도 나에게 책임이 있다 보고 좀 더 관심을 가져보자. 이세중 변협 회장, 김장곤 의원 등은 반갑게 맞아주었다.

박찬종 의원이 내 옆에 앉아 있어 인사를 했더니 차갑다. 나를 모르

서강대학교
SOGANG UNIVERSITY
言論大學院
The Graduate School of Mass Communication

원 형 두 님

서강대학교 언론대학원은 정보화, 국제화, 전문화 시대를 대비한 齋學協同의 齋室로서 언론관련분야의 고급인재를 양성할 목적으로 1992년 9월 개원한 전문대학원입니다.

1993학년도 제2학기에 본 대학원 신문출판 학과에 출판잡지경영론 과목을 개설하고자 합니다.

이 과목의 강의를 위해 선생님을 다음과 같이 강사로 초빙하고자 하니 저희 언론대학원생을 위해 귀중한 시간을 할애해 주셨으면 감사하겠습니다.

- 다 음 -

학기 및 일시 : 1993. 8. 30 - 12. 17 (16주)
매주 목 요일 오후 8:10 - 9:40 (90분)

장소 : 강의실 미배정(확정후 통보예정)

※ 언론대학원 1993학년도 제2학기 강의일류표와 수강시간표, 학사력을 동봉하니 참고하시고 별첨 응낙서와 이력서를 동봉한 봉투로 보내주십시오.

1993. 8. 12

원장 朴 창 섭

121-742 서울특별시 마포구 신수동 1번지
The Graduate School of Mass Communication
C. P. O. BOX 1142, SEOUL, 100-611, SEOUL, KOREA
TEL:(2)705-8182~3, FAX:(2)705-8184

서강대학교 언론대학원에서 보내온 강의 제안서

거나 문화인에 대한 인식이 덜 된 사람들의 한계일 수도 있다.

서강대 언론대학원에서 최창섭 원장의 강의 부탁이 와서 2학기부터 강의를 맡았다.

서강대학원 강사도 명예일 뿐만 아니라 나에게 큰 자극을 주는 것이 아니겠는가. 몸만 조심하면 오히려 활동하는 것이 건강에 유익할지 모른다.

8월 14일

15일 5분 전이다. 한 시간 전쯤 장인께서 돌아가셨다는 부음을 들었다. 혜원이 처제로부터 전화가 오고, 아내가 밖에 나갔다 들어와 슬픈 소식을 전한다. 그래서 이 기사에게 연락했지만 전화를 받지 않는다.

아래층 오씨에게 내일 새벽 6시 반에 청주로 가기로 약속을 하고 재민이, 재준이와 같이 장례에 관해 의논을 하였다. 부조금은 1백만 원 하기로 하고, 장례식 후 장모님께 50만 원을 따로 드리기로 하였다.

8월 15일이 되어간다. 이렇게 시간은 흐른다. 시간의 흐름이란 죽음으로 다가서고 있다는 징조다.

저녁에 재민이와 맥주 한 잔 하고, 부음을 듣고 재준이와도 맥주 한 잔하고 또 나홀로 양주 한 잔을 하였다.

장인 영감! 영면하십시오.
인생은 다 가기 마련 아닙니까. 저도 언제인가 장인 영감 따라갑니다. 사야일편부운멸死也一片浮雲滅 죽음은 한 조각의 구름이 사라지는 것 같은 게 아닙니까. 인생 참으로 허망한 것 아닙니까. 그러나 살아서야 뛰어야지요. 최선을 다해 살아야지요. 죽을 때 죽더라도 말입니다. 그렇지 않습니까, 장인.

장인은 일제시대에 철도국에 들어간 후 정년을 하실 때까지 철도 공무원이셨다. 이승만 대통령을 건국의 아버지로, 또 박정희 대통령을 경제부흥의 공로자로 받들며 살아오신 분이다. 종교는 토속신앙을 신봉하셨는데, 말년에는 가족에 휩쓸려 여호와의 증인이 되셨던 것 같다.

8월 15일

아침 6시 40분에 청주로 향했다. 이윤석 기사가 연락이 되지 않아 세미아빠오씨가 운전을 하고 또 한 대는 재준이 차로 아들 둘, 딸, 며느리, 아내, 혜원이 처제 이렇게 차 두 대로 떠났다.

중간 망향휴게소에서 내려 아침을 먹는데 허신행 장관 등 많은 장관 고관들이 보였다. 권영자, 황산성, 윤관 등.

그런데 나는 아는 사람들이지만 피했다. 내 몰골도 그렇고 또 장인 장례식에 간다는 말도 꺼내기 싫은 데다 넥타이를 검게 매었으니 놀러 간다고도 할 수 없어서다. 그것이 서로 편할 것 같았다. 그들은 독립기

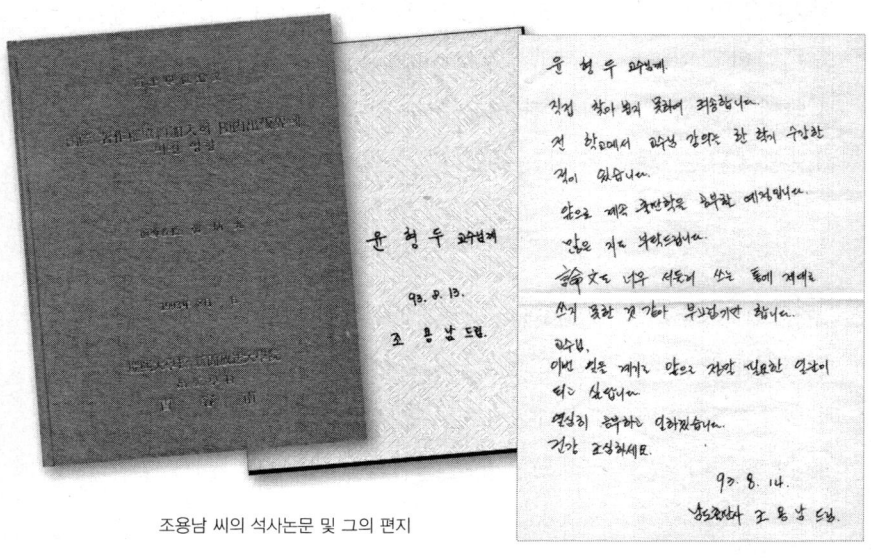

조용남 씨의 석사논문 및 그의 편지

념관에서의 8·15 경축행사에 참석하기 위해 가는 것 같았다.

8시 좀 넘어서 충북대 병원 영안실에 도착했다. 장인의 영정이 하나 덩그러니 책상에 놓여있을 뿐 준비가 소홀해 보였다. 그런데 여호와의 증인식으로 한다면서 내게 절을 못 하게 하였다. 편안한 것이 편안한 것 같아 나도 그에 따르기로 하고 재민이에게 조화와 또 문상객이 오시면 영정 앞에 꽃이라도 놓을 수 있게 준비하라고 지시했다.

그런데 그것마저 탐탁하게 여기지 않는 눈치였다.

셋째 처숙이 아내와 처남들에게 무엇이라 나무라는 것 같았다. 그러나 거기에 나는 나서지 않았다. 문상 온 손님들과 이야기하다 점심을 먹고 오후 1시 반까지 있으니 몸이 무척 괴롭다. 또 증인들이 장례의 모든 식을 진행한다고 하니 나는 딸 성혜와 며느리 등을 데리고 서울로 올라왔다.

집에 와 30일 강의 준비를 하였다.

8월 18일

장인 장례식을 5일장으로 치른다고 아내가 아직 올라오지 않았다.

오늘 장례식을 치른다고 하여 새벽에 재준이가 내려갔는데 방금 장지에 도착하였다는 전화를 받았다.

어제는 출협 상무이사회가 있었는데 출판부 김수동이 문제로 몇 마디 말이 오고 갔다. 나는 소명의 기회를 주는 등 순리를 찾아 달라는 말을 하였다. 또 아침에는 성신여대 허영환 교수가 추천해 준 용산에 있는 기공회에 갔더니 원장이 기氣로 진찰을 하는데 뼈, 내장 등 모든 곳이 나쁘다는 것이다. 그리고 사람을 대하는 것도 좋지 않다는 것이다.

나는 사람을 대하면 피곤하다는 것을 일찍 느껴왔다. 그런데 그것을 벗어나지 못하고 있다.

이번 출협 회장 출마를 한다는 것은 사람을 만나는 전쟁이다. 그런데 그 일을 해야 하는지 또 한 번 주저케 한다. 그러나 더 늦기 전에 한국출판계를 위해 내가 그동안 구상하고 공부하였던 출판물 유통의 정상화를 위해 온몸을 바쳐보겠다는 뜻을 한번 성취시켜 보고 싶다.

용산에 가서 진료도 받고 몸도 잘 관리하면서 활동을 해보자. 오히려 들어앉아 버리는 것이 몸을 더 굳고 상하게 할지도 모른다.

내일은 북경 출판학술대회에 참석하기 위해 중국으로 떠난다.

8월 19일

둘째 재준이와 같이 이 기사가 운전하는 차를 타고 10시 40분경에 김포공항에 도착하였다. 손영수 사장과 허희성 선생이 나와 계셨다. 11시 30분이 되니 일행이 모두 모였다.

출국 수속을 밟고 재준이와 헤어진 후 12게이트에서 기다렸다. 1시 30분에 여객기에 오른 다음 출발 예정 시간보다 30분 늦은 2시에 이륙을 하였다. 기편은 중국 동방항공 MU542편으로 작은 비행기다. 내 옆 좌석에 이운산 군이 앉았다.

2시를 좀 지나 기내식으로 식사를 하였다. 중국 음식이다. 1970년대 KAL 기내식과 다를 바가 없다. 부강국, 선진국이라는 것이 얼마나 중요한가. 중국과는 1시간 시차가 있다고 한다. 한국 시간으로는 3시 20분, 중국 시간으로는 2시 20분이다. 정시에 이륙했으면 도착 시간인데 좀 늦은 것 같다. 기체가 너무 흔들린다.

2시 40분경에 상해 홍교虹橋 국제공항에 도착했다. 조선족 2세인 김영이란 여자 안내원과 최씨라는 남자 안내원 그리고 보조로 여인 한 사람이 공항에 마중을 나와 있었다.

안내인 최씨의 설명에 따르면 중국의 470개 도시 중에서 가장 큰 상해시의 인구는 1,600만 명이고, 이곳에 살고 있는 우리 교포는 485명이라 한다. 2년 전인 1991년에 상해에 들렀을 때 상해인구가 1,344만 명이며 우리 교포가 300여 명이라 하였는데 그동안 인구가 많이 늘었다.

중국 여행객 중 80퍼센트가 이곳을 경유하며, 또한 세계 10대 항구로서 양자강과 합류하는 황포강黃浦江에는 10만 톤급 선박이 들어온다고 한다.

상해는 1842년 아편전쟁 이후 영국과 청나라가 맺은 남경조약에 의해 개방된 이후 중국 최초의 경제특별지구가 되어 제국주의 열강의 각축장이었던 곳이다.

상해에서 가장 긴 중산로中山路, 불란서 조계지였던 회해로淮海路를 거쳐 마당로馬堂路의 상해 임시정부 자리를 둘러보았다. 2년 전 왔을 때와는 판이하게 달라져 있었다. 내부는 얼마 전 텔레비전과 화보 등으로 봤던 그대로였으며, 노태우 대통령이 다녀간 흔적이 있었다. 한국 대통령이 상해 임시정부 청사를 다녀간 것은 잘한 것 같았다.

그러나 아직 임시정부 청사는 중국 소유이며, 해설자도 중국인인데 무척 서툴렀다. 사회주의 국가의 맹점이기도 한 것 같다. 임시정부 옛청사 자리에 김구 선생의 동상을 비롯한 유물 등 전시품이 없어 어쩐지 허전하다. 이곳에 《백범일지》와 같은 김구 선생에 대한 간행물이라도 전시되었으면 하는 생각이 들었다.

상해 임시정부 청사 앞에서

상해가 무척 빠르게 변화하고 있다는 것을 느낄 수 있었다. 묵은 집들이 헐리고 새 고층 빌딩이 올라가며, 자동차가 많아지고 상가마다 번영하는 것 같았다.

그리고 간판은 간체자가 아니라 옛날 한자로 돌아가는 것 같았다. 일본, 대만, 한국의 여행객을 의식하는 것 같았다.

한국도 아시아의 여행객을 끌어들이기 위해서는 간판만이라도 한자를 병행하여 써야 한다. 특히 상점이나 대형 건물, 지하철, 버스 정류장 등 대중교통의 표시 지점은 한문을 병행해서 써야 한다고 본다. 동양 삼국이 세계를 지배한다는 미래에 대한 희망을 갖는다면 더욱이나 그렇다. 이것도 출판인이 앞장서야 되는 일이 아닐까.

윤봉길 의사의 혼이 서린 홍구공원虹口公園에 들른 다음, 한국인이 경영한다는 한강식당이란 곳에서 저녁을 먹고 돌아오니 한국 시간으로 10시 15분, 이곳 시간으로는 9시 15분이다. 김승일 박사가 중국의 다른 곳에서 세미나를 마치고 상해로 오기로 하였는데 오지 않아 혼자 있다.

이번 북경 출판학술대회를 무사히 마치고 돌아갔으면 한다. 남석순 사무국장이 같이 오지 못한 데다가 연만하신 분들도 계시고 언어 문제도 여의치 않아 어려움이 있지만 순조롭기를 빈다.

8월 20일

어젯밤에는 허희성, 박원동 씨와 물 탄 양주 한 잔을 하였다. 힘든 하루였다.

7시 38분에 호텔을 출발하여 1,900킬로미터에 이르는 경항대운하京杭大運河가 관통하는 오나라의 수도 소주蘇州로 향했는데, 소주까지 가는 길은 교통지옥이었다. 구덩이가 파인 아스팔트길에다가 교통사고 등으로 길이 막혀 신경을 무척 곤두서게 하였다.

몸이 무척 불편하였다. 어젯밤 술을 좀 마신 탓인지, 그렇지 않으면 신경을 쓴 탓인지 모르겠다.

11시 35분에 소주 호구虎丘에 도착하였다. 호구선사虎丘禪寺와 운암사雲岩寺를 둘러보고 난리원蘭莉苑에서 점심 식사를 하였다.

그 후 중국의 대표적인 사관寺觀 원림인 한산사寒山寺를 거쳐 예원藝園보다 규모가 큰 세계문화유산으로 지정된 졸정원拙庭園을 둘러보았다. 졸정원은 중국의 사가私家 원림園林을 대표하는 정원으로 가산과 괴석 담장과 다리 건물과 수목, 꽃과 풀 등이 가장 조화롭게 어울려 있는 완벽한 조경예술이다.

주마간산격으로 구경을 하고 3시 20분에 소주를 떠났다.

저녁에도 박원동 씨 방에 가서 술을 한잔 하였다. 몸에 나쁜 줄 알면서도 결심을 못한다. 이것이 나의 최대 약점

소주 졸정원에서

소주 운암사에서

소주 한산사

소주 호구선사에서

이다. 술을 마셔야 하는 분위기를 나는 가급적 피해야 한다. 그렇지 않으면 완전 금주라는 것은 어려울 것 같다. 내일 또 어떻게 될지 모르겠다. 아침에 일어나 보고 또 내일을 지내 보자.

김승일 박사가 오늘도 오지 않는다. 모든 일정을 같이 할 경비를 부담해 놓고 관광을 같이 못하니 안타깝다.

김 박사가 있으면 가는 곳마다 역사적인 설명도 듣고 풍부한 역사 기행이 될 터인데 말이다. 또한 김 박사가 오지 않아 학술대회의 진행에 차질이라도 생기면 큰일이다. 내일이라도 왔으면 좋겠다.

그래도 혹시 김 박사가 오지 못하면 강영매 씨가 대신 도와주리라 믿는다. 그리고 북경에 계시는 김국현 여사도 한국과 중국어를 잘하시고 출판관계도 아시는 분이니 큰 걱정은 말아야겠다.

8월 21일

아침 식사를 하고 일행들은 8시에 4백여 년 전 상해의 유명한 조경학자인 장남영이 20여 년이나 걸려 설계 시공하였다는 예원과 와불상 臥佛像 등을 관광하기 위해 안내원들과 같이 떠났다. 박원동 씨는 2년 전 다녀온 곳이라 가지 않고 헬스클럽에 가겠다고 하며 나갔다.

나는 8월 26일에 열릴 북경 국제출판학술 세미나의 사회 준비를 한

서강대학교
SOGANG UNIVERSITY
言論大學院
The Graduate School of Mass Communication

원형두 님

　　서강대학교 언론대학원에서 강의를 맡아주기로 한 선생님께 감사드립니다. 1993학년도 제2학기에 선생님께서 담당하실 과목은 다음과 같습니다.

과목번호	과　목　명	요일	시　간
411	출판잡지경영론	목	8:10 - 9:40

　　개강에 앞서 몇가지 부탁을 드리겠습니다.

1. 강의안(Syllabus) 제출
　　강의 첫시간에 수강생에게 강의안을 배포해 주어야 합니다. 이를 작성하여 8월 27일(금)까지 교학과로 제출하여 주십시오. 타자가 곤란하시면 원고로 제출하여 주십시오. 교학과에서 타자하여 인쇄 또는 복사하겠습니다.

2. 초빙강사료
　　학기 총금액 : 57,000원*2시간*16주=1,824,000원
　　월지급금액 및 월수 : 456,000원 9, 10, 11, 12월
　　지　급　일 : 매월 21일(통장에 자동입금)
　　※ 국민은행 또는 조흥은행 통장사본을 제출해 주십시오.
　　(이 외에 1주간 등이 주십시오.)

3. 강의시간 엄수
　　강의시간 전에 입실하여 정시에 강의를 시작하고 정시에 끝나도록 해야 합니다.

4. 휴강
　　원칙적으로 허용할 수 없습니다. 부득이한 경우 학생들에게 예고를 하고 반드시 대강을 준비하여 주십시오. 가급적 휴강으로 인한 보강은 세우지 말아주십시오.

5. 학업평가(예 : Paper, 시험 등)를 비교적 자주 실시하여 학생들로 하여금 적극적으로 수업에 참여하도록 지도하여 학습효과를 최대한 높일 수 있도록 해 주시면 감사하겠습니다.

　　　　　　　　　　　　　　　　　　　1993. 8. 21

　　　　　　　　　　　　　　　　원　장　최　창　섭

121-742 서울특별시 마포구 신수동 1번지
The Graduate School of Mass Communication
C. P. O. BOX 1142, SEOUL, 100-611, SEOUL, KOREA
TEL:(2)705-8182~3 / FAX:(2)705-8184

서강대학교 언론대학원에서 보내온 강의 계획 관련 공문 (1/2)

1993학년도 2학기 강의일람표

서강대학교 언론대학원

구 분	과목번호	과 목 명	요일/교시	교 수 진
공통필수과목				
	102	매스커뮤니케이션 이론(1반)	월/2	김학수
	102	매스커뮤니케이션 이론(2반)	월/1	김명준
공동선택과목				
	210	정치커뮤니케이션	화/1	
	217	커뮤니케이션 사상사	수/2	조병기
	205	국제커뮤니케이션	월/2	김광호
	247	예술과 사회	화/1	이근삼
	290	커뮤니케이션 특강(Benchmark Seminars)	수/1	최창섭
전공선택과목				
신문출판학과				
	303	언론법제이론	목/1	
	411	출판잡지경영론	목/2	윤형두
방송학과				
	425	비교방송론	월/1	김규
	450	수용자론	화/2	김기태
광고홍보학과				
	341	광고재론	목/1	문영숙
	348	광고매체론	수/2	이혜갑
	461	홍보재론	목/2	최윤희
외국어강좌				
	010	영문독해 I	화/2	김기애
	020	영문독해 II	수/2	

서강대학교 언론대학원에서 보내온 강의 계획 관련 공문 (2/2)

다음 상해 쉐라톤호텔 7047호에서 커튼을 활짝 열어 놓고 상해 시가의 서쪽을 응시하고 있다. 김승일 박사가 오늘은 오겠지 하는 기다림과 거울 속에 비친 볼꼴 사나운 야윈 내 모습이 자꾸만 떠오른다.

내 몸 하나 풍채 있게 지탱하지 못하는 내가 얄밉다. 멋지고 맑게 노년의 모습을 보이고픈 것이 젊었을 때부터 품어 온 바람이었는데, 왜 나는 이렇게 벌써 검버섯이 얼굴에 끼고 얼굴은 창백하고 손등은 힘줄만 돋았을 뿐 살은 빠지고 살결은 거친 걸까. 나이에 비해 너무 빨리 늙는 것 같다.

옛 시에도 꽃은 봄을 보내지 않으나 봄이 스스로 가고花不送春自去 사람은 늙기를 바라지 않으나 늙음이 스스로 침범하네人非迎老自侵라고 하였지 않은가.

이 모두가 수난 많았던 과거사에 원인도 있겠지만 세월의 흐름은 어찌할 수 없는 것이 아닐까. 술 좋아하는 사람 만나면 자신을 돌보지 않고 술을 마시고, 한때는 담배도 분위기 때문에 피우는 등 자신에 모질지 못하고 기분에 휩쓸려 살아왔다.

그리고 과욕도 또한 큰 원인이 아니었을까. 지위도 명예도 재산도 탐하지는 않겠지만 뿌린 대로는 거두어 들이겠다는 생각, 그것도 욕심이 아니었을까. 그 마음이 오늘날 내가 누리고 있는 것을 갖게 해 주었지만, 한편으로는 그 마음가짐 때문에 내 몰골 사나운, 육체적 건강을 해친 것이 아닐까.

어제도 몸 상태가 좋지 않았다. 여행에 지치고 소주까지의 순탄치 않은 여행길이 신경을 쓰게 했다. 그것이 원인이겠지만, 근본은 그런 일을 감내할 수 없을 만큼 몸과 마음이 약해진 탓이다.

8월 29일까지 북경 국제출판학술대회를 마치고, 30일에 중앙대 신방대학원 창업자 과정 1기생 특강, 9월 3일부터 서강대 언론대학원에서의 강의, 또 출판협회의 일 등 감당하기 벅찬 일들이 기다리고 있다.

남애출판문화상 기금 마련, 범우출판 장학금 수여식과 독후감 수상식 등 범우사 창사 27주년 기념 행사에다가 출협이 주관하는 서울 도서전시회와 93 책의 해 마무리 등 금년에도 할 일이 꽉차 있다.

이것을 지혜롭게 넘겨야 한다. 그리고 건강에 무리가 올 정도면 과감히 버리자. 인생은 살 만한 가치가 있는 것이 아닌가. 아이들 크는 재미, 손녀들 자라는 재미, 내 주변에 살고 있는 사람들이 어떻게 살아가는가를 보기 위해서라도 오래 살아야 한다. 음식 하나에도 신경을 쓰자. 많은 변화가 일어나고 있다. 통일의 날이 다가오고 차차 정의롭고 정직한 사회가 되지 않겠는가. 변화를 보자.

12시쯤 호텔에서 200미터쯤 떨어진 중국식 간이식당에서 박원동 씨와 10위안짜리 한국 돈 1000원 식사를 했다. 거기에서 서독에 갔다 왔다는 왕王 모라는 젊은이와 필담을 하였는데 거의 의사소통이 되었다.

호텔에서 초콜릿과 토마토 주스를 마시고 계산을 하는데 언어의 불소통으로 약간 애를 먹었다. 이런 경우는 외국 나들이를 하면서 매양 겪지 않았는가. 원인이 있는 결과니까 감내하자. 12시 50분경에 관광 갔던 차가 돌아왔다. 좀 쉬었다가 1시 반경 홍교 공항을 향해 숙소를 출발하였다.

공항에서 3시 30분 발 계림桂林행을 기다리

계림공항에서

면서 나는 또 후회를 한다. 한국에서 사려고 했던 목 짧은 등산화가 공항 매점에서는 한국 돈으로 11,700원 정도라 값이 싸서 샀다. 그런데 또 짐이 된다. 중국의 싸구려 상품이 물밀듯 한국에 들어오면 큰일이라는 생각을 하면서 나 자신이 그런 우를 범했다. 이런 것들이 나의 큰 결점이다.

천만금이라도 꼭 사야 할 것만 사자. 싸다고 지저분한 것은 사지 말자. 물건, 인간, 학문을 택하는 것도 그렇게 하자. 그럴 수 있는데도 왜 그렇게 하지 못하는지 한없이 자책한다. 후회는 항시 늦다. 이제부터다. 어제 소주에서 기념품으로 산 런닝셔츠 하나는 이운산에게 주자. 그리고 두 개는 두 아들에게 주자. 물건을 사는 데 신중하자.

상해 홍교 공항에서 3시 40분경 출발한 상해항공이 계림에 5시 50분경에 도착하였다. 오는 도중 기내에서 내려다본 계림은 천하제일이란 생각이 들었다. 중국 여행을 하면서 들은 말 중에 관광할 곳이 넓고 많은 북경은 발로하고 풍광이 뛰어난 계림은 눈으로 하고 역사 유물이 많은 서안西安은 안내원의 설명을 잘 들어야 하니 귀로 하라는 말이 있다 한

계림 이강 선상에서

계림 복파산정에서

다. 계림 중앙을 가로 질러 흐르는 이강離江은 한시에 자주 오르는 강이라 인상이 깊었다.

중국인들은 계림의 산수는 천하제일桂林山水甲天下이라 자랑한다. 당나라 때의 시인 한유韓愈는 계림의 풍광을 보고 "강은 푸른 비단 띠를 두른 듯하고江作靑羅帶 산은 벽옥으로 만든 비녀 같다山女碧玉簪"고 하였다.

계림 제원帝苑 호텔에 여장을 풀고, 7시 반에 중국 식당에서 저녁을 먹었다. 오늘은 술을 입에 대지 않기로 했다. 그리고 혼자 빨리 방에 들어가 잠을 청할 생각이다. 이운산 군에게 위장약을 얻어 먹었다. 효험이 있으면 한다.

공중에서 본 사바세계, 얼마나 작은 것인가. 속세에서 아그당거리는 인간들을 생각한다. 하늘에서 본 인간세, 망망대해에서 본 인간세. 보잘것없는 인간들이 대단한 것처럼 뽐낸다. 그 연극에 나도 한쪽 끼어서 눈치나 보며 살고 있는 것은 아닌지…….

8월 22일

8시 35분에 호텔을 출발해서 밭과 과수원 사이를 지나 9시 10분에 이강 선착장에 도착했다.

주로 관광객은 서양사람이었다. 동양인은 극히 일부로 10퍼센트 정도 될까말까 했다. 아직도 서양의 힘이 넘쳐서인지 그렇지 않으면 서양인들의 동양에 대한 관심 때문인지도 모르겠다.

배는 한강에 띄워진 유람선 같은 것이었다. 솔직히 나는 아직 한강 유람선을 타보지 못했지만 중국에 와서 선유船遊를 해보는 것이다.

식탁에는 사이다, 엽차, 과일, 체리 들이 놓여 있고, 물수건은 깔끔한 것 같지는 않지만 외국 관광객을 맞는 데 그리 후지진 않은 것 같다.

무한한 관광자원을 갖고 있는 것만은 사실이다.

아침에 일어나자 나는 건강을 위해서는 모든 것을 버리고서라도 건강을 챙겨야 되겠다는 생각을 했다. 계림에 와서 나는 "산은 첩첩싸여 몇 겹인 줄 몰라. 풀잎마다 이슬에 눈물짓고 소나무 가지마다 바람에 읊조린다. 내 여기에 이르러 길 잃고 헤매나니. 지나온 날 돌아보며 앞으로 어디로 가야할지 물어보네"라는 한산자寒山子의 시구가 불현듯 떠오른다.

오랜만에 야채가 보이길래 좀 많이 먹었다. 그것이 과식이 된 것인지 좀 배가 거북스러웠다. 세심한 주의를 하자.

10시 15분 유람선이 이강을 따라 선유하기 시작했다. 옛 글에서 스쳐 가면서 느꼈던 한산사와 한산시 그리고 이강 등을 이번에 보게 된 것이다. 이 배는 계림을 떠나 양삭陽朔까지 84킬로미터의 수로를 따라 가는 것이다. 우리가 배를 탄 지점은 죽강竹江 선창이다. 자연을 관상하는 것도 중요하지만 내 마음을 관상하는 것이 더욱 중요한 것 같다. 이 무릉도원의 경치 속에서 나를 돌아보는 지혜를 가져 보자.

중간중간 작은 배竹排로 고기를 잡는 어동들이 눈에 들어왔다. 경관은 수려하다는 평범한 표현뿐 더 이상 쓸 수가 없다. 또 인간이 길들인 가마우지가 물 속에서고기를 잡아 오면 인간은 그것을 빼앗아 수익을 올린다고 한다. 인간의 사악함을 어디에서나 볼 수 있는 것 같다.

잘 훈련된 가마우지 한 마리가 하루에 500위안 정도의 물고기를 잡는다고 한다. 중국인들의 두 달치 수입 정도가 되니 가마우지 한 마리 값이 황소 한 마리 값보다 비싸다는 것이다.

계림의 산들, 그러나 신은 그 산들에 잡목의 자람을 허락했을 뿐 거목의 자람은 허락하지 않은 것 같다. 4만의 봉우리, 그러나 금강산의 일만이천봉의 그 아름다움과 절묘함에는 비할 수가 없겠지? 금강산에 가고 싶다.

12시에 선상 중식을 하였다. 생선찜, 튀김, 게, 소라 등 맛있는 음식이 많이 나왔다. 절제를 한다고 했는데 또 속이 거북하다. 이제 정신적으로 패배의식에 젖어 있는 것 같다. 소화가 잘 되지 않는다든지 과식을 했다든지 하는 과민한 생각이 더욱 몸을 약화시키고 있는 것 같다. 많이 먹고 소화제를 먹어서라도 소화시킨다는 좀 무모하지만 그런 배포 같은 것이 건강을 위해서는 오히려 상책이 아닐까?

이강 강변에 거의 민가가 없다. 절벽이거나 작은 농토가 있는데 농사에는 열중하는 것 같지 않다. 이제 이곳은 농사보다는 그 이외의 수입으로 생계를 꾸려 가기를 바라는 것 같다. 산비탈에 매달려 약초인지 무엇인지를 채취하는 사람들이 보이고, 조각배에 어부들이 한가로이 앉아 있다.

이제 승선한 지 3시간, 오후 1시 15분이다. 절경도 오래 보고 있으면 싫증이 난다더니 권태로워진다. 너무 긴 코스인 것 같다.

양삭에 2시에 도착하여 또 버스로 계림을 향해 달렸다. 모두 잠에 빠져 있다. 회산匯山 등을 거쳐 3시 반에 계림에 돌아와 상비산象鼻山과 상품전시관을 구경하고, 후한 때 장군의 이름을 딴 복파산伏波山 320계단에 올라 계림을 굽어보니 참으로 이곳도 명 터이다. 복파산은 그리 높지 않은 봉우리지만 이곳에서 계림 시가지를 조망할 수 있는 것은 시내 주변에 고층건물을 짓지 못하게 한 중국 정부의 세심한 배려에 의한 것이다.

저녁을 먹고 제원 호텔 내에 있는 민속 무대에서 소수민족극을 관람하고 또 하루를 넘겼다.

8월 23일

　6시경에 깨었다. 건강이 좀 좋아진 것 같다. 최선을 다하자. 항심恒心이 중요한 것 같다. 이강 강변을 구경하였다. 강영매 씨와 같이 갔다. 아직 물이 맑아 고기들이 노닐었다.

　그러나 하이타이 같은 합성세제로 빨래를 하고, 비닐 폐기물 등이 강바닥에 깔려 있었다. 문명화, 현대화, 산업화, 기계화, 거기에 따른 부강이란 것이 무엇을 뜻하는지 모르겠다. 차라리 가난하지만 오염되지 않고 파괴되지 않은 자연을 유지하는 것이 더욱 인류를 위한 공헌이 아닐까.

　정치인들이 경제 운운하는 것이 진정 국리國利는 될지 모르지만 민복民福을 위한 것일까.

　9시에 호텔을 떠났다. 계림의 두어 곳을 들른 다음 서안으로 떠난다고 한다.

　음식을 조심하자. 그리고 무엇보다 신경을 쓰지 말자. 부딪치면 해결되지 않겠는가.

　숙소를 떠난 뒤 오늘은 동물원 등 특별한 곳을 구경했다기보다 계림 이곳저곳을 돌아다녔다. 아름다운 계곡을 쓰레기로 메우는 곳이 있는가 하면, 우리를 안내한 양삭여행사에 갔더니 부사장이란 사람이 앉으라는 인사도 없이 핸드폰을 들고 설치면서 거만을 떠는 그런 꼴도 보았다.

　중국인들이 광활한 국토, 많은 인구, 오랜 역사 등으로 경제만 부흥하면 얼마나 오만하겠는가. 석회 동굴 앞에서 1각角을 달라고 100~200미터를 따라오던 그 아이들이 성장할 때에는 중국은 어쩌면 일본보다 부강한 나라가 될지 모른다. 우리의 문화 발전도 중요하지만, 경제·정치·사회·문화 전반의 지속적인 발전이 없이는 또 한 번 약소

민족으로 일본과 중국의 경제적·문화적 지배를 받는 나라로 뒤떨어지지 않을까 우려스럽다.

청소부나 짐 심부름꾼이 1달러를 받기 위해 방문을 몇 번이나 여닫으며 방문 밖에서 서성거리는 것을 우리가 얕보고 이쯤 되었으니 하고 안도할 때가 아니다. 서울에 가면 민족혼을 불러일으키는 한말韓末이나 일제시대의 글을 모은 책을 발간하자.

계림공항에서 5시에 서안행 비행기를 탔다. 지금 시각은 6시 5분 전. 무척 비행기가 흔들린다. 기내식이라고 나온 것도 빵 몇 조각이다. 나는 초콜릿과 빵 하나를 먹고 남겼다. 공항에서 기내식에서 버린 음식 등을 추리는 모습을 보았다. 동물원도 한국의 1950년대보다 못한 형편없는 시설이었다. 이제 서안을 거쳐 북경 회의를 마치면 서울로 돌아간다.

계림 한방연구소에서 약 몇 가지를 샀다. 서울에 가서는 건강에 좋다는 것은 무엇이든 다해 보겠다. 그리고 건강이 허락하는 대로 몸에 맞게 일을 성실하게 하겠다.

서안에 도착하여 이원利園 호텔에 들자 집에 전화를 했다. 아내가 받았다. 집안은 별고 없다니 다행이다. 김승일 박사에 대한 소식을 물었더니 아무런 연락이 없었다 한다.

저녁에는 내 방에서 박원동, 허희성, 구교승, 이운산과 같이 담소를 했다. 나는 삼화주三花酒. 계수나무의 꽃술를 한 잔 했다.

지금 시각은 12시 10분, 한국 시간으로 1시 10분인 것 같다. 7시에 일어난다니 잘 자면 6시간 반쯤은 잘 것 같다. 잠이 잘 오려는지. 서안 구경 하루 하고 북경에 간다.

8월 24일

8시 30분에 서안옛 이름은 長安, 漢·唐 시대의 수도 관광에 나섰다.

진시황 병마용 박물관에 갔다. 이곳에는 병마도용兵馬陶俑 6천체가 지하에 있어 그 규모가 대단했다.

서안 화청지에서

이 병마도용은 황제의 사후를 지키기 위해 흙 속에 감추어 놓은 군단인데 그 군인 하나 하나의 표정이 각기 다르게 만들어 놓았다 한다. 아직 발굴된 것이 일부라는데 참으로 감탄할 정도였다.

또 화청지華菁池에 들렀다. 이 3천년의 역사를 지닌 온천지대인 화청지는 당나라 말엽 현종 황제가 양귀비와 사랑을 나누었던 곳이다.

양귀비는 현종의 친아들인 수壽의 후궁이었으나 현종의 눈에 들어 총애를 받게 되었다. 현종은 양귀비와의 사랑에 빠져 몰락하는 비극의 말로를 맞게 된다.

또한 1900년에는 의화단의 난으로 서태후가 북경에서 이곳 화청지로 도망와 있기도 하였으며. 1936년에는 장개석蔣介石이 장학량張學良에게 감금당하였던 곳도 이곳 화청지였다. 양귀비, 서태후, 장개석 등 역사적 인물들의 흔적이 서려 있는 곳이다.

인걸은 간 데 없는가 보다. 큰 역사적 사건이나 세계적 인물도 역사의 파도에 휩쓸려 사라지는, 대해의 한낱 질피 껍질이나 좁쌀 같은 것이라는 생각이 들었다. 하고픈 일, 마음 내키는 일을 하며 추하지 않게 삶을 살아가면 되는 것 같다.

오후에는 장안성 안에서 시간을 보냈다. 화청지로 김승일 박사가 찾아와 무척 반가웠다. 어렵게 이곳까지 온 것 같다. 내일 아침 일찍 북경으로 가기 때문에 저녁에는 일찍 잠자리에 들어야 할 것 같다. 내일 아침 5시 30분에 기상을 해야 한다.

8월 25일

서안 함양咸陽공항에서 9시 10분에 출발하여 북경에 도착한 뒤 시내관광을 하였다. 나는 2년 전에 구경한 곳들이라 차에서 주로 쉬었다.

우리의 숙소인 올림픽 호텔娛林匹克飯店에 5시경 도착하니 일본 대표를 비롯한 많은 분이 와 계셨다. 시미즈淸水, 미노와箕輪선생 등 일본 대표들과 중국의 대문보戴文葆, 소익문邵益文 선생 등 낯익은 분들을 만났다. 즐거운 만남이었다.

8월 26일

제6회 국제출판학술대회가 9시부터 개최되었다. 소익문 부회장의 사회로 유고劉杲 회장의 개회사에 이어, 10시에 유고 회장의 진행 사회로 세미나가 시작되었다. 나는 헤드테이블에 유고, 소익문 씨와 함께 앉아 세미나에 참가했다.

첫 번째 발표자는 상해 편집학회의 송원방宋原放 회장이었다. 구면

국제출판학술대회에서 사회를 보며

이지만 오랫만에 만나니 반가웠다.

오후 2시부터 3시까지 시미즈 히데오清水英夫 일본 전 회장의 진행 사회로 세미나가 진행되었다.

오후 3시 15분부터 4시 30분까지 내가 사회 진행을 맡아 회의를 주재했다. 나는 국제회의에서의 사회 진행은 처음이었다. 그러나 세미나 진행 전에 다음과 같이 인사말을 했다.

"저는 한국출판학회 회장 윤형두입니다. 주최측의 일정을 보면 인사드릴 기회가 마련되어 있지 않은 것 같아서 세미나를 시작하기 전에 간단한 인사를 드릴까 합니다.

먼저 이번 중국 북경에서 제6회 국제출판학연토회를 주관하신 중국편집학회 유고 회장을 비롯한 실행위원 여러분에게 한국출판학회를 대표하여 그 노고에 심심한 감사의 말씀을 드립니다.

1984년 10월 서울에서 시미즈 히데오, 미노와 시게오, 안춘근 선생이 주축이 되어 제1회 국제출판학술 발표회를 개최한 지 9년이 되었습니다. 그리고 이번에 역사적인 고도인 북경에서 여섯번째 학술 발표회를 갖게 된 데 대하여 참으로 감회가 깊습니다. 국제 문화 교류를 촉진하고 출판에 관한 문제를 더욱 효과적으로 공동 연구하기 위해 시도된 학술대회가 해를 거듭할수록 조직의 확장과 학문적 연구의 심도를 더해 가고 있습니다.

오늘 저는 이 국제출판학술대회의 창립에 한국측 대표로 공헌하셨고 북경 출판학술대회의 성사를 그토록 열망하셨던 한국 출판학회 초대 회장 고 안춘근 선생께서 이 의의 깊은 자리에 같이하지 못함을 참으로 애석하게 생각하는 바입니다.

안춘근 선생께서 금년 초 세상을 떠나셨을 때 각국의 출판계에서 애도의 정으로 조전 및 조문을 보내 주신 데 대하여 한국 출판학회와 유가족을 대신하여 감사의 예를 드리는 바입니다."

그리고 세미나를 진행하였다. 처음 하는 국제학술대회 진행 사회로

(▲) 왼쪽부터 유고, 필자, 대문보
(◀) 대문보 선생(우측)과 필자

미노와 시미즈, 소익문, 필자(왼쪽부터)

3국 대표인 시미즈, 유고, 필자(왼쪽부터)

는 무난했다고 본다. 나는 안 회장 말을 할 때 설움이 복받쳐 울먹였다. 참으로 그리운 사람이다. 정이 들었던 분이다.

대문보 선생께서 안 회장의 명복을 빌기 위한 기립 묵념을 제안하였다. 고마운 분이다.

그런데 이정춘 박사 발표와 나의 사회가 있는 오후 시간에 박원동, 남석순, 이종국, 김승일, 김정숙, 이운산만 자리에 있고, 다른 이들은 나름대로 바쁜 일이 있는지 모습을 볼 수가 없었다.

저녁에 만찬회가 있었는데, 헤드테이블에서 가장 융숭한 대접을 받았다. 이후 회원들에게 끌려 백두산이란 술집에 가서 술을 한잔 하였다.

8월 27일

오늘은 일행들이 만리장성 등 관광을 떠나는 날이다.

나는 갔다 온 곳이라서 한승헌 변호사, 강영매, 윤병태, 이종국, 김성현, 김승일 박사와 같이 신화서점을 갔다가 점심을 주중 한국대사인 황병태 대사가 산다고 하여 무역회관에 있는 대사관에 가서 모두 같이 대접을 받았다. 수행비서로 이환의 씨 셋째아드님이 수발을 들고 있었다.

저녁에는 북경 인민출판사 설덕진薛德震 사장이 저녁을 대접한다기에 청나라 때부터 유명한 번화가 왕푸징王府井으로 가 취화루에서 한 변호사, 강영매, 김승일, 이종국씨 등 모두 같이 가서 후한 대접을 받았다. 설 사장, 오도홍 선생 등이 한국에 왔을 때 내가 대접을 하였더니 그에 대한 답례인 것 같다.

국제적으로 다들 상당한 수준에 있는 분들과 교유한다는 것은 의의

북경에서 황병태 대사와

한승헌 변호사, 인민출판사 설덕진 사장, 필자(왼쪽부터) 일행들과 함께

있는 일이다. 26일 만찬회에서도 나는 일본 대표들보다 더 융숭한 대접을 받았다.

저녁에 한 변호사님 방에서 12시가 넘도록 단둘이서 이야기를 나누었다.

그런데 어쩐 일인지 26일 내가 국제회의 세미나 사회를 처음 보던 날 변호사님이 계셨으면 힘이 났을 터인데 계시지 않아 여간 마음이 허전하지 않았다.

8월 28일

아침에 일어나 이렇게 간단히 일기를 정리한다.

오늘 세미나를 마치고 내일이면 서울로 간다. 어제 한 재민이와의 통화로는 범우사의 운영이 시원치 않다고 한다. 그러나 돈을 쓰더라도 출판을 열심히 하자. 그리고 중국에 교두보도 한번 확보하자.

오전 세미나에 이어 오후에는 이종국 국장의 발표가 있었고 세미나를 마친 후 국가간에 선물 교환이 있었다. 일본 미노와 회장이 2년 후 필리핀 마닐라에서 세미나를 개최하자는 제안과 인사말이 있었다.

그런데 그렇게 반응이 있는 것 같지는 않았다. 옆에서 남 국장이 나보고 한마디 하라고 하지만 나는 첫날 인사를 했기 때문에 자꾸 나서는 것이 안 좋을 것 같아 잠자코 있다가 선물 증정 순서 때 한마디 하였다.

"세미나에서 아시아의 단결, 아시아의 발전에 대한 논의가 많았는데, 가장 아시아적인 것이 가장 세계적인 것이며, 가장 중국적인 것, 가장 일본적인 것, 가장 한국적인 것이 세계적인 것이다. 그러므로 우리를 지키고 가꾸는 일이 중요하다. 우리 동양문화가 서양으로 갔다.

왼쪽부터 남석순, 이종국, 필자, 이정춘, 박원동

나는 서안을 다녀오면서 이곳에서 실크로드가 시작되어 종이 등 모든 문화가 서양으로 갔다는 생각을 했다. 그 후 근세에 들어오면서부터 서양문화와 과학이 동양을 지배했다.

한국 참가단

이제부터는 동양문화가 서양을 앞서는 시대가 열려야 한다. 중국의 종이, 한국의 금속활자와 같은 축적된 문화 유산에 첨단을 걷는 일본의 현대 기술을 잘 조화시키고, 말레이시아, 필리핀 등 동남아시아의 잠재력을 모

왼쪽부터 소익문, 유고, 필자, 이종국

북경 출판학술
대회를 마치고

두 합해 아시아의 시대를 열자"는 취지로 말했다.

아무런 준비도 없는 스피치였다. 그리고 가장 한국적인 책을 나는 만들고 있는데 그 중에서 《한국전적인쇄사》를 선물로 드린다는 말로 끝맺음을 하였다.

중간에 우레와 같은 박수, 또 끝맺음에 박수가 나왔다. 상상할 수 없는 효과였다.

나는 국제대회에서 가장 인상적인 순간에 주연으로서 각광을 받았다. 많은 사람들이 내 주변에 와서 인사를 청했다. 모두가 내게 존경심이 담긴 듯한 시선과 목례를 보냈다.

8월 29일

이제 중국의 여정과 제6회 국제출판학술대회를 마치고 북경을 떠난다. 한국에 가면 학회의 회원을 보강하고 여행을 겸한 국제대회 참석자를 영입하는 문제 등을 고려하자.

가능하면 유능한 젊은이들이 이런 국제대회에 참가하는 것이 바람직하다고 생각한다. 이번에도 그런 생각을 가졌으면서도 실행에는 미급했다. 그리고 학회가 발전하기 위해서는 상부구조의 개편은 물론,

하부구조의 보강과 개편도 필요하다는 것을 느꼈다.

9시면 이 올림픽 호텔을 떠난다. 그리고 천진天津으로 가 그곳에서 아시아나 항공으로 서울로 간다.

천진공항에서 2시 반경중국 시간에 떠나 앞으로 30분 후면 서울에 도착한다고 한다. 지금은 한국 시간으로 4시 35분이다.

이번의 중국 여행과 국제대회는 그 나름대로 의의가 있었다. 어떻게 보면 나의 국제행사로서는 최고요 최후가 될 행사인지 모른다.

이제 한국에 가서는 차분하게 앞일을 준비하고 진행하자.

기류가 나빠 비행기가 무척 흔들린다. 착륙한 뒤 서울에서 마음을 가다듬고 또 내일을 설계하자. 이제 대범해지자. 그리고 행동하면서 값진 글을 쓰자. 주변에서 권하였듯이 영문판으로 나의 에세이집도 내고, 이제 나를 위해서 쓰자.

20분 후면 김포공항에 도착한다. 11일간의 긴 여정이었다. 무사히 돌아왔다.

9월 1일

이제 가을로 접어들었다.

중국을 다녀온 지도 3일째다. 돌아온 그 다음날인 8월 30일에 중앙대 신방대학원 창업자과정 마지막 시간에 《출판인생과 경영철학》이란 특강을 하였다. 그 강의의 수강생이었던 윤재민의 평으로는 A학점이라 하였다. 무난하게 마친 모양이다. 그 원고를 더 손질하여 하나의 자전적 소품으로 쇼펜하우어의 〈나의 반생〉과 같은 글로 남기고 싶다.

중국에 다녀 오니 8월 20일자 《출판저널》에 정혜옥이란 기자가 범우사의 《아라비안 나이트》가 지형을 사서 만든 것 같다는 등 참으로 울화통이 터지는 기사를 실었다. 《출판저널》에 참여하고 있는 사람들에게 화풀이도 하고 또 강철주 편집 책임자로부터 전화가 왔기에 뚜렷한 증거를 가지고 기사를 쓰셔야지 출판계에 말썽이나 부리고 다니는 G씨의 말만 듣고 기사를 쓰면 안 되지 않느냐고 했다. 지형을 샀다면 어디서 샀으며 또 표절을 하였다면 어느 부분을 어디서 표절하였다는 뚜렷한 근거가 있어야 할 것이 아닌가.

그래도 분은 풀리지 않는다. 하지만 참기로 하였다. 당장 송사라도 일으키고 싶지만 참아야겠다. 그러려면 내 마음만 아프게 되니까. 이러한 행위의 뒤에는 분명 항시 말썽을 부리는 못된 자가 있을 것이다. 그는 일생 동안 그렇게 말썽만 부리며 살 것이다. 그의 최후를 보고 싶다.

문건으로라도 남기려고 문서로 항의서최고서 참고를 《출판저널》에 보내기로 하였다.

아침에는 출협 회장단 회의가 가든 양식부에서 있어 나갔다. 문화의 달 정부표창 상신자 내정 문제인데 모두 사전에 결정해왔다. 거기에 몇 사람 추가하자고 명단을 불러주었지만 그것이 반영되려는지 모르겠다.

낮에는 사무실에서 일하다 4시경에 퇴근하였다. 몸이 피곤하여 쉬고 싶었다. 집에 와 목욕을 하고 또 지하 서고에 가 책정리를 하고 저녁을 먹으니 하루가 또 지난다.

내일은 서강대 언론대학원에 강의가 있다. 시간이 닥치면 또 때우고 넘어가겠지 하는 안일한 생각도 들었지만 밤잠을 설치면서 최선을 다하여 준비를 하였다.

9월 3일

아침 6시다. 어제는 이정춘 박사가 중앙대 용산병원에 입원하셨다고 하여 병문안을 갔다. 그곳에서 박웅배 국민학교동창을 우연히 만

최 고 서

수신 : 출판저널 정진숙 발행인 귀하
주소 : 서울시 종로구 사간동 105의 2 출판문화회관 2층内

귀하의 건강과 사업발전을 바랍니다.
출판저널 1993년 8월 20일자 p18~19에 게재된 정혜옥 기자가 쓴 "판본경쟁 화제 모으는 천일의 야화" 기사 가운데 다음과 같이 본 범우사가 《아라비안 나이트》전10권을 발행함에 있어서 구지형을 매입했거나 타번역물을 베꼈다고 주장, 또는 독자들로 하여금 그러한 인식을 불러일으킬 내용이 있는 바,

(1) "현재 73세 된 노교수가 아무리 5년을 공들였다 하더라도 10권짜리의 완역은 상식적으로 어렵지 않겠느냐"고 하여 역자 김병철 박사가 번역을 하지 않은 것처럼 허위사실을 유포했으며
(2) "지형을 범우사쪽도 사서 그것을 윤문하지 않았겠느냐는 설이 그것이다"라고 하여 범우사가 지형을 매입하여 발행한 것처럼 유포한 것과
(3) "이름 없는 역자에게 싼 번역료에 맡겼다가 나중에(흔히 매명·차명 등의 이름으로 불리는데) 돈을 얼마씩 주고 유명교수의 이름을 사서 붙이기 일쑤이고"라고 하여 범우사판이 싸구려 번역에 김병철 박사의 이름만 사서 발행한 것처럼 유포,
(4) "범우사판이 … 옛 번역본을 많이 참조하지 않았겠느냐는 얘기다. 즉 새로 번역했다고 보기에는 아쉬움이 많은 번역이 곳곳에 산재한다는 지적이다", "새로 번역을 했다기보다는 범우사 최신판이 69년 동서판을 많이 참조했을 거라는 데 의견을 모으고 있다"고 하여 범우사판이 69년 동서판을 베꼈다고 유포.

이는 전혀 사실이 아닌 날조된 비방으로서 30여 개 성상을 오로지 양서출판에 몸바쳐온 저희 범우사에 영원히 씻을 수 없는 치욕을 안겨준 것입니다. 저희 범우사는 《아라비안 나이트》전10권을 발행함에 있어 지형을 매입한 사실이 전혀 없으며, 오로지 역자 김병철 박사가 모두 19,477매를 17회에 걸쳐 200자 원고지에 번역하여 보내온 것이며 귀사의 오보에 즉시 납득할 수 있는 해명과 응분의 조치가 있기를 바랍니다.
만약 4개항에 대한 시정 정정보도를 하지 않을 경우 출판물에 의한 형사고발과 손해배상 청구를 하겠다는 것을 귀하에게 통고하는 바입니다.

1993. 9. 2

통고인 주소 서울시 마포구 구수동 21-1
범 우 사   대 표   윤 형 두

났다. 치질 때문에 입원하였다는 것이다.

저녁에는 서강대 언론대학원에서 출판잡지경영론 첫 강의를 하였다. 출석 체크, 좌석 배정 등 강의실 분위기가 엄숙했다.

강의를 가기 전에 재민, 성혜와 이 기사도 같이 거구장에 가서 저녁 식사를 했다.

가족과 같이 식사를 하는 즐거움도 가끔 가져야 될 것 같다. 또 어제 아침에는 천호동에 있는 동서 김서방 집에 가서 금침을 맞았다. 그것이 건강에 어느 정도 효과가 있을지 모르지만 건강에 좋은 일이면 하겠다.

또 김창식 친구가 여수에서 입원해 있다고 하여 신윤식 편에 30만 원을 보냈다. 아픈 곳은 없는데 몸이 축 늘어져 일할 의욕이 나지 않는다.

《출판저널》에 항의서를 작성하여 내용증명을 보냈다. 그 결과가 어떨지 모르지만 사과 정도를 받으면 그것으로 끝내겠다. 출판계에 숱한 물의를 일으키고 있는 사람의 짓이니 가능하면 상대를 하지 말자. 그래, 과거를 돌아보지 않는 습관도 필요할 것 같다.

9월 5일

어제는 아침 7시 5분에 통일호를 타고 광주로 갔다. 할 일도 많은데 고서연구회 멤버들과 일전에 약속한 바가 있어서 광주의 고서시장을 구경하기 위해서였다.

지루한 왕복 10시간이 넘는 기차여행이었다. 광주에 내려가 본 개미시장 그리고 담양서점 등 고서점에 들렀는데 별로 살 책이 없었다. 그래도 책 몇 권을 구입하고 서울 오면서 회원들과 많은 담소를 나누었다.

내가 부질없는 일만 하는 것 같다는 생각도 든다. 신간기획과 내 지난날을 정리하기 위한 일도 많은데 고서연구회 회원들과의 친교를 위한 나들이다. 그러나 고서 수집은 취미 정도로 관심을 갖고 몰입하지는 말자. 오늘도 지하실과 2층 고서방을 서성거렸다. 《책의 길 나의 길》 증보판 원고 정리, 강의 원고, 《출판물유통론》 증보판 원고, 《인쇄사》 원고 등 할 일이 많은데 고서만 보고 있다. 재미있어서겠지만 거기에 너무 몰입하지 말고 출판인의 길로 돌아가자.

차범석 선생의 《예술가의 삶》을 읽고 철저하게 한 길을 걸어오신 표본을 본다. 나는 출판인으로 철저하지 못한 것 같다. 차 선생님은 연극인이 모이는 곳, 연극과 관계되는 곳이면 빠뜨리지 않고 참여하셨다. 그래야 진정 연극인이다.

그동안 아꼈던 한의서도 팔려고 내놓았다. 그 외에도 출판에 관계된 것이 아니면 모두 정리할까 한다.

지난날 내가 살아왔던 여정에서 편안하게 쉴 곳을 찾았으나 책을 만들고 책이 쌓여 있는 곳보다 더 나은 곳은 없었던 것 같다. 또 9월이 지나가고 있지 않은가.

가을은 독서의 계절이라 하는데 아무런 준비 없이 어영부영 시간을 보내고 있는 것이 아닐까. 결국 세계는 한 권의 아름다운 책에 이르기 위해 만들어졌다고 말라르메는 말하지 않았는가. 책은 한권 한권이 하나의 세계이며 독서는 마음의 화장이다. 무엇이든 하려면 철저하게 하자. 전력투구를 하자.

9월 8일

점심을 대신인쇄 권만택 사장과 하고 2시경 집에 돌아왔다. 신축 사옥을 둘러보고 집에 있다가 오후 4시쯤 범우사에 갔다 왔다.

출협 회장 선거에 출마하겠다고 결심하였으면 최선을 다해야 할 것

9월 7일자 광주일보, 《진경산수》관련 신간 소개 기사

같다. 그러다 안 되면 공부를 하자. 그리고 글도 쓰자.

건강하면 10년 후쯤 하면 어떤가. 옛날 어머님과 같이 보았던 사주에 60을 넘기기 어렵다는 것 때문에 꼭 60 이전에 해야 한다는 법도 없고, 내년 초에 안 된다고 영원히 포기할 필요도 없지 않은가.

3년 후, 또는 4년 후 다음 기회가 나에게 더 좋은 기회일지도 모른다. 87년도에 김대중 선생이나 김영삼 대표 어느 한 분이 양보했더라면 군사정권은 빨리 종식되었을 것이며 민주 인사들도 양분되지 않았을 것이란 역사적 평가가 나오고 있지 않은가. 그 후유증은 오래 갈 것이다.

건강만 찾는다면 60 중반도 한참 일할 나이다. 모든 것을 단정은 하지 말자. 그렇다고 우유부단해서도 안 된다. 그러나 건강이 전혀 감당할 수 없다면 비켜 가자.

오늘 차범석 선생의 자전 에세이 《예술가의 삶》을 정독했다.

여유를 갖자. 건강을 해치면 인생을 버리는 것이다. 아직 할 일이 많다.

9월 10일·13일자 한겨레, 〈93 책의 해〉 종합광고

9월 12일

　어제는 최완수씨의 《겸재정선 진경산수화》 출판기념 모임이 출협 위쪽 용수산에서 있어서 다녀왔다. 준비 없이 또 한마디 했다. 오면서 생각하니 해야 할 좋은 말들이 많았는데 항시 지난 다음에 후회한다.

　오늘은 송종극, 강주진 박사와 산행을 다녀왔다. 어제 고대 신문을 보니 최태영 교수가 수원대에서 94세인데 강의를 하신다는 기사가 나왔다.

　또 출협 원로들의 99회가 있는데, 목표는 99세까지 어울려 건강하게 살자는 모임이라고 한다. 정진숙, 최원식, 조상원, 박신준, 강주진, 최덕교, 손영수, 이경훈, 김원대, 제씨 등이다.

　그렇게 건강하게 오래 살려는 꿈, 바람직한 일이다. 그런데 나는 사는 날까지 부지런하고 충실하게 살아야겠다는 생각만 했다. 목숨생명은 천명에 맡기고 이제 천천히 오래 살면서 좋은 일, 보람 있는 일을 하는 쪽으로 방향을 바꾸어보면 어떨까. 범우사 창업 50주년 행사를 내가 살아서 추리는 일 등 말이다.

　출협 회장을 꼭 94년에 해야 할 이유도 없지 않느냐. 97년이면 어떤

가. 만약 안 되면 내년에 일본에 가서 공부도 하면서 얼마간 쉬었다 오면 어떻겠는가.

건강도 찾고 안목도 넓히고 초등학교 3학년 정도의 일본어 수준에서 좀더 배우고 돌아오자. 그리고 인생은 80, 90부터라는, 농담 아닌 장수국인 일본 등의 현실도 염두에 두자. 의술이 자꾸 발전하고 있지 않은가.

최선을 다하자. 그래서 앞당겨 3년간 출협 일을 하고 그 후에 내가 하고폰 일을 할 수도 있고, 앞에 내가 하고폰 사사로운 일들을 하고 뒤에 기회가 오면 그동안 구상해 두었던 출협 회장 등 공적인 일들을 하더라도 늦은 나이는 아니다. 그렇게 생각하자. 남을 누르고 욕하고 다투면서 하지 말자. 순리만을 좇자.

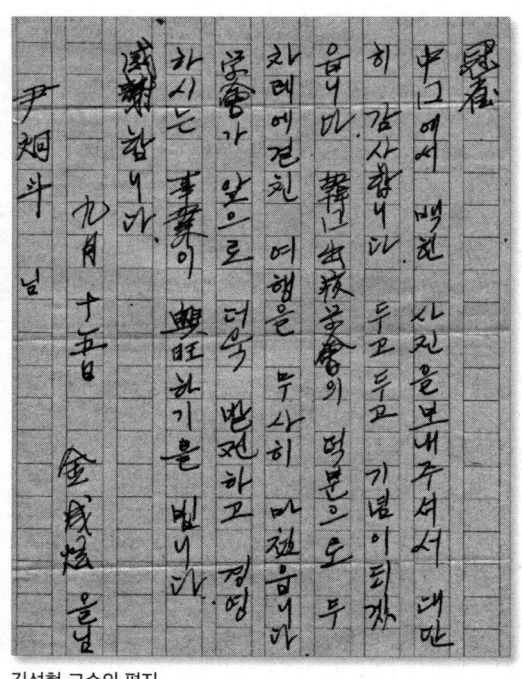
김성현 교수의 편지

9월 18일

저녁 9시 40분, 방금 남석순 출판학회 사무국장으로부터 팽원순 교수께서 오늘 오전에 별세하셨다는 부음을 들었다. 참으로 세상사 허망하다.

얼마 전까지도 건강하시어 초여름에 안춘근 선생 묘소에도 같이 갔었는데.

송운대사松雲大師. 사명당 유정의 시구가 떠오른다. 압산에 많은 무덤 바라

9월 15일자 중앙경제신문, 《진경산수》관련 신간 소개 기사

를 보게/ 장안에 사람들은 나고 또 죽고/ 슬프다 장생술長生術을 못 배우고서/ 소나무 아래 한 줌 티끌되고 마는구나. 내일은 한양대병원 영안실로 문상을 가야겠다.

오늘 송종극 박사, 정진웅 부장과 같이 산행에 다녀온 후 온 식구가 같이 가든호텔 뷔페에 가서 저녁을 먹었다. 아내의 생일에다 22일에 아내가 미국 여행을 떠나고, 큰며느리가 아이를 가졌다고 해서 저녁을 같이 했다. 모두 맛있게 먹고 즐거워했다.

가끔 이런 기회를 가져야겠다. 세상은 날이 갈수록 좋아지는데 내가 너무 늙었다는 생각이 들었다. 아내도 그런 생각이 든다고 한다.

9월 18일자 동아일보, 〈93 책의 해〉 종합광고

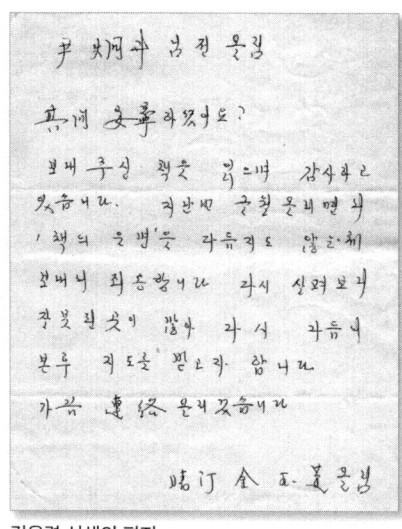

김옥련 선생의 편지

오늘도 관악산을 다녀오는데 다리의 인대가 늘어나 통증으로 아파서 걷는데 무척 고생했다. 침을 맞든지 해야 할 것 같다.

인생이 무상하다. 팽 교수님의 죽음, 이렇게들 인간의 삶이 끝나는 것인데 모두들 잘났다고 우쭐대고 용을 쓰는지.

허창성 사장이 서울시문화상 수상자로 결정, 발표가 났다. 내일 축하해 주어야겠다. 그의 살아온 행적과 처세도 본받을 부분이 많은 사람이다.

9월 24일

며칠 전 팽원순 교수가 별세해 한양의대 영안실에 다녀왔다. 그때 이강수 교수가 무척 슬퍼했다. 매년 1학기에 중대 신방대학원에서 같

9월 22일자 동아일보, 〈93 책의 해〉 종합광고

(▲) 팽원순 교수님(왼쪽).

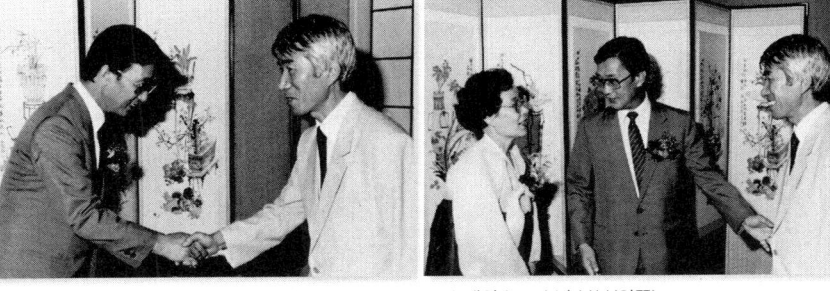
(▲) 팽원순 교수님 부부(왼쪽)

이 강의를 했고, 강의가 끝나면 상도터널 앞 갈비탕집에서 반주 한 잔씩을 나누며 고담준론을 들려주셔서 많은 것을 배웠는데 지난 6월에는 안춘근 선생 묘소에도 같이 다녀왔으며 남애출판문화상 발기위원도 함께 했는데 아까운 분이 타계하셨다. 내 주변에 가깝게 또 내 힘이 되어주시는 분들이 하나하나 세世를 떠난다.

오늘은 박인식 방사선의원에 가서 종합진찰을 하였다. 위, 간 등 초음파 X선 검진에는 이상이 없다고 한다. 별일 있겠는가 하는 안도를 해본다.

아내는 지금 미국 여행을 떠났다. 오늘 아침 전화가 왔는데 뉴욕으로 떠난다고 한다. 몸 성히 다녀왔으면 한다.

내일 범우사 27주년 기념행사를 한다. 독후감 시상식, 범우장학금 수여식 등을 한다. 내가 태어나서 그래도 좋은 일을 하는 것 같다. 이제 보람 있는 일만 하자.

봉천동 빌딩 건도 설계부터 잘못되었다. 또 진행 과정도 엉망이었다. 그러나 이제 단념하고 빨리 종결지어버리자. 인사 사고 한 건, 또 트러블 한 번 없었던 것으로 만족하자. 건물은 또다시 짓고 살 수 있지 않는가. 마음을 상하지 말자. 큰아들 재민이가 내가 99세까지 살 것이라 한다. 그때까지 내 자신을 탈없게 유지할 수 있을까.

9월 25일

창사 27주년 행사를 무난히 마쳤다.

내 건강도 작년보다 좋아졌고 직원들의 호응도도 높고 축하객도 많았다. 을유 정진숙 회장이 축사를 해주셨고 이상보 박사의 심사위원장, 한승헌 변호사의 장학회 이사장 역할도 만족스럽게 잘해주셨다.

한국 출판계에 계시는 분 중 꼭 오시리라 믿었던 문예 전 사장과 지식산업 김 사장이 오시지 않았다. 이기웅 사장이 늦게 왔고 신윤식, 전태성, 정윤택, 정진웅 등 순천농고 동창들이 와주었다. 또 예상치 않은 분들이 많이 와주었다.

고서연구회 박성봉, 박세록, 윤병태 회장도 와 주셨다. 내가 몸담아야 할 곳이 출판학회, 고서연구회 등이다. 출협회장 선거에 출마하는 상대편을 의식하는 것 같다. 출협 쪽은 불가근불가원不可近不可遠의 자세로 처신해야 할 것 같다. 마음을 정착시키기에는 너무 살벌하고 삭막하다.

오늘 이두영 국장과도 많은 이야기를 나누었다. 출협 회장 선거에서

9월 25일자 조선일보, 《진경산수》 관련 신간 소개 기사

창립 27주년 행사 초청장

현재로서는 100표라도 얻으면 많이 얻는 것이라 본다. 그것을 부끄럽게 생각하지 말고 마음을 다짐하고 또 하나의 세계를 구축하는 밑받침으로 여기자.

추석이 지난 다음 본격적으로 선거운동에 나서자. 이제 4개월, 날짜로 120일이다. 하루에 한 명이라도 120명, 2명이면 240명, 3명이면 360명, 4명이면 480명, 5명이면 600명이다. 5명씩은 만나서 내가 왜 출협 회장을 하려고 하는지 설명하고 깨끗한 한 표를 부탁하자.

9월 26일

오늘 송종극 선생과 산행을 다녀왔다. 벌써 가을 기운이 감돈다. 즐거운 산행이었다. 하산길에 강주진 박사를 만났다. 수척하시다. 어쩐지 몸이 흐트러진 것 같다.

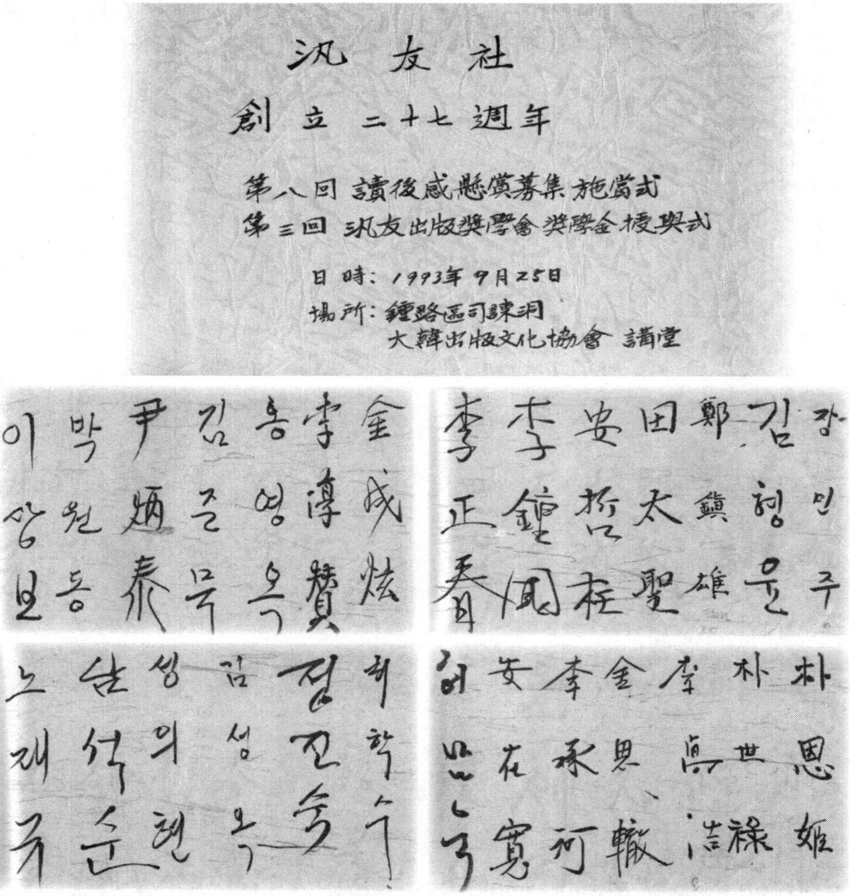

汎友社

創立 二十七 週年

第八回 讀後感懸賞募集 施賞式
第三回 汎友出版獎學會 獎學金 授與式

日時: 1993年 9月 25日
場所: 鐘路區 司諫洞
大韓出版文化協會 講堂

장민주	김진웅	鄭太聖	安哲在	李鐘鳳	李正春
朴思姬	朴世祿	金尙浩	李承河	安炳寬	
金駿表	金炳一	李春雄	金昌洙	今和	劉準基

金成炫	李淳贊	송영욱	김준오	尹炳泰	박원등	이상모
許학수	정진오	성성의	신선순			노재구
鄭潤澤	朴性鳳	申久樞	유세민	宋鐘亮		

방명록 명단

범우사 창립 二十七주년에

윤형두
본사 대표·한국출판학회 회장

◆
새로운 시대를
준비하는 출판문화를

올해 뜻깊은 책의 해에 범우사가 창립 27주년을 맞이했습니다. 오늘 제3회 범우출판장학회 장학금 수여식과 제8회 독후감 현상 모집 시상식을 함께 갖게 된 것을 기쁘게 생각합니다.

우리나라는 지금 각 분야에서 구시대의 부정부패를 척결하려는 개혁 노력이 한창입니다. 정치경제사적으로 한 시대를 마감하고 새로운 시대를 열며, 21세기의 통일의 시대를 준비하는 중요한 민족사적 전환기에 서 있습니다.

이러한 개혁과 전환을 선도하고 그 정신적 지주를 제공하는 것이 우리 문화인, 특히 출판인이 해야 할 몫입니다. 이제 우리 출판계는 새로운 시대를 여는, 새로운 시대에 걸맞는 정신문화의 창조에 앞장서야 할 것입니다.

책이 시대적 정신문화의 창조에서 차지하는 중요성은 더 말할 필요도 없습니다. 국민 한 사람이 1년에 교양서 5권만 읽는다면 민주주의는 저절로 보장된다는 것이 제가 30개 성상을 출판문화에 몸바쳐오면서 얻은 신념입니다.

저희 범우사가 8년째 계속해오고 있는 독후감 현상모집도 그러한 노력의 일환인 것입니다. 범우사는 앞으로도 양서 출판은 물론 독서의식의 고취와 독서인구의 저변확대를 위하여 부단히 노력할 것입니다.

오늘 장학금을 받으신 여러분께서도 출판인에 주어진 이와 같은 사명을 깊이 각인하시어 정진해주시기 바랍니다.

범우출판장학회도 한국출판학회 등 유관단체와 힘을 모아 출판학과 증설을 지속적으로 요구함으로써 출판학 연구자의 증가와 학문으로서의 출판학 발전을 위해 노력해나갈 것입니다. 그러한 노력의 가시적 성과로서 우선 범우출판장학회의 장학금을 점차적으로 늘려나갈 계획임을 밝힙니다.

오늘의 출판계가 있게끔 그동안 헌신해오신 출판계 인사 여러분께 경하를 드리며, 앞으로도 범우사는 우리나라 출판문화 발전을 위해 앞장서 노력할 것임을 다짐하는 바입니다.

범우사 연혁

범우사의 社훈: 범우사는 진리와 자유를 위하여, 새시대의 새지식을 위하여, 독서의 생활화를 위하여 끊임없이 노력하고 있습니다.

범우사의 캐치프레이즈: 2000년대를 향하여 꾸준하게 양서를!

1966. 8. 3.	등록(서대문구 냉천동 18-1).
1967. 12. 10.	처녀 출판물 《사랑의 엽》(양주동 외) 발간.
1972. 11. 30.	범우고전선 제1권 《유토피아》 발간(현재 32번).
1976. 1. 15.	인문·사회과학 총서인 범우사상신서 제1권 《자유에서의 도피》 발간(현재 51번).
3. 20.	문고붐을 일으킨 범우에세이문고 제1권 《명사십리》 발간(1986년 120권 완간).
11. 10.	범우생활신서 제1권 《적극적 사고방식》 발간.
12. 10.	범우소설문고 제1권 《메밀꽃 필 무렵》 발간(1983년 4월 20일 60권 완간).
1977. 10. 15.	중·고등학생의 필독서 범우사르비아문고 제1권 《효·에세이 35인집》 발간(1988년 150권 완간).
1979. 4.	본사 사보 '범우'지의 전신으로 《새로 나온 책》이란 홍보물 발간.
1980. 10. 20.	범우비평판세계문학선 제1권 《그리스·로마신화》 발간(현재 78번).
1981. 2.	범우에세이문고, 한국출판문화상 수상.
1982. 3. 12.	윤형두 사장, 한국도서유통협의회 회장 선임.
3. 15.	윤형두 사장, 문화공보부 장관상 수상.
3. 20.	범우독일문학주해 제1권 《Der Prozeβ》 발간(현재 15번).
9. 30.	본사 최장기 베스트셀러 《자기로부터의 혁명》 발간.
1983. 8. 1.	등록번호 변경(10-39호).
1984. 1. 20.	컬러판 범우오뚜기문고 제1권 《세종대왕》 발간.
12. 30.	범우사르비아문고 100권 발간.
1985. 7. 5.	범우문고 제1권 《수필》 발간(현재 110번).
1986. 9. 27.	창업 20주년 기념 제1회 독후감 현상모집(300만원) 시상식.
1987. 9. 20.	헤로도토스 《역사》 국내 최초 완역판 발간.
12. 17.	총무과 업무에 전산화 시스템 도입.
1988. 5. 20.	10대 전반 소년·소녀를 위한 범우피닉스문고 제1권 《타임머신》 발간(현재 23번).
5.	컬러판 이솝이야기 그림책(전20권), 테이프(전10개) 제작.
6.	자료실 정비.
10. 15.	창립 22주년 및 범우사르비아문고 150권 완간 기념 독후감 모집 시상식.
11. 30.	제임스 조이스 전집(전6권) 발간.
1989. 5. 31.	출판단지 해체와 더불어, 창립 23년 만에 본사 사옥을 마련하여 이사 완료.
6.	심볼 마크, 로고 변경.
1990. 4. 20.	범우희곡선 제1권 《세일즈맨의 죽음》 발간(현재 9번).
5. 25.	1990년 후반기 출판관계 상을 휩쓸다시피 한 《한국전적인쇄사》 발간.
7. 13.	《한국전적인쇄사》 출판학회상 수상.
8. 20.	월간 《역사산책》 창간호 발간.
1991. 2. 1.	《한국전적인쇄사》 제31회 한국출판문화상 출판상 수상.
4. 20.	윤형두 사장, 1억 기금 조성해 범우출판장학회 설립.
9. 14.	창립 25주년 기념, 제1회 범우출판장학금 수여식 및 제6회 독후감 현상모집 시상식.
12. 27.	한국문화사 연구의 필수적 자료집인 《한국의 고지도》 발간.
1992. 3. 1.	월간 《책과 인생》 창간호 발간
9. 26.	창립 26주년 기념, 제2회 범우출판장학금 수여식 및 제7회 독후감 현상모집 시상식.
10. 16.	윤형두 사장, 서울시 문화상 수상.
1993. 7. 31.	조선후기의 화성 겸재의 작품세계를 집성한 《겸재 정선 진경산수화》 발간.

제8회 독후감 현상 모집 심사평

이상보
문학박사·국민대 명예교수

장중한 이미지를 담은 문체

이번 제8회 범우사 독후감 현상모집은 대상 도서를
《삼국지》 하나만으로 한정을 했기에 우열 가늠을 하는
데 별 어려움은 없었다고 생각한다. 그리고 타 도서를
대상으로 쓴 독후감 원고는 응모 규정상 심사 대상에서
제외하였음을 밝히고 간략한 심사평을 적어볼까 한다.
우선 지난해에 비해서 작품 수준이 눈에 띄게
향상된 것을 보고 기쁜 마음으로 원고를 읽었다.
각 부문 모두 금상 작품을 뽑게 된 것인데, 그 중에서도
중·고등학생부의 금상 작품이 가장 뛰어나다.
국민학생부의 금상은 〈의리있는 사나이가 될거야〉(이완)로
정했다. 응모 작품 거의가 《삼국지》를 읽고 그 개요를
적어낸 것 같은 인상을 받았는데, 이 작품만은
자기 생각이 분명하게 들어 있을 뿐만 아니라 설득력을
가지고 있어서 공감을 준다. 중·고등학생부의 금상은
주저하지 않고 〈인생의 나침반〉(김자경)을 뽑았다.
논리가 정연하면서, 그런 글이 빠지기 쉬운 건조성도
지양되어 있어서 놀라움을 금할 수 없다.
대학·일반부의 금상은 〈도세(渡世)의 처세훈(處世訓)〉
(강성진)을 정하는 데 심사위원들의 의견이 일치하였다.
《삼국지》의 장중한 이미지를 담는 데 적의한 문체라고 할까,
많이 생각하고 쓴 작품임을 알 수 있다.

제3회 범우 출판 장학회 장학금 수여식에

한승헌
본장학회 이사장·변호사

출판문화의 소중한 일꾼이 되기를 바라며

범우출판장학회가 올해로 세 돌을 맞습니다.
장학회의 종류는 많지만, 출판을 전공하는 이들에게
장학금을 지급하는 장학회는 범우출판장학회가 처음입니다.
이처럼 의미있는 장학회를 설립하신 범우사의
윤형두 사장님께 깊은 감사의 말씀을 드립니다.
출판은 한 나라 문화의 총집산이자 그 밑거름입니다.
오늘 영예의 장학금을 받으시는 여러분들은 장차 이와 같이
중대한 분야를 떠맡을 소중한 일꾼들이십니다.
오늘 이 자리가 새로운 각오를 다지는 계기가 되어 앞으로
우리나라 출판문화의 발전을 위해 헌신해주실 것을
당부드립니다. 그동안 척박한 출판 현실 속에서도 좋은 책
만들기에 묵묵히 진력해오신 범우사를 비롯한 출판사
그리고 언론계, 학계 등 관계자 여러분에게 치하를 드립니다.
장학회의 설립 정신과 마찬가지로 민족의 먼 장래를
바라보면서 꾸준히 노력하는 자세로 출판문화 발전을 위해
다같이 노력합시다.

제八회 독후감 현상 모집 입상자 명단

대학·일반부

금상(1명): 강성진 / 도세(度世)의 처세훈
(제주도 서귀포시 하효동 225)

은상(2명): 정창순 / 지혜로운 삶을 위하여
(충남 천원군 성환읍 송덕리 산 39)
노재규 / 삼고초려에서 오장원까지
(충북 괴산군 괴산읍 서부리 90-1)

동상(2명): 허남욱 / 《삼국지》를 읽고
(부산시 남구 광안3동 산 8-19)
소재훈 / 《원본 삼국지》를 읽고
(경기도 가평군 가평읍 대곡1리 98)

중·고등학생부

금상(1명): 김자경 / 인생의 나침반
(춘천 봉의여중 2, 강원도 춘천시 후평2동 개나리아파트 1동 501호)

동상(2명): 박유진 / 오늘에도 살아 숨쉬는 영웅
(서울 정의여중 1, 서울시 도봉구 방학4동 한양2차아파트 6동 203호)
김성민 / 《삼국지》
(이리 남중 2, 전북 이리시 마동 156-1 이리남중 1-7)

장려상(2명): 서선영 / 《삼국지》
(서울 난곡중 2, 서울시 구로구 독산3동 산6 난곡중 2-16)
박재환 / 《삼국지》를 읽고
(이리 남중 2, 전북 이리시 마동 156-1 이리남중 1-7)

국민학생부

금상(1명): 이 완 / 의리 있는 사나이가 될거야
(춘천 동춘천국교 5, 강원도 춘천시 효자3동 44-3)

은상(2명): 조민교 / 《삼국지》
(서울 종암국교 5, 서울시 동대문구 제기동 137-84)
신선미 / 영웅 조조와의 만남
(부산 영선국교 6, 부산시 영도구 영선동 영선국교 6-7)

동상(1명): 김혜리 / 의리로 뭉친 삼형제
(마산 교방국교 5, 마산시 합포구 교방동 379-5 수영아파트 308호)

장려상(2명): 최성규 / 《삼국지》를 읽고
(서울 종암국교 3, 서울시 동대문구 제기동 136-142 종암국교 3-5)
윤관호 / 의형제의 충성
(장승포 대우국교 5, 경남 장승포시 옥포1동 옥포아파트 12동 205호)

제八회 독후감 현상 모집 중·고등학생부 금상

〈인생의 나침반〉

김자경
강원도 춘천 봉의여중 2학년

······ 등장하는 인물 하나하나에 얽힌 다양한 이야기는 어느 것 하나 버릴 것이 없다.
그 이야기들을 통해서 나는 확실하게 하나의 열쇠를 얻었다고 장담할 수는 없다. 다만 나는 많은 이야기들을 이해하려고 노력했다. 인생은 망망대해와 같다고 한다. 그리고 한 인간은 그 망망대해에 떠 있는 한 조각의 배라고 한다.
천하의 맹장 여포가 왜 망망대해를 떠돌기만 하다가 그냥 사라지고 말았는가.
머리는 좋지만 공부를 제대로 할 수 없는 가정환경 탓에 성적이 언제나 중간에 머물고 있는 친구 K, 자신을 과대평가하여 언제나 착각 속에서 행동하는 친구 P, 언제나 자기 주장을 감추고 침묵과 미소로만 일관하는 친구 M, 친구를 마치 부하처럼 몰고 다니는 친구 Y 등이 《삼국지》의 인물들과 포개졌다가 사라진다.
망망대해에서 그들은 어떤 배로 떠 있으며 어디를 향해 가는가. 돛으로 가는지 노로 가는지.
나는 어떤가.
지금 나에게 꼭 필요한 것은 나침반이다.
《삼국지》는 나에게 인생의 나침반 역할을 해줄 수 있을 것이라는 믿음을 주었다.
'책과의 만남'이란 말이 있다. 너무 자주 쓰이는 탓에 별 의미가 없는 것처럼 들린다. 그러나 이 여름방학에 나와 《삼국지》와의 만남은 참으로 값진 만남이었다. 이 독후감을 쓰는 것으로 《삼국지》를 손에서 영원히 놓을 수는 없다.
다시 《삼국지》를 만날 때는 지금과 다른 새로운 모습으로 만날 수 있게 될 것을 나는 확신한다.

제 三회 범우 출판 장학회 장학금 수혜자 명단

이행순
경희대학교 신문방송대학원
출판학과 출판잡지 전공 2학기

유상영
대전전문대학 출판과 2학년

홍영옥
동국대학교 정보산업대학원
신문방송학과 출판잡지 전공 2학기

최성환
백제예술전문대학 출판편집과 1학년

이종수
서강대학교 언론대학원
신문출판학과 출판 전공 2학기

이철규
부산전문대학 인쇄출판과 1학년

김춘태
중앙대학교 신문방송대학원
출판잡지 전공 3학기

윤여안
서일전문대학 출판과 2학년

유정보
중앙대학교 신문방송대학원
출판잡지 전공 4학기

정재훈
대구전문대학 출판인쇄학과 2학년

박경자
광주대학교 사회과학대학
출판광고학과 2학년

최주연
신구전문대학 출판과 2학년

김현미
혜전전문대학 출판과 1학년

제 一회 장학금 수혜자 명단

김희운
중앙대학교 신문방송대학원 출판잡지

허선희
신구전문대학 출판과 2년

정재구
중앙대학교 신문방송대학원 출판잡지

송영아
대전전문대학 출판과 2년

오정금
동국대학교 정보산업대학원 출판잡지

정은주
혜전전문대학 출판과 2년

이종환
경희대학교 신문방송대학원 출판잡지

박수란
부산전문대학 인쇄출판과 2년

김난영
광주대학교 출판광고학과 1년

여두규
대구전문대학 출판인쇄과 1년

제 二회 장학금 수혜자 명단

윤세민
중앙대학교 신문방송대학원 출판잡지

박의선
신구전문대학 출판과 2년

나수옥
중앙대학교 신문방송대학원 출판잡지

이중선
대전전문대학 출판과 2년

장길수
동국대학교 정보산업대학원 출판잡지

김동환
혜전전문대학 출판과 1년

서정원
경희대학교 신문방송대학원 출판잡지

서정원
부산전문대학 인쇄출판과 1년

김난영
광주대학교 출판광고학과 2년

박혜정
대구전문대학 출판인쇄과 1년

건강해야 하는데 모두들, 특히 내 주변분들이. 그러나 세월을 어찌 겠는가, 가을이 오고 석양이 지고 하는데 인간이 어찌 무한할 수 있겠는가. 유한한 그 한계점까지 만이라도 건강하게 또 의의 있게 살아야 되는 것이 아니겠는가.

어제는 배재열 친구에게서 생선 박스가 오고, 오늘은 정곤이 아우에게서 싱싱한 생선이 버스 편으로 부쳐져 시외버스정류장으로 둘째 재준이가 가서 찾아왔다.

나는 그들에게 아무 해 준 일이 없는데 은혜를 입는다. 배재열, 박정곤이에게 잘하자. 어떻게 보면 나에게 정을 주는 사람에게는 등한하고 있는지 모른다. 받는 사람에게는 항시 받고, 주는 사람에게는 주고만 있다. 인생살이가 그래서 불공평한 것 같다.

나에게 베풀어주는 사람에게 관심을 갖자. 어제의 행사 때도, 또 오늘의 하루를 보내면서도 은혜로운 사람을 잊는 수가 많다. 이제 갚을 능력도 되었다. 마음의 행함이 따라야 할 뿐이다.

생선회와 포도주로 온 식구가 즐거이 저녁을 하였다. 미국에 간 아내가 무사한지 모르겠다. 나들이 체질이어서 즐겁게 여행을 하리라 믿는

> **감사의 말씀**
>
> 삼가 선생님의 평안하심을 기원합니다.
> 선생님께서 보살펴주신 덕분으로 저희 범우사 창립 27주년 기념
> 제8회 독후감 현상모집 시상식 및 제3회 범우출판장학회 장학금 수여식을
> 무사히 성황리에 끝마쳤습니다.
> 바쁘신 가운데 직접 참석하셔서 자리를 빛내주신 데 대해 먼저 지면을 통해 감사드립니다.
> 저희 범우사에 보여주신 관심을 격려의 말씀으로 알고
> 앞으로 출판문화 발전을 위하여 더욱 정진하겠습니다.
> 다시 한번 감사드리며 선생님의 건강과 발전을 기원합니다.
>
> 1993. 9. 26.
> 범우사 대표 윤형두

창립 27주년 행사 감사장

다. 집안에 있으면 항시 소화가 되지 않는다고 하였다. 여호와증인들끼리 갔으니 마음 푹 놓고 즐겁게 나들이를 마치고 오지 않겠는가.

내일모레 이틀 동안 열심히 일하고 닷새간 쉬자. 그 닷새간이 유익한 시간이 되었으면 한다. 오늘도 집안에서 마신 술이 좀 과했는지 모른다. 내일 일어나보면 알겠지. 마음으로 술을 마시자.

9월 30일

오늘이 8월 추석이라 어제부터 쉬었다.

새벽 6시에 일어나 경기도 장흥 신세계공원에 모신 어머님 산소에 다녀왔다. 재민, 재준이와 함께 묘소에 갔다 오면서 스위스그랜드호텔 커피숍에서 차를 한 잔씩 하면서 유익한 대화를 나누었다.

재준이가 직언을 해주었다. 출판사 이미지는 사장이 아니라 상품이며 또 가장 중요한 것은 직원의 처우와 그들의 여론이라고. 그 의견을 받아들였다. 또 내가 직원들에게 얼마나 관심을 갖고 있는가 반성도 해보았다.

《책의 길 나의 길》증보판 교정도 보고 일본어 공부도 좀 하고 지하실 서고 정리도 하면서 하루를 보냈다.

오후 5시쯤에는 큰손녀 바다를 데리고 앞산에 갔다 왔다. 바다가 산에 와본 것이 처음이라고 한다. 바다를 자연과 친숙하게 만들어보자. 그리고 바다의 성장을 글로 남기는 시도도 한번 해봄직하지 않은가 하는 생각이 든다.

큰며느리가 아이를 배었다니 아들을 낳아주었으면 한다. 그 아이에게 선조들 이야기와 또 지 할애비의 일생을 노변잡담식으로 글로써 남기고 싶다.

이제 금년도 4분의 3이 지나고 4분의 1이 남았다. 이 3개월이 중요한 날들이다. 출판계를 위해 일할 수 있는 계기를 잡느냐 놓치느냐 하는 것도 앞으로 백여 일이다. 이제 선언을 하였으니, 아니 작심을 하였으니 돌아오는 4일부터 카운트다운에 들어가자. 주변의 도움도 받아보자. 혼자 한다는 것은 벅차며 불가능할지도 모른다.

요사이 며칠간 사람들을 만나면서 계속 술을 마셨다. 건강에 무리가 가지 않게 조심스럽게 마셨지만, 집에서는 삼가자. 건강할 때 건강을 지키자.

10월 1일

이것저것 뒤적거리고 있다. 책상 위를 한 번 치워본다. 아래층에서 두 아들, 한 딸과 같이 맥주를 마시다 저녁 10시 넘어 잠자리에 들기에는 좀 이르다는 생각 때문에 2층 서재에 왔다. 명상이라도 할까 하고 왔지만 정신이 집중되지 않고 산만하다.

오늘도 일본어 책 좀 보고 메모 정리하고 지하 서고 갔다 오고 새 사옥을 갔다 왔다. 이제는 새 사옥에 대한 것을 모두 잊기로 하였다. 거기에 대한 신경도 쓰지 말자. 관리에 관한 것, 임대에 관한 것 등, 또 신경은 쓰겠지만 건축 관계에 대한 것은 잘잘못을 따지지 말고 잊자. 그리고 잔금도 다 주어버리고 끝내자. 너무 하자가 많다는 것을 발견하였지만 사후약방문死後藥方文이다.

아내는 미국에서 여행을 잘 하고 있는지 모르겠다. 전화가 한 번 올 법도 한데 오지 않는다.

어제 고향에서 지예가 왔다 오늘 갔는데 마음이 아프다. 재화가 살았더라면 저러지 않을 터인데, 애비 없는 서러움이 오죽하겠는가. 의붓애비 밑에서 마음고생이 말이 아니겠지. 중학교쯤 다니면 도와주자. 할 일도 많고 도울 일도 많구나.

김옥련 선생의 편지

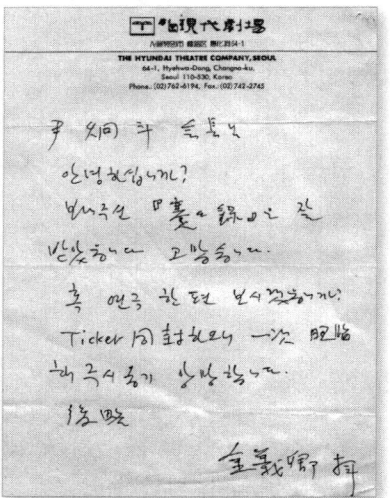
김의경 교수의 편지

3일 동안 쉬었더니 몸은 좋아진 것 같다. 몸 관리를 잘하자. 그래서 조국 통일도 보고 손자녀 결혼하는 것도 보자. 이장규 박사가 서기 2,000년이 넘으면 암도 극복된다고 하지 않았느냐. 운명은 재천이라 하지만 모사謀事는 재인在人아니냐, 사람의 힘으로 할 수 있는 건 해보자.

10월 3일

어제는 신순범 의원, 정병하, 유영식, 이순찬 씨 등이 오후에 놀러와서 8시경에 떠났다. 4시간쯤 화투놀이를 하였다. 그리고 술도 좀 마셨다. 그래서인지 아침에 일어나니 몸이 좋지 않다.

그러나 어제 송종극 선생과 약속을 하였기에 산행을 나섰다. 송 선생, 정진웅 부장과 같이 풀코스 등반을 하였다. 몸이 별로 좋지 않는데도 또 산에서 술 한잔을 했다. 오히려 그 술이 몸을 풀게 하였는지 모르지만, 하행길은 쉽게 왔다.

종로5가의 대학천시장에서 고서점을 하였던 강원채 사장도 몸이 좋지 않고 김완순 씨도 병중이라 하니 한 번 연락을 해봐야겠다.

2,30년 동안에 5일이나 쉰 것은 처음 있는 일이다. 집에서 사흘도 쉰 적이 없는데 5일간이나 쉬었다. 그렇다고 무엇 하나 해놓은 것 없이 책상 위 정리 정도로 5일을 보냈다. 어떻게 보면 이런 쉬는 시간이 나에게는 필요한 것인지도 모른다. 이렇게 쉬고 나면 일하고 싶은 의욕이 솟지 않겠는가. 일 때문에 가려졌던 사물들이 보일 수도 있지 않겠는가.

모든 것을 생산적으로 보자. 나태가 아니고 휴식이라면 오히려 자주 갖는 것이 좋을 것 같다. 재민이가 독일 가고 또 대구·부산도서전이 있고 《삼국지》 개정판과 《레 미제라블》 5권이 완간되고 바쁜 10월이 될 것 같다. 앞으로 5개월간 힘차게 밀고나가자.

10월 10일

지난 6일에 유영식, 윤재식, 임중빈과 같이 신촌 그레이스 백화점 옆 복집에서 저녁 늦게까지 술을 마시면서 옛이야기들을 나누었다.

종합진찰 결과가 좋다는 박인식 방사선원장의 말이 나로 하여금 또 마음의 긴장을 풀어버린 것이다. 그때 사정이나 감정이 그렇다 하더라도 술을 한 다음날은 기력을 차리지 못하고 심한 고통을 받는 줄 알면서도 정신을 차리지 못한다.

송종극 선생 같은 분은 나에게 정에 약해서라고 좋은 말로 하시지

서강대학교
SOGANG UNIVERSITY
言論大學院
The Graduate School of Mass Communication

교수제위:

화창하고 맑은 淸明의 절기입니다. 1993학년도 제2학기도 한 달이 지났습니다. 그동안 언론대학원의 학사업무에 협조와 성원을 보내주신 데 깊이 감사드립니다. 교수 여러분의 노력으로 우리 언론대학원은 가장 대학원다운 대학원을 향해 日就月將할 것으로 믿습니다.

아울러 학사에 관한 다음의 몇 가지 말씀을 드리겠습니다.

1. 10월 18일-21일(4일간)은 중간고사 기간입니다. 중간고사 기간중에 강의는 평상시와 같이 진행됩니다. 선생님께서는 이 기간중에 반드시 학습평가를 할 수 있는 중간고사를 실시하여 학생들로 하여금 공부할 수 있는 환경 조성과 아울러 의욕을 북돋는 데 자극이 될 수 있도록 하여 주십시오.

2. 중간고사 형태(paper, written test, 기타)는 과목담당교수의 재량에 맡기겠습니다.

3. 성적일람표(학업평가보고서)는 10월 29일내로 언론대학원 교학과에 제출하여 주시기 바랍니다.

   ㅁ 아래 성적분포 비율을 참고로 하실 수도 있습니다.
   - A⁺ - A : 20% ∓ 10%
   - B⁺ - B : 40% ∓ 10%
   - C⁺ - C⁰ : 30% ∓ 10%
   - F   : 10% ∓ 10%

4. 서강대학교 언론대학원은 어느 대학원보다도 내실있고, 엄격하고자 하며, 학생들에게는 충실한 학업이 되도록 노력하고 있습니다. 선생님께서는 다소 불편하시더라도 계속해서 수업시간(강의시작, 종료)을 철저히 지켜주시고 학생들에게 필요한 과제물을 수시로 부과하였으면 합니다.

거듭 교수 여러분의 노고에 감사드립니다.

첨부 : 1. 성적일람표 1부
       2. 성적기입요령 1부 끝

1993. 10. 7.

언론대학원장 최 창 섭

서강대학교 언론대학원에서 보내온 중간고사 관련 공문 (1/3)

성 적 기 입 요 령

1. A⁺, A⁰, A⁻ 등으로 기재 및 표기를 하여 주십시오.

2. 먼저 성적란을 기입하신 후 이상이 없을 경우 등급란의 ○을 진하게 아래와 같이 표기하여 주십시오.
   ※ 바르게 표기한 예: (●)

3. 성적란에는 뒷장(담당교수용)에 복사될 수 있도록 진하게 눌러 기입하여 주십시오.

4. 담당교수명란에는 날인하여야 합니다.

5. 과목취소, 휴학, 퇴학의 경우에는 "DROP"란에 표기하여 주십시오.

6. 정정할 경우에는 지우개로 깨끗이 지우고 다시 표기하여 주십시오.

7. 이상 절차가 끝나면 뒷부분(담당교수용)은 교수께서 보관하시고 앞부분(교학과용)은 대학원 교학과로 제출(10월 29일)하여 주십시오.

8. 성적기재와 등급란의 MARK가 서로 틀린 경우 교학과에서는 등급란의 MARK를 우선하여 성적처리하오니 성적란의 등급란이 일치되는지 꼭 확인하신 후 교학과로 제출하여 주십시오.

9. 교학과에 제출된 이후의 성적정정은 일체 불가하니 사전에 재확인 하십시오.

(보기)

과정	학 과	학기	학 번	성 명	성적	등 급	
석사	신문출판	2	C01090	서신문	A+	●○○ ○○○ ○○ A+A0A- B+B0B- C+C0	○ ○ F(A) DROP
석사	방 송	2	C01099	서방송	취소	○○○ ○○○ ○○ A+A0A- B+B0B- C+C0	○ ● F(A) DROP
연구	광고홍보	3	C02900	서광고	B0	○○○ ○●○ ○○ A+A0A- B+B0B- C+C0	○ ○ F(A) DROP

언 론 대 학 원

성 적 일 람 표 (담당교수용)

			과목번호	411		학 점		
			과 목 명	출판잡지경영론				
			PAGE	1		학생수	18	
			담당교수명	윤행두			(서명)	

	과정	학 과	학기	학 번	성 명	성적 중간/기말	등 급
1	석사	신문출판	3	C01002	구재희		A+ A° A- B+ B° B- C+ C° C- I F(A) DROP
2	석사	신문출판	3	C01004	김사철		
3	석사	신문출판	2	C01006	마찬완		
4	석사	신문출판	3	C01009	정재영		
5	석사	신문출판	2	C01011	최현호		
6	석사	신문출판	2	C01012	한민수		
7	석사	신문출판	2	C01013	현창용		
8	석사	신문출판	3	C01059	김미혜		
9	석사	신문출판	3	C01061	이미숙		
10	석사	신문출판	3	C01062	허성희		
11	석사	신문출판	2	C02002	김인철		
12	석사	신문출판	2	C02005	심미애		
13	석사	신문출판	2	C02006	이종수		
14	석사	신문출판	2	C02007	이주영		
15	석사	신문출판	2	C02010	정진영		
16	석사	신문출판	2	C02011	최행순		
17	석사	방송	2	C02016	오세완		
18	석사	광고홍보	2	C02039	홍현숙		
19							
20							

서강대학교 언론대학원

서강대학교 언론대학원에서 보내온 중간고사 관련 공문 (3/3)

만, 사실은 우유부단하고 절제심이 없고 결단력이 없어서 그런 것이다. 더 며칠간이나 그 후유증으로 고통을 받아야 하는지.

오늘 송 선생과 산행을 다녀왔다. 아침에 떠날 때 배가 아파 고통스러웠으나 산행을 1시간쯤 하고나니 좀 나아졌다. 2시간 후는 완쾌되는 것 같았다. 가을 날씨가 무척이나 상쾌했다.

오늘 오후 4시에 현대 빌딩 지하에서 리영희 교수님의 아들 결혼식이 있어 하산을 빨리 하고 집에 와 목욕을 한 후 결혼식에 참석했다. 재야인사, 민권인사들의 집합장 같은 감을 주었다. 김찬국 교수의 주례로 시작되어 끝난 후, 나는 모두들 연회석으로 가는데 나왔다. 같이 어울리면 술을 할 것 같고 또 민주인사입네 하는 사람들하고 대하다보면 민주 인사들은 많아졌는데 한국의 민주주의는 왜 아직 오지 않는지 하는 울분이 일 것 같아서다.

오면서 세종문화회관에서 한글서예전이 있어 갔더니 언해본한글본 책들도 몇 권 전시하고 있었다. 나는 어제 한글날기념식에 참석하고 나서 언해본 옛책 자료실 같은 것을 구상해보았다. 얼마쯤 되는지 오픈할 수 있는 자료가 되는지 일단 점검을 먼저 해봐야겠다. 한다면 내년 한글날쯤 문을 열어보자. 재민이가 프랑크푸르트전시회에 갔다가 내일 온다.

10월도 벌써 3분의 1이 지났다.

10월 11일

제5회 중앙언론문화상 시상식이 중앙대학교 루이스홀에서 있었다.

10월 17일

오늘은 산행을 하지 않고 집에서 쉬었다. 오후에 앞산에 잠깐 다녀

수상자들과 함께 (▶)
제5회 중앙언론문화상 시상식 팸플릿 (▼)

10월 14일자 중앙일보, 〈93 책의 해〉 종합광고

왔다.

일주일 동안 출협회장 관계로 몇 사람 만났다. 그런데 김낙준 회장의 참모인 Y사장이 그 소문을 듣고 나에게, 책의 해 행사도 끝나지 않았는데 선거 운동은 빠르지 않느냐면서 오히려 마이너스가 된다고 한다. 그 말이 진심인지 모르지만 그는 김 회장이 한 2년 더 한 다음에 하는 것이 어떻겠느냐고 했다. 그동안 출판연구소 이사장을 하면서 기다리라는 것이다.

그는 출협 회장이 양위하는 자리쯤으로, 또 자기가 지명이나 임명하는 자리쯤으로 알고 있는 것 같다. 그의 오만이 극에 달하고 있는 것은 아닌지?

나는 이번에 최선을 다해보겠다고 하였다. 기다리면서 기회를 포착하고 싶지는 않다고 했다. 누구나 회원이면 피선거권이 있지 않느냐며 단행본이 단결되지 않더라도 내 혼자 능력껏 해보겠다고 했다.

그동안 대광 김 사장, 경인의 한 사장 등 몇 사람을 만난 결과는 좋은 것 같다. 내일 대구도서전에 다녀온 후 또 적극적으로 활동해보겠다. 아직은 아무도 움직이는 것 같지 않으니 뛰겠다. 김낙준 회장이 출마하더라도 끝까지 뛰어보겠다. 임성원 사장이 김 회장이 한 번만 하고 나에게 회장 자리를 밀어주겠다고 하여 내가 부회장으로 열심히 일한 것이 아닌가. 내 역량을 한 번 테스트해보자.

술만 마시지 않으면 건강은 버틸 것 같다. 아직 계획성 없이 혼자서 맨투맨 작전을 펴고 있으나 11월 들어서는 나의 실행 공약도 제시하고 치밀한 계획 하에 선거 운동을 진행해야 될 것 같다. 참모진도 구성하고 집행진도 마음으로 정하고 서서히 접촉을 해야 할 것 같다. 성사는 재천이겠지만 기회는 인간이 포착하는 것이다.

10월 19일

어제 대구도서전에 내려왔다. 12시에 코리아나에서 이광재 교수를 만나 언론학회에서 준비중인 언론학개론서에 대한 상의를 한 후 곧바로 차를 타고 대구로 내려왔다.

오후 4시 반쯤 대구실내체육관에 들러 준비사항을 보고 나는 고서점 집문전집文殿에 가서 《박통사신석언해朴通事新釋諺解》와 정축자丁丑字 통감通鑑 등을 사가지고 전시장에 왔더니 김낙준 회장과 나춘호 부회장이 비행기로 와서 금호 호텔에 머문다고 한다.

안재관 사장과 출협 직원과 복집에서 저녁을 하고 금호 호텔에 와서 임홍조, 박길부 상임과 김낙준, 나춘호 사장과 같이 술 한잔씩을 하고 김 회장 방에서 화투를 치다가 12시가 넘어서 908호에 와서 잠을 잤다. 별 느낌 없이 하루를 보냈고 또 오늘 아침에도 어제의 숙취 때문인지 정신이 멍하니 어떤 느낌도 없다.

11시 반에 도서전 오픈식을 하고 점심을 이곳 기관장들과 같이 하고는 상경할 계획이다. 실수 없이, 탈 없이 보내면 되는 것이 아니겠는가.

아침을 먹자는 전갈이 와서 1층 식당으로 갔다. 식당에서 아침을 하

10월 19일자 중앙일보, 〈93 책의 해〉 종합광고

고 식대는 내가 내었다. 아침 날씨 탓인지 몸이 여간 불편하지 않다. 11시 반에 개장식을 하고 12시쯤 해서 기관장들과 점심을 한다는데 나는 동참하지 않고 서울로 향했다. 첫째는 몸이고 둘째는 분위기였다. 서울에 와 수영과 목욕을 했더니 몸이 좀 우선하다.

6시 반 넘어 성혜와 같이 집에 돌아왔다. 내가 책임지고 있는 또 하나의 일을 마쳤다.

10월 20일

점심에는 태광의 양태하 사장과 식사를 같이 했다. 부탁만 드렸다. 많은 사람을 만나보는 것이 유익할 것 같다. 인간관계와 또 정보를 얻을 수 있어서이다.

오후에는 3시에 문예회관에서 문화의 날 행사가 있어서 참석하였다. 많은 사람과 인사하고 전병석 사장이 문화훈장을 타서 축하해주었다.

식을 마치고 돌아오는 길에 허창성, 미래사 김준묵 사장과 많은 이야기를 하였다. 허 사장에게 오랜 우정에 마지막 부탁이니 도와달라고 하였다. 그가 어느 정도 도와주려는지 모르지만 계속 부탁을 해보겠다.

동숭동에서 재고도서 판매를 하는데 범우사도 나갔다. 이

고원 씨의 편지

런 행사도 금년으로 그쳐야 할 것 같다. 팔리지 않는 책은 만들지 말고 또 안 팔린 책은 과감히 처리하자.

천대받은 책, 그것은 내가 천대받는 것과 같다. 책 한 권이 나무 한 그루라는 생각으로 제작도 무리하게 하지 말자. 김종대 부장 등 영업부에 의해 무계획하게 제작자가 거기에 따른 것이다. 그것이 오늘날 이토록 많은 재고를 안게 된 결과로 앞으로도 당분간은 그 영향이 있을 것이다.

그러나 2, 3년 후에는 범우사의 책은 좋고 귀하고 사기 힘드는 책으로 인식을 심어야 될 것 같다.

무엇보다 출판사는 출판물로 말해야 한다. 나는 서울시문화상을 받은 것만으로도 만족한다. 그 이상의 상은 바라지 않는다. 좋은 출판물만 내자.

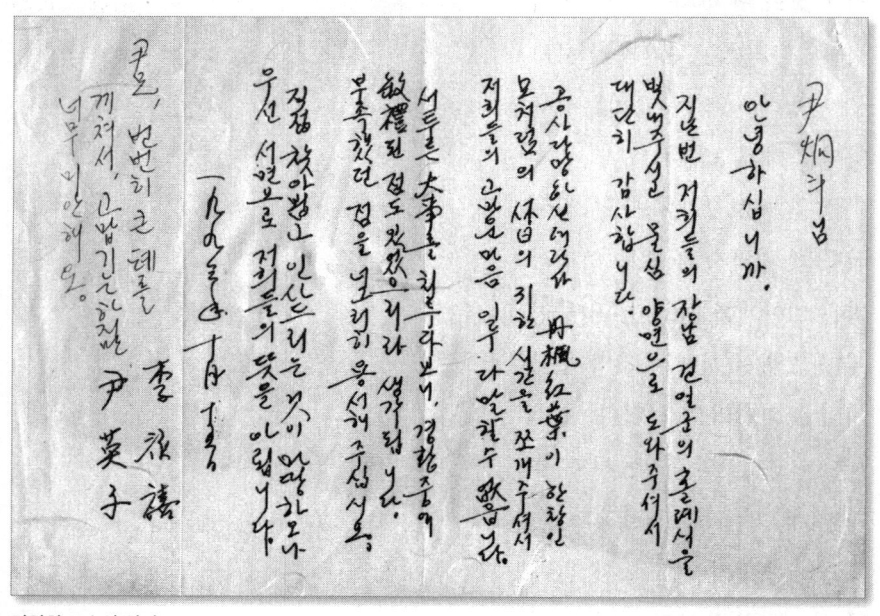

리영희 교수의 편지

10월 31일

　10월도 지나갔다. 지난주 초에는 부산도서전에 다녀왔다. 93 책의 해 행사도 몇 가지를 남겨놓고 매듭지어지는 것 같다. 끝까지 또 부회장으로서의 임기의 마지막까지 정성껏 하자. 그리고 남을 비방하지도 말고 남을 원망하지도 말고 남을 미워하지도 말고 상대방을 칭찬하면서 나를 내세우는 행동을 하자.

　꼭 회장이 되겠다는 무리수는 쓰지 말자. 일해보기 위해 회장이 되려고 최선만을 다하자.

　그런데 계획성 없이 너무 느슨한 것 같다. 지난 한 주도 전혀 생산성 없이 보내버린 것 같다. 11월부터는 신경을 써서 다져가자.

　부길만 씨를 당분간, 아니 바란다면 나의 일과 범우사 편집일을 맡겨보겠다. 선거 관계 일은 어떻게 진행할지 모르지만 편집일은 이제 많은 체험을 쌓았으니 능히 감당해나갈 수 있으리라 믿는다.

　나는 출판계의 민주화를 위해 또 출판계의 위상을 높이기 위해 또 도서유통의 문제를 조금이라도 해결키 위해 회장이 되려는 것이다. 무작정 지위나 명예를 위해서는 아니다. 회장이 되지 않더라도 출판계의 위상을 높이기 위해 학문적으로라도 힘쓰겠고 유통문제를 위해 투자하며 관심도 갖겠다.

　그리고 출판인 윤형두가 아니라 인간 윤형두로 또다시 탄생하는 계기가 될 수도 있지 않겠는가. 좋은 글도 쓰고 견문도 넓히는 여행도 하고 있는 고서 등도 정리하면서 그 낙수落穗로 글도 쓰고 고서를 통한 새로운 출판계획도 세우는 등 할 일은 더욱 많아질 것 같다.

11월 5일

　'책의 해' 행사로 지난 2일에는 해인사를 다녀왔다. 팔만대장경 경판을 서울로 운송하는 봉송식팔만대장경판 특별공개 이운 법회에 참석하기 위해서였다. 나는 '책의 해' 집행위원회 부위원장으로 최선을 다하기 위해서 다른 일들을 다 제쳐놓고 먼길을 다녀왔다. 그리고 독서진흥법 등 출판계 일을 도와주고 있는 강인섭 의원 후원회에 참석하는 등 '책의 해'와 관련된 일 등은 충실하게 했다.

그런데 오늘 중앙일보의 조현욱 기자의 〈출판문화협회 새 회장 싸고 때이른 선거바람〉이란 기사에 수석 부회장이 자기 선거 운동에 몰두한다며 '득표는커녕 감표 요인이 될 것'이라고 누가 한 말인지도 밝히지 않고 나를 힐뜯는 기사를 썼다.

나는 내가 맡은 일에 온힘을 기울일 것이다. 또 비방 받는 일은 하지 않겠다. 그러나 비방을 하면 받을 수밖에 없다. 어디나 수구세력이 우글거리고 있는 판이니 어떤 모함이 나에게 다가올지 모르지만 나는 시류에 영합하는 약삭빠른 처세는 하지 않겠다.

단 몇 표가 되더라도 나를 지지해주는 사람이 있다면 그것으로 만족하겠다. 앞뒤를 재면서 자신들의 이익이나 보신을 위해 눈치나 보는

해인사 팔만대장경 법회 참석. 왼쪽부터 박길부, 김낙준, 필자, 윤청광

인간들과는 끝까지 궤를 달리 하겠다.

이만하면 문화사업으로서도 부끄럽지 않게 성장을 하였으니 이제 출판계를 위해 봉사한다는 마음으로 일할 수 있는 자리에 올라 보자.

또 출협 회장이 되면 어느 누구보다도 잘할 자신이 있다. 또 잘 해낼 것이다. 협동조합 이사장 때는 20명 이사 중 M씨 등 12명의 이사들이 사사건건 모든 안건을 무조건 부결하는 만행을 저지르는 바람에 일을 추진하지 못하고 좌절하고 말았다. 나는 일체 판공비도 쓰지 않고 차도 내 개인차를 쓰고 심지어 제주도 등 각 지방 공급소를 다니면서 최선을 다하였는데 지방색을 내세우며 신조합원 가입과 공급 업무를 차단하였다. 나는 9개월 동안에

62kg에서 45kg로 체중이 줄고 강남현대정신과에 다니면서 치료를 받았다. 선각자나 개척자는 그렇게 초지가 꺾이는 경우들이 있지 않았는가.

오늘 서울유통 이사회에서는 C사장이 어제 몇 사람과 만났더니 이

팔만대장경 봉송식 장면 (앞 페이지부터)

번에는 내가 해야 되지 않느냐는 말들이 오갔다 한다.

끝까지 좌절하지 말자. 용기를 갖자. 그리고 전투를 하려면 건강이다. 건강을 지키며 지구전을 펴자.

항시 웃자. 스포츠를 하듯이 유연하게 하자.

11월 6일

아침 일찍 성혜, 재민이와 같이 출근을 하였다. 출근 후 사무실 등을 돌아보고 스포츠센터에 가서 힘껏 수영을 했다. 망각과 도전 같은 몸부림이었다.

사무실에 왔더니 미국에서 고원 시인의 부인 이영아 씨가 고원 시인의 편지를 가지고 왔다. 품위를 갖춘 여인이었다. 몇 번 보았는데 오늘따라 그런 느낌을 주었다. 희곡을 번역해왔다는 것이다. 최근작이라니 저작권 관계를 검토해봐야 될 것 같다.

점심에는 류익형, 법문사 사장과 서울호텔에서 같이했다. 많은 이야기를 나누었다. 지성인인 그와의 대화는 진지하고 즐거웠다. 이런 사람들과의 모임이면 얼마나 인생을 살찌우게 하겠는가. 출협 관계만 끝나면 인간관계도 다시 정립해야 할 것 같다.

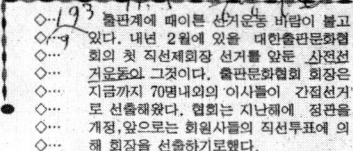

11월 5일자, 중앙일보 기사

    이기하 사장 아들 결혼식에 갔더니 벌써 예식이 끝나고 하객들도 내가 아는 모두 헤어지고 없었다.

    이 사장에게 요사이로서는 많은 20만 원의 축의금을 드리고 사무실에 돌아와 백행균 사장을 만나 출협 선거 문제를 의논하였다. 과학도서 쪽에 대한 책임을 그에게 맡길 생각이다. 그는 오랫동안 나를 도와주었다. 나를 위해 뛰어줄 사람이라는 확신이 왔다.

    5시경 집에 돌아왔다. 아내가 건강이 좋지 않아 걱정이다.

    저녁에 이노우에 야스시井上靖의 《빙벽》을 읽기 시작했다. 나도 언젠가 겨울산에서 허창성 사장과 같이 있으면서 그와 다녔던 산들을 회

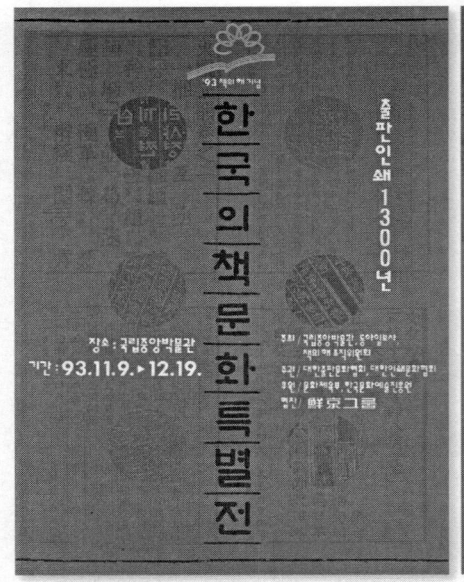
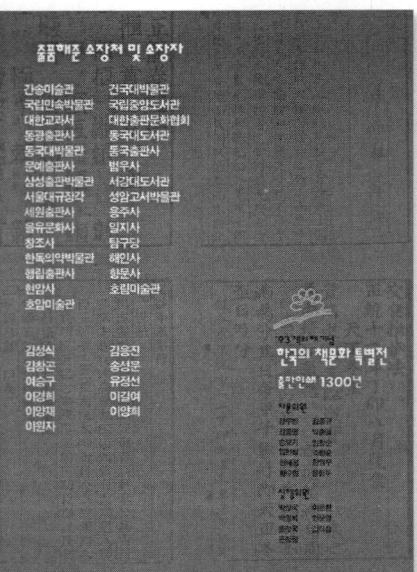

한국의 책문화 특별전 팸플릿

상하며 사나이만이 갖는 우정, 그와의 묘한 마음의 갈등, 출판계의 이야기를 섞어가며 소설을 한 편 써야겠다는 생각이 들었다.

지금 라디오의 FM에서 음악이 흐르고 있다. 비오는 늦은 가을, 아니 초겨울 물먹은 낙엽이 떨어지는 소리가 들리는 것 같다.

11월 10일

잠을 청하나 잠이 오지 않는다.

어제도 세화출판사를 청호 백 사장과 같이 방문을 하였고 고덕환 사장의 딸 결혼식에도 참석하여 향문, 수학사 사장 등을 만났으나 내 열의와 기대에 비해 흡족하지 못한 편이며 반석, 삼영 사장들도 그보다는 좀 나으나 고무적이지는 않았다.

어젯밤에는 남석순 국장과 단국대 김상배 교수를 만났는데 말이라도 고마웠다. 가장 멀리 느꼈던 세화 박 사장, 김 교수 등은 호의적이고 대학원 동창이나 후배들은 내 마음의 기대와는 달랐다. 그동안의 내 처세에 문제가 있었던 것으로 자인하자.

점심에 유림의 김유원 사장을 뵈었더니 당연하다는 긍정이었고, 밤에 만난 한신의 박태근 사장은 노골적으로 모든 것이 바람에 의해 결정될 것이니 윤청광 사장 등의 기득권 세력을 따르라는 것이었다. 나는 회장이 기득권 세력 등이 양위하는 자리냐고 했다.

한국의 책문화 특별전 도록

그런 인식이 사회에 팽배해 있다는 것을 잘 알고 있다. 그런 벽을 허물기 위해 나는 나서고 있는 것이다. 특히 기득권 세력의 선거꾼들이

11월 10일자 한국일보, 13일자 조선일보 광고

그동안 지배하고 있는 틀을 깨부수려고 나는 용기를 낸 것이다. 지금은 그것이 만용으로 비추어질지도 모른다. 모든 선각자들은 시대착오적인 만용자로 그 당시는 보여졌던 것이 사실이 아닌가. 내가 이런 시대에 살면서 그래도 나름대로 옳다고 하는 일을 하다가 가겠다.

1,000여 명의 명단을 놓고 점검을 하여보니 50여 명이 나를 동조해줄 것 같다. 그것도 큰 힘이 아니겠는가. 좀더 조직적으로 해야할 것 같다. 유인물도 만들고 자료와 계획표도 갖추고 진영도 짜야겠다.

지금 청호의 백 사장 혼자 뛰고 있지 않느냐. 거기다 을지출판사 서 사장이 있기는 하지만 아직 관망하고 있는 것 같다. 김종대 부장이 점검하고 있지만 사장급이 아니고 영업부장급을 점검하고 있어 그 진부는 규정짓기 어려운 것 같다.

여하간 내일도 뛰어보자. 나의 고통스러운 이 행위가 한국출판계와 더 나아가 한국 문화계의 선거 풍토를 바로 세울 수 있다면 그것도 값진 일이 아니겠는가.

11월 11일

김대중 선생 특강이 있어 중앙대에 다녀왔다. 신방대학원 주최라고 해서 갔더니 김민하 총장이 자리를 마련하여 김대중 선생의 정치 이념과 그분의 통일정책 등을 학생들에게 들려주고 싶었던 것 같다.

학생들주로 학부생들의 반응은 좋았고 내용도 좋았지만 나에게는 큰 감명을 주지 못했다. 김옥두 의원이 반기는 것을 환대해주지도 못했다. 그때의 그 분위기와 나의 얄궂은 심사의 탓인 것 같다.

그런 자리에 갔다 돌아설 때면 어쩐지 마음 한 구석이 개운치 않다. 오늘도 신방대학원 창립 13주년이란 것 때문에 참석을 하였다. 특히 대학원장인 이정춘 박사가 출판학회 등 관심을 쏟아주고 또 행사에 꼭 참석해 달라는 전화까지 하였기 때문에 참석한 것이다.

조금이라도 귀찮은 존재는 되지 말자. 오늘도 저녁 8시 10분부터 서강대에서 강의가 있는데 이 강의도 이번으로 끝맺고 후배들에게 자리를 내어주자. 현재 진행중인 출협 회장 선거는 일단 시작한 일이니 전력을 쏟자. 꼭 성공하도록 해보자. 위기와 기회는 같이 온다고 하지 않느냐. 위기가 곧 기회가 될 수도 있지 않겠는가.

이제 김대중 후보의 모임같은 데 초청장이 와도 정치적인 행사에는 참가를 자제하는 편이 좋을 것 같다. 혹 정치적 야망으로 보일 수 있기 때문이다. 출협 관계가 끝난 후, 당선되면 활발한 활동을 하고 낙선되면 뜻있는 책을 출판하고 독서와 집필을 하면서 미래를 구상하자. 그러나 멈추지 말고 활동을 하자.

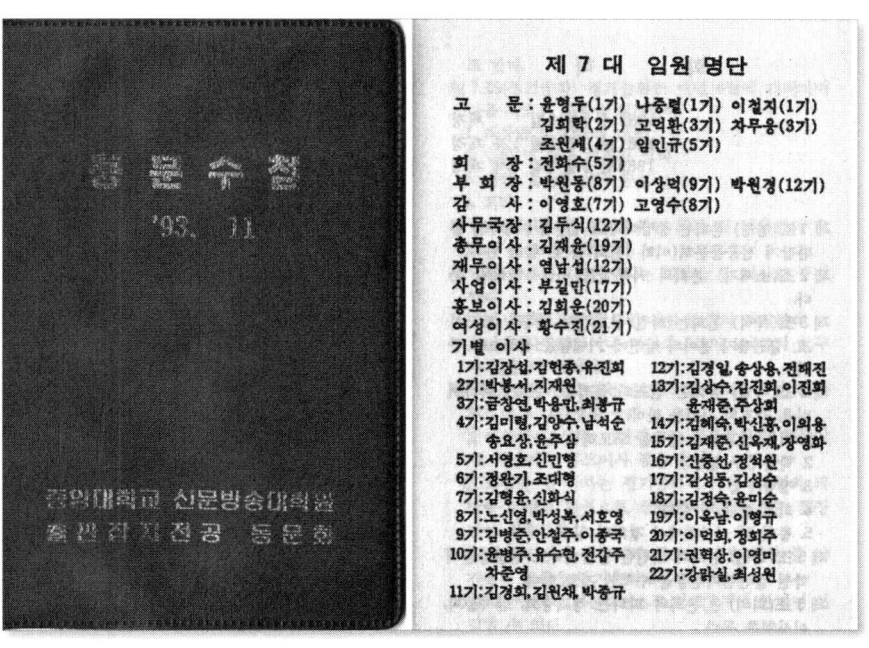

중앙대 신문방송대학원 출판잡지전공 동문수첩 및 임원 명단

지금 백행균 사장으로부터 전화가 왔다. 무척 고생을 하는 것 같다.

11월 12일

백행균 사장과 가든호텔에서 노영자 사장을 만났다. 나에게 호의적이었다. 호의적이면 내 편, 내 한 표라 생각하는 안도의 마음이 생긴다. 여린 마음이다.

점심에는 박충일 사장과 탑출판사의 김병희 사장을 만나 식사를 했다. 출협 관계는 일절 말을 꺼내지 않았다. 골프 클럽이기 때문에 기득권층과 밀접한 관계일 것이니 섣불리 말을 꺼내지 않는 것이 좋을 것 같다.

기문당 강해작 사장으로부터 전화가 왔다. 중대 신방대학원에 원서를 넣었다는 것이다. 그러면서 나에게 분위기가 약간 돌아오고 있으니 힘을 내라는 것이다. 그래서 오늘 노 여사, 강 사장 두 사람의 이름 앞에 ○표를 쳤다. 이렇게 하루에 두 사람씩이면 앞으로 3개월 90일 중 공휴일을 빼면 70일, 2명이면 140명뿐이 되지 않는다. 어떻게 1,000명 중 500명 이상을 확보할 수 있을까. 그러나 낙망하고 좌절하는 것보다 부지런히 뛰자. 그래서 차이를 줄이자.

저녁에는 《나의 아버지 등소평》 출판기념회에 갔다. 많은 사람이 참석했다. 그리고 40여 명 참석한 피로연까지 참석했다가 저녁 10시가 넘어 집에 왔다.

이부영 의원, 김정남 수석비서 등이 반겨준다. 그러나 나는 그들 정치인들에게 다가가려는 관심을 의도적으로 떨쳐버렸다.

내일은 청운총판의 수련장에 가 세미나 발표를 해야 한다. 지금까지 준비가 좀 소홀한 것 같으나 내 능력껏 최선을 다하자.

11월 14일

아침까지 좋지 않던 몸이 좀 우선하다. 어제는 온종일 신경을 쓰고 오후 7시부터 판문점 가까운 곳에서 있었던 청운총판의 연수회에 가서 강의를 한 것이 무리였던 모양이다.

오늘 12시에는 강남 프리마호텔에서 있었던 윤병태 교수의 회갑연에 다녀왔다. 서지학계, 출판학회 회원 등 많은 내빈이 왔었다. 식사를 하고 다방에 내려와 한승헌 변호사, 고영수, 남석순, 김희락 씨 등과 많은 이야기를 나누었다. 출판정책에 관한 팀을 만들자는 것이었다. 나는 그런 방향으로 이번 출협 선거가 끝나면 추진할 계획이다. 봉천동 범우헌에 정책사무실을 개설하는 것도 좋을 것 같다.

건강에 대해서 특히 신경을 써야 할 것 같다. 첫째 술은 줄이고, 커피도 과다하게 마시지 말자. 몸이 지탱 못하면 선거는 지는 것이다. 선거를 끝맺기 위해서는 건강이 유지되어 주어야 한다.

불가능보다는 가능하다고 보고 뛰자. 분명 승자가 명예스러운 것이다. 더욱 전략에 대해서도 머리를 짜보자. 아직 너무 어수룩한 감이 있지 않느냐. 좀더 적극적이고 기획적으로 하자.

한두 명 선거 사무를 담당할 사람을 먼저 두자. 그리고 상대방의 정보를 탐지하는 데도 신경을 쓰자. 상대 조직을 파악하는 것이 무엇보다 중요하다. 병법兵法에 상대방을 잘 알고 자신을 알아야 백전백승한다고 하지 않았느냐. 그러나 선거운동은 깨끗하고 공명정대하게 하자.

흠을 주지 말자. 또 상대방을 비방하지 말자. 너무 긴장하지 말자. 여유를 갖자, 노래를 부르듯이.

11월 20일

정신을 가다듬어야 할 것 같다.

11월 19일자 한겨레 광고

서둘지도 말며 흥분하지도 말자. 지금껏 나름대로 잘 살아왔다. 다음부터가 중요하다. 노추老醜라는 것, 변절만 하지 않았다 해서 노추를 보이지 않는 것이 아니다. 나서지 말아야 할 때 나서고, 하지 않아야 할 말을 하고 물러설 때 물러서지 못하는 것도 다 늘그막의 노추에 속한다.

남아일언중천금男兒一言重千金이라 하지 않던가. 출협 회장 선거는 끝까지 뛰어보자. 그리고 철저할 정도로 신사도를 지키자. 아침에 세일사 류이근 사장이 한 말도 명심하자. 선거로 판정받을 일을 호남인은 하지 말아야 한다는 말도 부정할 수 없는 현실이며, 따가운 충고이기도 하다. 그 말도 감안하면서 그러니 더욱 호남인의 긍지를 가지고 선거에 임하자. 임진왜란 때 이순신 장군이 만약 호남이 없었다면 이 나라를 지킬 수 없었다는 말씀을 하셨다. 나는 우리 파평윤씨 가문의 22세조인 명자 익자翼 할아버지가 임진왜란 때 보성군수로 나진포 전투에서 전사하신 것을 마음속 깊이 자랑스럽게 생각하며 그때부터 호남인이 되었다.

점심은 범문사 유익현, 하서 김상욱 사장과 서울호텔에서 하였다. 월요일 아침에 시사 민영빈 회장을 찾아보라는 것이다. 어느 해인가

민 회장이 광화문 복청에서 만나자고 하여 만나서 회장 선거 때 부탁한 일, 회장을 하실 때 문종성, 홍윤희 사장 등과 같이 이사회에서 나를 제명한 일 등이 주마등처럼 지나간다. 내가 회장 출마를 하지 않았다면 구태여 찾아보거나 과거를 돌이킬 필요가 없는 것인데 하는 생각이 든다.

어제인가 진영 김동국 전무에게 G사장이 서운한 것이 있다면서 나보고 먼저 오해를 풀어주라고 한다. 그 오만함, 나를 비웃는 듯한 태도, 그런 그에게 고개를 숙이고 비굴해야 하는 것인지. 아니, 그것이 인간적인 것인지 도저히 가치 기준이 서지 않는다.

어제저녁에는 허창성 사장을 만났다. 그에게서 따뜻한 인간미를 느꼈다. 이것이 사람되어감인지 나이 탓인지 모르겠다.

포기는 하지 말자. 그것이 수치니까. 그러나 무리는 하지 말자. 결코 패배가 영원한 낙오는 아니지 않겠는가. 치사스러운 승리보다 깨끗한 패배를 택하자. 이제 승패에 대한 가늠이나 저울질은 하지 말자. 승산도 내가 만드는 것이다.

11월 21일

송종극 교수와 관악산을 다녀왔다. 영하 2도라 무척 추운 날씨다. 또 무릎이 좋지 않다. 날이 추우니 옛날 남산 중앙정보부에서 다리 사이에 각목을 넣고 7~80kg 되는 무게로 밟힌, 그 험한 고문의 후유증이 또 도지는 모양이다.

나는 산행 중에 많은 것을 생각했다. 김낙준 회장에게 서신을 보내는 방법에 대해서도. 중임重任이 김 회장 자신에게도 결코 바람직스럽지 못하다는 것을 여러 이유를 들어 글로 보낼까 하는 생각을 했다.

'93 책의 해' 조직위원장은 출판인으로서는 최고의 영예다. 그 영예를 누렸으면 되었지 회장을 또 할 필요가 있겠느냐. 큰잔치 후에는 말이 많기 마련이다.

선배 출판인 중에 한 분이 출판계 단체장을 오래 지냈기 때문에 하셔야 할 분이 밀리는 바람에 경쟁이 치열해져서 선거가 혼탁해졌다는 말들이 전해지고 있다. 모든 일은 상선약수上善若水라고 하지 않는가. 물 흐르듯이 순리가 좋은데.

나는 어느 날 일기에서인가 김 회장을 따뜻한 인간애로 모시고 싶다고 한 적이 있다. 그는 인간적인 사람이다. 그러나 그 주변, 아니 그 동안 출판정치를 해오던 사람들의 끈질긴 자기들 욕심 때문에 어떻게 보면 김 회장이 희생이 될지도 모른다. Y씨, 그는 왜 김 회장의 중임을 그토록 바라는 것일까. 학연, 지연, 철학, 아니 의리인가. 아니, 다른 또 그 무엇인가?

산에서 내려오다 성의현 씨를 만났다. 강원도에 출장 가서 서광사의 김신혁 사장을 만났는데 내가 낙선하면 출협을 탈퇴하겠다는 말까지 하였다고 한다.

나에게 기대를 거는 사람들이 있다. 그들을 위해 최선을 다하자. 신사적으로 상대방을 비방하지 말고 착실하게 앞으로 2개월 반쯤을 지내보자.

건강을 해치지 말고 많은 사람을 만나자. 출판인도 만나고 서점인도 만나고 인쇄인도 만나자. 잡지인도, 문협, PEN 회원도 만나자. 그래서 출협 회장선거가 깨끗한 본보기로서 문화계의 자랑이 되게 하자.

11월 23일

정동로타리 모임이 있는 날이라 새벽에 집을 나섰다. 간밤에 눈이 많이 왔다. 기온도 영하 5도란다. 겨울이다.

이성근 배제대 총장의 교육개혁에 대한 말을 들었다. 교육을 받는 자가 1,000만 명, 세계적으로 가장 높은 교육열이라 한다. 그러나 배운 사람들은 현실 영합으로 시민의식이 없고 이제 못 배운 사람은 없는 것 같은데 인간성 결여가 심한 것 같다. 어느 사회나 환멸을 느끼게 하는 사람들이 들끓고 있다는 기분을 떨쳐버릴 수 없다는 것이다.

어젯밤 코리아나호텔 22층 중국 식당에서 김대중 선생 문집 발간준비위원회 모임이 있었다. 이태영 선생, 한승헌 변호사, 권노갑 의원, 임헌영씨 등이 참석했는데, 나는 권노갑 형과 지난날에 있었던 많은 이야기들을 나누었다.

회의 중 김대중 선생이 오셨다. 나는 그분 옆에서 다정한 형제간처럼 자연스러운 대화를 나눈 것은 오랜만인 것 같다. 민주당 선전위원장 시절, 《신세계》 잡지사 시절, 71년도 《내가 걷는 70년대》를 발간할 때 잠깐 잠깐씩 만났던 그런 기억 속에 나는 잠시 잠길 수 있었다. 다정한 사람인데 어느 때는 왜 그렇게 어렵게 느껴졌을까.

점심 때는 계원출판사 김계덕 씨를 만났다. 롯데호텔에서 식사를 하면서 말을 나누었으나 기대와는 다른 반응을 받았다. 선거에 관한 설법만 자꾸 늘어놓았다.

사무실에 있는데 민영빈 회장에게서 전화가 왔다. 종로 사무실로 찾아갔다. 잘 왔다는 것이다. 한번 해보라는 것이다. 그가 직접 총회에 나와서 찍어주지는 못하고 대행을 하겠지만 흡족한 기분으로 1시간이 넘게 이야기를 하다 돌아왔다. 참으로 결과는 하늘에 맡기자. 건강이 좋으니 해볼 만하다. 차근차근히 하자.

김준기 시사문화 사장이 어제 임성원 회장을 만났더니 아직 김 회장이 거취 결정을 하지 못하고 월말께 무엇인가 행동을 밝힐 것이라는 것이다. 다시 나온다는 것을 십중팔구로 보자. 그리고 대비하자. 인간

사란 그런 것이 아닌가. 6개월만 하겠다, 1년만 하겠다, 다음은 꼭 밀어주겠다고 하였던 언약 등 신의와 진실은 모두 우스꽝스러운 것이 되어 버렸지 않느냐.

이제 후퇴는 할 수 없다. 아름다운 패배가 올지라도 최선을 다하자. 너무 속단도 하지 말고 의심하지도 말자. 주어지는 일에 충실하자.

나태하지 말자. 그러나 절대 무리는 하지 말며 신사도를 지키자.

김계덕 사장이 말한 대로 선거는 비정해야 한다지만, 나는 패배하더라도 그런 길은 택하지 않겠다. 아름다운, 낭만적인 패배를 택하겠다.

11월 27일

토요일이라 4시쯤 집에 돌아왔다. 어젯밤에 김상현 의원 후원회 소모임에서 술을 좀 마신 것이 몸이 좋지 않다. 장을병 총장, 한승헌 변호사, 김상현 의원 등 10여 명 넘어 모였다. 김 의원은 일본에서 곧바로 오는 길이라고 좀 늦게 도착하였다. 신문에서도 최초로 조총련본부와 동경 김일성대학을 들렀다는 기사가 났다. 좋은 일을 한 것 같다.

오늘 낮에는 대홍제책 전 사장과 식사를 같이 하였다. 대신 권 사장이 동행을 해주었다. 출협 건에 대해 권 사장이 부탁을 하였는데, 나는 출협 회장 선거 건에 대해 어쩐지 소극적이 되어가는 것 같다. 이래서는 안 되는데 하면서도 모든 사람에게 잘 보여야 하고 어느 사람에게나 비위를 맞추어야 하며 또 어느 때는 상대방편이 될지도 모를 사람에 대해 비방을 묵인하거나 동조하는 짓까지도 해야 하는 내 꼴이 싫어지기 시작한다.

왜 이런 일에 뛰어들었는지 모르겠다. 참으로 선거전이 치열해져 이전투구泥田鬪狗가 된다면 명예를 얻기보다 잃는 쪽이 되지 않겠는가.

최선을 다해보자. 그러나 결코 정도를 이탈하지 말자. 남을 비방하거나 모함하면서까지 해야 한다면 깨끗이 물러서서 결과를 기대해보자.

토요일 오후 무엇인가 허허롭다. 낙엽이 뒹굴고 찬비가 내리고 온통 습한 공기가 마음마저 무겁게 짓누른다. 앞으로도 선거일은 두 달 이상 남았다. 건강에 조심하자.

김낙준 회장이 나오면 승산이 어렵다는 것을 알지만 이제 포기하지는 말자. 끝까지 가는 것이 나를 지키는 것이다. 중도에 포기하면 나는 그 순간 얼마간의 사람에게서라도 기대를 저버리는 것이다. 패배에 앞서 깨끗한, 의젓한 나를 보여주자.

돌아오는 일요일부터 하루에 한두 사람이라도 만나자. 그리고 남을 비방하지는 말자.

12월 3일

1993년 마지막 달 3일째다.

어제는 서강대 언론대학원 종강을 하고 오세완 신부, 김사철 장로 등과 어울려 간단한 회식을 하였다. 나는 맥주 500cc를 마시고 기분이 좋았다. 요사이 그 못된 회장병 때문에 시달리다 모처럼 상쾌한 기분에 젖어보았다. 되든 안 되든 이런 마음으로 살고 싶다.

오늘도 출근길에 협동조합에 들러 최동전, 오웅근, 조한구, 이기웅, 백행균 사장들을 만났다. 나는 표 같은 것을 의식하지 않는다면서도 몸이 굳어져 있다는 것을 느낄 수 있었다. 수양이 덜 되어서일 것이다.

사무실에 오니 법문사 배효선 사장이 문예 전병석 사장과 같이 만나자 하여 기다렸더니 전 사장이 약속이 있어 내일 하자고 한다고 하였다. 그 약속이 무엇인고 하니 공동출판광고사 모임인데, 그 자리에 임홍조, 윤청광, 이동명 등이 나온다고 하여 그곳 모임 때문이었다는 것이다. 만나고 싶지 않은 사람들을 보지 않고 살아야하는 건데.

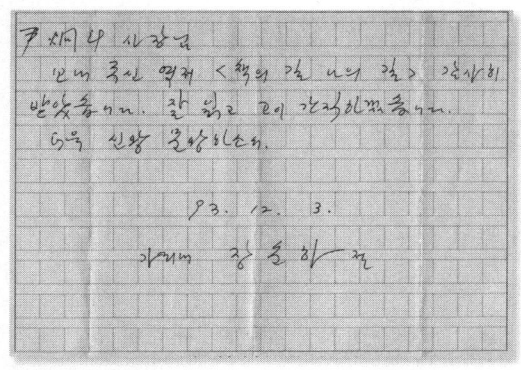
장순하 선생의 편지

점심에는 이승하 사장을 만나 식사를 했다. 김낙준 회장과 단판을 하라. 윤형광, 임홍조 두 사장과 단판을 하라. 내가 알고 있는 말을, 그러나 행하지 못하고 있는 일을 행하라고 한다.

좋은 충언이다. 이승하 장로 아들인 운산이가 일본에서 와서 같이 범우사에 와 한말교과서 제록스를 해가지고 갔다.

저녁에는 산서회 전시회 마감이라 해 영풍문고에 가 허창성 사장에게 독일판 산山사진집을 하나 기증하고 둘이서 YMCA 뒷골목 박태근 사장과 같이 만나 쑥국수를 먹는 자리에서 나만 혼자 순매실주를 거의 한 병 마셨다. 허 사장은 치질 때문에 술을 마시지 않았다.

그가 나를 위해주는 것 같다. 마음이 흐뭇하다. 모두 약아빠져버린 세상, 누구 하나 마음을 주는 것 같지 않는데 주는 듯한 생각을 하게 하는 것 만으로도 고마운 것이다.

힘껏 뛰어보자. 총회를 2월 15일쯤으로 잡고 1월 15일, 2월 15일, 2개월에 40여 일이면 모든 것이 결정지어지는 것이 아니냐. 살아온 59년에 비하면 참으로 짧은 시간이다. 교도소에서 보낸 시간보다 짧은 시간이다. 교도소에서 받은 고통, 인내, 노력을 하면 못할 것이 어데 있느냐.

상대를 상처주지 말고 최선을 다하자. 모든 사람을 동원해서라도 마즈막 힘을 쏟자. 만나자. 부탁한다는 말만 하자. 그 이상 나를 내세울 필요도 없고 남을 탓하거나 비방할 이유도 없다. 솔직히 출협 회장은 한번 해보고 싶다. 그래서 출마할 의향이다. 밀어달라 좀 촌스럽게 의젓하게

12월 3일자 한겨레, 4일자 동아일보, 〈93 책의 해〉 종합광고

여유를 가지고 40일을 뛰어보자. 서대문 교도소에서 104일을 보냈던 고통스러움만큼 참으며 보내보자.

그래주는 듯 생각게 하는 사람이 얼마간은 있겠지. 1,000사의 사장 중 단 한 명이라도 나에게 마음 쏟는 분이 있다면 그것도 사는 보람 아니겠는가.

12월 5일

관악산행을 송 선생, 정진웅 부장 그리고 성의현이 동행하였다. 성 군에게 출판계 이야기를 많이 한 것 같다. 그에게 듣고 또 현황 등을 가르쳐주기도 하였다. 그러나 요사이 출협 선거와 맞물려 있는 때라 말을 하지 않은 것만 못한 말도 하지 않았는가 하는 생각도 든다.

나는 바다의 침묵을 좋아한다. 또 베르코르의 〈바다의 침묵〉이라는 작품도 좋아한다. 산의 침묵도, 지자知者는 불언不言이라는 말도 좋아한다. 그런데 왜 그것을 지키지 못하는가 모르겠다. 그제인가 이승하 장로

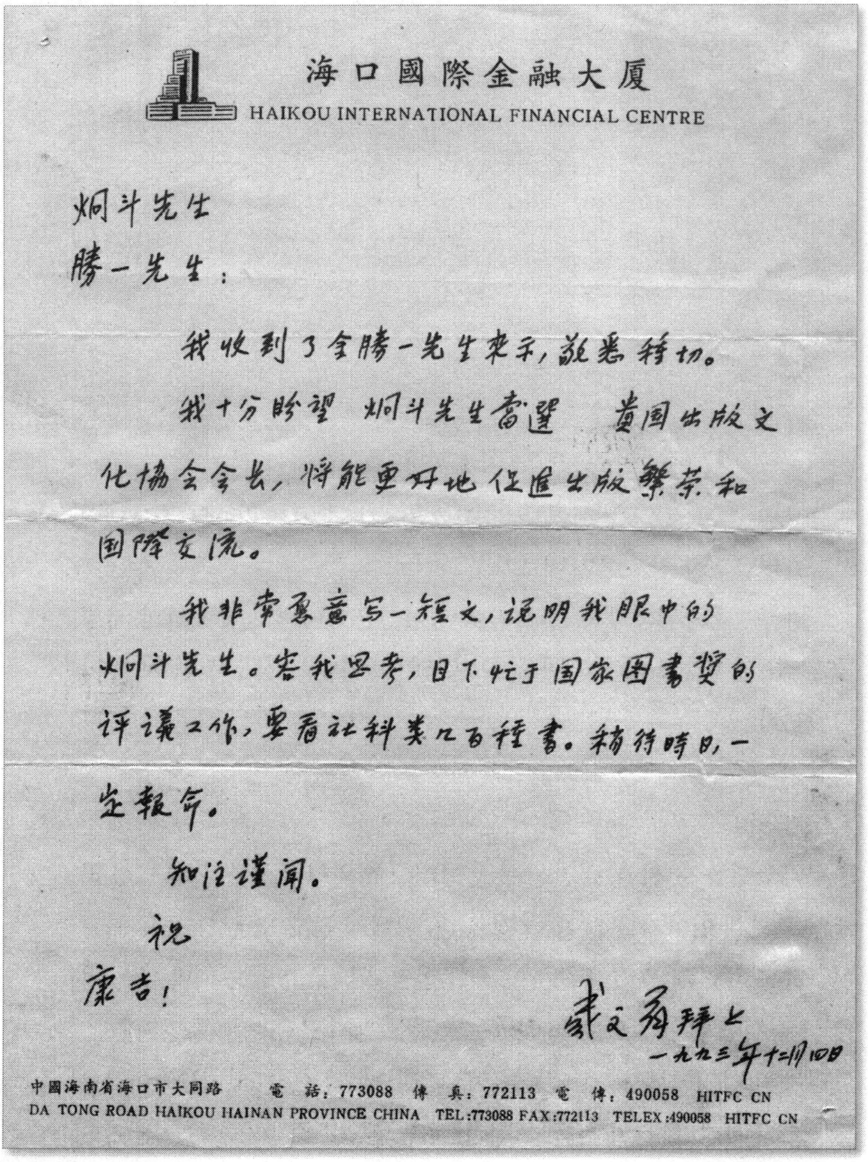

海口國際金融大廈
HAIKOU INTERNATIONAL FINANCIAL CENTRE

炯斗先生
勝一先生：

　　我收到了金勝一先生来示，就悉一切。

　　我十分盼望炯斗先生當選貴國出版文化協会会長，将能更好地促進出版繁荣和国際交流。

　　我非常愿意写一短文，说明我眼中的炯斗先生。容我思考，目下忙于国家图书奖的评议工作，要看社科类几百种书。稍待時日，一定报命。

　　知注謹聞。

　　祝
康吉！

戴文葆拜上
一九九三年十二月10日

中國海南省海口市大同路　電話：773088　傳真：772113　電傳：490058 HITFC CN
DA TONG ROAD HAIKOU HAINAN PROVINCE CHINA TEL:773088 FAX:772113 TELEX:490058 HITFC CN

중국, 대문보 선생의 편지

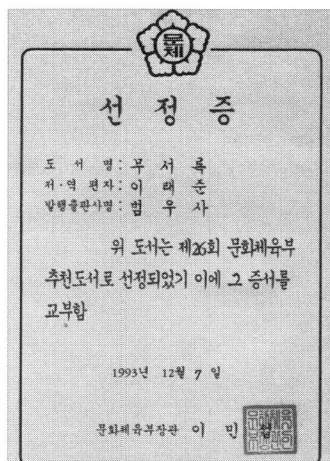
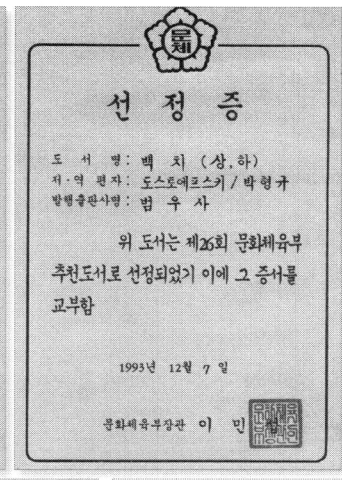

《무서록》,《백치》
제26회 문화체육부
추천도서로 선정됨

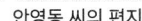

한창기 씨의 편지

안영동 씨의 편지

12월 8일자 한국일보,〈93 책의 해〉종합광고

가 나에게 대학 교수로서 출판학회 회장으로서 작가로서 오히려 침묵이 모든 것을 얻는 데 첩경이 될 수 있다고 한 말을 나는 귀담아 들어야 한다.

어제 강희일 사장을 만나 과거의 일을 잊어버리라고 했다. 그것도 말이었을 것이다. 말 때문에 나는 손해를 많이 본다. 최동전 사장을 만나서도 말을 많이 했던 것 같다. 거기서도 잘 부탁한다는 말만 하고 나왔어야 하는 것이었다.

지난 일을 돌이켜 후회할 것이 아니라 이제부터라도 말을 하지 말자. 김낙준 회장은 한 마디도 하지 않지 않느냐. 오히려 말을 함으로써 그 사람은 손실을 본다는 것을 잘 알기 때문에 과묵으로써 자기를 지탱하고 있지 않느냐.

2개월간 벙어리가 되자. 공식적인 발표만 하고 사담은 삼가자. 내가 말을 안 한다고 해서 벙어리라 할 사람도 없고 무식하다고 할 사람도 없지 않겠느냐. 말을 함으로써 경하다는 말과 별 것 아니구만 하는 평가절하를 받을 가능이 많지 않겠는가.

참으로 침묵은 나에게 있어서 금이요 진주다.

12월 14일. 아침 6시

어떻게 지났는지 모르겠다. 마음만 급할 뿐 아무것도 이룩한 것이 없는 것 같다. 출협 회장 선거운동을 한다면서 전혀 진전도 없는 것 같다.

지난 11일부터 12일까지 1박2일로 출협 회장단 상임이사들과 제주도에 다녀왔다. 참으로 참기 어려운 시간들이었다. 눈치를 보고 또 마음으로 내키지 않는 처신을 해야 하고. 얼마나 어려운 일인가.

몸은 좀 상했지만 무사히 마쳤다. 돌아오는 날 저녁을 같이 하고 공항행 미니버스를 타려는데 권병일 사장이 다가와서 이번에 한 번 더 김낙준 회장이 해야 되는 것이 아니냐고 해 아무런 말을 하지 않았다. 그는 부정하는 것이라 생각하고 다시 말을 잇지 않았다.

어제는 배효선 사장으로부터 임성원, 황수원 사장에게 김 회장 출마를 말렸다는 전갈을 받았다. 그 말이 주효했으면 한다. 그들도 강력한 출마 권유자들은 아닌 것 같다. 그 사람들도 2년 전을 생각하면 김 회장 출마를 만류하여야 될 사람들이다.

윤청광 씨를 비롯한 몇 명쯤 인지는 몰라도 그들이 기득권 세력을 유지하기 위해 발버둥을 치고 있다. 고영수, 김병준, 다 같이 캐피탈에서 점심을 하고 표 점검을 해보았다. 내가 점검한 이외는 새로운 곳이 5곳 이내였다. 한계를 느낄 수 있었다.

윤형두를 알리는 팜플렛을 만들자. 그래서 대세잡이를 하자. 한사람 한사람 만난다는 것도 한계가 있는 것 같다. 중대팀을 최대한 가동시키고 기술도서팀을 조직화 하고 최선호팀을 16일 넘어서 본격화시키며 대학도서팀을 배효선 중심으로 조직해보자. 그래서 4개 팀을 유기적으로 가동해 보자. 이기하에게도 전화해보고 서정연, 영업팀, 이강록 씨도 최대한 독려해보

93년 12월 15일, 정동로타리클럽 송년회

尹炯斗先生： 宋原放

　　1989年在贵国日本东京第一次见面，就给我留下深刻的印象。脸部瘦削而略有棱角的线条，显示着刚毅、勤奋的神态。一个韩国的精明而干练的出版家呀。

　　在庆祝日本出版学会成立廿周年的酒晚会上，人们欢笑、交谈，感谢作为东道主的日本朋友，尹先生和韩国友人分外的热情，不停地找中国人一块儿拍照留影……，笑声中洋溢着我们盼望两国建交的愿望，笑声中使大家沉浸在孕育着我们的东方文化的长河之中。

　　1991年，汉城国际会议前夕，您和发春根先生不辞劳苦不远千里来到中国再次盛情邀请，一次次的函电，会后还给我寄来会议文集……此次我虽未能成行，却感受着您和朋友们真诚的情谊。

1993年,您来到北京我们再次(又一)相见。您刚签订合作出版《我的父亲——邓小平》,又渴望早日得到《邓小平文选》的校样,希望合作出版朝鲜文本。呀,尸先生,我不能不敬佩:您是一位很有远见和魄力的智者,为我有您这样可尊敬的朋友而自豪。

祝愿您为韩国出版事业作出更大的贡献。

1993年12月15日于上海

中国出版科学研究所

尹炯斗会长
我尊敬的老弟：

您好！三个多月不见了，我很想念您。北京接到邀请后，我马上集中精力，准备中国编辑学会的首届年会。这次会已在十一月中旬在杭州开完，收到111篇论文，选用了55篇。一共有70余人参加了这次会议。现在总结全部出来了。

第2届国际出版学研讨会的论文，这里有的出版社正在酝酿出版论文集，但是贵国 韩胜宪、李正春、李钟国三位先生的论文，太长了。能否请您转告三位，把他们的论文搞短一些的要求。（已经到

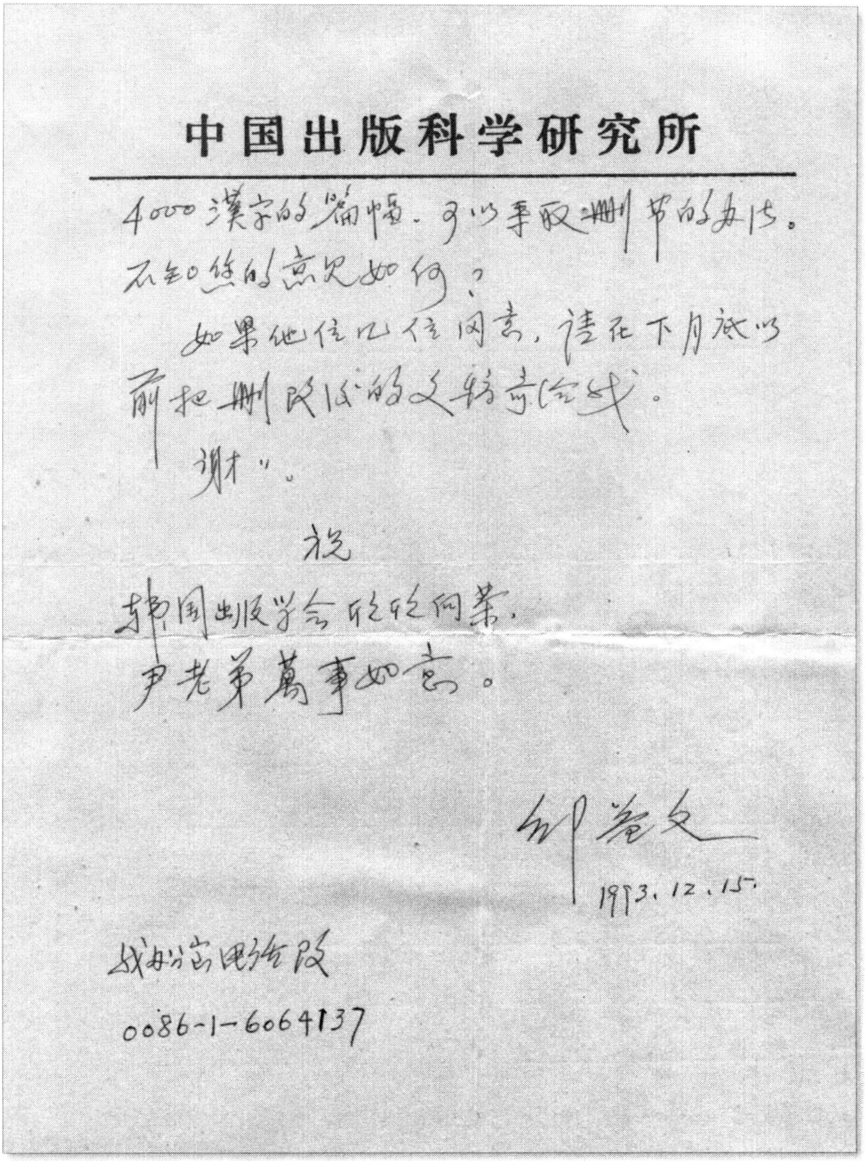

中国出版科学研究所

4000漢字的篇幅，可以争取删节的办法。
不知您的意见如何？

如果他们以为同意，请在下月底以
前把删改的文稿寄给我。

谢谢。

祝

韩国出版学会的诸位同業，

尹老弟萬事如意。

邵益文
1993.12.15.

成都市田径段
0086-1-6064137

중국, 소익문邵益文 선생의 편지 (2/2)

자. 이철주 사장에게는 중대팀을 상주시키다시피 해야 할 것 같다. 그리고 다음주에는 임성원이나 임홍조 사장을 만나야겠다. 양면작전을 쓰자.

12월 18일

12월도 중반기를 넘었다. 돌아오는 21일 '책의 해' 마감 선포를 하고 그날이나 그 다음날 김낙준 회장이 차기 회장 출마선언을 한다고 한다.

나는 힘껏 뛰어보나 그다지 진전이 없다. 나에 대한 유익한 고지가 차차 늘어나고 있다고 하지만, 오늘 청소년도서협의회 회원 53명의 명단을 보니 까마득한 느낌이 든다.

회원 1,000명을 상대한 선거. 한 표의 확보도 없이 뛰어든 선거가 순조로울 수는 없겠지만 힘겨운 운동이다.

어제 일산단지이사회 후 몇 사람과 이야기 했다. 나는 이기웅 사장과 김경희 사장에게 기득권자에 대한 성토를 했다.

나는 앞으로 진정 나를 위해 희생할 수 있는 사람에게만 투자를 하겠다. 가능하면 출판을 하는 후배들에게 정을 쏟겠다.

또 어제 윤청광 사장이 박충일 사장에게 폭언을 하였다고 한다. ○○놈들이라고 욕설을 퍼부은 모양이다. 그 속에 주범은 나였던 것 같다. 한 10년쯤, 3~40년쯤 후를 보자. 누가 그의 동지인가 그는 알게 될 것이다.

왜 그럴까. 그가 가까이 해야 할 사람들이 누구인데. 또 지나온 긴 세월 동안 누구와 더불어 살아왔는데, 이해가 가지 않는다.

나도 변했는지 모른다. 자유문고사 이준영 사장이 전화로 자기가《월간 독서》에 임헌영 씨와 같이 있었는데, 그때 존경한 윤 사장이 지금은 어쩐지 주변에서 비난의 소리가 있다는 말을 해주었다. 나는 그 비난의 물줄기를 칭찬 쪽으로 끌어달라고 했다. 세상을 살다보면 별 소리 다 듣

12월 18일자 동아일보, 〈93 책의 해〉 종합광고

지 않겠는가. 나도 신이 아니고 인간인데.

그러나 인간 중에서도 신에 가까우려고 노력하자. 절대 남을 비방하지 말자. 회장이 되지 않으면 어떤가. 그러나 상처를 남기지 말자. 지더라도 깨끗한 이미지를 주자.

백행균 사장이 나를 위해 뛰는 것 같은데, 몇 사람이 뛰지 말게 하라고 한다. 그러나 나는 그에게 그렇게 할 수 없다. 나를 위해, 내가 좋아 일하는 것을 어떻게 막겠는가. 그 결과 어떤 손실을 보더라도 나는 그것을 감내하겠다.

이신숙 씨의 편지

1993년 215

이명선 씨의 편지

누가 그동안 나를 위해 그만큼 뛰어주었는가. 그로인해 당선이 낙선으로 바뀐다고 해도 그가 배신하지 않은 한 그를 택하겠다.

명단에도 한사람 한사람 체킹하고 있으면 한심한 생각도 든다. 그러나 편지로 전화로 격려하는 소리를 들으면 그래도 결코 무가치하게 살지 않았구나 하는 생각이 든다.

회장이 되지 않더라도 베른조약 준비 등을 하자. 한국출판학회를 통해서라도 3월에는 세미나를 열자. 2월에는 출협, 학회 총회, 3월에는 대학원 개강 세미나. 할 일도 많다. 건강만 하면 또 어느 자리에

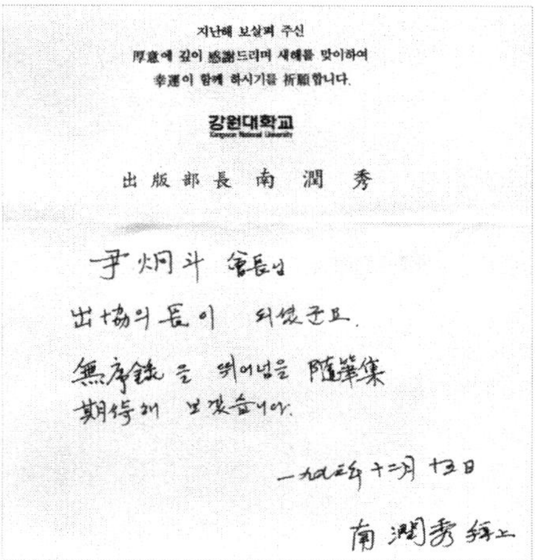
지난해 보살펴 주신
厚意에 깊이 感謝드리며 새해를 맞이하여
幸運이 함께 하시기를 祈願합니다.

강원대학교

出 版 部 長 南 潤 秀

尹炯斗 會長님

出協의 長이 되셨군요.

無虛錄을 펴어냄을 隨筆集

期待해 보겠습니다.

一九九三年 十二月 十三日

南潤秀 拜上

남윤수 씨의 연말연하장

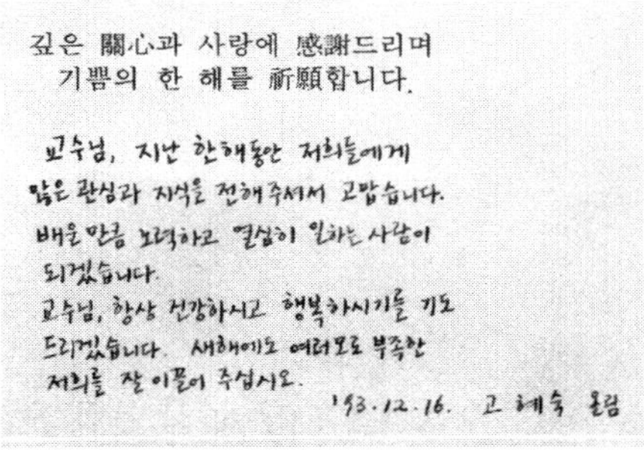
깊은 關心과 사랑에 感謝드리며
기쁨의 한 해를 祈願합니다.

교수님, 지난 한해동안 저희들에게
많은 관심과 지식을 전해주셔서 고맙습니다.
배운만큼 노력하고 열심히 일하는 사람이
되겠습니다.
교수님, 항상 건강하시고 행복하시기를 기도
드리겠습니다. 새해에도 여러모로 부족한
저희를 잘 이끌어 주십시오.
1993. 12. 16. 고혜숙 올림

고혜숙 씨의 연말연하장

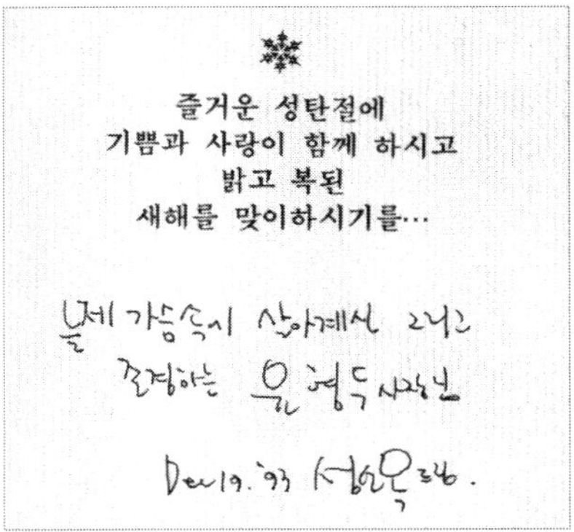
즐거운 성탄절에
기쁨과 사랑이 함께 하시고
밝고 복된
새해를 맞이하시기를…

늘 제 가슴속에 살아계신 그리고
존경하는 윤형두 사장님

Dec 19. '93 성선옥 드림.

성선옥 씨의 연말연하장

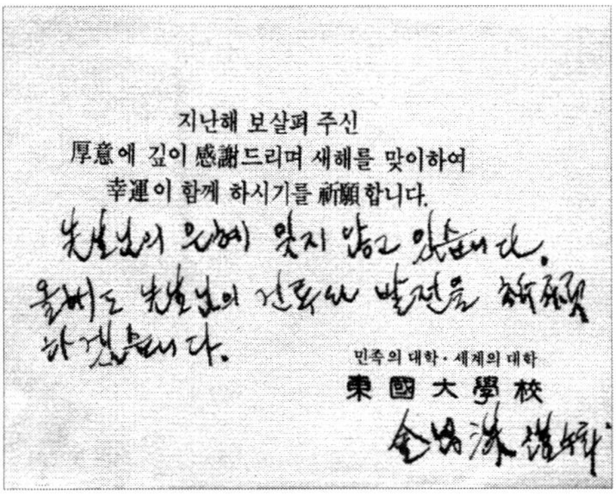
지난해 보살펴 주신
厚意에 깊이 感謝드리며 새해를 맞이하여
幸運이 함께 하시기를 祈願합니다.

先生님의 은혜 잊지 않고 있습니다.
올해도 先生님의 건투와 발전을 祈願
하겠습니다.

민족의 대학 · 세계의 대학
東國大學校
金昌洙 謹拜

김창수 교수의 연말연하장

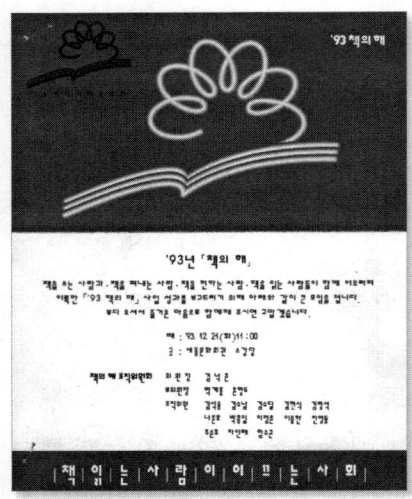
93 책의 해 조직위원회 초청장

있든 출판계를 위해 일하자.

금년도 이제 얼마 남지 않았다. 12월 31일 12시까지 금년을 위해, 아니 나의 일생을 위해, 아니 그 후를 위해 최선을 다하자.

12월 23일

회장 선거운동을 한답시고 어떻게 넘어가는지 하루하루가 빠르다.

어제 저녁은 이정춘 박사, 신동설, 강해작, 이정일 사장 등과 12시가 넘도록 술 마시고 또 노래방에도 갔다. 이것도 대학원생들과의 친목이라기보다 선거라는 의식이 깔려있는 만남이었다. 그래서 강남까지 찾아갔다. 이제 두 번 다시 내 인생에서는 선거라는 것 때문에 신경 쓰는 일은 하지 말자.

오늘 오전에는 이천 남한강공원에 있는 박영사 안원옥 회장 묘소에서 열리는 고인의 1주기추도식에 참석했었다. 어제의 취기 때문에 힘들었지만 안종만 사장에게 참석하기로 약속되어 있어 갔다 왔다. 차 안에서 박충일 회장과 또 출협 선거에 대한 말을 많이 했다. 주로 윤청광이의 인간됨에 대해서. 어떻게 그렇게 될 수 있을까, 선배에게 '○○놈'이라니, 그리고 그것도 단 둘이가 아니라 여럿이 듣는데서 전화로 했다는 것이다. 그래도 지성인이라는 사람이.

오늘 저녁에 신입회원 환영회가 있다고 하여 좀 늦게 참석하였다. 회식이 끝날 무렵에 나는 김 회장에게 드릴 말씀이 있다고 하여 회의실에 가서 단둘이서 내가 그동안 주장했던 말을 했다.

만약 94, 95년에 '책의 해'라면 회장이 더 하셔야 된다. 그러나 명예의 절정에서 명예롭게 물러나는 것이 바람직하다. 선거를 하게 되면 상처를 입게 된다. 또 큰일을 한 다음에는 잡음이 있기 마련이다. 그러니 이번으로 끝내는 것이 가장 영광스러운 것이라는 말 등을 하였다. 그는 꼭 친형제처럼 앞으로도 지내자. 절대 흠을 만들지 말자는 등으로 말을 맺었다.

나도 김 회장에게 결론을 얻고자 한 것은 아니었다. 나의 의사를 말했을 뿐이다. 결론은 자신이 내릴 일이다. 그러나 일단 시작한 일이니 끝까지 밀고 나가야 할 것 같다.

술은 선거가 끝날 때까지 마시지 않는 것이 좋을 것 같다. 그리고 임홍조, 윤청광 사장 등과도 만나서 내 의사를 전하자. 당신들이 하는 일이 결코 김 회장을 위하는 일이 아니라는 것을 설득해보자.

참으로 피곤하다. 힘드는 일이다.

12월 26일

어제도 집에서 쉬었다. 고서 귀중본 정리를 하였다. 그것을 범우헌 7층 서고로 옮겼다. 그중 보물 등으로 지정받을 만한 것은 골라서 앞으로 고전적자료관을 만들면 전시할 생각이다. 오후 6시에는 안국역 옆 고궁가든에서 출판인산악회 송년회가 있다고 하여 재민이가 데려다 주어 참석했다. 금년 초여름 일본 오쿠호타카다케娛穗高岳 등정할 때 신세진 것을 갚을 겸 참석하여 회식비를 내가 내었다. 신세진 것은 좀 무겁더라도 갚자. 그래서 나에게 따라다니던 인색하다는 말은 떨어버리자. 그러나 절대 낭비는 하지 말자. 긴요한 곳에, 꼭 쓸 때만 쓰자.

오늘은 송종극 선생, 신윤식 사장, 전태성, 이재걸 동창들과 산행을 다녀왔다. 즐거운 산행이었다. 하산 후 신, 전 두 동창이 범우헌을 둘러보고 대단한 건물이라고 하였다. 촌놈이 큰 것을 해내었다고 하였다. 무일푼인 내가 그때에 비하면 재벌이 된 것이다. 결코 자만하지 말자. 또 재민, 재준이가 수성하도록 단단히 기반과 교육을 시키자.

오늘 저녁에는 내일 나의 생일이라고 큰며느리가 저녁상을 차려서 잘 먹었다. 그리고 민이가 만년필을 사주고 준이가 등산모를 사주었다.

가족이 좋다. 모두 건강했으면 한다. 새해에도 모두가 건강하고 성혜가 결혼하고 큰며느리가 아들 낳고 내가 출협 회장 당선되고 이렇게 기도한다.

회장은 내 인생의 하나의 과정과 같은 것이다. 안 되면 또 다른 길이 있지 않겠는가. 성혜가 중대 신방대학원에 입학하였다. 그것만으로도 큰 기쁨이다.

내일 출판학회 세미나와 송년회나 잘 추리자.

12월 27일

양력으로 오늘이 내 59번째 생일이다. 이제 우리나라 나이로 60에 접어든다. 60을 이순耳順이라고 했던가. 귀가 순해지는 나이라는 것 같은데 더욱 예민해지는 것 같다.

점심에는 김준기 시사문화사장과 같이 했다. 이번에 신세진 사람들에게는 일생을 두고 갚자. 앞에서 하는 사람도 있을 것이고 뒤에서 하는 사람도 있을 것이다. 숨어서 도와주는 사람도 가능하면 찾아서 신세를 갚자. 내가 출협에서 제명당했을 때 도와주었던 사람들도 찾아보자.

오늘 오후에는 출판학회이사회 학술발표회, 민병덕, 윤병태 두 박사의 회갑논문봉정식이 있었다. 나는 오늘도 준비 없이 개회사를 했고 봉정식 때 간단한 인사를 했는데, 그때는 그런대로 한 것 같다.

한승헌 변호사는 논문집간행사 겸 축사를 하셨는데, 참으로 명연설이었다. 그렇게 차분하고 조리 있고 설득력 있게 해보려 노력해야겠다. 나는 준비도 노력도 하지 않고 즉흥적으로 하기 때문에 어떨 때는 잘 하지만 그렇지 않을 때는 실수나 서투름을 나타내고 만다.

대한인쇄문화협, PEN클럽 문덕수 회장, 잡지협 김수달 회장 등이 화환을 보내주셨다. 그리고 시작하기 전 김낙준 출협 회장이 와서 간단한 축사를 해주었다. 좋은 사람이고 좋은 사이였는데 김 회장의 과욕 때문에 그는 다시 회장에 재선되더라도 별로 얻는 것이 없을 것이다. 나야 부회장 아닌가. 도전하다 낙선하면 본전치기다. 아니 인생을 또 한 번 배우는 것이다. 그러나 그는 최상의 명예에서 무엇을 더 얻겠다는 것인지 모르겠다.

신년부터는 선거본부를 개설하여 힘껏 뛰어보자. 나를 위해 노력한 분들을 봐서라도 성공해야 하지 않겠는가.

김 회장에게 연민의 정이 간다.

나는 스포츠를 하듯이 하겠다. 추한 당선보다 깨끗한 마음과 행동을 택하자.

12월 29일

아침 5시다. 4시경 잠을 깨고 나니 잠이 오지 않는다.

어제 단행본 출판사 사장들이 저녁에 선천에서 20여 명 만났는데 거기에서 강희일이가 말끝마다 단행본이란 틀을 벗고 하는 식으로 단행본 결속을 깨는 발언을 계속 하였다. 또 모인 구성원 자체가 윤청광과 강희일 주변 사람들로 나에게는 껄끄러운 사람들이었다.

나는 처음 인사말을 하라기에 윤청광, 강희일이가 고생했다는 이야기와 여러분들이 도와주었기 때문에 '93 책의 해' 행사가 대과大過 없이 끝났다는 말을 한 후, 내 걸어온 길에 대해 말을 했더니 내 말 중 김언호와 강희일이 귓속말을 하더니 순서가 어떻느니, 그것이 아닌데 하더니 다시 김언호에게 인사말을 시키는 등 촌극을 빚기도 했다.

나는 그런 분위기가 죽도록 싫었다. 윤청광이의 장광설, 또 뚜렷한 주관의식도 없는 사람들과 어울린다는 것이 역겨웠다.

점심을 허창성 사장과 하였는데, 그도 나에게 입장 곤란하다는 말과 내가 자기에게 많은 서운한 짓을 했다는 것이다. 그런 중상들을 하는 사람들이 얽혀 있는 사회가 참으로 싫다.

그러나 어떻게 하겠는가. 일단 사나이가 말을 내놓고 진행을 하였으니 끝을 봐야 되지 않겠는가. 또 오후 4시부터는 이경훈, 고덕환, 이두영 세 사람의 출판기념회가 있었다. 최덕교, 이기웅 사장 등이 나에 대한 말을 한마디씩 비추었는데 꼭 말해야 할 이두영 씨는 한 마디의 언급도 없었다. 내가 권유하여 중대 신방대학원도 갔고 또 낸 책이 출판유통론이니 전에 나의 출판물유통론이 있다는 말쯤은 할 수 있었을 터인데, 그도 힘 있는 사람들을 의식해서인지 약은 사람인지 몰라서 그런 것인지.

12월 29일자 한겨레, 〈93 책의 해〉 종합광고

그런 것들을 괘념치 말자. 지금 내가 잠을 못 이루는 것도 소심하기 때문이다. 큰마음을 가지고 앞으로 한 달을 뛰어보자. 직접 하루에 한 사람이라도 만나 득표활동을 벌이자.

또 전화를 최대한으로 이용해보자. 일일이 찾아갈 수 없는 곳은 전화로라도 내 의사를 전달해보자.

어제 태극의 홍윤희 사장은 전화로 김낙준 회장의 출마를 강력히 만류했다고 하지 않은가. 나에게 한 때는 상처를 입혔지만 그렇게 직언을 할 수 있는 사람이 이 세상에 얼마나 되겠는가.

길어봐야 앞으로 한 달 반. 최선을 다해보자. 또 이 기회에 내 결점도 파악해보자. 당선이 되면 출협을 위해 2년간 열심히 일하고 낙선되면 또 할 일이 많지 않은가. 출판학회를 더 키우고 공부도 하고 전적자료관도 만들고 그렇게 하자.

건강만은 해치지 말자. 건강을 잃으면 세상을 잃는 것이 아니겠는가.

12월 29일. 저녁에

아침에 일산단지 모임에 나갔다. 코리아나호텔 일식집에서 있었다. 잠 때문에 졸렸다. 무엇 때문에 새벽잠을 버려야 하는지 모르겠다. 이기웅 사장에게 내가 너무 충성하는 것 같다. 마음껏 주자. 그러나 무엇을 받겠는가.

낮에는 오세완 신부와 오응근 사장과 같이 식사를 했다. 오 신부가 내가 출협 회장 선거에 입후보 하는데 어떻게든지 돕고 싶다고 한다. 고마운 분이다. 절대 잊지 말자.

아침에 일산회의 마치고 일지사에 가서 기다렸다가 김성재 사장을 만나 뵙고 왔다. 그리고 일신사 윤광모 사장과 한국무역 여승구 사장을 만나려고 찾아갔으나 만나지 못하고 왔다.

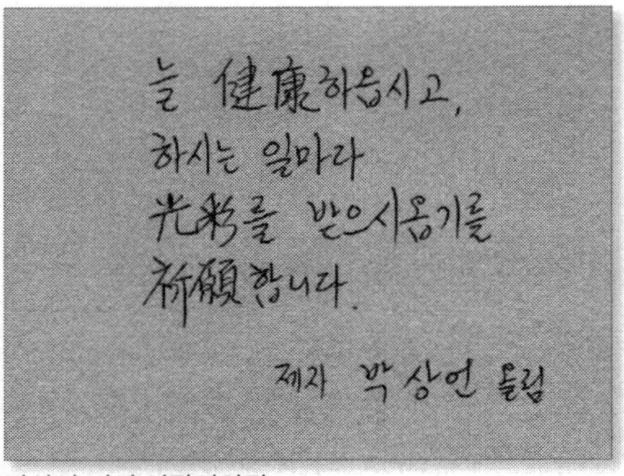

늘 健康하옵시고,
하시는 일마다
光彩를 받으시옵기를
祈願합니다.
제자 박상언 올림

박상언 씨의 연말연하장

밝은 새해에 건강과 행복이
모두 함께 하시길
이병태 올림.

이병태 씨의 연말연하장

즐거운 성탄절과
보람찬 새해가 되시기를
빕니다.

윤형두 교수님께
교수님, 그동안 안녕하셨는지요?
연락 드리지 못했음을 죄송하게 생각합니다.
때가 아닌 줄 알면서도 논문 문제로 찾아뵙지 못하고 전화를 드리고 말았습니다. 마감일이 다가오고 어떻게든 끝내고자
Days so glowing, dreams so bright
Hours so joyful, hearts so light.
A world that's filled with happy things...
How sweet the gifts that Christmas brings.
했던 마음이 앞서 그런 불찰을 저지르고 말았습니다.
늘 저를 어여삐 보아주시고 이끌어주셨음을 감사드립니다.
새해에도 더욱 건강하시고 하시는 모든 일에 하나님의 축복이 함께 하시기를 기원드립니다.
교수님! 건강하세요.
— 박 유 올림

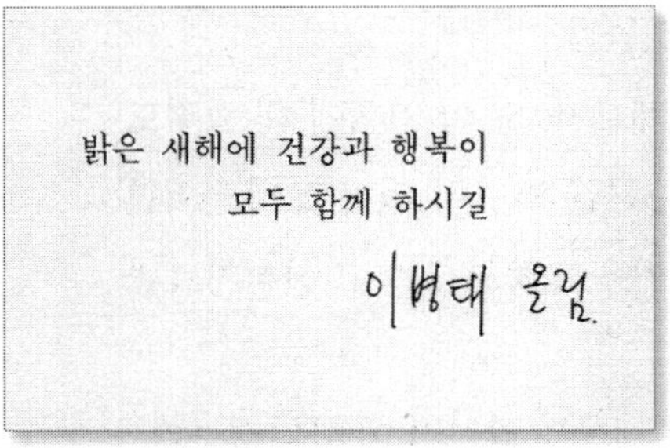

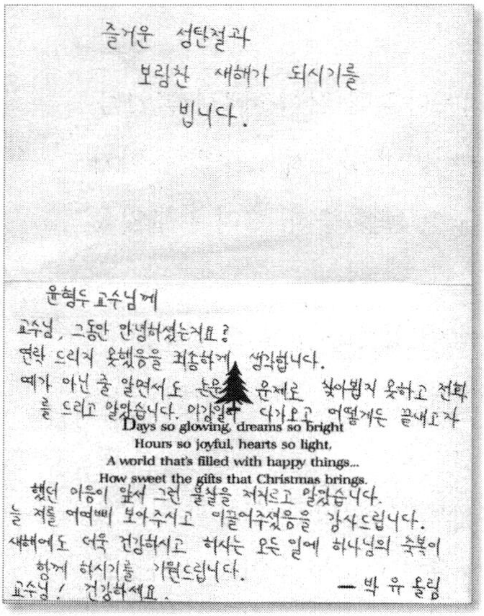

박유 씨의 연말연하장

나는 고마운 분들에게 꼭 빠지지 말고 인사를 하자. 그동안 신세진 분, 또 현재 신세지고 있는 분들을 담당하는 비서라도 두어서 관리하자.

저녁에는 5시 25분에 출협에서 오늘 기자들과 송년회가 있다는 전갈이 여사무원을 통해서 왔다. 나는 마음이 어쩐지 우울했다. 내가 곧 그만둘 부회장이지만 이럴 수가 있을까 하는 생각이 들었다.

며칠 전 임성원 사장과 오후 6시에 '유래'에서 만나기로 되어 갔더니 기다리고 있었다. 그와 나는 시래주 3잔씩을 하면서 "왜 사나이답게 약속을 지키지 않느냐"고 했다.

2년 전, 분명 그는 나에게 이번 2년간만 김낙준 회장을 도와달라, 그러면 다음은 윤 사장에게 꼭 갈 것이라고 다짐하고 또 다짐해서 나는 부회장을 수락했다. 나는 마즈막으로 본인인 김낙준 회장에게도 분명 그 말을 들었다. 그는 다음 회장을 하려면 임홍조 사장하고 친하라는 말까지 덧붙였다. 약속을 지키지 않는 세상이라지만 이렇게까지 하는

생각이 든다.

선배들이 그랬다고 전한다. 그들이 지키지 않는 약속 때문에 현재 얼만큼의 소득을 얻고 있는지 모르겠다. 나는 지금껏 약속은 생명처럼 지켜왔다. 다음에도 그럴 것이다. 특히 노추는 보이지 않겠다.

오늘도 고마운 분의 전화를 몇 통 받았다. 그런 맛으로 또 세상은 살만한 가치가 있는 것이 아닐까.

12월 31일

연말이라는 기분이 들지 않는다.

무덤덤하다. 8시 반경에 출근을 하였다. 출근 후 몇 곳 전화를 했다. 산업도서 정홍채 사장에게 전화했더니 무슨 일로 전화 했느냐면서 경멸의 어조다. 그의 결론은 선임부회장 더 하고 김 회장이 한 번 더 해야 한다는 것 돈이 드는 회장인데 돈 있는 사람이 해야 되지 않느냐는 것이다.

나는 좋은 말이라고 결론짓고 끊었다. 어려운 싸움이다. 그들은 모략 등을 한다. 이기웅 사장이 등을

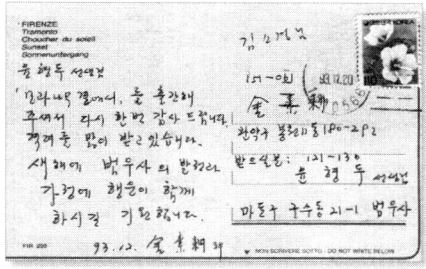
김소경 씨의 연말연하장

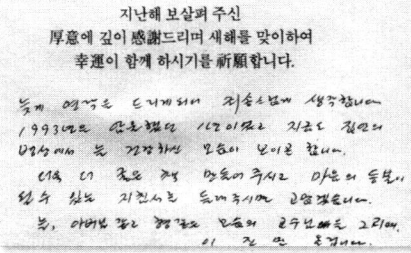
이진만 씨의 연말연하장

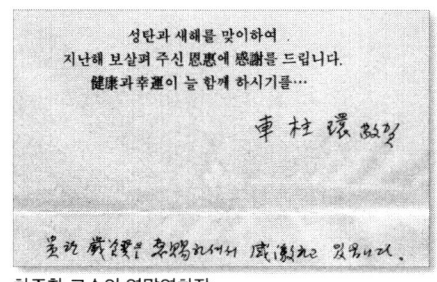
차주환 교수의 연말연하장

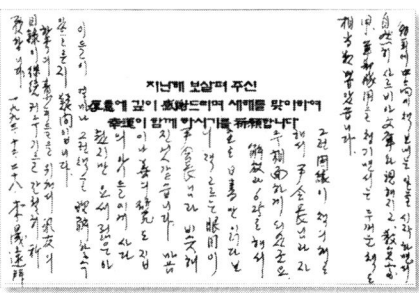
이성원 씨의 연말연하장

돌렸느니, 최선호 사장이 김낙준 쪽으로 갔느니 호남과 영남의 싸움이니 하는 등 별별 말 등을 만들어내고 있다.

점심에는 한승헌 변호사와 했다. 그분은 나에게 용기를 주었다. 명단을 보면서 10여 명 이상을 체크하면서 연초에 덕담 겸 전화를 하시겠다는 것이다.

설사 한 사람도 표와 연결되지 않더라도 흐뭇한 인정이었다. 꼭 이런 분을 위해서라도 당선이 되어야 하는데 시절은 그렇게 좋은 것 같지는 않다. 아니 내가 너무 방만했거나 무관심하였던 것이다.

오는 길에 이기웅 사장이 협동조합 마당에 보이기에 내려서 그에게 인사하고 백행균 사장실에서 기전연구사 영업담당 등을 만나 몇 마디 말을 하고 사무실에 돌아오니 청운서적의 유 사장이 와 계셨다. 신년부터는 열성껏 뛰어주겠다고 하지만 어느 정도일지. 또 어느 만큼의 효과가 있을지 의문이다. 김 부장이 뛰고 있지만 쳇바퀴 돌기다. 진전은 없는 것 같다. 백행균 사장, 서정연 사장, 김 부장 그 선이 거의 일치하고 있다. 조직도 중요하지만 바람으로라도 잡아야 할 것 같다.

오늘 세일사 유이근 사장이 홍윤희 사장과 만난다고 하였는데 그 결과를 기다렸으나 소식이 없다.

낭보면 왜 소식이 없겠는가. 애당초 최선이었지 승부를 건 것은 아니지 않았느냐. 이번을 계기로 나와 같이 뜻을 같이 할 사람을 알수만 있다면 그것도 소득이 아니겠는가.

이번에 뭉친 사람들로 출판발전연구소 같은 것을 차려 그것을 중심으로 한 출판지식집단을 만들자. 그래서 출협 못지않은 시시비비 집단을 구성하여 한국출판계에 새바람을 일으키자. 나약하지 않은 지식집단을 말이다.

이제 2시간 후면 1993년은 간다. 한국 나이로 쉰아홉의 나이는 간다.

오후 4시 반에 종무식을 하였다. 청운 유 사장, 경일제본 이약실 사장, 김 부장, 박연구 형에게 상패와 금 한량씩을 주었다. 더 직원들에게 주어야 하는데 하는 생각이 시상을 하면서 들었다. 아무 준비 없이 종무사를 했다. 그러나 그동안 나는 돈을 모으기 위해 전에 나간 사원들에게 대우를 후하게 못해주었다는 것과 앞으로는 그들에게 베풀 수 있으면 베풀고 또 현 사원들에게도 처우개선을 하겠다고 하였다.

사람을 늘리지 말고 처우를 개선하자. 쓸데없는 책은 만들지 말고 거기에 들어가는 돈으로 인재를 쓰자. 내 인생도 이제 60이니 전환점이 와야겠고 범우사도 일대 개혁이 진정 있어야 될 것 같다.

앞으로 길어도 2개월간은 출협 회장 선거로 총력을 기울이고 그 후부터는 2년간 출협이냐 그렇지 않으면 범우사와 학계와 학회냐로도 판가름 난다.

끝까지 최선을 다하자. 성불성은 하늘에 맡기고, 그러나 비열한 방법이나 유치한 수단은 쓰지 말자. 나는 지더라도 많은 체험만 얻는 것이다.

금년에 한 일이 무엇일까, '책의 해' 뒷바라지만 힘껏 했다. 그러나 나에겐 아무런 공도 돌아오지 않고 소외만 당하는 그런 시간들이었다. 못된 사람들, 그 사람들의 먼 장래를 한 번 지켜보자.

재준이가 박사논문을 마쳤고 백제예술대학에 강의를 나갔고 재민이도 서일전문대에 강의를 나가고 나도 서강대 언론대학원에 또 강의를 나갔다. 그리고는 뚜렷하게 얻은 것 없이 정말 올 한 해는 93 책의 해 행사와 김낙준 회장의 뒷바라지를 충실히 했다.

출판학회 북경대회에 참가한 것이 얻은 것이라 할까. 안춘근 선생을 정초부터 잃었고 고모님과 장인 영감이 돌아가시고 절친한 친구 유원균 형이 또 세상을 떴다. 하나하나 내 윗 연대가 돌아가시고 친구마저 간다.`

건강은 좀 좋아진 것 같다. 건강을 잃지 말자. 그러면 가장 큰 것을 얻는 것이다.

내년은 시간을 허송하면서 불편 불만에 젖지 말고 밝고, 기쁘고, 신명나는 새해를 만들어보자.

| 중국 출판 관계자분들의 연말연하장

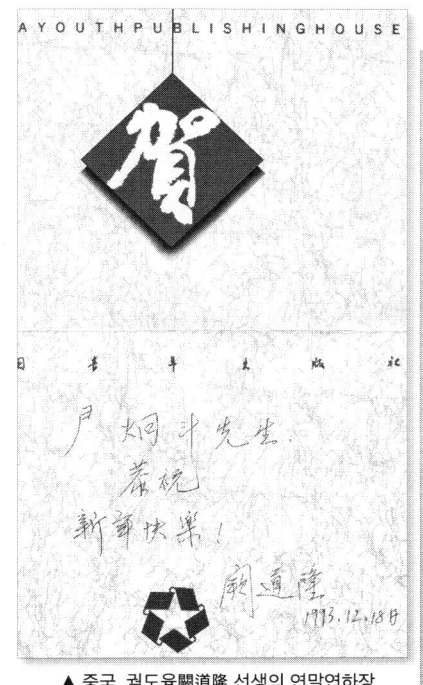

▲ 중국, 궐도융闕道隆 선생의 연말연하장

▼ 중국, 소익문邵益文 선생의 연말연하장

◀ 중국,
서박용徐柏容 선생의
연말연하장

1993년 229

| 중국 출판 관계자분들의 연말연하장

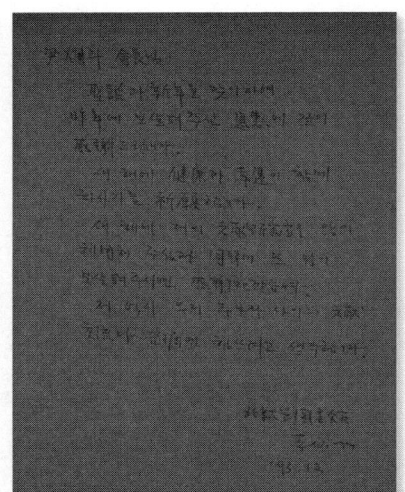

이선죽李仙竹 선생

심국방沈菊芳 선생

송원방宋原放 선생

설덕진薛德震 사장·오도홍吳道弘 선생

국민과 함께한 '93 책의 해 주요 행사

① 책의 해 선포식을 축하하는 농악 한마당
② 이수정 문화부 장관, 김낙준 책의해조직위원회 위원장 등 출판계 및 관련 분야 인사들이 참석한 가운데 거행된 현판식
③ 유례없는 대성공 거둔 책의 해 성과 보고 대회

④ 3월의 책의 인물 류양선 여사, 김낙준 위원장, 출협 회장단의 기념 촬영

⑦ 책의 해 소식지 창간호 표지

⑤ 도서상품권 보급 운동의 확산

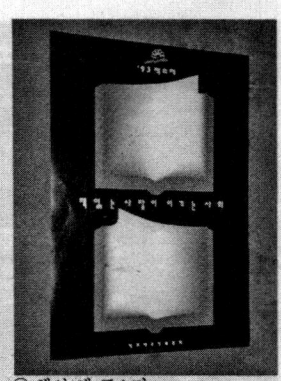

⑧ 책의 해 포스터

⑥ 책의 해를 홍보하는 대형 현판

1994년

1월 1일

지금 MBC TV를 통해 보신각 제야의 종소리를 들었다. 분명 새해가 왔다. 이 새해가 나에게 어떤 삶을 가져다 주려는지 모른다. 행운이 있기만을 기원할 뿐이다.

아내를 비롯한 온 가족이 무병하고 평안했으면 한다. 그리고 큰 며느리가 아들을 낳고 재준이가 전임강사가 되고 범우사의 사업이 잘 되고 또 내가 소원하고 바라던 일이 이루어졌으면 한다. 그런 기원이 모두 성취되는 94년이 되어주옵소서.

또 더욱 성숙한 나, 근엄하고 소탈하고 인간답고 신사다움이 잘 조화를 이룬 내가 되고 싶다. 남을 미워하지도 말고 미움도 받지 않는 내가 될 수 있었으면 좋겠다. 이룬다는 것은 어려운 일이다. 그러나 이루려고 하는 노력은 아름다운 것이다. 그리고 얻는 일은 어려운 것이다. 그러나 베푸는 일은 할 수 있는 일이다. 또 이루려는 일은 어려운 일이다. 그러나 이루지 못한 일을 포기하는 일은 할 수 있는 일이다. 이루어지면 얻자. 그러나 이루지 못하면 또 다른 길을 모색하자. 거기에 그 이상의 길

이 있을지도 모른다. (1994년 1월 1일, 1시 20분)

아침 10시에 서울 유통 인수회가 있어 포이동 사무실에 갔다. 허창성, 박기봉, 최선호 사장이 나와 있었고 또 한양에 홍승대 사장, 해냄의 송 사장 등이 나와 인수에 관한 일을 마치고 점심을 같이 하고 4시경 한양 홍 사장 차로 집근처까지 왔다.

5시 넘어 이종국, 안철주, 이상덕, 부길만, 김병준, 김경일, 김희락, 강해작, 신동설, 이정일, 성의현 내외 등이 봉천동 집으로 세배차 와서 이

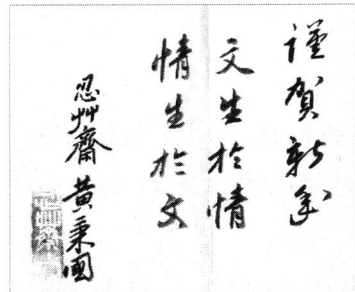
황병국 님의 연하장

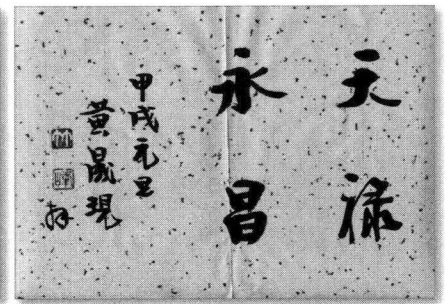
황성현 님의 연하장

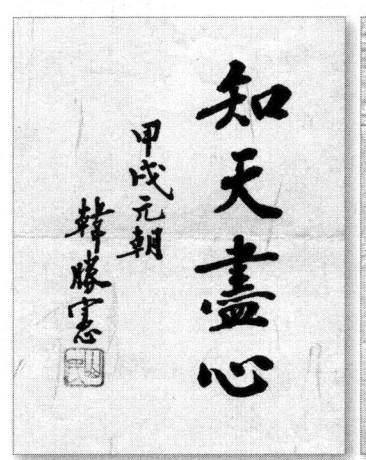
한승헌 변호사의 연하장

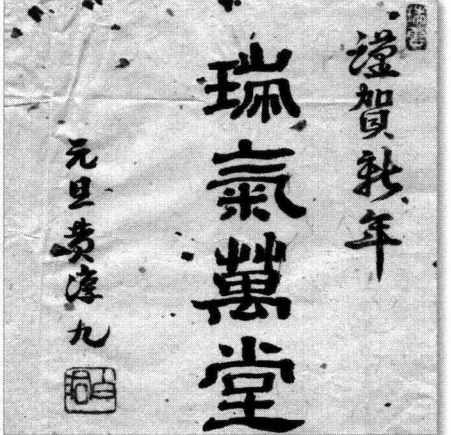
황순구 님의 연하장

종국, 안철주, 이상덕 씨 등은 일찍 나간 후 최선호 사장이 왔다. 출협 회장 선거에 관한 논의 등이 있었다.

과학도서 쪽은 진행이 순조로운 것 같은데 타 분야가 문제인 것 같다

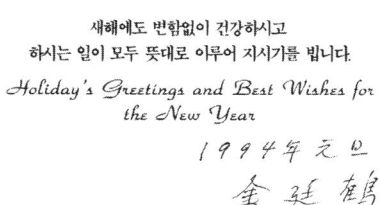
김정학 교수의 연하장

도광순 교수의 연하장

김윤선 님의 연하장

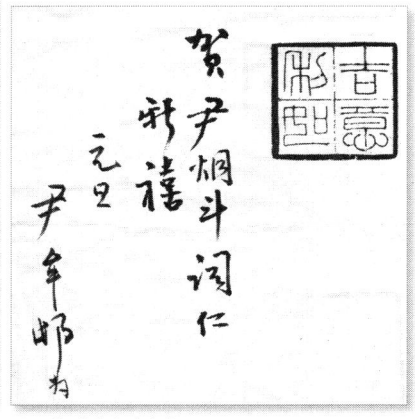
윤모촌 선생의 연하장

박성태 님의 연하장

이옥자 님의 연하장

백임현 님의 연하장

이원종 시장의 연하장

정목일 님의 연하장

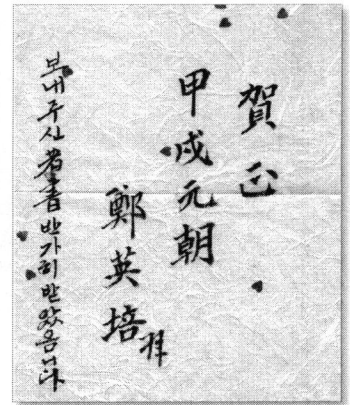

정영배 님의 연하장

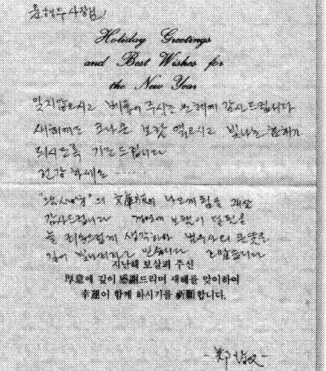

정숙 님의 연하장

김근태 의원의 연하장

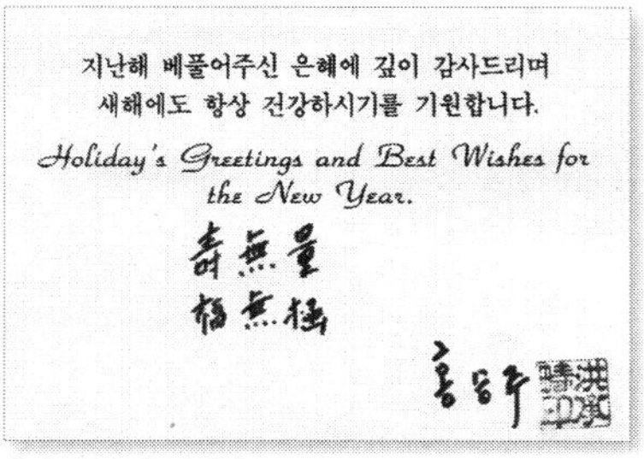

홍승주 님의 연하장

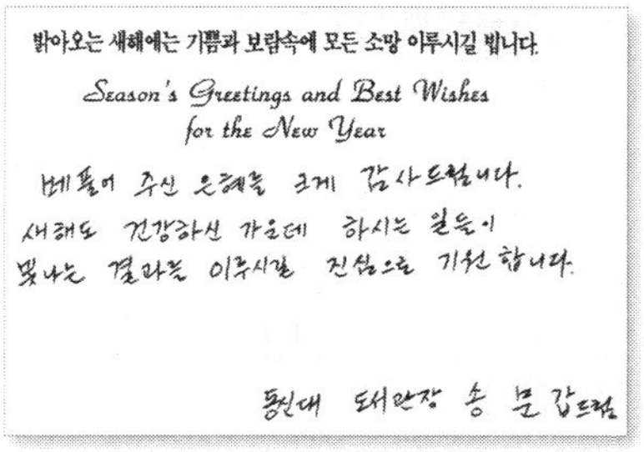

한문영 님의 연하장

송문갑 교수의 연하장

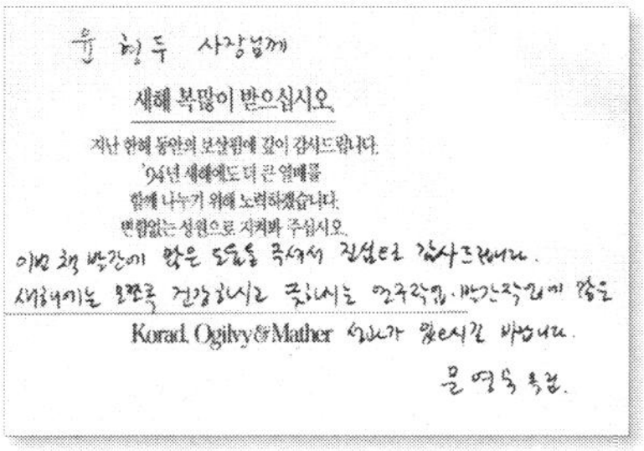

남계영 변리사의 연하장

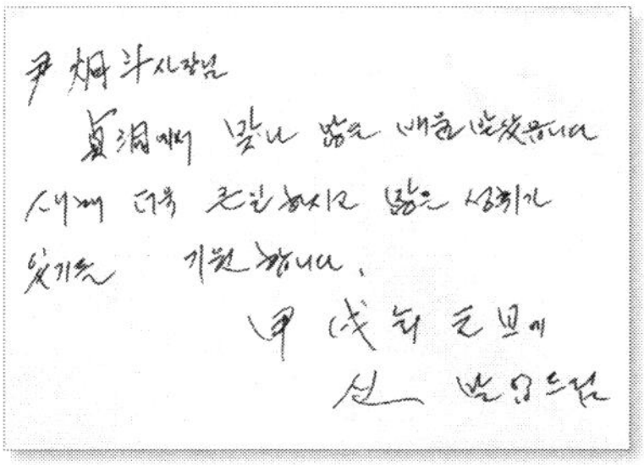

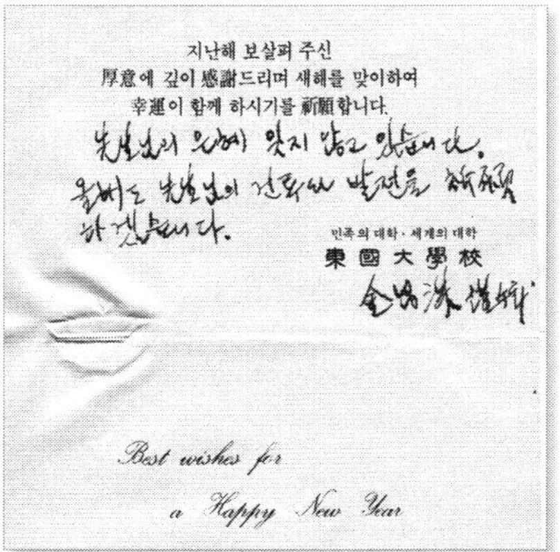

문영숙 님의 연하장

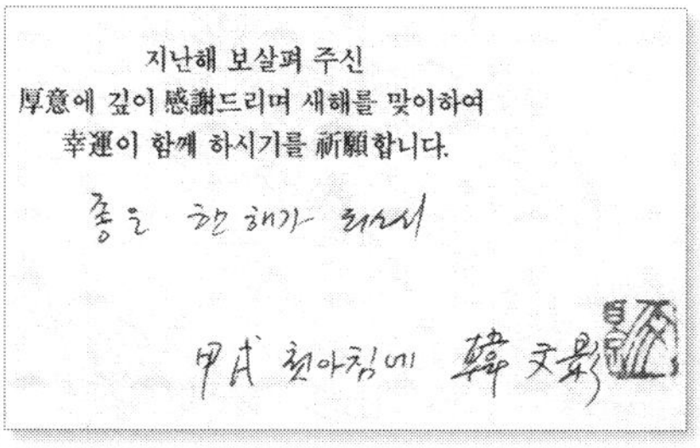

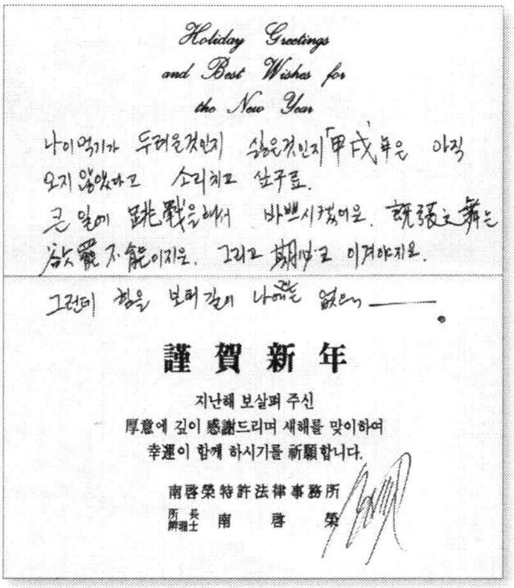

신말업 장군의 연하장

김창수 교수의 연하장

1994년 237

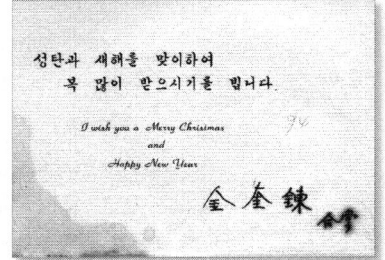

김규련 님의 연하장

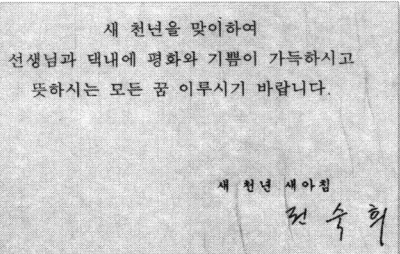

전숙희 회장의 연하장

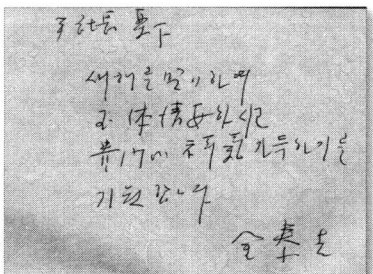

김태길 선생의 연하장

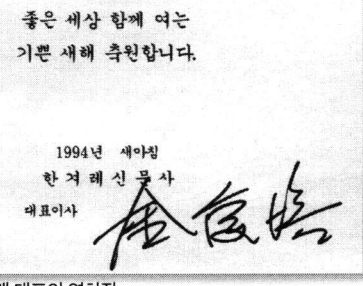

김중배 대표의 연하장

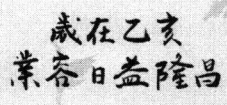

이성원·민용자 님의 연하장

이종국 님의 연하장

김영만 교장의 연하장

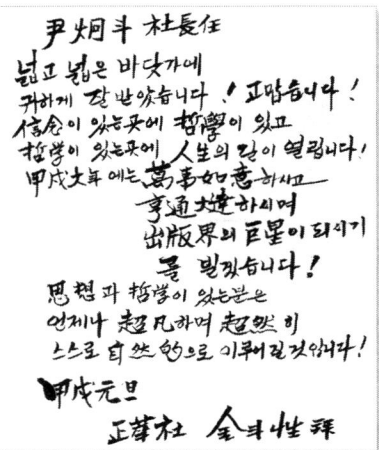
김두성 님의 연하편지

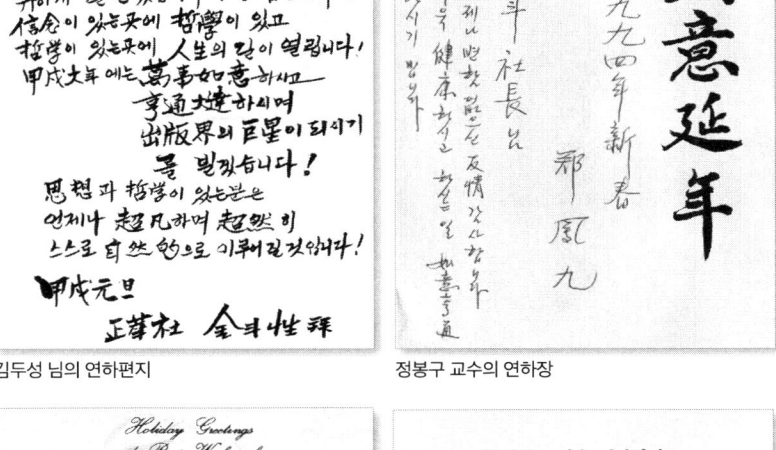
정봉구 교수의 연하장

김윤선 대표의 연하장

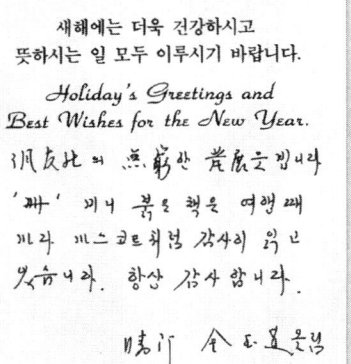
김옥련 님의 연하장

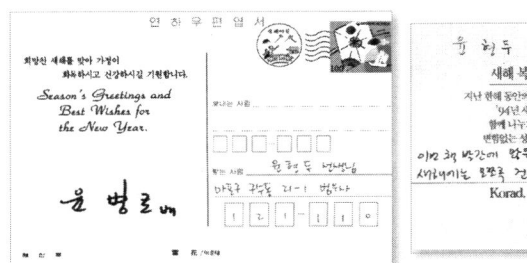
윤병로 교수의 연하장

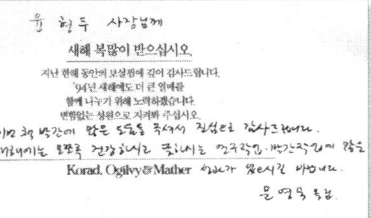
문영숙 님의 연하장

1994년 239

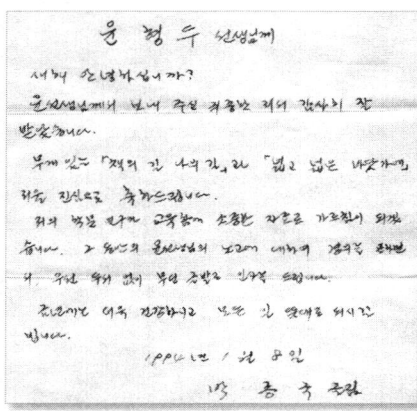

박종국 님의 연하편지

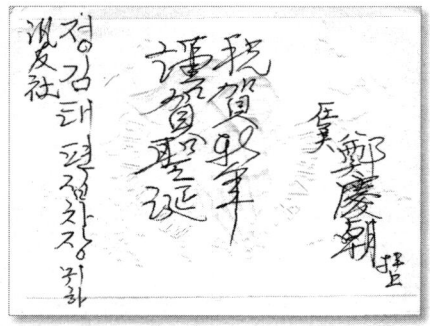

정경조 님의 연하편지

고 한다. 앞으로 한 달 동안 열심히 해보자. 나를 위해 뛰는 사람들을 봐서라도 열심히 하자.

이상덕 사장이 나춘호 씨가 20주년 기념으로 그릇 세트를 돌렸다는 말을 하며 자신 없는 표정을 짓고 갔다. 단 100표가 나오더라도 성공한 것이라 생각하고 뛰어보자. 김낙준 회장의 학력문제 등 여러 이야기가 나왔다. 그가 상처를 입지 않고 출마를 안 했으면 하는데 어찌 되려는지 모르겠다. 또 나춘호 부회장이 나오는 경우도 한번 생각해보자. 당락보다는 먼저 나와의 싸움이다.

정월 초하루부터 힘껏 일했다. 건강을 해치지 말자.

1월 2일

잠깐 앞산을 다녀온 후 온종일 집에 있었다.

김희락 국장이 잠깐 다녀갔다. 나의 출협 회장 선거에 관한 염려와 자기가 출판연구소 국장 사표를 낸 데 대한 말도 했다. 사표를 김경희 이사장이 원한 것 같다. 낮에 김경희 이사장이 내일 정진숙 회장에게 11시경 인사를 가자고 해 대답해두었다. 그 분도 존경받을 만한 분이 노추를 안 보였으면 한다.

집에서 출협 회장 출마 인사장을 한번 써보았는데 정성이 모아지지 않는다. 이제 글을 쓰는데도 힘이나 기지가 빠져나간 것 같다. 나이 탓인지 정신 상태인지 모르겠다.

95년은 내 회갑의 해다. 1년 남았다. 조그만한 수필집이라도 하나 마련하고 95 출판학연구를 내 회갑 특집호로 만들었으면 한다. 96년은 범우사 창립 30주년이니 그 때는 30년사, 또 행사도 한번 하자. 잔치를 한번 하자. 옛 직원들도 찾고 음식도 푸짐하게 장만하자.

앞으로 한 달 동안 건강에 신경을 쓰면서 흥분도 하지 말고 차분하게 일을 하자. 나를 위해 도와준 사람에게는 그 즉시 신세를 갚고 부담을 느끼지 말자. 또 너무 무리하지 말자. 무리하다보면 얻는 것보다 잃은 것이 많을 수도 있다. 그렇다고 선거를 유희하듯 해서야 되겠는가. 남을 다치지 않는 스포츠나 등산쯤으로 하자.

내일은 시무식이다. 짧게 시무사도 하고 한 마디쯤 남길 말을 하자.

1월 3일

시무식을 했다. 기능인이, 또 장인정신을 갖는 사람이 되어달라고 말을 했다. 윤 실장을 상무로, 김 부장을 부국장으로, 이 차장을 부장으로 진급을 시켰다. 또 성과급으로 보너스는 300%로, 10% 봉급인상 등 많은 조건을 내세웠다.

김경희 사장이 11시경 을유문화사에서 만나자 하여 정진숙 회장에게 세배를 갔더니 박맹호 사장도 와 있었다. 3인이 같이 한만년 회장에게 세배하러 가는데 문예 전 사장과 나남 조 사장을 길에서 만났다. 한 회장에게 들러 세배를 하고 승용차를 세워둔 을유문화사로 가니 김낙준 회장과 윤청광, 임홍조 씨가 나오고 있었다.

나는 차를 타고 〈원산정〉에 가서 민영빈 회장, 유익형, 이경훈, 김준석, 김상욱 사장과 점심을 같이 하고, 다방에 가서 민 회장의 미국 발전과정을 교통을 통해 예시함을 들었다. 배, 마차, 철도, 고속버스, 비행기 이제는 모든 것이 통신정보라는 것이다. 이제 항공의 시대가 끝나고 컴퓨터에 의한 정보산업의 시대라는 것이다. 그리고 사이판, 괌을 배경으로 한 일본인에 대한 이야기도 흥미롭게 들었다. 김준석, 이경훈 사장을 마포까지 모셔다 드리고 사무실에서 업무를 정리했다.

바쁘게 하루가 지났다. 집에 돌아와 지쳐 술 한 잔을 했다. 다음날은 좋지 않다는 것을 알면서. 12시쯤 밤중에 전화가 왔다. 여수에서 충언이 동생이 오늘 여수로 간 아내가 아직 도착하지 않았다는 것이다. 거제(충언이 母) 큰 어머니가 돌아가셨다는 것이다. 나는 가지 못하고 아내가 갔다. 이제 형술이 母인 작은 어머니 한 분만이 살아계신다. 봄에는 꼭 연락드려 점심 대접이라도 해야겠다.

1월 4일

9시에 간부회의를 하고 샤워를 한 다음 동숭동에 있는 자유문학사 전태춘 사장을 만나기 위해 박연구씨와 같이 갔다. 전 사장을 만나 곰탕 한 그릇씩 하고 표 한 표를 부탁했다. 사세가 여유롭다는 느낌을 가졌다. 어데를 가나 사장실 등은 잘 정돈되어 있다.

2시에 출협 상임 이사회가 있어 이사회에서는 신년도 사업계획, 또 선거 운영 규정 등을 심의하고, 사무실에 돌아와 일을 좀 하고, 또 박연구 형과 같이 한샘 신상철 사장을 만나러 6시에 한샘에 들렀다. 고무적인 말을 해주었다. 10표를 해주겠다는 것이다.

신상철 사장은 저녁 약속이 있다하여 그 곳을 나와 박연구 형과 저녁을 같이 했다. 오늘 박 형 덕분에 기분이 좋았다. 이것이 최선인 것 같다. 이렇게 한 달쯤 해보자. 그러면 어떤 결론이 나지 않겠는가. 300여 표 체킹 중에 130표는 확실한 것 같다. 이제 불을 당겼으니 불 작대기로 자꾸 불꽃을 돋게 하자.

아내가 올 때까지 잠을 청할 수 없을 것 같다. 오늘 윤청광 사장에게 언제 술 한 잔 하자 했더니 언제든지 불러 달라는 것이다. 가까운 시일 내에 임홍조 사장과 윤청광 사장을 만나겠다. 그들과 등 질 필요는 없지 않겠는가.

차분하게 흥분하지 말고 진행하자. 도와주어야 될 사람들을 돕지 못한 것을 이제 후회하지도 말자. 이제 길어야 한 달 반이다. 그러면 그런 기회도 끝나는 것이다. 장학회, 학회, 또 구상한 한국 출판 발전 연구소 같은 것은 명분이니 명분을 찾아 순차적으로 하자.

1월 5일

포이동에 있는 서울 유통 인수 회의에 갔다가 12시 반에는 코리아나에서 박영사 안종만 사장의 초대로 다락원 사장, 김경희 사장, 배효선 사장 등과 식사를 하였다.

오후 5시에는 출협 신년 하례식이 있어 참석하였다. 현암 조상원 회장이 무척 수척해지셨다. 그런데 용기를 가지고 이번에는 이기라고 격려해 주셨다.

6시에는 석란에서 한승헌 변호사 회갑문집 발간 모임이 있어 그 곳에 잠깐 들렀다가, 은성에서 있는 영우회 모임에 가 술 한잔 하고 몇 마디 인사말도 하였다. 이제 60세부터는 여유롭게 베푸는 마음으로 살겠다고 하였다. 그렇게 살고 싶다.

신년 하례식장에서 태극 홍윤희 사장이 김낙준 회장의 출마를 막아 보겠다고 하였다. 그렇게 되었으면 한다. 김 회장에게 상처가 가지 않고 지금까지 유지되어 왔던 인간관계가 지속되었으면 한다.

1월 9일

요즈음 하루이틀 나날들을 어떻게 보냈는지 모르겠다.

어제는 임홍조 사장을 코리아나 일식당에서 만났다. 김 회장의 출마는 결정적이라며 왜 나오시느냐 했더니 할 일이 많다는 것이다. 신동설 사장이 만나지 말라고 하였는데 만난 것이 별 소득이나 의미가 없었. 또 저녁에는 대학천에 가서 이기하 사장과 그 곳 사람들을 만났다. 늦게 동지의 최영학 사장이 와서 만났는데 그렇게 모욕적일 수가 없었다. 그것을 직언이라기에는 너무나 혹독했다. 나는 모두 감내했다. 이렇게 모욕을 당하면서 내가 출협 회장 출마를 할 필요가 있을까 하는 울분이 몇 번인가 솟구쳤다. 차라리 아무 말도 안 해주었으면 했다. 그동안 박태근, 정홍채, 최영학 그들에게 한없는 수모를 당했다.

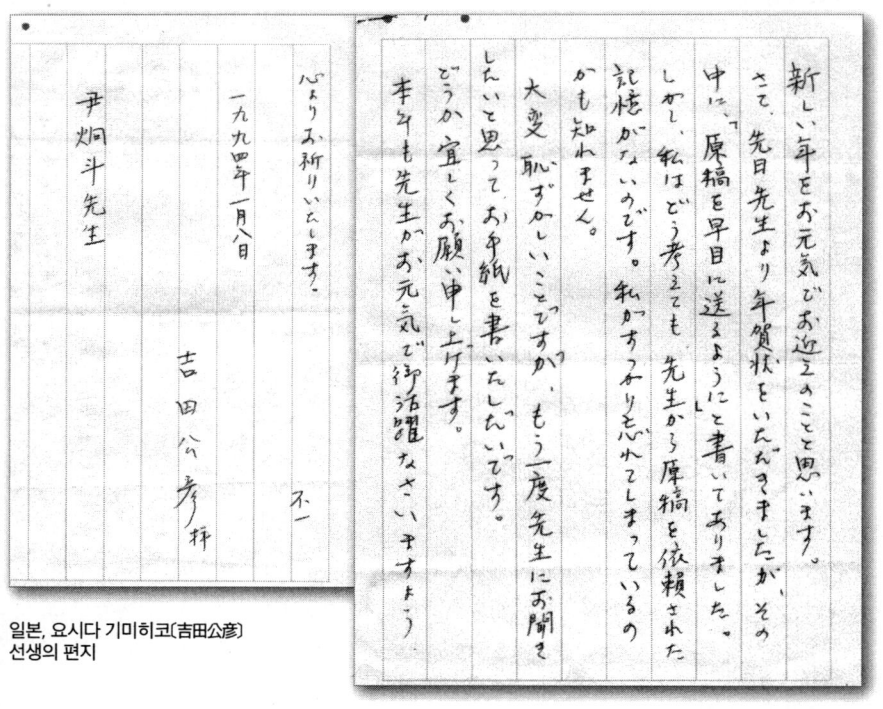

일본, 요시다 기미히코(吉田公彦) 선생의 편지

몸도 무척 나빠진 것 같다. 어제 밤에도 산행을 다녀오는 과학도서 사장들과 안철주, 이종국, 다다미디어 이 사장 등을 만났다. 이제 포기할 수 없는 길이니 무리 없이 최선을 다하겠다. 나의 인상을 구기지는 말자. 여유롭게 대하자 모두에게. 감옥생활의 고통도 극복했듯이. 또 행동하자. 굴종도 참으면서.

관악산행을 송종극 선생, 정진웅씨와 다녀왔다. 몸이 불편하여 오늘은 풀코스를 하지 않고 3분지 2코스 쯤 하고 돌아왔다. 13일에는 중대 신방대학원 경영자 코스에서 강의가 있다. 좀 준비하고 가야할 것 같다. 2~3일 내로 선거 사무를 볼 간사장이나 사무국장을 한 사람 선택해서 일을 보게 해야 할 것 같다.

1월 16일

오늘도 송종극 선생, 정진웅 부장과 같이 관악산을 다녀왔다. 어제는 윤청광 사장 부친상을 당했다하여 고려병원 영안실에 조문을 다녀왔다. 참으로 호상이었다. 출판계에서 능력자임을 실감할 수 있었다. 김낙준, 나춘호 등 모두 다녀갔다는 것이다. 임홍조, 전병석, 박기봉, 김종수, 이종천 등이 앉아 있었다. 최선호 사장과 같이 들렀다 같이 나왔다. 출협 선거에 전형위원으로 임홍조, 강희일, 김종수도 나온다는 것이다.

나는 이번 기회

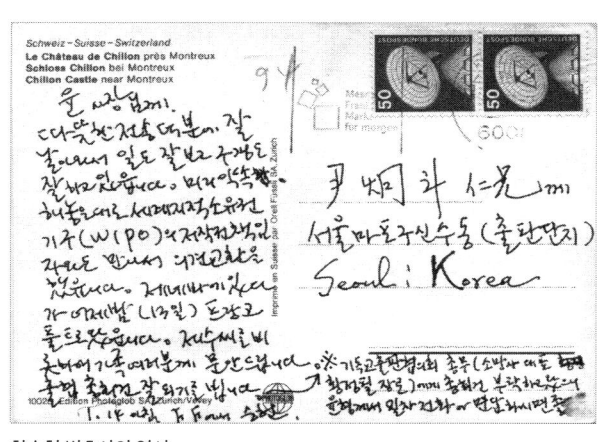

한승헌 변호사의 엽서

에 분명한 것은 친불친을 구분할 수 있는 절호의 기회가 왔다는 것을 느꼈다. 그리고 분명 나를 도와준 사람들에게는 끝까지 은혜를 갚아서 윤형두는 의리의 사나이라는 것을 남기겠다.

여기저기 신문들도 나에 대해선 아주 부정적이다. 그러나 그것은 어찌할 수 없는 현실 아닌가. 신문이 아직 군사독재의 잔재에서 벗어나지 못하고 책의 해 잔치에 많은 떡고물들을 그들은 만지지 않았는가. 외국여행이다, 무슨 여행이다 등으로.

길게 보자. 건강하여 10년쯤 후면 또 역사는 달라지지 않겠는가. 고향을 영남, 호남 등으로 밝히면서 학력이나 경력을 밝힌 신문은 없다. 어느 신문이나 프로필을 실을 때 꼭 빠뜨리지 않는 것은 학력이다. 그런데 왜 그럴까. 나는 내일부터 또 뛰겠다. 자신을 갖자. 재준이도 약한 것을 보이지 말라고 하지 않느냐. 나는 출협 회장이 아니더라도 할 일이 너무 많지 않느냐. 입학시험과 같은 한 과정으로 여기고 최선을 다하자.

마음이 이렇게 들떠 있을 수가 없다. 차분해야 되는데 하면서도 그렇게 되지 않는다. 옛날에 좀더 덕을 쌓고 교류의 폭을 넓혔던들 지금은 좀 평안하지 않았을까. 내 자신도 그렇지만 자식들을 위해서도 봉사하고 헌신하는 생활을 하자.

너무 가난하게 나는 살았다. 그 쪼들림으로 오늘도 나는 기를 펴지 못한 것 같다. 시래기 국만 먹고 1주일을 견딘 사람이 한 푼의 돈인들 아깝지 않겠는가. 그러나 이제 그 시절을 말끔히 잊고 새로운 출발을 하자. 현재의 분수에 맞는 일을, 행동으로 실행하자.

1월 24일

어떻게 날짜가 가는지도 모르겠다. 하루하루가 아쉬우면서도 그렇다고 꽉 채우지도 못하고 있다.

대한출판문화협회 회장 선거 관련 후보자 홍보 리플릿 (1/8)

    오늘도 저녁 12시가 넘었다. 내일을 위해 잠을 청해야 될 것 같다.
    이것이 전력투구인지 모르겠다. 좀 더 뛸 것을 하고 후회는 하지 말자. 일단 내친 걸음이니 총력을 회장 선거에 쏟자.

출판인·윤형두

〈인사의 말씀〉

귀하

삼가 인사드립니다.
　갑술년 새해를 맞아 가내의 안강과 사업의 번성을 머리숙여 기원합니다.
　저는 2년 전 여러 회원님께 한국출판계의 위상을 높이기 위하여 대한출판문화협회 회장이 되고자 한다는 간단한 소신을 짧은 지면을 통하여 밝힌 바 있습니다.
　그후 저는 회장은 되지 못했지만 선임부회장으로 2년간 저에게 주어진 자리에서 성심성의껏 책무를 다하였습니다.
　1992년 2월 부회장으로 취임하자마자 출판관련업계의 국제적 개방압력이 밀어닥쳐 혼돈의 소용돌이 속에서 출판산업 개방저지대책위원장으로서 어렵게 1997년까지 5년간 개방을 유보시키는 데 일익을 담당했습니다.
　그리고 40여 년 동안 존속되어온 우리 협회의 회장 선거방법인 간간선제라는 정관을 개정하기 위하여 직선제 정관개정특별위원회 위원장직을 맡아 여러 회원님들의 총의에 의하여 회장 직선제 정관을 개정하였습니다.
　1992년 연초에 저는, 1993년이 본격적인 금속활자인 계미자를 만든 지 590년이 되고 신식 연활자가 도입된 지 110년이 되는 해라는 역사적인 고찰을 토대로 하여, 93년을 '책의 해'로 삼아야 한다고 제안하였습니다. 그리고 92년 7월부터 '93 책의 해 제정 준비위원장을 맡아, 김낙준 회장님을 비롯한 회장단과 상무이사님들과 회원님들의 후원으로 93년을 책의 해로 지정받는 데 뜻을 이룩하였습니다. 이러한 책의 해 사업을 범국가적인 차원으로 끌어올리고 폭넓은 국민적 공감대를 형성하기 위한 캐치프레이즈의 선정과정에서 그 심사위원장으로 참여하여 "책을 펴자 미래를 열자"를 채택하게 했습니다.
　그리고 기획분야를 맡아 봉사했고, 책의 해인 93년 한해 동안은 '93 책의 해 조직위원회 부위원장으로서 각종 행사와 활동을 전개하는 데에서 주어진 소임에 최선을 다하였습니다. 특히 출판문화의 발전을 위한 제도적 밑받침으로 가장 중요한 '도서관 및 독서진흥법'의 제정을 추진하였습니다. 그리고 저의 오랜 지우인 민자당 강인섭 의원에게 부탁하여 독서진흥법 제정안을 공식으로 국회에 제출하게 하였습니다. 이 과정에서 저 자신은 윤정광 상무이사와 같이 국회와 민자당 문공 소위원회에 참석하여 독서진흥법 제정의 당위성과 필요성을 역설하였습니다. 현재 독서진흥법이 계류중에 있어 아직 국회의 통과를 보지 못하고 있습니다만, 이 법의 효능이 발효될 때까지 저의 능력을 모두 쏟을 마음입니다.
　저는 1956년 도서출판 창평사가 간행하는 월간 〈신세계〉사에 입사한 이후 38년간 출판계에 몸담아왔습니다. 고학으로 대학을 마치는 동안에도 줄곧 활자와 더불어 생

대한출판문화협회 회장 선거 관련 후보자 홍보 리플릿 (2/8)

출판인·윤형두

활해왔으며 1966년 개업을 한 범우사는 올해로 28년이 되었습니다. 그동안 저는 출판계의 발전을 위하여 혼신의 노력을 경주해왔다고 생각합니다.

해방 후 30여 년 간 도서유통질서를 어지럽혔던 정가판매제를 바로잡는 데 앞장섰으며 16년간의 출협 이사와 4년간의 선임 부회장으로 게으름이나 한치의 부끄러움 없이 저의 책무를 다해왔습니다. 임인규 회장님을 모셨을 때도 한국출판연구소의 설립을 주장하여 그 뜻을 관철시켰고, 최초로 '한국출판 1300년전'을 교보문고 중앙홀에서 개최하여 한국출판의 위대한 유산을 국내외에 널리 알렸으며, 군사정권하에 갖은 장해를 무릅쓰고 경희궁터에서 그동안 중단되어왔던 서울도서전을 여는 데도 일익을 담당하였습니다.

이제 저는 여러분의 성원과 지지하에 회장이 된다면,

첫째, 그동안 出協이 거의 文公部, 文化部, 文體部 등과 一方 커뮤니케이션(대화)을 시도해왔으나 앞으로는 정부와의 협조 외에도 저술단체인 국제 펜클럽 한국본부, 한국문인협회, 학술 및 저작권단체, 한국도서관협회, 전국서점조합연합회, 대한인쇄문화협회, 한국잡지협회 등 출판관련단체 등과 다원커뮤니케이션을 시도하면서 出協이 문화단체의 中樞의 역할을 할 수 있는 위상정립을 시도하겠습니다.

둘째, 다가오는 국제화시대에 대응하고 출판시장 개방과 50년 소급효를 가진 베른조약가입 압력 등에 대응하기 위하여 국제감각이 뛰어난 학자와 저작권연구자들을 구성원으로 한 출판시장 개방대응협의회와 같은 상설위원회를 두겠습니다.

셋째, 일산출판문화산업단지의 조성과 서울출판유통 및 현 유통기구들을 후원함으로써 외국출판물유통업의 국내 시장잠식을 저지하고 저 자신이 오랫동안 연구해온 이론을 바탕으로 도서유통현대화를 위한 숙원사업에 전력을 쏟는 반면, 불량도서의 보급을 막고 제3시장의 출판물이 독자와 도서관에 유통되는 것을 철저하게 봉쇄하기 위하여 소비자보호단체 등과 협력하여 불량도서 공급을 차단하겠습니다.

넷째, 북한인사접촉승인을 받고 있는 저 자신이 남북통일에 대비한 출판물의 북한 공급을 위한 국토통일기금이나 문예진흥기금 또는 출판계 자체 내의 출판기금을 형성함으로써 좌익이데올로기에 관한 서적 외에는 거의 발행되어 있지 않은 북한에 우리의 책을 공급하는 데 만전의 준비를 하겠습니다.

다섯째, 전자출판으로 인한 새로운 매체에 대응하며 출판유통의 선진화를 위한 출판서적업계의 인재양성을 위해 4년제 대학에 출판관련학과의 신설을 추진하고 출판경영자와 출판기획편집자의 재교육을 위한 코스를 운영하거나 유명 대학 또는 대학원에 상설 코스를 개설케 하여 출판인력의 고급화와 연구 풍토 조성에 앞장서겠습니다.

대한출판문화협회 회장 선거 관련 후보자 홍보 리플릿 (3/8)

여섯째, 회원들의 의견을 수렴하는 참여폭을 높이기 위해 여론청취서 접수 및 각종 수상자 추천제 같은 제도를 도입하고 이사회를 정례화하며 한 달에 한 번씩 회장과의 만남의 장을 마련하고, 사문화된 분과위원회를 활성화시켜 넓게 퍼져 있는 회원들의 참여의지를 집행진이 받아들이는 제도적 관행을 정착시키겠습니다.

일곱째, 그동안 간간선제 선거제도 때문에 출판계 각 업종간에 심각할 정도로 파여 있는 홈을 메우고 벽을 허물어 출판은 오로지 문화와 학문과 국민의식을 올바르게 잡아가는 조타수라는 긍지를 가지고 심각한 청소년 문제, 난맥상을 보이고 있는 교육문제, 과소비와 공해 문제 등 국가와 사회가 안고 있는 고질적인 문제를 출판계가 선봉에 서서 해결한다는 자부심을 갖는 단체로서 대한출판문화협회가 기여할 수 있는 본을 보여주겠습니다.

또한, 저는 2년간의 임기를 성실히 마친 다음 물러나는 아름다운 전통을 세워보겠습니다. 현재 우리 출판계에는 출협을 이끌어주실 유능한 분들이 참으로 많습니다. 이분들 모두에게 능력을 발휘하여 우리 출판계를 발전시킬 수 있는 기회를 제공해야 한다고 생각합니다. 만일 1차 임기를 마친 2년 후에도 후임 회장께서 저의 봉사를 필요로 할 경우, 출판선진국인 영국출판협회의 관례처럼, 부회장의 직책을 맡아 봉사할 용의도 있습니다.

저는 오랫동안 생각해왔던 이러한 소신을 가지고 이번에 대한출판문화협회의 회장이 되고자 마음을 가다듬게 된 것입니다.

거의 40여 년 출판계에 몸담아오면서 저 나름대로 출판계에 헌신하였으며 출판의 실무와 이론을 익히기 위해 열심히 노력해왔습니다. 여기에 제가 살아온 편력들을 첨가하였습니다.

이러한 바탕 위에서 멸사봉공의 정신으로 밖으로는 다가오는 국제화시대에 대응하고 안으로는 축적된 체험을 최대로 발휘하여 어제보다 나은 내일의 한국출판계 건설에 이바지하겠습니다.

끝으로 새해에는 한국출판계의 발전과 여러 회원님들의 바람이 모두 성취되시기를 빌면서 제 소신의 일단을 올리는 바입니다.

1994년 1월 25일

도서출판 범우사 대표 윤 형 두

대한출판문화협회 회장 선거 관련 후보자 홍보 리플릿 (4/8)

출판인·윤형두

약력

성 명   윤 형 두 (尹炯斗)

생년월일   1935년 12월 27일 일본 고베(神戶) 출생

학력
- 1954년 2월 순천농림고등학교 졸업
- 1963년 2월 동국대학교 법정대학 법학과 졸업
- 1975년 9월 고려대학교 경영대학원 수료(경영진단사)
- 1984년 2월 중앙대학교 신문방송대학원(출판잡지전공) 수료(문학석사)

경력
- 1956년 월   도서출판 「창평사」 월간 《신세계》 기자
- 1957년 월   월간 《고시계》 편집장 대리
- 1958년 월   월간 《법제》 편집장
- 1961년 3월 《민주당보》 「민주정치」 기자
- 1962년 4월 삼우당서집 경영
- 1966년 8월 도서출판 범우사 대표(현재)
- 1967년 10월 월간 《신세계》 주간(2개년)
- 1970년 4월 월간 《다리》 사 주간·편집인·발행인 (2개년 5개월)
- 1971년 2월 월간 《다리》 필화사건 징역 2년·자격정지 2년구형으로 투옥
- 1971년 9월 석당인쇄소 대표(2개년)
- 1974년 7월 월간 《다리》 필화사건 대법원에서 무죄 확정
- 1984년 9월 중앙대학교 신문방송대학원(출판잡지전공) 강사(7개년)
- 1986년 3월 중앙대학교 예술대학 문예창작과 강사(2개년)
- 1989년 9월 동국대학교 정보산업대학원 강사(3개년)
- 1990년 3월 경희대학교 신문방송대학원 강사(3개년)
- 1990년 9월 월간 《역사산책》 발행인(2개년)
- 1991년 9월 중앙대학교 신문방송대학원 객원교수(현재)
- 1992년 3월 월간 《책과인생》 발행인(현재)
- 1993년 9월 서강대학교 언론대학원 강사(현재)

단체
- 1971년 11월 한국잡지협회 이사
- 1974년 1월 한국문인협회 회원(현재)
- 1974년 4월 국제 앰네스티 한국위원회 재무이사(6개년)
  — 투옥중인 민주인사에게 영치금 내복 차입 운동 전개
- 1975년 2월 한국수필가협회 이사(12개년)
- 1978년 1월 대한출판문화협회 이사(현재)
- 1978년 2월 한국출판협동조합 감사·이사(15개년)
- 1978년 12월 한국도서유통협의회 부회장
  — 도서정가판매제 정착 주도
- 1980년 2월 한국출판금고(번신) 감사·이사(4개년)
- 1980년 2월 중앙도서전시관 운영위원장(2개년)
- 1982년 3월 한국도서유통협의회 회장(6개년)
- 1982년 6월 한국고서동우회(연구회) 이사
- 1983년 5월 한국출판학회 부회장(6개년)
- 1984년 1월 대한출판문화협회 선임 부회장(2개년)
- 1985년 9월 한국에서라 산악회 부회장
- 1986년 6월 한국출판연구소 이사(6개년)
  — 연구소 설립을 제안함
- 1987년 9월 민족문학작가회의 창립회원(현재)
- 1988년 6월 한국출판협동조합 이사장(8개월)
- 1989년 3월 국제 펜클럽 한국본부 이사(3개년)
- 1989년 1월 한국출판학회 회장(현재)
- 1990년 1월 한국서지학회 이사(현재)
- 1990년 1월 한국언론학회 이사(현재)
- 1991년 9월 범우출판장학회 운영위원장(현재)
- 1992년 2월 대한출판문화협회 선임 부회장(현재)
- 1992년 3월 출협 경관개정(적성) 특별위원회 위원장
- 1992년 3월 출판관련업계 개방저지대책위원회 위원장
- 1992년 7월 '93 책의 해 재정준비위원회 위원장
- 1992년 10월 '93 책의 해 조직위원회 부위원장

저술
- 저 서   《출판유통론》
- 편 저   《일본출판유통》
- 수필집 《사노라면 잊을 날이》,
         《넓고 넓은 바닷가에》,
         《책의 길 나의 길》,
         미니북 《책》
- 논 문   '매스미디어로서의 출판'('82출판학연구)
         '일본도서유통에 관한 소고'('83출판학연구)
         '한국도서유통개혁론'('84출판학연구)
         '출판기획소고'('88출판학연구)
         '대국사문집고'(고서연구 7호)
         '정보사회에 대비한 출판산업의 현황과 발전방안에 대한 연구'
         ('90 전기 통신학술연구과제) 외 다수.

표창 및 수상
- 1982년 문화공보부장관 표창
- 1982년 법무부장관 표창(교도소 도서실 설치운동)
- 1988년 대통령 표창
- 1989년 애서가상 수상
- 1989년 한국출판학회 저술상 수상
- 1991년 현대수필문학상 수상
- 1992년 서울시문화상 수상(출판 부문)
- 1993년 대한인쇄문화협회 감사패

대한출판문화협회 회장 선거 관련 후보자 홍보 리플릿 (5/8)

아시아권 출판계의 정상이랄 수 있는 일본의 시미즈 히데오(淸水英夫, 일본 출판윤리위원회 회장), 중국의 리우 까오(劉杲, 중국출판학회장), 그리고 윤형두 한국출판학회장이 작년 8월 중국 북경에서 열린 제6회 국제출판학술대회 만찬석상에서 망중한을 보내며 파안대소하고 있다.

대한출판문화협회 회장 선거 관련 후보자 홍보 리플릿 (6/8)

출판인·윤형두

책의길 나의길

제24회 문화부 추천도서
책 속에서 그는 "이렇게 헤어날 수도, 빠져나올 수도 없이 책사(冊肆)에 꽁꽁 묶인 몸이 되었다"고 자못 운명적인 말을 내비치고 있는데 역시 관심이나 재주가 끝나가는 데 없이 팔방으로 트여 있음에도 오로지 출판 하나로 모든 걸 덮고자 하는 그의 투철한 신념을 글 구석구석에서 읽을 수 있다. 그는 개미처럼 단조(單調)의 역사(役事)를 되풀이해야 하는 출판이 문득 지겹거나 회피하고 싶은 생각이 들 때면 '출판에 스스로를 옭아매는' 자기 다짐의 수단으로 글을 쓴다고 말할 만큼 철저한 출판인을 자처한다.
—정교용(중앙일보 문화부장)
신국판/298면/값 5,000원

출판물유통론

'89 한국출판학회 저술·연구 부문상 수상
우리 나라에서는 출판유통문제에 대한 연구가 그 어떤 출판연구분야보다도 뒤떨어져 있는 것이 사실이다. 이 저서는 단순히 이론서가 아니라 출판유통문제 해결의 지침서 구실을 할 것이다. —안춘근(전 중앙대 신문방송 대학원 교수)
이 책은 현재 중앙대 신문방송대학원 객원교수이자 서강대 언론대학원 강사인 저자가 그동안 도서유통협의회 부회장·회장을 역임하며 도서정가판매제 정착을 주도하고, 중앙도서전시관 운영위원장, 한국출판협동조합 이사장 등을 맡아 활동하면서, 출판학 연구를 병행하여 십여 년간 여러 대학원에서 강의한 이론을 바탕으로 하고 있다.
국판/양장본/256면/값 6,000원

일본 출판물 유통

출판물 유통에 있어 가장 이상적인 시스템을 가지고 있다는 일본에서 출판평론을 하고 있는 무라카미의 《출판유통과 조직》을 기본으로 번역한 것이다. 편역자는 실제로 일본 굴지의 도서유통기구인 동경출판판매, 오사카야, 쿠리다출판매 등 일본의 첨단유통기구의 시찰단 단장으로 직접 현장을 방문하면서 우리의 실정에 맞는 이상적인 유통기구를 모색하고 있다.
국판/352면/값 5,000원

책

저자는 출판현업에 종사하는 출판사 대표요, 출판이론을 강의하는 대학원 객원교수로서 바쁜 중에도 대한출판문화협회 부회장을 맡아, 출판관련업계 개방저지 대책 위원장으로 출판개방을 5년간 유보시켰고, '93 책의 해 제정 준비위원장을 맡아, 그 뜻을 이룩하였으며, 독서진흥법 제정을 추진하였다. 이 책은 그러한 저자의 최근 활동과 마음가짐이 실려 있는 '미니북'(좀쌀책)이다.
범우쌤지문고①/6.4×8.7cm/값 5,000원

사노라면 잊을 날이

그는 잡문 냄새를 배제하며 진지하게 글을 쓴다. 이미 여러 곳에 많은 글을 발표하여 잠재된 역량을 확인받았으며, 한국수필가협회의 이사로도 활약하고 있는 참이다. 그러면서도 그는 문사(文士)로 자처하기를 싫어한다. 자기 이름 곁에 '수필가'라는 칭호를 넣기보다는 '범우사 대표'라고 표시해주기를 바란다. 윤형두는 범우사 대표라는 출판인으로서의 비중 때문에 수필가로서는 오히려 좀 늦게 그리고 좀 덜 알려지지 않았는가 하는 아쉬움을 준다.
—한승헌(변호사) 범우문고 43/151면/값 1,000원

넓고 넓은 바닷가에

제9회 현대수필문학상 수상
1935년 일본 고베에서 태어나 침략자의 땅에서 국민학교에 들어가 마늘 냄새 때문에 수모를 겪어야 했고, B29의 폭음에 쫓기며 현해탄을 건너와야 했던 유년시절과 민족의 수난기에 청년시절을 보낸 필자가 옛일들을 회상하며 담담하게 써내려간 수필집. 월간 《다리》지의 필화사건으로 옥고를 치르는 등 군사독재하에서 수난을 겪어야 했던 그가 오히려 강인한 야인의 모습을 확립해가는 내면을 엿보게 하는 내용의 글들이다.
신국판/296면/값 5,000원

대한출판문화협회 회장 선거 관련 후보자 홍보 리플릿 (7/8)

대한출판문화협회 회장 선거 관련 후보자 홍보 리플릿 (8/8)

1월 25일

새벽이다. 잠을 잘 이룰 수 없다. 출판협회의 혁명이라 한다. 어려운 일이라는 뜻일 것이다. 오늘도 뛰어보자. 머리를 짜서 뛰어보자.《책과 인생》도 2,3월호를 합병하면서라도 뛰어야 되는 것이 아닐까.

1월 31일

벅찬 일을 해왔다. 의욕적으로 일을 진행하다가도 좌절하기도 하고, 나와의 싸움에서 지치기도 한다. 그러나 꾸준하게 밀고 가자. 나를 위

출판뉴스

"출협 위상제고 위해 선의의 경쟁"
출협의 민주적 운영, 출판시장 개방 등 과제

인터뷰 출판문화協, 회장출마 선언한 **윤형두 수석부회장**

대한출판문화협회의 제41대 회장직을 놓고 벌써부터 선거운동이 한창이다.

약 1천여개의 출판사를 회원으로 한 대한출판문화협회(이하 출협)는 그동안 출판계의 최대 단체로서 그 역할을 수행해 왔다.

다음 회장 후보는 현재 회장직을 맡고 있는 김낙준 회장과 윤형두 수석부회장(범우사 대표)으로 좁혀진 상태.

특히 이번 선거는 회원사들의 직선투표로서 첫번째 시행이라는 측면과 단행본 업계에서 처음으로 회장이 나올 수 있는가 하는 두가지 측면에서 귀추가 주목된다.

현재 출마를 선언하고 활발한 선거운동으로 활동 중인 윤형두 부회장을 만나 이야기를 나눠 보았다.

▲출협의 제41대 회장 후보로 출마하시게 된 계기는?

▲윤형두(尹炯斗) 부회장 ; 민주화시대를 맞아 출협도 이제는 변화해야 한다고 생각합니다. 많은 회원사들의 요구에 부응하고 모든 의견을 수렴할 수 있는 단체로 변화시키기 위해 출마를 결심했습니다.

▲이제까지 참고서, 전집 분야의 독무대였던 회장직에 소위 '단행본' 업계에서 첫 출마하셔서 실제 활동을 해보신 소감을 말씀해 주십시오.

▲尹 ; 여러 출판사 사장님을 만나본 결과 새로운 출판환경에 능동적으로 대처하기 위해서는 단행본 업계뿐만 아니라 전집, 참고서, 과학기술도서, 아동도서 등 각 분야의 공동노력이 필요하다고 생각됩니다.

▲'93 책의 해 열기를 지속시킬 수 있는 방안에 대해 말씀해 주십시오.

▲尹 ; 지난해 책의 해 지정은 그 제안부터 제가 깊이 참여했습니다. 올해는 독서진흥법의 제정을 완결시켜야 할 것이며 독서정보의 원활화, 도서유통의 현대화, 각급 학교 및 사회단체에서의 독서교육 활성화, 서점의 확대, 독서운동의 적극 지원 등 다각적 방법을 강구해야 할 것입니다.

▲출협측에서 선결해야 할 과제가 있다면?

▲尹 ; 대내적으로 우선 대부분의 회원사들이 출협에 친근함을 느낄 수 있도록 출협 집행부의 운영을 민주적으로 개선해야 할 것이며 대외적으로는 출판시장 개방화에 슬기롭게 대처해야할 방안을 강구해 나가야 할 것입니다.

▲끝으로 선거운동에 임하실 각오를 말씀해 주십시오.

▲尹 ; 출판계의 여론을 파악할 수 있는 기회로 이번 선거과정을 활용하고 끝까지 페어플레이로 선의의 경쟁을 다하겠습니다. 〈정윤희 차장〉

1월 30일자, 독서신문 기사

해서 뛰어주는 사람들을 봐서라도 용기를 잃지 말고 최선을 다하자.

내 자신이 비굴하게 비칠 때가 가끔 있다. 또 한 표를 너무 의식하여 행동하는 경우도 있다. 이제 그러지 말자. 당당

> 윤형두 사장님께
> 윤형두사장님의 출협 회장 출마를
> 환영하오며 격려 말씀 드립니다
> 혹시 도와드릴 수 있는 힘이 있는가 찾아
> 보도록 노력하겠습니다
> 회장 당선의 축하의 글을 보내드리는
> 날이 있을것으로 믿습니다
> 1994. 1. 31
> 안영동 올림

안영동 씨의 편지

하게 하자. 내가 무엇이 부족한가 하는 자부심도 갖자.

떳떳하게, 근엄하게, 침착하게, 이제 선거가 끝날 때까지 최선을 다하자. 이제 20일쯤 남았는데 음력 설을 빼고 나면 반달 쯤이다. 매듭을 잘 짓자. 그리고 승패간에 깨끗한 이미지를 주자. 지저분하게 굴지 말자. 돈을 뿌리고 물건을 뿌리고 모함을 하고 그러지 말자.

2월 5일

선거란 무서운 것이다. 살을 깎는 고통이 따른다. 이제 17일 후면 승패의 결정이 난다.

어제는 잡지협회에서 감사패를 받고 한국일보에서《겸재 진경산수화》의 출판문화상을 받고, 또 재준이가 경인전문대의 전임강사가 되었다고 한다. 경사 중의 경사다. 이런 즐거움만으로도 삶이 충만한데 왜 출협 회장에 출마했을까. 나는 나답지 않다는 생각이 들 때도 있다. 그러나 한번 뜻을 세웠으면 초지일관하자.

그래 로버트 프로스트의 시나 읊고 〈연처럼〉같은 수필이나 쓰면서

《정선 진경산수화》가 한국일보가 주최하는 제34회 한국출판문화상 예술사진부문에 선정됨.
(◀) 상장 및 상패

제34회 한국출판문화상 시상식장에서

인생을 살아가는 것이 나다운 것일 터인데 왜 이렇게 흙탕물에 뛰어들었는지 모르겠다. 이제 후회한들 무엇 하겠는가. 나를 위해 협조하는 사람들을 위해서라도 최선을 다하자. 허창성 사장, 백행균, 최선호 사장들

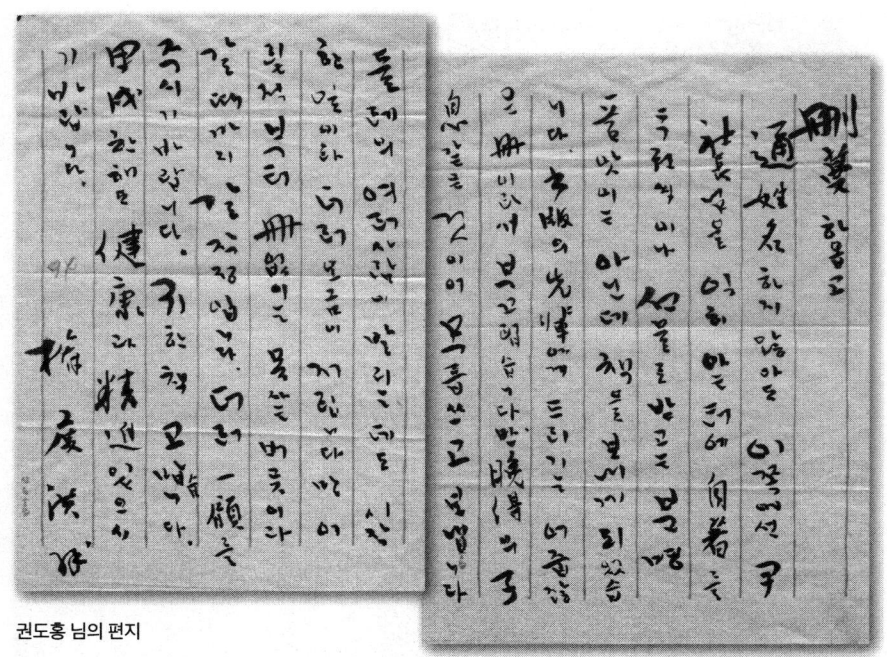
권도홍 님의 편지

에게 감사를 드리고 내 생의 끝까지 그들에게 예우를 갖추자.

재준이가 대학교수가 되었다는 것, 참으로 기쁘고 즐거운 일이다. 4년제 대학 교수가 되겠지. 나이 20대에 전임강사가 되었으니 공부하고 연구하면 훌륭한 교수가 되리라 믿는다.

정신이 산만하다.

2월 6일

전태성, 정진웅과 같이 관악산을 다녀왔다.

오후 5시 반에 엠버서더에서 최선호 사장을 만나 저녁을 같이 했다. 고마운 사람이다. 모두 나를 버리거나 중립을 표명하면서 가까이하지 않으려는데 백행균, 신동설, 허창성 사장 등 참으로 고마운 분들이다.

이분들의 힘으로 나는 이번 선거에 지든 이기든 버티고 나가는 것이다. 허 사장도 이제사 처음으로 분명한 태도를 표명하였다. 그에게 많은 사람이 존경심을 보낸다. 어려운 결단을 내렸다는 것이다.

이제 선거가 얼마 남지 않았다. 지금부터라도 최선을 다하자. 조용하게 밑바닥을 파고들자. 결코 승산이 없는 것은 아니다. 이겨서 보람 있는 일을 한 번 해보자.

미움을 갖지 말고 포용으로 인간을 대하자. 그러나 윤청광, 강희일, 이기웅, 전병석, 김경희 사장 등의 마음은 예측할 수가 없다. 내가 혹 많은 결함이 있다하더 라도 오랜 연륜이 있지 않는가?

앞으로 내가 얼마나 살지 모르지만 그들이 어떻게 살아가는지 지켜보자.

2월 10일

지금 12시 25분 음력으로 설날이다. 이제 우리나이로 60이다. 곧잘 인생은 60부터라 하지만 낙조임에는 틀림없다. 남은 여생이 얼마일지는 모르지만 착한 일 하며 보람 있게 살자.

지난 7일에는 출협 회장 입후보 등록을 하고 8일에는 추첨을 하여 1번 기호를 받았다. 어떻게 되어가는 줄도 모르고 시간은 지난다. 이제 11일 후면 결정의 날이 온다. 그 때까지 전력을 쏟자. 능력껏 하자. 만약 되지 않더라도 더 보람 있

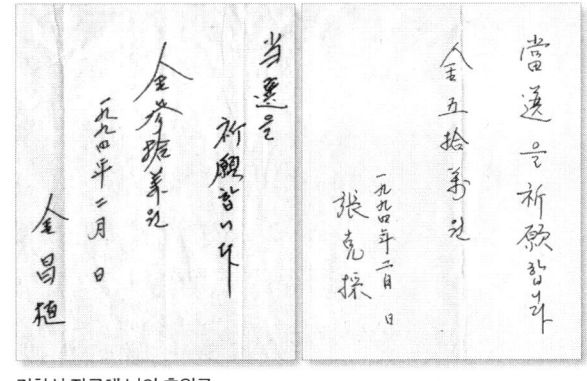

김창식·장극채 님의 후원금

는 일을 할 수 있지 않겠는가. 도전만으로도 하나의 과정을 넘기는 것이 아니겠는가. 나를 따라주는, 특히 백행균, 신동설, 최선호, 허창성, 김병준, 고영수 사장 등에게 신세를 많이 지고 있다. 나는 그들에게 내 생이 끝날 때까지 마음으로라도 신세를 갚겠다.

한 변호사가 어제 미국을 간다고 연락이 왔다. 어제도 늦게까지 숙의를 했다. 시원한 결과 같은 것은 없었지만 숙의한다는 것만으로도 충분하다. 연설문을 정리해서 연습도 해보자.

오후에야 어머니 산소에 갔다. 날씨가 무척 춥고 길들이 얼어서 날씨가 풀린 후 재준이 차로 재민이와 같이 3부자가 신세계 공원 묘지에 갔다. 어머니 산소에는 눈이 듬뿍 쌓여 있었다. 눈을 치우고 예를 드렸다. 어머님이 돌아가신 지 꼭 20년이다. 어제 같은데 세월은 무척이나 빠르다. 20년 후면 나는 80이 된다. 80까지 살 수가 있을까. 만약 그 때까지 산다면 오늘날 나의 마음을 이토록 아프게 한 사람들이 어떻게 살고 있는가를, 또 어떻게 살아 왔는가를 뚜렷하게 볼 수 있을 터인데 하는 생각이 든다.

오후까지 나는 《출판물 유통론》을 발송할 명단을 체크하고 저녁을 먹을 때까지 뱃속이 좋지 않아 고통스러웠는데 지금은 좀 낫다. 신경을 써서 그러는 것 같다.

떨어지더라도 깨끗한 100표라도 얻으면 성공이라 했지 않느냐. 그러나 결코 낙망할 일이 아니다. 어떻게 보면 승산이 있다. 얼마 전 영풍의 곽상하 이사는 내가 60대 40으로 우세라고 하지 않느냐. 그 말이 과학적인 것은 아닐지라도 그렇게 비치고 있는지도 모르겠다.

2월 14일부터 1주일간 전력투구를 해보자. 내일이 바로 23년 전에 《다리》지 필화사건으로 남산에 있는 신한무역으로 끌려갔던 날이다. 그 때의 쓰라렸던 고통을 생각한다면 무엇인들 못하겠는가.

출협 선거 후보자 팸플릿 (1/4)

윤형두 후보의 실천 공약

출협의 변화를 갈망하는 회원 여러분!
오는 2월 22일은 출협이 설립된 이래 47년 만에 직선제가 실시되는 대한출판문화협회 회장 선거일입니다.
저는 '인사말씀'을 통해 제가 걸어온 길과 회장후보로서 소견을 밝힌 바 있습니다.
제가 다시 이러한 서신을 드리는 것은 선관위에서 제공한 선거공보물의 지면이 너무 적고 선거당일 후보자의 소견발표 시간이 너무 짧기 때문입니다.
저는 이 지면을 빌려 존경하는 출판인 여러분의 현명하신 판단에 작으나마 도움이 되시길 진심으로 바랍니다.

출협의 체질 개선

1. 회원이 주인이 되는 출협을 만들겠습니다
- 회장실을 회관 1층에 개설하고 직통전화와 팩시밀리를 설치, 운영하겠습니다.
- 회장이 상근하며 회원들의 의견을 수용하고 고충을 신속하게 처리하겠습니다.
- 출판관련 국제문제 및 저작권, 유통분야 등에 전문 견식이 있는 책임부회장제를 실시하겠습니다.
- 상무이사의 기능과 역할을 각 분야별로 분장, 전문화하여 상무이사회를 활성화시키겠습니다.

2. 출협의 사업 및 행사를 공정하게 집행하겠습니다
- 출판공로 수상자 추천시 구체적인 기준을 정해 공정하게 실시하겠습니다.
- 추천도서 선정을 엄격한 기준에 근거하여 공정하게 실시하겠습니다.
- 이사회를 정례화하고 실질적인 의결기구로 운영하겠습니다.
- 이사회를 분과위원회 체제로 조직하여 기능을 극대화시키겠습니다.

3. 범우출판 장학기금을 대폭 확충하여 출판인 자녀에게도 장학금을 지급하겠습니다
- 국내 최초로 설립된 출판장학회인 '범우 출판장학회'는 순수한 윤형두의 사재로 운영되고 있습니다.
- 2억원을 기본자산으로 적립한 이 장학회는 출판문화의 발전과 미래의 출판인력을 양성할 목적으로 89년 이래 대학, 대학원 재학생들에게 지급해오고 있습니다.
- 저는 이 장학회를 출판계 종사자와 그 자녀들에게도 적용함으로써 출판교육 시혜의 폭을 범출판계로 확대할 것을 약속합니다.

출협 선거 후보자 팸플릿 (2/4)

출판계의 현안 해결

4. 출판인의 권익옹호에 앞장서겠습니다
- 출판업에 대한 소득 표준율을 인하하고 부가세 영세율을 추진하겠습니다.
- 중소출판사를 위해 상설도서전을 열어 매출증대에 진력하겠습니다.
- '도서관 및 독서진흥법'의 국회통과를 추진하고 문고의 설치운영방안을 수립하겠습니다.
- 건전한 저작권질서를 위하여 저작권자와 출판계의 상설협의체를 설치, 운영하겠습니다.

5. 출판유통의 현대화를 적극 추진하겠습니다
- 서점계와 함께 94년을 '출판물 유통의 해'로 정해 유통 개방에 대비한 경쟁력을 강화시키겠습니다.
- ISBN / POS 제도를 정착시켜 유통업무의 전산화를 추진하겠습니다.
- 지역별 도매기구와 전문도서 도매기구를 활성화되도록 지원하겠습니다.
- 자가(문방구)어음을 지양하여 거래제도를 개선하겠습니다.
- 출판영업 및 서점종사자 양성을 위한 교육과정을 설치하겠습니다.

6. 출판시장 개방에 적극 대처하겠습니다
- 시장개방에 따른 대응책으로 개방대책위원회를 설치하는 한편, 관계법규와 제도를 보완하고, 50년 소급보호의 베른조약 가입압력에 대한 대응책을 세우겠습니다.
- 국제정보 교류와 마케팅 능력향상을 위하여 국제도서전을 개최하겠습니다.
- 북한과 출판정보를 교환하고 출판물 교류를 추진하겠습니다.

7. 출판인이 존경받는 풍토를 조성하겠습니다
- 소비자 고발단체 등과 함께 불량도서의 유통을 적극적으로 막겠습니다.
- 국민독서 활성화를 위해 관련단체 등과 협력하여 범사회적인 책읽는 분위기 조성을 마련하겠습니다.
- 출판인력 양성을 위해 4년제 대학에 학과 설치를 적극적으로 추진하고 장·단기 전문과정을 대학(원)과 출협 내에 설치하겠습니다.

임기는 단임으로 끝내겠습니다

저는 2년간의 임기를 성실히 수행하고 물러나는 아름다운 전통을 세울 것입니다. 그리하여 우리 출판계에 변화의 기틀을 마련한 윤형두로서 기억되도록 하겠습니다.

1994년 2월

기호 1번 윤형두 드림

출협 선거 후보자 팸플릿 (3/4)

출협 회장은 이런 사람이 되어야 합니다

1. 한 시대 한 사회를 힘차게 변화시키며 민주주의와 경제 발전도 책을 통해 이루어진다는 확고한 출판관을 가져야 합니다.

2. 출판정책을 정부당국에 적극적으로 반영시키며 언론매체에 출판계의 의지를 자신있게 전달할 수 있어야 합니다.

3. 돈으로 무엇이든지 다할 수 있다는 점은 부패의 논리로 파벌을 조성하고 분열을 조장하던 일부 과거 지도자들의 전철을 밟지 말아야 합니다.

4. 2000년대를 향하여 한발 먼저 나서는 용기와 변화무쌍한 국제 시대에 대처할 학식과 능력이 있어야 합니다.

5. 소수집단의 이기주의를 극복하고 대다수 중소 출판사의 권익을 대변할 수 있어야 합니다.

6. 지금까지 출판계의 발전을 위해 헌신적으로 봉사했으며, 특히 인재양성과 도서유통 개선에 적극적으로 노력한 경력이 있어야 합니다.

7. 앞으로 시장개방 등 여러 난관이 산적한 출판계를 이끌어나갈 지도력을 갖추고 구체적인 실천공약을 제시하여야 합니다.

8. 위와 같은 신념과 경력, 뚜렷한 주장과 목표를 가지고 출협 회장을 하겠다고 계속해서 노력해왔어야 합니다.

> 누가 출판계의 위상을 확립할 수 있겠습니까?
> 누가 사업을 공정하게 집행할 수 있겠습니까?
> 누가 출판계의 전통을 계승할 수 있겠습니까?

존경하는 회원 여러분,

출판계의 변화를 갈망하는 우리 모두의 욕구를 충족시켜 줄 **윤형두** 후보에게 출협 회장으로 일할 수 있는 기회를 주실 것을 간곡히 부탁드립니다.

1994. 2.

평화출판사 대표

출협 선거 후보자 팸플릿 (4/4)

좀 어른스럽게, 의젓하게 하자. 연설도 준비를 하지만 너무 떨지 말자. 연설 때문에 신경을 너무 쓰는 것 같다. 김낙준 씨보다 못 하겠는가 하는 자신감을 갖자. 먼저 한다는 것이 불리하지만 그것도 추첨으로 결정하였으니 운명이라 생각하자. 어느 모임에서인가 내가 잘 해야 26표 나올 것이라고 비아냥대었다 하지 않는가. 그 후 1대 9에서 상대방들이

2월 16일자, 경향신문 기사

2월 19일자, 조선일보 기사

45대 55라 한다 하지 않느냐. 그러면 50대 50은 되는 것 아닌가?

H사 J 사장 말대로 50대 50이면 기득권 세력이 졌다는 것을 자인하는 것이라 하지 않느냐. 상대방의 참모도 50대 50으로 보고 큰 아이도 근소한 차로 이긴다 하지만 이길 수도 있다. 선거는 뚜껑을 열어봐야 안다고 하지 않느냐. 한 시간 한 시간, 한 모임 한 모임을 침착하게 손해 보지 않게 잘 진행하자. 지금껏 홍보전에는 우리가 선전했다.

이제 최대한으로 사람들에게 다가가자. 또 머리도 짜자. 깨끗하게 흐트러지지 말고 신사답게 행동하자. 혹 지는 일이 있더라도 지고 이기는 자가 되자. 이기고 지는 자가 되어 무엇 하겠는가.

*선거 기간 동안 일기를 쓰지 못하고 뛰었다. 앰버서더 HOTEL에서 20여 시간을 뛰었다. 2월 19일에는 인사동 일광에서 전병석, 이기웅, 김경희, 배효선 사장에게 눈물로 서운함을 호소했다. 패하면 분풀이로 혹 이기면 오만으로 여길까봐 선거 3일 전에 내 마음에 있는 심정을 토로했다. 그러나 한이 풀리지 않았다. 한이다, 한.

출협 회장 선거 / 총회 안내

- 1994년 2월 22일 세계일보사에서 -

◆ 총회 등록 일시 : 2월 22일(화) 오후 1시 ~ 1시 30분
  (총회 시작 : 오후 2시)
◆ 장 소 : 세계일보사 국제연수원(용산 구민회관 옆)

※ 이번 출협 회장 선거는 47년만에 처음인 직선제로 전과 달리 출판사 대표자가 당일 참석하지 못할 경우, 반드시 회사 간부나 직원이 대리인으로 먼저 다음과 같은 서류를 등록하고 총회에 나와야 합니다.

◆ 사전 제출 서류(마감 : 2월 21일 오후 5시 30분)

  [서류 1] 대리인 등록서(출협 양식)

  [서류 2] 대리인의 〈갑종근로소득세 납세필증명서〉
            1994년도 1월분

※ [서류 2] 양식(87호)은 관할 세무서에 있으며, 대리인의 인적사항을 적고 대표자 날인을 해서 세무서의 확인을 받으면 됩니다.

◉ 제출처 : 출협 사무국(☎ 735-2701~3)

◆ 투표 당일(2월 22일) 지참물
  ① 총회 참석 회원증(출협 발행)
  ② 주민등록증, 운전면허증, 여권 중 하나(신분확인용)

출협 총회 관련 공문

2월 22일

오늘 출협 선거는 끝났다. 김낙준 527표, 내가 424표를 얻었다. 패자는 무언이다. 그러나 내 인생은 오늘로 결코 끝난 것은 아니다. 내일부터 또 시작이다.

선거 직전에 202명의 신입회원을 입회시켰다. 그리고 투표 대리인

출협 제47차 정기총회장에서 (1/5)

출협 제47차 정기총회장에서 (2/5)

출협 제47차 정기총회장에서 (3/5)

출협 제47차 정기총회장에서 (4/5)

출협 제47차 정기총회장에서 (5/5)

270표 등 갖은 부정을 자행했다고 본다. 그러나 나에게 던져준 그 표들은 참으로 귀한 표다. 나는 아직 출판계를 떠나지 않겠다. 애정으로 감싸자. 나에게 부표를 던진 사람들 중 다수가 출판인이 아니다. 그들은 모리꾼들이다. 나는 그러나 인간답지 않은 그들에게는 한 치의 애정도 갖지 말자. L, J, K, B사장에게마저도 인간적인 관계에 대한 회의를 느낀다. 백행균, 신동설 등에게 최선을 다하자. 고마운 사람들이다. 그리고 재민이 문제도 심각하게 생각하자. 외국으로라도 보내서 더 유능한 인재를 만들어야하지 않겠는가. 이번 선거를 통하여 인간적인 관계가 얼마나 중요하다는 것을 알았다. 진실이란 것이 얼마나 중요한가. 오늘 나는 최선을 다했다. 아니 3개월 이상을 힘껏 뛰었다. 내일부터 또 차분하게 새롭게 시작하자. 실패는 성공의 어머니라고 했지 않는가. 담배, 술, 모두 끊고 오래 살면서 그들이 어떻게 살아가고 있는가를 눈여겨보자.

2월 22일자, 한국일보 기사

출협 총회 직전, 식사 제공을 하는 모습(이곳저곳에서 향응 제공)

2월 24일자 국민일보 기사

2월 25일

새벽 6시 반에 집을 떴다. 만남의 광장에서 한승헌 변호사 장모님의 장례차가 7시 좀 넘어서 도착했다. 가는 도중 망향 휴게소에서 아침을 먹고 한 변호사 님의 처가가 있는 전북 완주군 봉동이란 곳에 12시쯤 되어 도착하여 노제를 지내고 진안에 있는 장지에 12시 반쯤 도착했다.

산봉에 있는 가족 장지에서 하관식 예배를 보고 1시 반쯤 점심을 하고 2시 좀 넘어 한 변호사 일행은 남고 목사와 장로 한 분을 모시고 서울로 왔다.

그제, 어젯밤에는 상가에서 12시가 넘도록 문상을 했고 오늘은 장지까지 가서 예를 다 치루었다. 한 변호사에게는 당연히 그렇게 해야 될 것 같다. 어떤 때는 서운한 일도 있을 수 있지만 내가 더욱 정을 드리고 받들자. 그 분도 나에게 잘할려고 무척 노력을 하시는 것 같다. 그러나 자신도 모르게 챙기지 못하는 빈 구석이 있지 않겠는가.

출협 회장 선거가 끝난 지도 3일이 지났다. 여러 곳에서 격려의 편지, 전보, 전화가 온다. 고마운 일이다. 일일이 회신을 못 하고 있는데 중국에 가서라도 엽서라도 띄워야겠다.

마음이 허전하다. 좀 더 뛰었으면 하는 생각도 든다. 그러나 부정을 하지 않았던 것은 잘한 일이다. 자꾸만 L, J, K사장

정봉구 교수의 격려 편지

등이 야속해진다. 이분들만은 그래도 나를 도와주리라 믿었다. 나는 적도 동지도 모두 감싸 안는다는 것은 옳지 않다고 본다. 적은 미워해야 하고 응징해야 한다. 그러나 동지는 아끼고 사랑해야 한다. 적에게 애정을 베풀 필요는 없다. 그러면 모든 인간들은 나쁜 일을 하거나 좋은 일을 하거나 세상은 꼭 같이 대접해주리라 믿게 된다.

책도 펜도 손에 잡히지 않는다. 인간이 멍해진 것 같다. 중국을 다녀온 후로는 무엇이든 하자. 계획을 세우자. 내 인생도 얼마 남지 않았지 않느냐. 남은 시간을 선용하자. 10년이든 20년이든 30년이든 아깝게 시간을 활용하자.

2월 26일

아직 무엇인가 어수선하다. 사무실 책상 위도 그렇고 집의 서재도 그렇다. 주변도 그렇고 나의 마음 상태도 그런 것 같다. 어느 인간들에 대하여도 용서보다는 갈등 같은 것으로 종잡을 수가 없다.

아침에 범우사에 나가서도 어영부영 부길만 실장과 몇 마디, 그리고 백행균 사장을 불러놓고 차 한 잔 마시고 12시쯤 되어 차를 타고 신윤식 친구의 아들 결혼식이 소망교회에서 있어 참석하였다. 준민, 기선, 만호 등 시골친구들도 왔다. 나는 부조를 1백만 원 했다. 그에

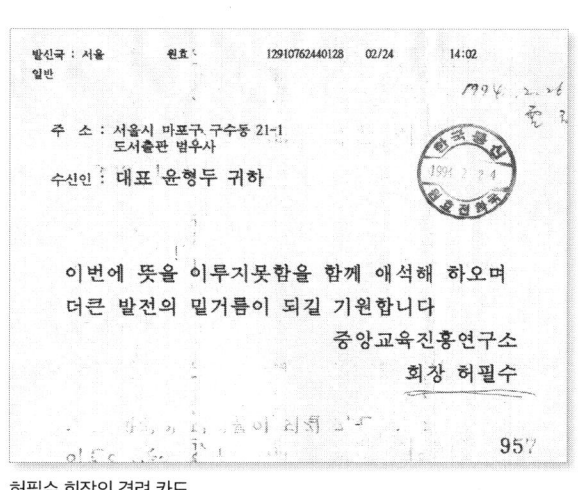

허필수 회장의 격려 카드

게 이런 방법으로라도 신세를 갚고 싶어서이다. 몇 친구들과 차를 마시고 또 오리고기 북경 요리집에 가 술도 마시고 기선이와 만호하고 헤어진 후 지하철을 타고 집으로 왔다.

오는 도중 범우헌에 들러 관악산을 바라보았다. 2년 전부터 나는 출협의 일을 하지 않았어야 하는 건데 하는 생각이 불현듯 들었다. 나의 길은 그것이 아닌데 하는. 나는 그러나 후회하지 말자. 건강하게 살면서 보람 있는 일을 하자. 북경에 다녀오고 강의를 시작하고 하면 차분히 마음이 가라앉을 것이다.

저녁 때는 마당의 잔디에 불을 피우고 낙엽을 태웠다. 앙금도 모두 태워버리자.《도남잡기陶南雜記》를 읽었다.

3월 1일

아침 7시 반쯤에 온 식구의 배웅을 받으며 큰아들 차로 집을 떠났다. 김포공항에서 김승일 박사를 만나서 중국 천진天津행 수속을 밟았다.

9시 정각에 떠나는 아시아나 항공 탑승기로 가는 길에 대현출판사 김종곤 사장이 인사를 하여 대한출판문화협회 회장 선거 이야기를 잠깐 나누었다. 나에게 잘 싸웠다는 말과 상대방(특히 전집 출판사)의 단결이 무서울 정도로 대단하더라는 말도 해주었다.

나는 선거의 악몽 같은 데서 하루속히 벗어나고 싶다. 밤에도 표를 점검하는 꿈을 가끔 꾼다. 그러다 선거는 끝났는데 하는 잠깸을 한다. 지금 나는 1만 미터 상공을 827킬로의 속도로 날고 있는 비행기 안에서 40일 동안 내 능력으로는 최선을 다했던 날들을 회상해 본다. 선거에는 패하였지만 그만큼 혼신의 힘을 쏟으면 못 할 것이 어디 있겠느냐는 나 자신에 대한 확인을 한번 해보았다.

선거에 참여했던 분들이 2년 후를 기대하자며 출마하지 않겠다는 말만 하지 말라 하니 그들의 말에 동조하지만, 출협 선거의 타락된 양태가 내 개성과는 맞지 않는 것 같다. 출협의 기성 조직을 계속 유지하기 위해 집단화되어 버린 그들이 굳게 결속하고 있는 한 출협의 개혁은 힘들다. 또 사소한 이권利權에 집착하고 있는 소위 출판계의 지도층이라는 사람들의 대오각성大悟覺醒이 없는 한 더욱 개혁은 힘들다. 또 2년 후 내가 출협 선거에 성공하려면 부정하고 부도덕한 사람, 심지어 원수도 포용하여야 한다고들 한다. 그러나 그것은 내가 살아온 과거, 또 내 성격이 그것을 용납하지 않을 것이다. 그 고집이, 아니 그 결백성이 지금의 나를 지탱해 준 것이 아닐까.

1시간 후면 천진에 도착한다. 그리고 북경에 도착하면 북경 인민출판사와 《등소평문선文選》 번역 출판 계약을 한다. 나는 돌아오는 일요일까지 많은 시간을 나혼자 조용하게 명상瞑想에 잠겨 볼 생각이다. 현재의 나는 어디에 와 있는가, 또 나를 위해 나는 무엇을 해야 할 것인가, 유

천진 공항에서 오도홍 선생(왼쪽)과

북해경도에서 양수송 선생(우측상단 사진의 왼쪽)·김승일 박사(오른쪽)와 함께

북경 인민출판사에서 《등소평문선》 계약을 하다. 윗 사진의 중앙이 설덕진 사장

중국 신문출판서 부서장(좌측 사진의 왼쪽에서 두번째)과 함께

한有限한 인생에서 나는 어느 정도의 삶을 영위營爲할 수 있고 어느 정도의 일을 이룩할 수 있을까 하는 계획을 한번 짜고 정리해 보자. 비행기를 타고 오면서 김우중金宇中의 《세계는 넓고 할 일은 많다》를 70페이지 까지 읽었다.

천진 공항에 무사히 도착했다. 북경 인민출판사의 오도홍吳道弘 선생과 양수송楊壽松 선생, 그리고 자동차 기사가 마중을 나와 반갑게 맞아 주었다. 비행기에서 내리는데 장춘長春시에서 동북예술대학東北藝術大學에 다닌다는 남중희南重熙 씨가 인사를 건네 왔다. 그가 우리가 한국에서 곧 내려는 《등소평문선》이 다른 출판사에서 나온다는 말을 했다. 재편집물이나 번안물을 누가 만들고 있는 것 같다.

천진 공항 앞에서 오도홍 선생 일행과 점심을 같이 했다. 식당은 볼품이 없으나 음식은 제법 여러 메뉴를 갖추었다. 요리사가 잉어 요리를 내어 오니 오도홍 선생이 이 물고기는 행운을 가져오는 고기라고 했다. 내가 잉어와 윤 씨 성의 시조 탄생에 관한 전설을 이야기하면서 나는 본래 잉어를 먹지 않지만 오늘은 대접을 받는 입장이라 먹겠다 했더니, 오 선생이 윤 선생의 행운과 보호를 빌기 위해 잉어가 기뻐할 것이라고 했다.

우리는 북경 경륜京倫 호텔에 여장을 풀고 일행에게 간단한 선물을 주고 좀 쉬었다가 왕부정王府井의 〈신화서점新華書店〉에 가서 책을 샀다. 한승헌 변호사에게 드릴 저작권 관계 책, 서정연 사장이 부탁한 무협지 등 20여 권을 샀다. 그동안 책은 많이 샀으면서도 활용을 하지 못하고 있다.

중국에서 현지 돈을 쓰기 위해 인민폐를 길거리에서 김 박사가 이익되게 바꾸려 한 것이 잘못되었다. 호텔로 돌아와 중국식 저녁을 했다. 정도正道가 아니면 걷지 말아야 하는 건데 적은 이익을 취하려다 많은 것을 잃은 것이다.

중국에 왜 왔을까하는 회의가 생긴다. 5일 동안에 무엇인가 얻겠지. 《등소평문선》의 출판계약이 계기가 되어 중국과의 유대紐帶를 돈독히 하고 사업적으로도 얻는 것이 있었으면 한다. 한·중·일韓中日, 그것이 세계의 중심이 되지 않겠는가. 그 중심 속에서 핵核의 역할을 한번 해보자. 문화, 그 중에서도 출판을 중심으로 한 사업적인 교류를……

3월 2일

잠이 깊이 들지 않는다. 꿈, 꿈의 연속이다. 후유증이 이렇게 큰 줄은 미처 몰랐다. 대범한 것 같은데 소심한 모양이다. 생시生時에는 잊어버렸는데 왜 꿈에서는 선거 운동을 하고 있는지 모르겠다. 빨리 집착에서 벗어나자.

아침 8시 반에 북경 인민출판사의 양수송 선생이 기사와 같이 차를 타고 왔다. 우리는 〈북해경도北海瓊島〉라는 육지 속의 섬에 갔다. 건륭제乾隆帝가 영화榮華를 누렸던 흔적이 뚜렷하다. 북경에 두 번 왔었으나 보지 못한 곳이며, 정상에 오르니 북경 시내가 모두 보였다. 현 정치 지도자들이 살고 있다는 지역, 모택동이 살았던 지역 등 일목요연하게 보였다. 사회주의 국가도 평등이라기보다 엄청난 차별의 모순을 안고 있다는 것을 또 새삼 느끼게 하였다. 점심은 내가 대접하고 호텔에 와 커피 한잔씩을 김 박사와 했다. 내일은 북경 인민출판사 설덕진薛德震 사장이 공자묘孔子墓가 있는 산동성山東省을 가자고 한다.

나는 북경에 올 때 출판 계약을 마치고 호텔에서 2, 3일 푹 쉬고 싶어서 왔다. 그런데 그럴 시간도 나에게 주어지지 않는 것 같다. 한국에 돌아가면 또 이런 저런 일들이 밀려 있어 바빠질 것이다. 그러나 하는 일은 열심히 하자. 대학원 강의, 그리고 범우사도 내가 2년간 출협 일과 선거 운동 등으로 등한했으니 여간 멍들지 않았을 것이다. 바로잡고 본 궤도에 올려 놓자. 건강도 더 다지자. 가족들에게도 정신과 물질 양면으로 봉사하자. 너무 소홀하고 등한하지 않았는가. 이번에는 아내에게도 꼭 선물을 사가지고 가자. 가화家和는 만사성萬事成이란다.

이곳 시간으로 오후 3시에 인민출판사 양수송 선생이 호텔로 찾아와서 같이 북경 인민출판사에 갔더니 설덕진 사장과 오도홍 선생이 반갑게 맞았다. 그곳에서 장수상張樹相 부사장, 왕내장王乃庄 정치주임政治主任과 인사를 하고 계약서에 서명을 하였다. 계약금으로 1,500불을 지불하고 한중 관계의 출판에 관한 이야기를 나누었다.

저녁에는 설덕진 사장 외 인민출판사 사람과 신문출판서新聞出版署의 계효봉桂曉鳳 부서장, 양덕염楊德炎 외사사外事司 사장司長과 동석을 했다. 신문출판서란 한국의 문화관광부 같은 곳인 모양인데, 이번 우리 두 출판사 간의 출판 계약 관계 검열 담당부서인 모양이다. 계효봉 부서장은 날카로운 인상이었으며, 양덕염 사장司長은 한 번 만난 기억이 난다. 작년 제6회 국제 출판학술대회에서 만났던 것 같다.

저녁이 늦도록 성대한 대접을 받았다. 처음 정차이(冷茶)라는 간단한 차가운 음식이 나오고 다음 갖가지 요리와 탕 그리고 야채 종류가 나온 다음 밥과 면이 나오는데 20여 종이 넘은 것 같다. 술도 몇 종류가 나온 것 같다. 술을 좀 삼가야 되는데 오늘 밤도 거절하지 못하고 술을 마셨다. 정情이랄까 나의 자제自制의 한계랄까. 어찌할 수 없는 것 같다. 앞으로 이틀 동안 공자의 흔적을 더듬어 보고 또 하룻밤을 북경에서 자고 한국에 간다. 그러면 무엇이 달라질까. 6일만큼 늙는다는 것 외에 무엇이 달라질까. 한국에 가볼 일이다.

3월 2일자, 한겨레의 월간《책과 인생》기사

3월 3일

간밤에는 한숨도 자지 못했다.

아침 5시 반에 프런트에 내려오니 양수송 선생이 벌써 와 있었다. 숙박비 문제로 또 승강이를 했다. 6시경 호텔을 출발하여 설덕진 사장 댁에 가니 설 사장이 나와 있어서 같이 차

최창희 님의 격려 편지

를 타고 가는데 시외市外에 들어서자 태안시泰安市 조직부부장組織副部長인 빙전승憑殿勝 씨와 판공실辦公室 부주임인 마휘馬輝 씨가 마중을 나와 있었다. 우리는 두 대의 승용차에 분승하여 태안을 향해 떠났다.

덕주지구위원회 앞에서

차 안에서 간단한 빵으로 아침을 때우고 점심때는 덕주德州에 도착하여 중국 덕주지위德州地委 조직부장인 맹헌량孟憲亮 씨가 대접하는 점심을 먹고 6시가 되어 거의 12시간 만에 목적지인 태안시에 도착하였다. 여기서는 당간부나 귀빈들이 묵는 숙소인 어좌御座란 곳에서 장북영張北英 태안 부시장이 초대한 푸짐한 음식을 대접 받고

대형 스크린이 걸려있는 노래방에 갔다. 노래는 중국 군가와 같은 노래를 젊은 당간부들이 부르고 가끔 그곳에 근무하는 듯한 여인들이 중국 특유의 노래를 불렀다. 나는 무료하게 보고만 있다가 10시경에 나왔다.

피곤하다. 목욕을 하고 일기 쓰기도 귀찮아 잠을 청했다. 오늘 태안시로 오는 동안에 두서너 곳에서 간단한 인사말을 했다. 그때그때 순발력으로 실수하지 않고 잘 넘긴 것 같다. 내일도 새벽 기상이란다. 잠을 자야겠다.

3월 4일

간밤에 잤던 어좌 호텔 802호는 입구쪽에 20여 명이 회의를 할 수 있는 큰 응접실이 있고 또 그 안쪽에는 10여 명이 회의를 할 수 있는 응접실이 딸려 있는 최고급 방이다. 참으로 특대特待를 받는 것 같다. 이런 후대는 인민출판사의 설덕진 사장과, 그리고 내가 《등소평문선》을 발간할 한국 출판사의 대표라는 이유 때문일 것이다. 중국과의 교류를 잘할 필요가 있다.

아침 5시 반경에 일어나 6시 정각에 빙전승憑殿勝 씨 일행이 숙소로 와 그들과 같이 한국산 봉고차를 타고 공자묘가 있다는 곡부曲阜시로 향했다. 1시간 반쯤 가니 곡부에 도착했다. 그곳의 궐리빈사闕里賓舍라는 호텔에서 곡부 시위市委의 이병보李幷普 부서기의 대접으로 아침식사를 했다. 음식이 또 달랐다. 중국은 그 지방마다 음식이 특이했다. 먹는 여행을 하는 기분이다. 그 자리엔 시위市委 가공실加公室의 왕극효王克孝 주임, 조덕복趙德福 부주임 등이 참석했다. 식사를 마치고 공자를 모시는 사당인 공묘孔廟와 공자의 자손들이 살았던 공부孔府와 공자의 무덤이 있는 공릉孔陵을 구경했다. 참으로 잘 왔다는 생각이 들 정도로 볼거리가 많았다. 그런데 아직 개발이 되지 않아 관광객은 없었다. 원元

곡부의 공자능 앞에서

곡부의 대성전 앞에서

1994년 289

북경 인민출판사의 설덕진 사장(왼쪽)과

나라 때의 건물들, 몇백 년이 넘는 잣나무 [柏樹] 등이 옛것을 찬연하게 보여 주었다. 동기창董其昌의 글이나 자희왕후慈禧王后 서태후西太后의 그림 등이 아무런 방비 없이 걸려 있어 저런 보물급을 이렇게 허술하게 다룰 수 있느냐고 했더니, 곡부曲阜 문물재文物財에 근무한다는 안내원인 구정민邱正民 씨는 창고에 많은 보물급이 있는데 아직 꼼꼼하게 정리할 엄두도 내지 못하고 있다고 하였다. 1018년 송나라때 창건된 규문각 奎文閣에는 30만 권의 책과 역대 황제로부터 받은 묵적墨跡들이 수없이 많은데 아직 정리도 못 하고 그대로 있다고 하였다.

산동성 명물로 3옥三玉이라 칭하는 것이 있는데 옥인(玉人=名人)으로 공자, 옥산(玉山=名山)으로 태산泰山, 옥수(玉水=名水)로 천성泉城의 수천 水泉이란 온천을 말한다고 하였다. 공릉孔陵도 공자의 묘만 있는 것이 아니라 공자의 후손들의 묘까지도 들어차 있는데 10만 기基라고 하였다. 자동차를 타고 구경을 하는 데도 많은 시간이 소요되었다.

거대한 나라이다. 그리고 문화재가 무궁무진한 나라이다. 이곳에 꼭 눈을 돌릴 필요가 있을 것이다. 천년 이상을 수교한 나라인데도 우리는 오늘의 중국을 너무 모르고 있는 것은 아닌지? 11시 30분에 어좌御座 호텔에 도착하여 점심 시간까지 잠깐 틈을 내어 이 글을 적는다. 주마간산격으로 스쳐 지나왔지만 마음에 와닿는 감회는 무척 깊었다. 그런데 중국이 현대화를 부르짖으면서 환경 문제가 심각해져 가고 있다는 것을 느꼈다.

그래서 어젯밤 장북영張北英 부시장에게도 관광 정책에 오히려 신경을 쓰라고 권했다. 이렇게 관광자원이 풍부한 나라에서 관광 정책에는 소홀한 것 같다. 나에게도 한국의 공장 유치만을 역설하는 것을 보고 안타깝다는 생각이 들었다. 한국이 60년대에 선진국의 공해산업을 무조건 끌어들였던 그런 현상을 보는 것 같다.

어젯밤에 설덕진 사장이 《등소평문선》 출판 기념회를 한국에서 크게 해줄 것을 요청해 왔다. 그것은 부담이 간다. 《나의 아버지 등소평》 출판 기념회를 삼문사三文社 곽득용 사장이 크게 했다. 어떻게 해야 할지 심사숙고하자. 중국과의 교류를 위해선 그런 과정이 필요할지도 모르겠다. 중국에서는 외교 부장급까지 참석이 가능하다고 한다.

3월 4일

낮에는 태안시의 조직부 조성도趙成道 부장의 대접을 받았다. 낮부터 백주 몇 잔을 했다. 그리고 한중 관계에 대한 인사말도 했다. 점심을 먹고 잠깐 휴식을 취한 후 태산泰山을 향해 갔다.

태산은 해발 1,545미터로 산동성에서는 가장 높은 산이며 신성시하는 영산이라 한다. 태산은 중국에서 가장 먼저 아침을 맞는 곳이기도 하다. 태산 관광객은 1년에 350만 명이며 그 중 외국인은 4, 5만 명, 케이블카를 이용하는 사람만도 1년에 100만 명, 하루에 7천 명이 몰리는 때도 있다고 한다.

등산로를 걸어 오르면 3~4시간 걸리는데 이 태산에 진시황秦始皇이 천하를 통일하고 제일 먼저 올랐다 하며 태산 정상에서 봉선제封禪祭를 지냈다고 한다. 봉선제란 하늘에 제사를 올리는 봉封과 산천에 제사를 올리는 선禪을 뜻하는 것인데 천지신명天地神明에게 국태민안國泰民安을 기원하는 의식으로서 한무제漢武帝를 비롯한 72황제가 태산에 올라 봉선제를 올렸는데, 한무제가 여덟 번으로 가장 많이 올렸고 건륭제는 태산에 열두 번 왔으나 정상에는 여섯 번밖에 오르지 못했다고 한다. 그리고 황제 중에서도 국태민안國泰民安한 국가 공로國家功勞가 있는 황제나 통치 기간 동안 길상吉祥한 일이 일어난 황제만 태산에 오를 수 있고 그 외 존경받지 못하거나 통치기간 동안에 흉사가 일어난 황제는 못 오르

태산의 남천문 앞에서

게 하였다고 한다.

　태산 안에는 절이 20개, 비碑가 1800개, 산장山莊이 20여 개 있는데 등산객을 위한 산장도 있다고 한다. 케이블카는 일본 기술과 자본 투자로 완공했으며 10년 동안에 차용금을 모두 상환했다고 한다. 산정山頂에 달하는 문은 3개로 동천문東天門, 중천문中天門, 남천문南天門이 있고, 중천문으로 오르는 계단이 6666계단이라 하는데 그것은 계단이라 볼 수 없는 것까지 셈한 것이고 정식 계단만 해도 1654계단이라고 한다.

　1200고지쯤에 태산의 수호신守護神인 동악태산신東岳泰山神을 모신 제각祭閣이 있고 천가天街라는 거리가 있다. 또 정상 가까이는 벽하사碧霞祠라는 여신을 모시는 도교道敎 사당이 넓게 자리잡고 있는데 상투를 튼 사람들이 많이 눈에 보였다. 이곳에서 황제들이 봉선제를 올렸다 한다. 또한 산정에는 무자비無字碑가 서 있는데 진시황의 비문碑文을 써 넣으려 해도 폭군이어서 치하할 글이 없어 무자無字로 놔두었다는 설說

태산에 올라

중국 태산 벽하사에서

호건학 태안 시장(위쪽 사진의 오른쪽)과

과, 한무제漢武帝에 대해서는 하도 쓸 글이 많아 돌의 면이 부족하여 다 새길 수가 없어 새기지 않아 무자로 놔두었다는 설이 있는데, 1961년에 그 옆에 곽말약郭沫若이 새긴 글에서는 후자後者를 택하고 있었다.

    1,545미터 정상을 왕황정王皇頂이라 했다. 산에 오르는 길에 융희, 건

륭 황제를 비롯한 여러 사람들의 글을 돌에다 새겨 놓았다.

인간이 그렇게 자기 이름을 후세에 남기려고 하는 것은 고금古今을 통하여 다 같은 것 같다. 자연 파괴라는 생각이 들어 어쩐지 석연치 않은 생각도 들었다.

5시쯤 하산을 하였다. 저녁에는 호건학胡建學 태안 시장이 저녁을 같이 하기 위해 온다고 한다. 그저 마음 편하게 저녁을 했으면 하는데 그것이 그렇게 되지 않는다.

북경 인민출판사 설덕진 사장 때문에 그러는 것 같다. 그저 의연하게 대하자. 오늘 밤만 자면 내일은 하루 종일 북경으로 달릴 것이고 모레는 서울로 간다.

저녁 6시 반경에 호건학 시장이 와서 응접실에서 이야기를 나누었다. 나는 사람 사는데 3락樂이 있는데 이곳에 와서 이틀을 지내면서 좋은 음식에 좋은 침실에 좋은 구경을 했으니 3락을 누렸다는 말과, 태산을 가보고 나는 태산을 알았는데 한국에는 이곳이 너무 알려지지 않고 있다. 또 그 동안 중국 전체를 알리는 책은 내었지만 이제 태안 같은 지역을 알리는 책을 내어야 될 것 같다고 했다.

저녁도 푸짐했다. 중국 음식은 다양해서 날아다니는 것 중 비행기를 빼고는 다 요리를 할 수 있으며 네 발 달린 것 중에 의자만 빼고는 무엇이든 요리할 수 있다는 말이 있다. 참으로 며칠간 세계 최고 요리인 중국 음식으로 포식을 했다. 술도 많이 마셨다. 그리고 그들이 태산이란 술, 또 태산의 마직麻織을 자랑하기에, 판로販路를 개척하려면 먼저 태산이란 술을 천진 국제공항 매점에라도 갖다 놓으라고 했다. 그들은 신중하게 받아들였다. 나도 김포공항에 있는 서점에 책을 공급하는 노력을 기울여야 되겠다. 특히 JAL기 승객에게는 《한국의 고지도》《한국전적인쇄사》같은 것이 팔리지 않을까.

1994년 297

저녁 9시가 되었다. 잠자리에 들어 내일 새벽 4시 반에 일어나 북경으로 가야 한다. 잠이나 푹 왔으면 한다.

3월 5일

새벽 5시에 빙전승, 마휘 씨의 배웅을 받으며 태안의 어좌 호텔을 떠나왔다. 오후 3시 무렵에 북경에 도착 후 좀 쉬었다가 양수송楊壽松 씨가 와서 같이 아내에게 줄 선물을 사러 나갔다. 결혼 33년 만에 처음 있는 일이다. 아내가 부탁하기도 했지만 이번에는 무엇인가 하나쯤은 아내를 위해 해주어야겠다는 생각이 들었다. 중간에 오도홍吳道弘 선생도 나와 계셔서 같이 보석상에 가 비취를 샀다. 아내 것을 사면서 두 며느리와 딸, 그리고 영자 이모 것도 작은 것이나마 샀다. 참으로 해외여행 20여 번 만에 이렇게 선물을 산다는 것은 처음 있는 일이다.

나이 탓도 있지만 출협 회장 선거의 후유증이랄까. 어떻든 마음의 변화인 것만은 사실인 것 같다. 이런 일은 이번으로 또 끝맺을 것이다. 내 스타일, 내 마음가짐대로 좀더 편하게 살자. 저녁에는 북경 반점에서 북경인민출판사 사장을 비롯한 간부들과 저녁을 했다. 그 동안 신세를 갚는 뜻에서 내가 저녁을 냈다.

그 자리에서 내 수필집《넓고 넓은 바닷가에》의 중국어판을 내주겠다는 약속을 설덕진 사장으로부터 받았다. 흐뭇한 기분에 취해 술을 많이 마셨다. 귀국 전에는 긴장이 풀려 술을 많이 마시게 되는 것 같다.

3월 6일

1시간 30분 후면 서울에 도착한다. 중국에 있는 동안 북경 인민출판사 설덕진 사장과 오도홍 선생께 많은 신세를 졌다. 그리고 휴식을 위해 떠났던 북경행은《등소평문선》계약은 맺었지만 쉬지는 못하고 왔다.

강 의 요 목

(SYLLABUS)

1994학년도 전반기

중앙대학교 신문방송대학원

강의 계획

주	단 원	내 용	비 고
1		出版經營의 概念과 特質	
2		微視出版과 出版經營	
3		巨視出版과 出版經營	
4		出版의 合理性과 非合理性	
5		出版物 流通機構 槪要	
6		都賣機構의 機能과 役割	
7		한국출판유통의 역사적 考察	
8		統計分析에 따른 出版經營의 硏究	
9		流通기구별에 따른 出版經營 分析	
10		去來方法과 유통체계	
11		日本의 出版流通	
12		구미의 出版流通	
13		先進國 出版流通과 比較分析	
14		한국의 出版流通에 대한 展望	
15		총정리	
16		기 말 고 사	

중앙대학교 신문방송대학원 강의 요목 (2/2)

중앙대학교 신문방송대학원

신대원 제9993 호   (810-2039)   1992.12.14.
수 신 : 윤성주 교 수
제 목 : 1994학년도 전반기 출강 의뢰

    항상 본 대학원의 발전을 위하여 애써주시는 교수님의 노고에 깊이 감사드리며, 위의 일에 대하여 아래와 같이 의뢰하오니 적극 협조하여 주시기 바랍니다.

- 아 래 -

1. 과 목 명 : 증권유통경영론
2. 강의요일및시간 : 매주 칠요일 제 1 고시 (18:30~19:50)
3. 첫 강의일자 : 94. 3. 7(수원)
4. 제출서류마감일 : 94. 1. 10

별 첨 : 1. 강의계획서(소정양식) 1부.
     2. 교 안 (") 1부.
     3. 자기소개서 (") 1부.

#신규 교강사께서는 사진(반명함판) 2매와 주민등록등본을 반드시첨부해 주십시오. 끝.

중앙대학교 신문방송대학원

중앙대학교 신문방송대학원 출강 의뢰 공문

강 의 계 획 서

· 과 목 명 : 출판유통 경영론
  (영 문) : Publishing Management
· 교 수 명 : 尹 炯 斗
· 수강대상 : 出版雜誌전공 1, 2 학차
· 학   점 : 2 학점

강의개요 :	出版經營의 理論과 實際를 研究檢討한다. 특히 出版經營의 中心課題라 할 수 있는 出版物流通機構 및 機能에 대한 研究와 出版의 內部環境과 거기에 따르는 出版經營에 대해 考察한다.

참고문헌 :	尹炯斗, 出版物流通論 (汎友社, 1989)
	李斗暎, 출판유통론 (청한문화사, 1993)
	村上信明 (尹炯斗번역), 日本出版物流通 (汎友社, 1988)
	金元在外, 도서유통실태 조사연구 (한국출판연구소, 1988)
	金元在外, 도서유통체계 및 관리개선연구 (한국출판연구소, 1989)
	李康洙外, 한국출판업실태조사연구 (한국출판연구소, 1990)

《강의계획》

주	내　　　용	비 고
1	出版경영의 槪念과 特質	
2	微視出版과 出版經營	
3	巨視出版과 出版經營	
4	出版의 合理性과 非合理性	
5	出版物 流通機構 槪要	
6	都賣機構의 機能과 役割	
7	한국출판유통의 역사적 考察	
8	統計分析에 따른 出版經營의 硏究	
9	流通기구별에 따른 出版경영 분석	
10	去來方法과 유통체계	
11	日本의 出版流通	
12	구미의 出版流通	
13	先進國 出版流通과 比較分析	
14	한국의 出版流通에 대한 展望	
15	총정리	

중앙대학교 신문방송대학원 출판유통 경영론 강의계획서

日ごろの御無沙汰をお詫び申し上げます。
三月を迎えようやく寒気もやわらいで来ました が、お元気のこと拝察いたします。
このたびは先生の御還暦をお祝いする素晴らしい記念論文集を御恵送賜わりまことに有難うございました。
韓国語を読めないのが、きわめて残念でありますが、口絵の写真を拝見するだけでも、先生が、韓国の伝統文化と現代文化の芳醇な雰囲気と共に生きてこられた姿が迫ってまいります。本当に美しい気がいたします。アジアの一角でお互いに出版学の向上をめざす者として、尊敬する友人の人生の節目に、心よりお慶び申し上げます。

先生にお会いして祝盃をあげたい気持で一杯でありますが、遠くてお伺いできないのが残念です。

この祝盃の機会は近い将来の再会のために、大事に保存しておきます。

今後、ますますお元気で、隣国の私たちを御指導下さいますよう、切にお願いいたします。

일본, 요시다 기미히코(吉田公彦) 선생의 편지 (2/3)

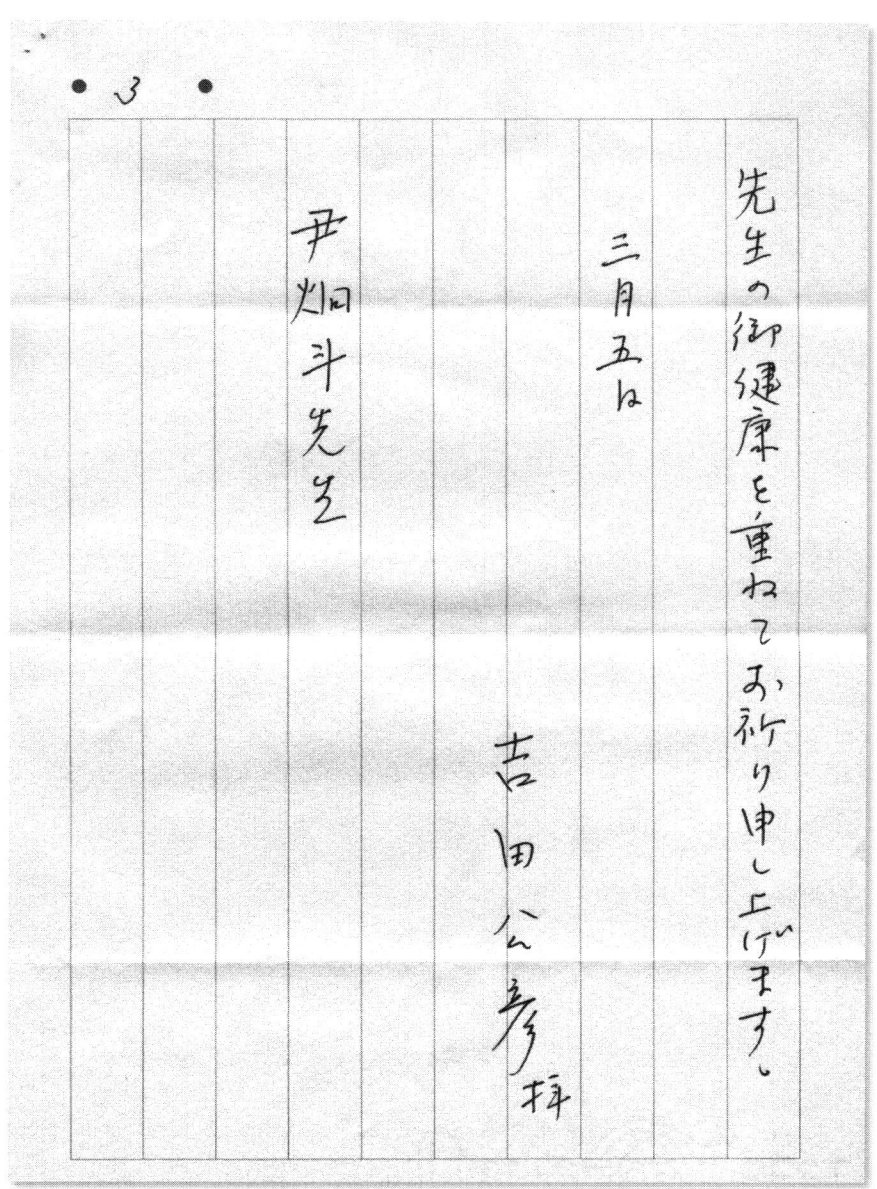

先生の御健康を重ねてお祈り申し上げます。

三月五日

尹畑斗先生

吉田公彦拝

일본, 요시다 기미히코(吉田公彦) 선생의 편지 (3/3)

내 운명이 휴식을 용납하지 않는 모양이다. 주어진 숙명대로 살 수밖에 없지 않겠는가.

내일부터는 또 중앙대 신문방송대학원 강의가 있다. 강의에도 충실하자. 그리고 도착 즉시 그동안 살아 왔던 생활 습관을 바꾸자. 그저 타의他意에 의해서, 아니 타성惰性에 의해서, 어떻게 보면 피동적被動的으로 움직이는 나에게서 관망觀望하고 관조觀照하는 사람으로 내 모습을 바꾸자.

가능하면 출판계의 단체 일에 대해서는 미련을 갖지 말자. 그 외에도 얼마나 할 일이 많은가. 안춘근安春根 선생님의 책도 가능하면 인수하고 내가 가지고 있는 고서들도 체계를 세워 정리해 보자.

범우汎友 북아트센터도 계획하고 '회갑 기념문집', '범우 30년사' 등도 구상해 보자. 그래서 내 사무실도 봉천동으로 옮기자. 마포 사옥社屋의 사장실은 넓혀서 회의실을 겸하고 고서방古書房은 봉천동으로 옮기자. 잡지 문제, 고서방 문제 등도 심도 있게 생각하자. 근무 장소를 바꾸면 나의 행동 반경도 바꾸어지겠지. 재민이의 출판사 독립 문제, 범우사의 주식회사 전환 문제, 기획의 방향, 모두 변화가 와야 할 것들이다. 1시간 후면 서울에 도착한다.

3월 10일

중국을 다녀온 지도 4일째다.

어제는 한국출판학회 이사회가 있었다. 출판학회상 수상자도 결정하였다. 그런데 오늘 기획상을 주기로 한 민음사의 박맹호 사장이 학회상 거절 통보를 보내왔다. 학회상이 시덥지 않다는 뜻인 것 같다. 나는 또 한 번의 참패를 당하는 것 같다. 학회를 키워야 한다. 한국 출판학회상이 권위가 있어야 한다. 그런데 지금껏 그렇게 행하여 온 것 같지 않다. 이번에도 더욱 진중했어야 하는 것인데……. 공로상은 그렇다 치고 경영상도 사계절은 협동조합에서 이번에 상을 받았다는데. 좀 신중했어야 했던 것이 아닐까.

결정난 일을 후회하면 무엇 하겠는가. 앞으로 잘하자. 또 판단력이나 능력이 없다고 생각되면 빨리 손을 떼자. 이번 선거도 한국 출판계에 나와 같은 사람이 있다는 것을 젊은 출판인이 알게 되었다고 협동조합 윤기사가 전해주었다. 듣기 싫은 말은 아니다. 아니 지금부터라도 한국출판계에 내가 있음으로 자만심을 느낄 수 있도록 나는 처신하며 노력해야 될 것 같다. 그런 준비와 실행을 하자. 좋은 글도 쓰고 공부도 더하고. 사회적인 지위도 향상시키고.

3월 11일

일기장도 거의 끝나간다. 새롭게 또 시작을 해야지.

낮에는 12시 반에 안광용 진명출판사 사장과 심영철 수원대 조각과 교수의 결혼식이 있다는 최선호 사장의 전갈을 받고 63빌딩 55층에 갔다. 초청자가 미리 정해져 있었는데 불청객이 갔는데도 안 사장이 반겨주었다. 김낙준 회장의 명패는 있는데 대신 처남인 이정일 사장이 나왔다. 쑥스러운 분위기를 목사가 잘 잡아 나갔다. 나는 금난새 부부와 선화랑 김창실 여사장 내외와 같이 앉아서 문화에 대한 이야기를 많이 나누었다. 예술의 냄새, 음악의 냄새, 나는 고서의 냄새에 대한 이야기를 하였다.

저녁 6시 30분에는 쁘렝땅 빌딩 22층에서 여행 문인(작가) 모임이 있어 갔다. 삶과 꿈 사장실이었다. 김 사장, 그리고 만화가 신동우씨, 또 원종성 사장, 그리고 김소엽 시인도 거기서 만났다.

회의가 끝난 후 을지로3가 먹거리 집에 가 맛있는 음식을 먹으며 담

소를 나누었다. 올 때 김소엽씨가 시집 한 권을 주었다. 한 편쯤 외우리라 했다. 차에 오면서 거의 다 읽었다. 〈지난 날 그리움을 황혼처럼 풀어놓고〉 시제가 좋았다. '황혼'이라는 것 나는 일본어로 たそかれ(타소카레)란 말을 좋아했던 것 같다. 나는 〈봄이 오면〉이란 시가 좋다고 여겼다. 곧 봄이, 아니 지금 봄이기 때문인지도 모른다. 또 〈그리움〉이란 시도 좋았다. 〈가슴은 노을빛〉, 〈몸에서 낙엽 타는 냄새〉 등 시구가 좋았다.

소주 몇 잔을 마신 것 같다. 왜 그녀는 '장엄한 일몰'을 노래했을까. 내가 한강을 건너면서 마냥 느꼈던 그 심정을. 인간이란 황혼과 일몰을 두려워하면서도 느끼며 사는 것이 아닐까.

3월 12일

생활의 리듬이 바뀌지 않았다. 변혁을 시도해보려 하지만 잘 되지 않는다. 아침에 출근하고 신문을 보는데, 신문 읽는 것부터 줄여야겠다.

점심에는 한승헌 변호사, 서당의 이종호 사장과 코리아나에서 같이 했다. 서당이 부채만 안고 문을 닫으려는데도 문제가 많은 모양이다. 안쓰럽다.

오후 2시에는 지양을 만났다. 전보다는 좀 나아진 것 같다. 오만함인지 기氣인지 좀 수그러진 것 같다. 나이 탓이겠지. 최소한의 예는 지키자.

오후에 안춘근 선생의 고서를 일부 인수해왔다. 목록에 없는 자료들도 좀 가져왔지만 짐을 가져다 풀고 보니 또 후회를 느낀다. 이제 고서에서 해방되고 여행도 다니고 글이나 쓰고 그렇게 좀 변해야 할 터인데 더욱 고서에 매달리는 것 같다. 정리도 못하고. 남에게 좋은 일을 해버리는 것인지도 모르겠다. 아니 현재 가지고 있는 것도 카드화 하지 못하고 사장하고 있으면서 이제 책 구입은 그만 하자. 안 회장 것은 스승 것이기 때문에, 또 유족

1994 전반기 중앙대 신문 방송 대학원

출판 잡지 전공 신입생 환영회
(졸업생 기념패 전달)

- 일 시 : 1994년 3월 14일(월)/21:00~23:00
- 장 소 : 거구장(중앙대 정문앞 84번 종점 맞은 편)
- 주 관 : 중앙대 신문 방송 대학원 출판 잡지회
- 어울림 : 1. 모시는 마음
  2. 출판 잡지회 회장 인사
  3. 중앙대 신문방송 대학원장 인사
  4. 출판 잡지회 전임원 감사선물 증정
  5. 졸업생 기념패 전달
  6. 출판 잡지회 교수 및 동문회 임원 소개
  7. 신입생 및 재학생 소개
  8. 식사와 담소
  9. 마무리
  10. 출판 잡지회 연락처 명단

중앙대학교 신문방송대학원 신입생 환영회 관련 공문 (1/2)

중앙대 신문 방송 대학원 출판 잡지 전공 동문회

제 7 대 임원진

고 문 : 윤형두(1기), 나중렬(1기), 이천지(1기)
김희락(2기), 고덕환(3기), 차무웅(3기)
조원세(4기), 임인규(5기)
회 장 : 전화수(5기)
부 회 장 : 박원동(8기), 이상덕(9기), 박원경(12기)
감 사 : 이영호(7기), 고영수(8기)
사무국장 : 김두식(12기)
총무이사 : 김재윤(19기)
재무이사 : 염남섭(12기)
사업이사 : 부길만(17기)
홍보이사 : 김희운(20기)
여성이사 : 황수진(21기)

7. 신입생 및 재학생 소개

'94학년도 전반기 중앙대 신문 방송 대학원
제27기 출판 잡지 전공 신입생 소개(가 나 다 순으로 각자 소개 10명)

- 강경중((주) 뿌리와 날개 대표)
- 강해작(도서출판 기문당 대표)
- 김미경(한국 스튜어디어스 아카데미 강사)
- 김정회(프리랜서)
- 박미옥(편집대행사 산글 대표)
- 신영숙(프리랜서)
- 윤정혜 (범우사 근무)
- 이상봉(현대석유화학(주) 홍보부)
- 전형기(나남사 근무)
- 권선정(다이너스 카드 근무)

8. 식사와 담소

9. 마무리

중앙대학교 신문방송대학원 신입생 환영회 관련 공문 (2/2)

에게 보탬을 주었다고 생각하자.

이제 잊어버리자. 안춘근 선생의 책에 대한 생각들은 말끔히 씻어버리자.

건강하자. 여유를 갖자. 인생에 대한.

3월 15일

점심 때 정해상, 김시환, 허창성과 같이 만났다. 주로 출협 회장 선거 이야기다. 후일담이 많다. 그러나 나는 앞을 보고 달리기에도 시간이 너무 적다. 뒤돌아보지 말자. 또 정력을 낭비하지 말자.

어제 중대 신방대학원에서 신입생 환영회가 있었다. 많은 제자가 커나가고 있다. 이것만으로도 보람이다. 2년 후에 대한 미련을 갖지 말자. 2년 후는 또 세상이 많이 변한다. 백행균 사장이 상대방이 유혹을 한다고 한다. 그 사람에게 나는 신세를 졌다. 그러니 갚겠다. 그러나 그를 묶어 두지는 않겠다. 오늘 점심시간에 허 사장이 내가 없을 때 최선호 사장의 초대로 몇 사람이 모였는데 2년 후에 대한 의견이 일치하지 않았다는 투로 말을 했다. 나는 욕심을 버렸다. 자기들의 조직을 위해 내가 다시 하지 않겠다는 말만은 하지 말아 달라고 해서 그렇게 할 뿐이다.

내 시간을 갖자. 오후에도 좀 일찍 사무실을 나와 스포츠센터를 거쳐 범우헌에 와서 안춘근 선생에게서 산 책을 정리했다. 대학에 기증하던지 서지자료관을 만들던지 잘 활용하면 훌륭한 고서자료관이 될 수 있다는 생각을 하였다. 또 잘 활용하면 출판 아이디어를 얻을 것 같다. 그렇게 자위하자.

3일 후에 닦아오는 출판학회 총회와 시상식이나 잘 추리자. 그것도 1년 중 큰 행사가 아닌가. 이제 자꾸 뒤돌아보지 말고 앞을 보고 뛰자.

3월 16일자, 경향신문 신간소개(《등소평문선》, 《한국미술대요》)

3월 18일

오늘 출판학회 총회와 16회 출판학회상 시상식을 무사히 마쳤다. 일본의 미노와 회장이 와주셨고 수상자들도 기뻐했다. 이기웅, 김경희 사장도 왔다. 그리고 수상을 거부한 박맹호 사장도 잠깐 왔다 갔다. 점심에는 박충일 회장과 같이 했고 출판학회를 마친 후 프레스센터 식당에서 미노와 회장과 같이 저녁을 하고 헤어졌다.

第16回 韓國出版學會賞 施賞式
1994年度 定期總會

● 日時 : 1994년 3월 18일(금) 오후 4:00

● 場所 : 한국프레스센터 19층 기자회견장

◀ 진 행 ▶

1994년도 정기총회	오후 4:00~5:00
제16회 한국출판학회상 시상식	오후 5:00~6:00
리 셉 션	오후 6:00~7:00

사단법인 韓國出版學會
서울특별시 마포구 구수동 21-1 汎友社 內
☎ 717-2121

한국출판학회 정기총회 관련 브로슈어 (1/4)

심사경위

韓國出版學會는 1972년부터 매년 出版文化와 出版學의 발전에 지대한 업적과 공로가 많은 人士와 團體를 선정하여 '韓國出版學會賞'을 시상해 오고 있다.(1978~1982년에 실시되지 못함) 이 賞은 1994년 현재로 열여섯 번째를 맞이하였다.

韓國出版學會는 本學會의 理事會가 審査委員會를 구성, 회의를 열고 여러 후보자를 심사하면서 그 수상자를 선정한다. 이번의 심사위원회는 지난 3월 9일에 개최했던 바, 저술·연구부문, 경영·영업부문, 특별공로부문의 3개 부문 수상자를 선정, 결정하였다.

특히, 이번의 수상자들은 각각의 專門分野에서 큰 업적을 이룩함으로써, 出版學界와 讀者 그리고 관련업계에 이바지함이 많을 줄 믿는다. 수상자들은 이미 해당 분야에 널리 알려져 있으며, 다음에 略述한 授賞要旨와 經歷 이상으로 그 업적과 공로가 많다.

수상자 제위에게 축하드리며, 계속 精進하기를 기원한다.(15회까지의 수상자는 3,4면에 실림)

한국출판학회상 심사위원회

第16回 韓國出版學會賞 受賞者

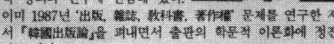

【著述·研究部門】
金泳柱

● 受賞要旨

수상자는 1960년대부터 출판 현장에서 익혀 온 실무를 바탕으로, 1980년에 대학으로 자리를 옮겨 오늘까지 경험에 의한 출판학 강의와 연구에 전념해 왔다.

이미 1987년 '출판, 雜誌, 敎科書, 著作權' 문제를 연구한 저서『韓國出版論』을 펴내면서 출판의 학문적 이론화에 정진하고 있다.

특히 수상자는 저작권 분야에 관심을 갖고 논문을 발표하는 한편 대학원에서 "知識의 國際流通과 著作權에 관한 硏究"란 박사학위 논문을 통해 지식·정보의 유통과 저작권의 함수를 논술하면서 인류 사회의 지적 격차에 대한 최소화를 주장, 모색해 왔다.

이러한 연구 논문과 오늘날 급변화로 전개되고 있고 정보사회 문제를 이론적으로 접근하면서 지식·정보의 소유와 법적 한계에 관한 연구를 한데 엮은 수상 도서인『情報社會와 著作權』은 시대적으로 적절한 발간이라 할 수 있다.

아직 인식이 부족한 저작권의 세계와 정보화·국제화로 치닫고 있는 현대사회에서 이 저서의 학문적 기여도는 높다고 평가할 수 있다. 앞으로 저작권이 우리 출판학뿐만 아니라 일반 학문에서도 중요한 분야임을 감안할 때, 이 저술의 업적은 출판산업의 발전에 이바지하리라 전망된다.

● 經 歷
· 1937. 3. 江原 旌善 출생
· 1960. 3. 서울大學校 文理大 言語學科 졸업
· 1982. 2. 中央大學校 大學院 新聞學科 졸업/ 政治學碩士
· 1992. 2. 漢陽大學校 大學院 新聞放送學科 졸업/ 文學博士
· 1980. 3. 新丘專門大學 印刷科 교수
· 1992. 7. 현재 同校 출판과 교수
· 1990. 6. 韓國言論學會 이사
· 1990. 8. 出版文化學會 회장
· 1992.10. 韓國出版學會 이사
· 1992. 3. ≪出版雜誌≫ 발행인 겸 편집인
· 1992. 3. 國際PEN클럽 韓國本部 감사
· 1993.10. ≪저널리즘비평≫ 주간
· 1979. 3. 大統領 표창

● 主要著述
韓國出版論(著書)/ 情報社會와 著作權(著書)/ 편집 체재와 글의 읽기 쉬움 : 교과서를 중심으로(共著)/ 새 국어 표기법(編著)/ 印刷 出版文化의 源流(譯書)/ 出版經營論(共著) 외 다수.

【著述·研究部門】
李斗暎

● 受賞要旨

수상자는 1964년 이래 대한출판문화협회 사무국장 겸 상무이사를 역임하는 동안 국내외 출판현장의 흐름을 종합적으로 관찰할 수 있는 위치에서 이론을 실무에 활용하고 실무경험을 이론화하면서 우리나라 출판문화를 이끌어 왔다.

특히 우리나라 출판발전의 가장 절실하고 중요한 과제인 유통현대화에 대해 정열적으로 연구해 오고 있는 수상자는 이번에 펴낸『出版流通論』은 국내 현실과 선진국의 풍부한 사례들을 토대로 우리가 추구해야 할 21세기 출판유통시스템의 방향을 제시한 硏究書로 높이 평가할 만하다.

출판의 정보화·세계화를 우리 출판산업이 지향해야 할 목표로 내세운 수상자는 이 저서를 통해 대내적으로는 독자들의 다양하고 민감한 욕구변화에 대처하고, 대외적으로는 출판시장의 開放化에 따른 외국의 거대한 多國籍 출판企業과의 경쟁에서 이길 수 있는 새로운 모델로서 情報네트워크型 出版流通시스템을 제안하고 있다.

수상자가 10여 년에 걸쳐 6개국 14개 出版物 流通시스템을 직접 조사하여 체계적으로 소개한 것은 국내 최초의 작업으로 앞으로 학계나 출판계에서 이 분야 연구의 귀중한 참고자료가 될 것이다.

● 經 歷
· 1945. 4. 서울 出生
· 1972.   국제대학 졸업
· 1964. 5. 중앙대학교 신문방송대학원 졸업
· 1982.3~1993. 6. 同 협회 사무국장 兼 상무이사로 奉職
· 1991. 4.~ 현재 韓國圖書普及株式會社 監事
· 1993. 7.~ 현재 韓國出版協同組合 專務理事
· 1992.   韓國刊行物 倫理賞(著述部門)
· 현재 中央大 新聞放送大學院 강사/ 漢陽大 강사/ 韓國出版學會 監事/ 韓國電子出版硏究會 副會長/ 韓國文獻番號運營협의회(Korean ISBN Agency) 委員/ 韓國語情報學會 理事

●主要論著
歐美의 出版流通 / 大韓出版文化協會 40年史(집필) / 出版狀況論(韓國刊行物論理賞 受賞) / 世界의 出版(共著) / 出版流通論 / 出版流通情報 시스템 構築에 關한 硏究外 多數

【경영·영업부문】
사계절 출판사
대표 김영종

●受賞要旨
1982년 6월 1일 창사 이래 만 12번째를 맞이하는 사계절출판사는 사회과학 전문출판사로 시작하여 출판문화운동에 앞장섰다. 그리고 독자들의 다양한 요구에 능동적으로 대처하여 건전한 출판 풍토를 조성하고 출판문화의 발전에 기여하였다.

사계절출판사는 기획단계부터 철저한 시장 조사 및 분석, 기획전담부서 설치 등 과학적인 경영관리 기법을 도입하여 출판의 기업화를 이룩하였다.

1993년도 최대의 화제작인 『반갑다 논리야』를 비롯한 『명의 병원 소프트』, 『경제기사 소프트』, 『손바닥 경제』와 같이 어렵고 전문적인 내용을 쉽고 알차게 전하는 창의적인 출판활동을 통하여 현대의 독자들이 필요로 하는 우수 도서들을 다수 개발하여 기획출판의 중요성을 입증시켰다.

●연 혁
- 1982. 6. 광주시 서구 양림동에 사계절 출판사 창립
- 1988. 1. 〈일하는 자의 철학〉 출판으로 국가보안법 위반
- 1988. 4. 출판등록 취소(광주)
- 1988. 4. 신규 출판사 등록(서울 종로구 신문로 1가)
- 1993. 6. 중구 정동 경향신문사 별관 8층으로 이전
- 1990.   발행인 한국 출판문화운동협의회 5대 회장
- 1993. 12. 문화부 장관상 수상('93책의 해 유공자)
- 1994. 2. 올해의 자랑스런 출판 경영인상 수상(출판협동조합)
- 1994. 2. 발행인 현 대한출판문화협회 이사

●주요기획 출판물
1. 사회과학 출판의 시대(1982~1990)
   A. 사회주의 휴머니즘 / 80년 전후 격동의 한국 사회 / 민족과 통일 / 현실인식의 논리 / 사회구성체 이행 논쟁 / 형상과 전형
   B. 삶의 지혜 / 오늘의 한국경제 / 문학의 이론과 실천
   C. 교육현장 1,2 / 밥먹으며 시계보고… / 닫힌 교문을 열며
   D. 林巨正의 출간
2. 내용의 대중화, 영역의 다변화 시기(1990. 7. 5.~현재)
   A. 이야기 파라독스 / 아하! / 남북 어린이가 함께 보는 전래동화 / 남북어린이가 함께 보는 창작동화 / 다시 읽어야 할 우리 소설 1-5
   B. 교실밖 국어여행 / 손바닥 경제 / 경제기사 소프트 / 일출봉 / 생물이야기 / 전략적 벤치마킹 / 교실밖 국사여행
   C. 반갑다 논리야 / 명의 병원 소프트 / 세상을 알게하는 우리 수필 / 근현대 명논설 1,2 / 민족을 노래한 작곡가 김순남

【특별공로부문】
孫永壽

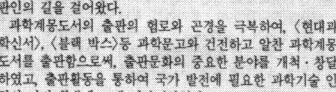

●受賞要旨
수상자는 1956년 전파과학사를 창설한 이래, 출판사업이 사회의 문화 발전과 전국민의 평생 교육에 이바지해야 하는 동시에, 일상생활과 결부되어야 한다는 확고한 신념을 갖고, 모범적인 출판인의 길을 걸어왔다.

과학계몽도서의 출판의 험로와 곤경을 극복하여, 〈현대과학신서〉, 〈블래 박스〉등 과학문고와 건전하고 알찬 과학계몽도서를 출판함으로써, 출판문화의 중요한 분야를 개척·창달하였고, 출판활동을 통하여 국가 발전에 필요한 과학기술 인력의 저변 확대에 크게 이바지하였다.

과학지식의 보급을 통한 저술활동에도 노력하여 〈과학의 起源〉등 20여 종의 과학도서를 번역저술함으로써 과학도서의 출판진흥에도 크게 기여하였다.

외국의 과학도서를 번역 출판하는 데에서도 한국의 국제저작권조약 가입 이전부터 원저자 및 원출판사와 정식으로 계약 내지 동의하에 번역 출판권을 취득함으로써, 국제적 출판 신의의 화첨에 시범을 보여왔다.

●經 歷
- 1926. 2. 경북 포항 출생
- 1941. 7. 朝鮮無線通信神學校 卒業
- 1950.11. 陸軍綜合學校 卒業
- 1951. 2. 陸軍通信學校 土官 卒業
- 1955. 9. 朝鮮大學校 法政大學 修學
- 1943.12-1946.11. 日本海艦救助株式會社, 日本海軍船舶救難 本部船舶通信長
- 1956. 6-1989. 4. 圖書出版 電波科學社 創立代表
- 1989. 5-현재 圖書出版 電波科學社 會長
- 1959. 2-1979.11. 月刊〈電子科學〉創刊 發行人 겸 編輯人
- 1964. 3-1968. 4. 監査院長 秘書長, 秘書室長(理事官)
- 1970-1981, 1986-1987 社團法人 大韓出版文化協會 理事
- 1978. 5-1989. 科學技術圖書協議會 代表會長, 顧問歷任
- 1987. 8-현재 韓國科學技術圖書媒體聯合會 編帖委員
- 1987. 7.- 韓國科學技術媒體協會 初代會長, 顧問 歷任
- 1981. 2. 서울시 文化賞 出版部門 受賞
- 1984.   韓國科學達人協會會員(出版)

●主要著述
編著 : 라디오 技術敎科書, 譯書 : 과학의 기원 / 생명의 기원 / 4차원의 세계 / 위대한 수학자들 / 새로운 양자물리학 / 바다의 세계 외 다수

韓國出版學會賞 歷代受賞者

[제1회 - 1972년] : 崔正浩(字型圖案家) : 活字字型의 제작에 一生을 바쳐 우리 出版·印刷의 발전에 기여하였다.

[제2회 - 1973년] : 姜周鎭(전 국회도서관장) : 초창기 出版協會의 事務局長으로서 큰 공로를 남겼으며 韓國學에 관한 文獻出版에 진력하였다.

[제3회 - 1974년] : 趙豊衍(언론인) : 광복 직후 직접 良書出

版의 본보기를 보였으며, 한국 최초의 出版文化賞이 제정되도록 노력하였다.

[제4회-1976년]·崔德敎(創造社 代表): 한국 최초의 《大百科辭典》(學園社)을 기획·발간하여 우리 출판문화를 자랑하게 하였다.

[제5회-1977년]·文德守(弘益大 敎授): 《世界文藝大辭典》(成文閣)을 기획 편집, 代表著者로 참여함으로써 지대한 공을 남겼다.

[제6회-1983년]·李康洙(漢陽大 敎授): 〈文化의 Gatekeeper로서의 출판산업과 출판인에 대한 연구〉라는 논문은 뛰어난 硏究成果로, 출판학 연구에 자극제가 되었다.

·鄭丙圭(북디자이너): 본격적인 북디자이너로서의 전문성을 쌓아 출판의 미래에 새로운 가능성을 제시하였다.

[제7회-1984년]·趙相元(玄岩社 會長): 法律 전문 출판에 힘썼으며, 초창기의 학회지인 《出版學》을 발행, 출판학 연구에 기여하였다.

[제8회-1985년]·金聖哉(一志社 代表): 國學關係의 양서를 기획 출판하였으며, 《출판의 이론과 실제》라는 본격적인 出版學 槪論書를 저술, 출판하였다.

·高廷基(新丘專門大學 講師): 잡지 편집의 이론을 집대성하여 〈잡지편집의 이론과 실제〉라는 저술을 내었다.

·李理勳(螢成社 代表): 《출판 편집 총서》을 기획 출판하여 출판계와 출판학계의 발전에 기여하였다.

[제9회-1986년]·閔丙德(鍾田專門大學 敎授): 대학 최초의 出版科 설립에 힘썼으며, 《出版學槪論》을 저술하였다.

·《책방소식》(한국출판판매주식회사 社報) 책 안내뿐만 아니라 圖書出版界 문제를 폭넓게 다루는 운동체적 媒體로서 기능을 발휘하였다.

·箕輸成男(日本出版學會 副會長): 出版學 硏究와 國際出版學會 결성 등 국제출판학회 결성 등 國際交流에 힘썼으며, 國際學術發表會의 개최에 공로가 많다.

[제10회-1987년]·崔 埈(前 中央大 敎授): 言論學界의 元老로서 出版學 관계의 본격적인 論文들을 발표, 그 學問의 定立을 위해 기여하였다.

·金洛駿(金星出版社 代表): 출판의 科學化를 위해 진력하고, 社員敎育·讀者相談의 적극화 등 出版經營에 주목되는 업적을 이룩하였다.

·李起雄(悅話堂 代表): 《慶州南山》등 美術·民俗관계의 良書를 기획 출판, 文化運動인 발전에 기여하였다.

[제11회-1988년]·許萬逸(著作權法整備委員會 事務局長): 著作權관계 연구가 미진한 상태에서 著述·硏究部門受賞圖書인 〈著作權法逐條槪說〉에 그 運用理論을 심도있게 증거해 놓음으로써 출판界의 발전에 이바지하였다.

·文國韓(國民書館 代表): 초·중등학교 전학년을 대상으로 하여 그 學習資料로 뒷받침하기 위해 《원색 과목별 학생대백과》(전 18권)을 출판함으로서 기획·편집부문을 통한 出版文化 발전에 이바지한 바 크다.

·오늘의 책 운영위원회(代表幹事 金彦鎬): 권위있는 學者·專門家를 '오늘의 책 선정위원'으로 위촉, 매년 30종 내외의 우수한 책을 鑑定하여 良書普及事業에 이바지하였다.

[제12회-1989년]·尹炳泰(沈友社 代表): 著書 《出版流通論》에 該分野의 이론과 運用의 實際을 심도있게 분석, 제시함으로써 學問的 정립에 크게 기여하였다.

·조상호(나남출판사 대표): 《나남커뮤니케이션 총서》는 전문圖書 출판의 가능성을 실현하였다.

·출판저널: 媒體를 위한 媒體로서 出版業界와 業界, 文化産業界 전반에 전문적 公器로서 소임을 다해 왔다.

[제13회-1990년]·千惠鳳(成均館大 敎授): 기획·편집부

문 수상도서인 《빛깔있는 책들》은 우리 문화를 새롭게 보여주는 장기기획물로, 기획 출판의 새 영역을 열었다.

·金昭映(大韓基督敎書會 代表): 1세기의 역사를 이어온 유서깊은 출판기관의 책임자로서 경영·영업활동의 주목되는 성과와 능력을 보여 주었다.

·劉漢成: 국어대사전 등의 편찬을 통하여 우리말의 정리와 발굴에 크게 기여하였다. 평생 일관된 전문편집자로서 사서류 편집에 개척자적인 공로가 높이 평가된다.

[제14회-1991년]·安春根(중앙대 신방대학원 교수): 30여년 동안 출판·서지학 연구에 많은 공적을 쌓았다. 受賞書인 《韓國書誌學原論》은 한국의 書誌와 古書의 知識, 古書의 分類에 대한 이론을 심도있게 다루었다.

·鄭文社(代表 羅重烈): 1950년 6월에 창립한 이래 農學分野의 圖書를 집중 기획·출판하였다.

·李昌世(亞細亞文化社 代表): 韓國學 관계 귀중 文獻·資料를 발굴·간행하였으며, 韓國學文獻硏究所를 설립하는 등 硏究·編纂事業의 기반조성에 진력하였다.

[제15회-1992년]·尹炳泰(충남대 문헌정보학과 교수): 國內 文獻情報學界에 관련된 많은 論著를 펴내어 韓國書誌學의 기초를 충실히 닦아왔으며 우리나라 活字文化에 관한 30여년의 연구 결실인 《朝鮮後期의 活字와 冊》을 펴냈다.

·李鐘國(중앙대, 경희대 신문방송대학원 강사): 敎科書에 관련된 論著를 꾸준히 발표했으며 최근에 저술한 《한국의 교과서》는 우리나라의 敎科用圖書가 성립·발전해온 과정을 깊이 있게 다루었다.

·金洛駿(金星出版社 代表): 1965년 (株) 金星出版社를 창립, 1991년 표제어 약 40만개를 수록한 《금성판 국어대사전》을 간행하였다.

·창작과비평사(代表 金潤洙): 1966년 계간 《창작과 비평》을 창간한 이래 문제작들을 꾸준히 발간해냄으로서 진정한 민족문화 수립에 헌신하였다.

·三省出版博物館(館長 金宗圭): 우리나라 출판인쇄물의 1300년의 유산을 발굴·보관·전시하는 한국 초유의 출판전문 박물관으로, 우리의 인쇄·출판문화와 유산을 후대에 보존, 전달하고자 하는 사명감을 성실히 이행하고 있다.

한국출판학회상 운영규정

제1조(명칭) 이 상은 한국출판학회가 제정한 한국출판학회상이라고 한다.

제2조(목적) 이 상은 한국의 출판문화와 출판학의 발전을 위해 힘쓴 인사(단체)를 포상하여 출판문화와 출판학의 발전에 이바지하고자 한다.

제3조(대상) 이 상은 한국의 출판문화와 출판학의 발전에 지대한 업적과 공로가 많은 인사(단체)를 대상으로 한다.

제4조(종류) 이 상의 종류는 다음과 같다.
1. 저술·연구부문   2. 기획·편집부문
3. 경영·영업부문   4. 기타 출판문화일반

제5조(운영) 이 상의 운영과 심사는 본회 이사회가 맡으며, 그 책임은 회장이 맡는다.

제6조(시상방법) 이 상은 각 부문별로 시상한다.

제7조(시상시기) 이 상은 매년 1회 시상한다.

附則

1. 이 상은 1972년 제1회 시상을 시작하여 1977년 제5회까지 시상한 일을 이어서, 1983년 제6회로 이어진다.
2. 이 상의 규정은 이사회의 결의로써 효력을 발생한다.

한국출판학회 정기총회 관련 브로슈어 (4/4)

뉴스 초점

김낙준 회장, 41대 출협회장 재선

지난 40대에 이어 41대에 재선된 김낙준 회장(우)이 윤형두 후보와 함께 유권자에게 답례하는 장면.

본사 김낙준 회장이 2월 22일 대한출판문화협회 41대 회장에 선출됐다. 김 회장은 이날 세계일보 국제연수관에서 출협 사상 첫 직선제로 치러진 선거에서 총 957명의 참석자 중 527표를 얻어 424표를 얻은 윤형두 범우사 사장을 누르고 당선됐다. 김 회장은 기자회견에서 "출판인의 화합에 최우선적으로 비중을 두고 도서관 및 독서진흥법의 국회 통과를 추진하는 동시에 출협을 중심으로 시장개방에 대처, 적극적인 준비작업을 하겠다"고 당선 포부를 밝혔다.

《금성 책나무》 3·4월호 기사

이승하 사장의 아들인 이운산이 미노와 교수를 모시고 다녔다. 그가 무척 활동을 하는 것 같다. 이운산이 일본출판계에 영향력을 갖고 능력자가 되어주면 얼마나 다행이며 한국출판계에 힘이 되겠는가.

퇴근길에 강남성모병원 영안실에 잠들어 있는 국민학교 동창인 옥수웅이의 빈소를 찾아 그곳에서 동창들을 몇 사람 보고 떠나왔다.

이렇게 세상은 지내야 하는 것인지 모르겠다. 오늘도 보니 학회 총회에 올 만한 사람들이 많이 오지 않았다. 내 부덕이라 여기자. 약은 사람들이라기보다 나에게 문제가 있다고 생각하자. 그것이 마음 편하지 않겠는가.

3월 23일

오늘 신윤식 친구가 데이콤 사장을 그만두는 날이다. 그래서 저녁에 반포에서 술 한 잔씩을 했다. 전태성, 이재걸, 김준민, 정진웅, 정윤택, 신윤식, 나 그렇게 만난 것 같다. 나 혼자 술을 많이 마셨다. 왜 그러냐하면 2시간 동안 나는 안춘근 선생에게 산 책을 정리하느라 피곤했다. 정에 의해서였건 탐욕에 의해서건 어쩐지 경솔하였다는 생각이 들때가 있었다. 그런 불만 같은 것이 나의 뇌리에서 떠나지 않았음으로 나는 폭주를 한 것 같다.

이제 잊자. 6.25를 잊듯이, 여순사건을 잊듯이, 좋아했던 사람들을 잊듯이, 내 고난의 순간들을 잊듯이, 가난을 잊듯이, 배고픔을 잊듯이, 내 무식마저도 잊어버리자. 모든 것은 이 시간 이전의 것이니까. 내가 힘껏 노력하면 그 손해를 모두 배상받을 수 있으니까. 안 회장이 가르쳐 준 안목으로 전국을 누벼보자. 그러면 분명 노다지가 생길 것이다. 금맥을 캐듯이 한 번 내일부터라도 노다지를 캐자.

이성관 씨의 편지

3월 25일

남계영씨 막내 결혼식에 가는 길에 향문사에서 나중열, 이영호, 이철지 동문들과 같이 식사를 했다. 결혼식에 참석하고 범우헌에 와서 안춘근 선생에게서 산 책 정리하면서 또 후회를 하고 있다.

오래도록 마음의 상처로 남을 것 같아서 걱정이다. 이것이 배움이며 인생을 살아가는 데 큰 체험인데 마음은 자꾸 옹졸해진다.

3월 29일

출협 선거가 끝난 후 안춘근 선생의 책을 인수하였다. 2억에 인수하였다. 안 선생님의 소장목록이 인사동에 돌아다니는데 사는 사람이 없다는 것이다. 고인인 안 회장을 위해서라도 사야겠다는 마음으로 샀다. 그런데 나는 왜 이렇게 가슴 아파 하는지 모르겠다.

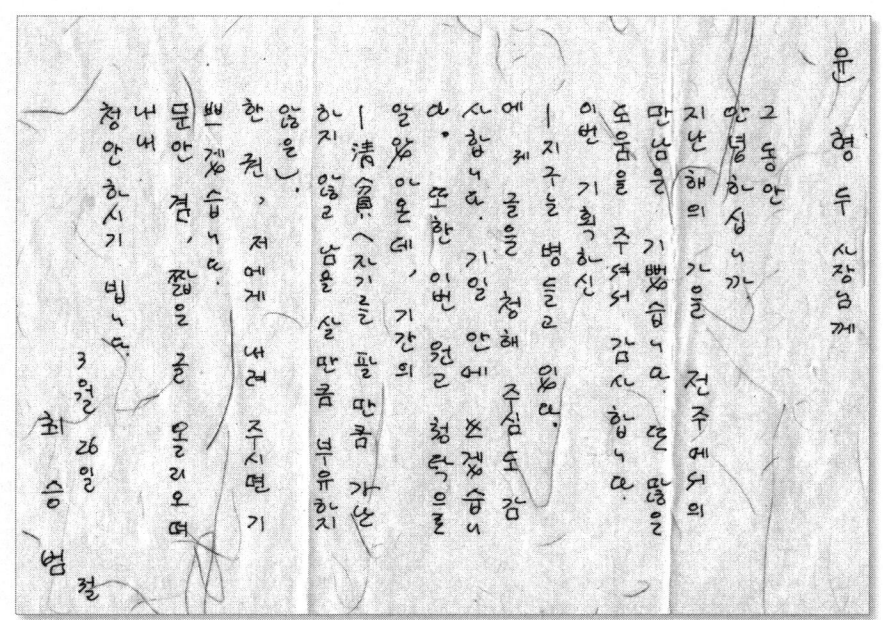

최승범 시인의 편지

    운명 때문에, 타고난 팔자 때문에 무던히도 고생했다. 그런데 왜 또 인위적으로 저질러서 또 고생을 하고 있는지 모르겠다. 그것도 인연에 의한 응보라면 운명이 아니겠는가. 아니 운명이라기보다 내 과욕인지 모르겠다.

    무엇인가 채우지 못한 것을 채워보겠다는 욕심이다. 그것을 버리지 못하는 것이다. 그것을 버리자. 그러면 평안이 올 것이다. 점심시간에 출협 회원사 사장들과 만나는 것 그것도 신세에 대한 갚음이 아니라 2년 후의 회장 선거에 대한 미련인지 모른다. 버리자. 모든 것을 버리자. 평안하게 하고픈 일이나 하며 이제껏 살아왔던 내 인생에 대한 조용한 정리나 하자. 글을 쓰는 것도 좋고, 아니 명상하거나 과거를 회상하는 것만으로도 앞으로의 삶은 무가치하다고 생각지 않는다. 마음 가는대로 살자.

3월 30일

낮에는 한완상, 리영희, 한승헌, 임헌영, 김상현 등 으악새 형제들과 일광(무명촌)에서 점심을 했다. 다정한 사람들이다. 오랜 연륜 때문인지 모르겠다. 나에 비하면 많이들 사회적으로 명성이 높은 분들이다.

저녁에는 김상현 의원이 고르바초프를 하이야트 HOTEL에 초청하여 환경문제에 관한 세미나를 한다하여 참석하였다. 항시 느끼지만 정치인들 모임에는 가지 않았어야 하는데 하는 후회를 꼭 하게 된다. 오늘도 그랬다. 저녁도 먹지 않고 돌아왔다.

나는 오면서도 안춘근 선생의 책 때문에 신경이 쓰였다. 오늘 인사동의 한상봉 씨에게서 전화가 왔는데 안 회장이 가지고 있던 검여 유희강 선생의 글이 시장바닥에 돌아다닌다는 것이다. 또 책도 일부가 흘러나왔다는 말이 떠돈단다. 나는 그 말을 믿지 않지만 기분은 좋지 않다. 처음 내가 받았던 목록과 일부라도 대조해봐야겠다.

김수자 씨의 편지

이제 나는 모든 것을 성취한 사람이다. 여유를 갖자. 그리고 지금껏 무엇이 되겠다고 한 적이 없지 않느냐. 기회가 오면 출협 회장은 한 번 해보겠다고 했지만 기회가 오지 않았으니 이것도 미련을 갖지 말고 단념하자. 또 안 회장 책 건도 생명에 비하면 아무것도 아니지 않느냐.

건강을 해치지 말자. 그리고 빨리 잊자. 오늘 상품에 대한 평가는 끝나지 않았느냐. 좋은 것은 모두 복제품이라고 항의하고 또 전부 가져가라고 하지만 그것도 나답지 않은 일이다. 물은 한 번 엎지러지고 말았다. 더 이상의 실패는 하지말자. 경솔한 짓은 하지말자. 있는 탓, 가진 자의 탓이다. 정신을 차리자.

3월 31일자, 내외경제신문기사

4월 1일

　4월의 첫날이다. 아침에 고서를 범우헌 7층으로 옮기다 안 회장 책을 보고 또 느낌이 와서 안 회장댁에 전화를 했다. 사모님이 받았다. 어제 인사동 한상봉에게서 전화가 왔는데 안 회장의 유물이 돌아다닌다는 것이다. 또 목록과는 내용이 다르다는 말도 드렸다. 복사본이 많고. 특히《유옥련전》《아라비안 나이트》초판본이라는 것)도 복사이며, 일제시의 문학서 등도 복사본이 많다고 하였다.

　어제는 수필 문학 진흥회 총회와 제12회 현대수필문학상 시상식에 들러 시상식을 보고 왔다. 박연구, 이정림씨가 사회를, 황필효, 문혜영씨가 수상을 했다. 내가 10회엔가 수상했으니 벌써 2년이 되었다.

　오늘은 점심에 이응백 선생과 이경훈 선생을 모시고 식사를 했고 저녁에는 장을병 박사 회갑연이 있어 63빌딩에 들러 많은 사람을 만났다. 그런데 이○정 교수에게 인사를 했더니 알고인지 모르고인지 받지 않았다. 언제인가 이 교수 이름을 내가 틀리게 불렀던가 하는 실수를 했던 일이 있었던 것 같다. 그것 때문인지 언제 또 한 번 인사를 하니 본 듯 만 듯한 것 같다. 이제 신경을 쓰지 말자. 내가 실수를 했기 때문에 그렇다면 당연한 것이 아니겠는가.

　사회적으로 명사들의 모임 같은데는 가능하면 가지 말자. 흐뭇하게 정을 나눌 수 있는 사람들끼리 오붓하게 만나자. 그러기 위해 내가 좀 희생이 되어도 좋지 않겠는가.

　돈은 쓰되 마음은 상하지 말자. 기라성 같은 인물들과 악수하고 인사하고 담소하는 것, 그것이 나에게 무엇 그리 유익하겠는가. 마음 편한 것이 제일이지. 이제 침착하고 성숙하자. 나에게 당부한다.

　*이 일기장 한 권이 모두 후회의 고백서며 참회다. 실수라기보다

욕심이 빚어낸 결과가 아니겠는가. 인간의 심리는 항시 유동적이다. 이익을 위해, 그 때의 환경에 의해 협조도 하고 배신도 한다. 협조한 사람이 협조하기 쉽고 배신한 사람이 배신하기 쉬울 뿐이다. 그리고 기회주의자는 항시 기회주의자다. 그런 사람은 그런 사람이려니 하고 그 이상의 기대를 하지 말자. 일기장을 넘기면서 때는 늦었지만 많은 것을 배운다. 남은 여생을 착실히 정리하자. 미움도 사랑마저도 접어두고 백지로 깨끗하게 하얀 여백만을 남기고 가자.

　　　－ 2008년 4월 17일 부모님 기일날 아침 일기장을 읽고 나서

4월 5일

오늘은 식목일이라 집에서 쉬었다.

아침에 수협 기관지인 《새어민》에 보낼 원고 한 편을 마쳤다. 그런데 10여 년 전 《새어민》에 써보냈던 망해望海라는 작품에 비하면 너무 수준이 떨어지는 것 같다. 아직 매듭을 짓지도 못했지만 전혀 성의도 보이지 않고 또 감정도 떠오르지 않는다. 이대로 가다간 이제 수필도 끝맺음

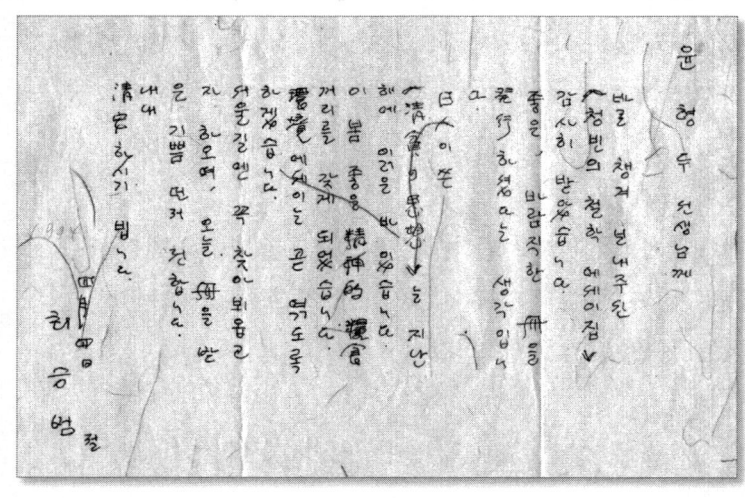

최승범 시인의 편지

을 해야 될 것 같다. 인생에 대한 통찰이나 아픔이 사라진 것 같다.

정말 이제 만족하는 돼지가 되어버린 것일까. 고서를 만지고 또 범우헌 7층에 올라가 안선생 댁에서 산 책을 정리하면서 시간을 보내고, 집에 와서는 또 서재의 한적 정리나 하면서 또 시간을 보냈다.

이제 고서를 만지면서 자위하고 또 가슴앓이를 할 것이 아니라 한 권 한 권 차분하게 들여다보면서 글이라도 쓰자. 그렇지 않으면 고서가 나에게 무엇을 남겨줄 것인가. 그저 탐욕의 소산으로 쌓아두다 내가 이 세상을 떠나면 귀찮은 폐지가 되어 헐값으로 또 누구의 손으로 넘어갈 것이 아닌가.

시간이 가기 전에 목록 정리도 하고 전시회도 갖고 학문적으로 연구할 것이 있으면 연구하고 글을 쓸 소재가 있으면 글을 쓰고 돈벌이가 되면 돈벌이라도 하여 그 돈을 유익한 곳에 쓰자.

내년에 내 회갑이다. 회갑 맞을 준비도 하자. 남들처럼 잔치는 하지 않더라도 험난하게 걸어온 내 인생에 대한 정리서도 내고 수필집도 한 권 엮고 또 출판학회지의 회갑 논총도 한 권 꾸며보자. 또 2년 후는 범우사 30주년이다. 이때는 한번 행사도 하고 30년사도 만들어보자. 먼저 일을 진행할 수 있는 사람을 뽑은 다음 그에게 전적으로 맡겨보자.

4월 7일

새벽 4시인데 잠을 다시 이루지 못하고 서재에 올라왔다. 잠을 깨면서부터 윤청광 사장에 대한 생각이 떠오른다. 어제 《불교신문》에 그가 쓴 글 등이 떠오른다. 부패한 현 불교계의 지도층을 비호하기 위해 불교계의 부정을 파헤친 정욱철 의원에게 포악을 부리면서 민주당을 코미디 정당이라고 비난하였다. 또 그 신문에 그가 출협 수석 부회장이란 기사도 났다.

그 신문을 보는 순간 또 묘한 감정이 솟았다. 김두식 사장이 와서 문예 김 부장도 스스로 물러난 것이 아니라 그만둔 데는 출협 회장 선거 영향이 있었다는 말을 전해주었다.

이들이 이럴 수가, 안하무인이 될 수가 있을까 하는 생각이 들어 소름이 끼쳤다.

나는 지금 김정섭 씨가 쓴 《행복한 마음》이란 책의 한 편을 읽었다. 〈다 인연 따라 오가는 일〉이라는 글에 옛날 두 내외가 주막집을 차리고 사는데 갑자기 부자가 되고 세 아들을 낳고 그 아들이 장성해서 과거에 급제하여 집에 돌아오는 길에 동시에 세 아들이 말에서 떨어져 급사를 한다. 그 이유는 염라대왕의 말에 의하면 20년 전 그 부부는 유기장수 셋을 죽여 돈을 빼앗아 부자가 되었다. 그 원혼이 자식이 되어 그들에게 괴로움을 준 것이라는 것이다. 그 업보라는 것이다.

나를 괴롭혔던 사람들 그들은 전생에 나에게서 괴로움을 받았던 사람인지 모른다. 응보라 생각하고 마음을 편하게 갖자. 현세에서 그들이 어떻게 사는가 좀은 보자.

무엇보다 몸에 신경을 쓰고 모든 일에 초연하자. 또 내 인생 60을 정리하는데 몰두해보자. 남달리 기구한 내가 아니었느냐.

Y사장. 미움도 버리자. 미워지면 인간 같지 않은 놈 하고 한번쯤 입속에서 중얼거려보자.

4월 9일

권만택 사장과 점심을 하고 여행작가 회원들 만남이 전규태 박사의 백문사에서 있어 가서 홍성유 선생 등을 만났다. 《월간 조선》에서 취재를 왔었다.

3시에 있는 남정현씨 장남 결혼식에 들렀는데 시간이 좀 늦어 식은 시작되었고 김상현 의원이 신경림씨와 서교HOTEL에서 차를 한 잔 하자고 하여 거기에서 차를 하는데 서문당 최 사장, 또 김낙준씨와 친한 제본소 최 사장이 있어 가서 인사를 하였다. 최석로 사장이 좀 어색한 몸가짐을 하였다. J사장의 회비맞어도 김낙준 회장 쪽에서 낸 것이 아닌가 하는 엉뚱한 생각이 들었다.

남을 의심하지 말자. 그것도 죄악이라고 생각하면서도 하도 세상이 믿을 사람이 많지 않으니 그런 생각이 든다. 그렇다면 나는 꼭 믿을 만한 사람인가 돌이켜보기도 한다.

3시부터 시작하기로 한 출판학회 이사회가 있어 빨리 왔더니 모두들 참석했다. 꼭 올 사람 중에서 윤병태, 또 이두영씨가 오지 않았다. 이두영 씨에 대해 믿음이 흔들릴 때가 있다. 혹 외국에 이기웅 사장과 같이 간 것인지. 남을 빨리 평가하지 말자. 모든 것을 도를 닦는 마음으로 보자.

학회 이사회는 무사히 끝나고 전영표 교수가 저녁을 사기에 맥주, 소주 등 술을 좀 했다. 오면서 큰 며느리가 오늘 출산을 할 것 같다는 말이 있어 전화오기를 기다렸으나 오지 않아 낳았다면 딸이구나 하는 생각이 들었다. 아들이였으면 기뻐서 어떻게 해서든 연락이 있었을 것이다.

집에 오자 작은 며느리에게 애기 낳았느냐 했더니 그렇다고 답하고 아내의 얼굴을 보니 저기압이었다. 나는 출산만 잘했으면 다행이라고 했다.

장남수 벗이 온다기에 기다렸다가 만나고 그는 사당동에 갈 일이 있다하여 아내와 같이 봉천사거리에 있는 모자 병원에 큰 며느리를 보러 갔다. 사돈 아주머니와 재민이 그리고 바다와 열매가 와 있었다. 나는 큰 며느리에게 고생했다, 무엇보다 건강하니 다행이라는 말을 남기고 나왔다.

이제 재민이가 딸 셋, 재준이가 하나. 손녀 부자가 되었다. 손녀 이름을 봄 푸름처럼 푸름(靑)이라 짓고 싶은데 어떨지. 아내에게 "당신이 하나 지어보시오." 하고 말을 했다. 며칠 기다려 보자. 그리고 더 좋은 이름이 있나 생각해보자. 잎새(葉)도 어떨지. 건강하게 자라서 보람 있는 일을 하면 된다. 그렇게 될 것이다. 한결같이 아이들이 착하리라 본다. 부모 되는 사람들이 착하니 착하지 않겠는가. 나는 그들을 위해 재산도 남기고 명예도 남기자. 지금부터 준비하면 부끄럽지 않은 할아버지가 되지 않겠느냐.

내일은 중대 신방대학원 동문 산행이란다. 술을 적게 마시자. 가능하면 전혀 안 마실 수 있으면 마시지 말자. 어렵겠지만 노력하자.

〈범우헌〉에 갖다놓은 책들을 빨리 정리하고 내 필요한 책만 남기고 모두 순천대학교에 기증하자. 그것 때문에 마음이 무겁다. 내 경솔함이 미워진다. 앞으로는 침착하게 실수를 하지 말자. 항시 인생이란 후회를 남기면서 살아가는 것일까?

4월 13일

이 기사가 정기검진을 받는다 하여 아침에 나오지 않았다. 큰 아이 집에 가 갓난 손녀를 보고 왔다. 잘생겼다. 튼튼하게 자라기를 바란다. 이름은 푸름(靑)이라 지어보았다. 봄기운이 쏟는 푸름으로 했다.

택시를 타고 출근을 했다. 사무실에 가니 박영사에서 오늘 점심을 하자는 연락이 왔다. 누가 오느냐 했더니 이기웅 사장이 온다는 것이었다. 나는 오늘 〈쉰들러 리스트〉라는 영화를 아내와 볼까하고 계획했으나 장모님이 와 계시고 또 아내가 공포영화는 싫어하기 때문에 나 혼자 가기로 마음먹었던지라 아내와 같이 영화를 보러간다 하고 거짓말을 했다. 아직 출판인들과 식사를 같이 할 생각이 나지 않는다.

택시를 타고 대한극장에 가 표를 끊고 그 근처에서 간단히 점심을 먹고 3시간여를 하는 영화를 봤다. 요란한 선전과는 좀 거리가 있었지만 유익했다. 그리고 유태인을 살린 군납업자가 돈을 더 좀 써서 한 사람이라도 더 살렸으면 하는 후회를 하는 것이 인상적이었다. 최선을 다하였다 하더라도 항시 부족함은 있는 것이다. 그러나 얼마만큼 부족함을 줄여나가느냐 는데 의의가 있다.

저녁에는 내 선거 때 수고한 백행균, 김우래, 박영철, 전석기, 또 한사람 등을 〈거구장〉에서 저녁대접을 하였다. 이렇게 하나 하나 갚아나갈 계획이다. 결코 이것도 모두에게 만족은 못 주겠지만 최선을 다하여 신세를 갚겠다. 출판사의 일, 더 좀 신경 쓰자.

오늘 아침 한국일보와 어제 저녁 중앙일보에 내가 제8회 동국문학상을 탄다는 동정기사가 나왔다. 하나씩 거두어들이자. 혹 그러하지는 못할지라도 거두는 것으로 만족하자.

4월 17일
관악산 산행을 다녀왔다. 오늘은 애서가 산악회 재건총회를 가졌다.

동국문학상 상패

85년 9월 22일에 창립하여 한때는 대단한 세력을 가졌던 모임이었다. 안 회장이 돌아가시고 난 다음 명맥만 유지해오다가 오늘 내가 회장이 되었다. 급하게 무엇을 서두를 것은 없다. '산 사랑 책 사랑 나라 사랑'

제8회 동국문학상 시상식장에서

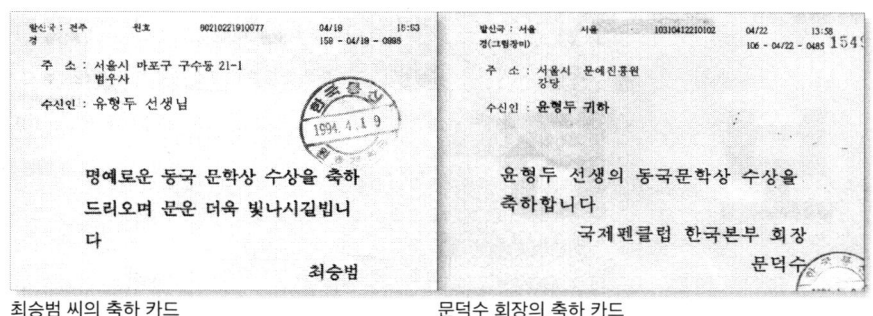

최승범 씨의 축하 카드   문덕수 회장의 축하 카드

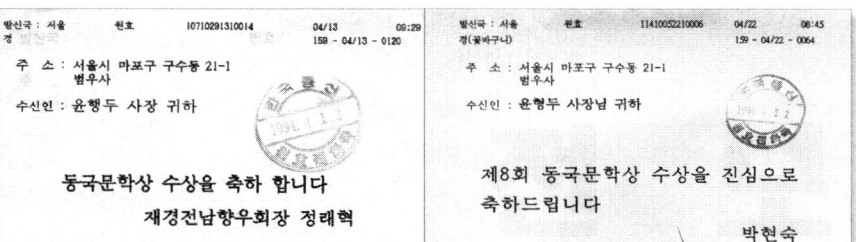

정래혁 회장의 축하 카드   박현숙 씨의 축하 카드

을 한번 실천해보자. 그리고 가능하면 이 모임도 봉사하는 모임, 책을 사랑하는 모임으로 발전시켜보자. 20여 명의 참석자 중 범우사 직원과 내 주변 사람들이 주축이었다. 더 폭을 넓혀서 모두가 유익한 산악회로 끌어나가자.

4월 23일

어제는 동국문학상을 수상했다. 문학상이란 나에게 어떻게 보면 어울릴 수 없는 상이다. 그러나 나는 받았다. 많은 축하객이 와주었다. 허영자 교수도 왔다. 현대수필문학상 수상식 때도 왔었다. 고마운 사람이다. 내가 인사가 빠지고 있는 것 같다. 가끔 연락이라도 해야겠다. 수상식은 7시쯤 끝나고 저녁을 먹고 또 노래방에 가 노래도 불렀다. 저녁 값 1백만 원을 내가 내었다. 많은 후배들 소개도 받고 또 구혜영, 강계숙,

윤병로, 김병총, 김종원 등 작가와 박충일 사장이 끝까지 자리를 같이 해주었다. 고마운 사람이다. 동창이나 거래처를 떠나 그는 인간성이 좋은 사람 같다. 저녁 12시가 넘어 집에 돌아왔다. 문학상 상금은 50만 원이란다. 돈이 문제이겠는가.

어제의 숙취로 오늘 출근도 못 하고 하루 종일 집에 있었다. 술, 술, 술이 탈이다. 좀 몸이 좋아졌는데 몸을 또 망친 것 같다. 허창성 사장처럼 술을 끊어버릴 수 없을까. 그는 결심이 굳은 사람이다. 임헌영 씨 등을 본받아야 하는데 가능하면 실현해보자.

4월 25일

새벽 4시다. 방이 뜨겁고 건조해서 밤 3시경에 잠을 깨었다. 어젯밤 딸 아이가 목욕을 한다고 보일러 불을 올려놓은 것 같다.

다시 온도를 조절하여 3~40분간 잠을 청하나 잠은 오지 않고 목이 마르고 신경을 쓰니 배가 아프고 어떻게 마음을 가눌 수가 없다. 성혜를 빨리 시집을 보내야 할 터인데 결혼 등엔 신경을 쓰지 않으니 남의 집에 가면 어떻게 살겠는가. 가정교육이나 살림살이 교육은 어머니에게 있는데 아내는 꾸짖기만 하지 개선은 시도해보지 않는 것 같다. 참으로 답답한 일이다.

어제 산행을 다녀왔다. 김승일 박사가 나와서 스피치도 해주고 또 가족과 제자 두 명도 데리고 나왔다. 그래서 산악회 첫 모임에 구색이라도 갖추었다. 아니 김 박사의 발표는 수준급이었다. 10여 명의 청중이 적었을 뿐이다.

나는 모든 것을 이제 손 떼려고 하고 있다. 좀 편하게 신경을 쓰지 않고 살고 싶다. 그러나 그것들이 그렇게 내 마음대로는 되지 않는 것 같다. 옛 정과 인연에 의해 얽혀지는 일 등이 있는가 하면 전혀 마음만으로 될 수 없는 일도 있다.

안춘근 선생의 책 문제 등은 피할 수 없는 일들이었던 것 같다. 이제 모든 일을 심각하게 생각하고 처리하자. 어떻게 보면 피할 수 없는 일은 정면으로 부딪쳐보는 것도 상책이 아니겠는가. 무엇인가 잘 정리되지 않는다. 혼돈인 것 같다.

4월 27일

어제 점심에는 조합 이기웅 사장이 조합 36주년이라고 역대이사장과 창립회장을 초대한다 하여 가든 HOTEL 화식부에 갔었다. 현암 조 회장 등 원로 몇 분과 같이 식사를 했다. 나는 말없이 점심만 먹고 오려다 또 몇 마디 말을 하였다. 보탬이 되지 않는 말을 한 것 같다. 참으로 침묵이 금이다.

시내에 나갈 일이 있어 현암 선생을 사무실 건너편까지 모셔다 드리려 동승을 하였는데 출협 회장 선거 때 상대방이 지방색을 나타낸 야비한 짓을 했다고 말해주었다. 내가 알고 있는 일이지만 치사한 일 등이 구전되고 있구나 하는 것을 느꼈다.

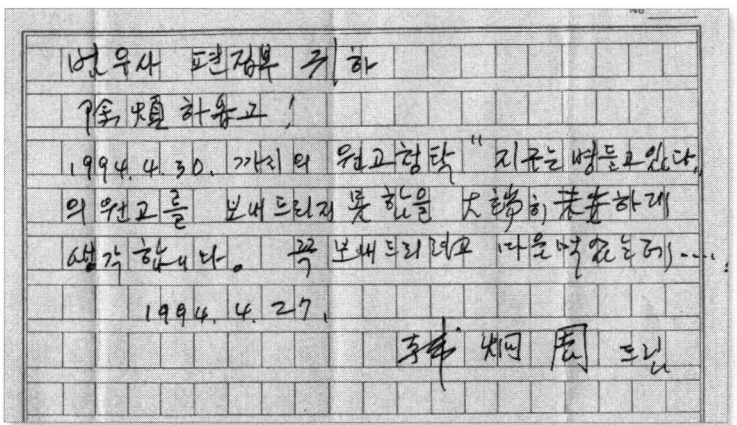

한형주 씨의 편지

이기웅 씨에 대해 신경쓸 필요가 없다. 나는 모든 욕심을 버리고 의연하게 이제는 깨끗이 살자. 추하게 살지 말자. 무엇이 부족한 것이 있겠는가.

오늘 아침에는 강경식 씨가 하는 국가경영전략 연구소의 세미나에 갔다. 아침 7시에 롯데 HOTEL에서 하는 발표회인데 상공부의 산업정책국장인 최흥건 씨가 유통산업의 경쟁력 강화를 위한 종합 대책들에 대해 말한다 하여 공부할 겸 참석하였다. 유익하였다. 나와 관계되는 유통, 출판 등에 대한 세미나 등은 좀 참석을 해야 할 것 같다.

어제 김태환 씨가 찾아와 자기가 인도네시아로 가는데 자기가 수집한 책을 모두 처분하겠다며 목록을 두고 갔기에 어제 밤늦게, 또 낮에도 검토한 결과 한 3,500만 원쯤 되었다. 오후 6시 넘어 연락이 돼서 통화를 하였더니 자기 아내에게는 1억쯤 될거라고 말했다면서 아내가 좀 서운하더라도 5월 1일 넘어 시간을 내어 가져가라고 한다. 안 회장 것과 김태환 씨 것이 해결되면 〈범우헌〉에 본격적인 고서방을 차려볼까 하는 생각도 들었다.

5월 8일

관악산행을 다녀왔다. 오늘은 송 선생, 유수현, 그리고 범우사 직원인 김춘기 이렇

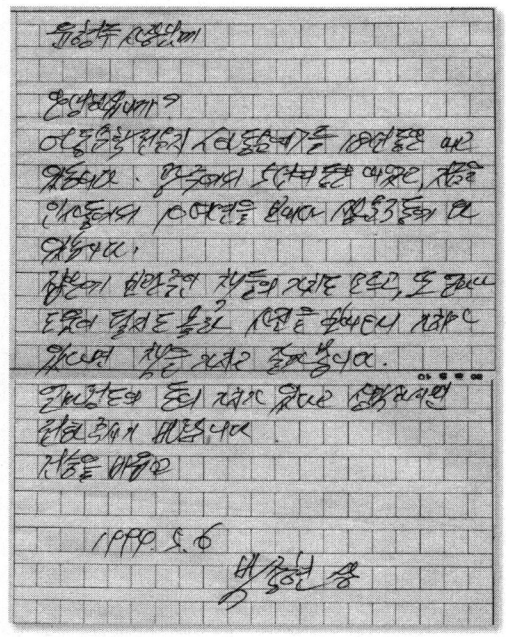

박종현 씨의 편지

게 네 사람이 다녀왔다. 김희락, 박원동 등은 먼저 주일에도 오지 않았다. 그들이 책임자들인데 무성의하다는 생각이 들었다. 애서가 산악회에 대해서도 신경을 쓰지 말자. 되어가는 대로 하자.

어제는 이기웅 사장과 점심을 했다. 몇 번 연락이 와서 같이 했지만 유익했다고는 보지 않는다. 나는 내 스타일대로 살아가겠다. 아첨하거나 알랑 방구 끼는 저자세로 살지는 않겠다.

나에게 협동조합에 500만원만 증자해 달라고 한다. 내 마음이 내키는대로 하겠다고 했다.

요사이 푸름이 때문에 집안이 좀 우울하다. 병 때문에 소화병원에 입원시켜두고 그것도 면회일에만 면회가 된다고 한다. 방금 큰며느리 말에 의하면 수술을 해야 될지도 모른다고 했다. 이제 갓난아이를 어떻게 수술을 하는 것인지 마음이 아프다. 아이가 건강하지 않은 것 같다. 임신했을 때부터 며느리가 약을 복용하곤 했는데 그 영향은 아닌지 모르겠다.

오늘 어버이날이라 해 온식구가 외식을 하였다. 음식점들이 만원이다. 그렇게들 세상 사람들은 살아가고 있는 모양이다.

할 일이 많다. 어제 여수 MBC에서 내 문학인생에 대해 녹화를 해갔다. 몇 번 거절하다가 할 수 없이 승낙을 했지만 나는 TV에는 나가지 않겠다 했는데 또 하게 되었다.

마음 편하게 살자. 건강하게 살자. 또 남을 의식하지 말며 살자. 내년 회갑 준비나 하고 문고 출판이나 한 번 힘차게 진행시켜보자.

5월 10일

정동 로타리에 참석했다. 끌려가고 있다고 본다. 마음이 딱 와 닿지 않는다. 이왕 발을 들여 놓았으니 2~3년 더 해보면 정이 들려는지 모르겠다.

아침 간부회의를 했다. 좀 의욕적으로 끌어가기 위해 힘주어 진행을 한다. 한 2년 더 끌어봐야겠다. 힘껏 뛰면 따라오겠지.

10시 반부터 국립 중앙도서관에서 열린 한국문헌 번호 운영위원회가 있어 참석했다. 거기서 나춘호 사장, 정종진 출협 국장을 만났다. 세상이 어떻게 돌아가야 할 것인가에 대한 방향을 알만할 터인데 그들은 역행을 하고 있는 것 같다. 아니 그들이 옳다고 생각할지도 모른다. 두고 볼 일이다. 무관심하자. 방관을 하자. 그러면 무無가 아니겠는가.

저녁에는 김승일 박사하고 술 한 잔 했다. 또 재민이에 대한 이야기다. 처세, 회사, 운영에 대해 말한다. 나는 도와달라고 했다. 재민이 대학 선배이기 때문에 가장 이야기하기 좋지 않겠느냐고 했다. 그러나 그도 어디까지나 남이다. 내가 재민이를 성장시키는데 주도해야 될 것 같다. 그도 경영진 편보다 언제나 고용자 쪽에 편듬을 하고 있다.

오늘 스포츠 센터에서 김낙준 둘째아들을 봤다. 인사를 하고 무엇인가 말하려는 것을 빨리 운동하라고 하고 그 자리를 빨리 떠났다. 그것이 그 아이에게도 마음 편함을 주는 것 같아서다. 언제까지인가는 보지 않아야 할 사람들과 부단히 마주할 것이다. 수양으로 감내하자.

5월 12일

아침 10시에 이응백 교수를 모시고 파주에서 거행되는 이경훈 선생의 조부님 유허비 제막식에 참석했다. 도착시간은 11시가 좀 넘었는데 정진숙, 최덕교, 강주진 박사 등이 와있었다. 최덕교 사장이 나에게 와서 무어라 말씀하시는데 그 뜻을 알 수 없었다. 출협 회장건으로 위로의 말씀을 하시는 것 같았다.

500년 넘은 향나무 그늘에 서 있는데 전병석 사장이 와서 또 무어라 말한다. 그저 그런 말이겠지 하고 들었다. 분명한 의사가 와닿지 않는다.

내 귀마저도 그들의 음성을 거부하고 있는 것인지 모른다. 제막식이 끝나고 점심 중에 이기웅 사장이 왔다. 어제 학고재 우 사장하고 술을 하고 오늘은 조근태 사장하고 약속이 되어있고 며칠 후 세종대왕 탄신일에 YS가 명동에서 출판단지 문제를 발표한다고 신나게 말하는데 나는 밥맛이 달아났다. 모두들 구경들을 가는 사이에 나는 이응백 박사를 모시고 서울로 왔다.

점심 먹은 것이 체했는지 몸이 몹시 불편하다. 그러나 홍기삼 교수와 약속이 있어 동대 시화전에 갔더니 홍교수가 없어 구경만 하고 왔다.

초연하게 살자. 오늘도 그냥 하루를 지나지 않았느냐. 그러면 다행인 것이지. 그렇게 인생이 의미부여를 하고 나온 것도 아니지 않느냐.

그렇게 한 세상 살아보자. 남 가슴 아프게 하지 말고.

5월 13일

점심은 부길만 실장, 정 차장과 같이 했다.

오후 3시 오세경 사장의 삼녀 결혼식이 강남 공항터미널 예식장에서 있어 참석했다. 노양환, 한인환, 나춘호, 이기웅, 김제원 사장 등이 보였다. 김계덕 사장과 같이 앉아있다 나와서 김 사장과 커피 한 잔을 했다.

거기에서 선거(출협 회장)때 선

《벼룩시장》 제126호 신간안내

거운동원들이 길가에서 띠 두르고 운동한 것, 또 내가 소견발표 때 권병일 씨를 면박 준 것, 또 내 자랑을 너무 한 것 등이 감표 요인이 되었다는 것과, 허창성 등 선거운동원들(참모)에 대한 비능률을 말했다. 나는 모두 듣고만 있었다. 패하고 나면 거기에 대한 말은 많기 마련이다. 소견 발표 등 좀 더 신경을 썼어야 했을 것을 하는 생각은 했지만 후회는 하지 않는다. 그것이 내 수준인 것인데 그것을 왜 탓하겠는가.

50명 100표 차이인데 다음은 꼭 될 터이니 해보라는 것이다. 참말로

범우사 입사시험 문제지

또 그런 곤욕을 치러야 한다는 것은 생각하기도 싫다. 나는 오늘 결혼식장을 오가며 조나단 렌도우가 쓴 부처님 이야기를 다 읽었다. 내 인생에 시사하는 바가 많았다.

"모든 것은 빠르든 늦든 변하게 마련이다. 그러니 아무것에도 집착하지 말자." 또 "죽음은 인생에 있어서 자연스러운 한 부분이다. 아무것도 두려워하지 말라. 그 사실을 겸허하게 받아들여라" 이런 부처의 가르침이 나에게 오늘을 사는 나에게 큰 격려가 된 것 같다. 부처 그는 인간이

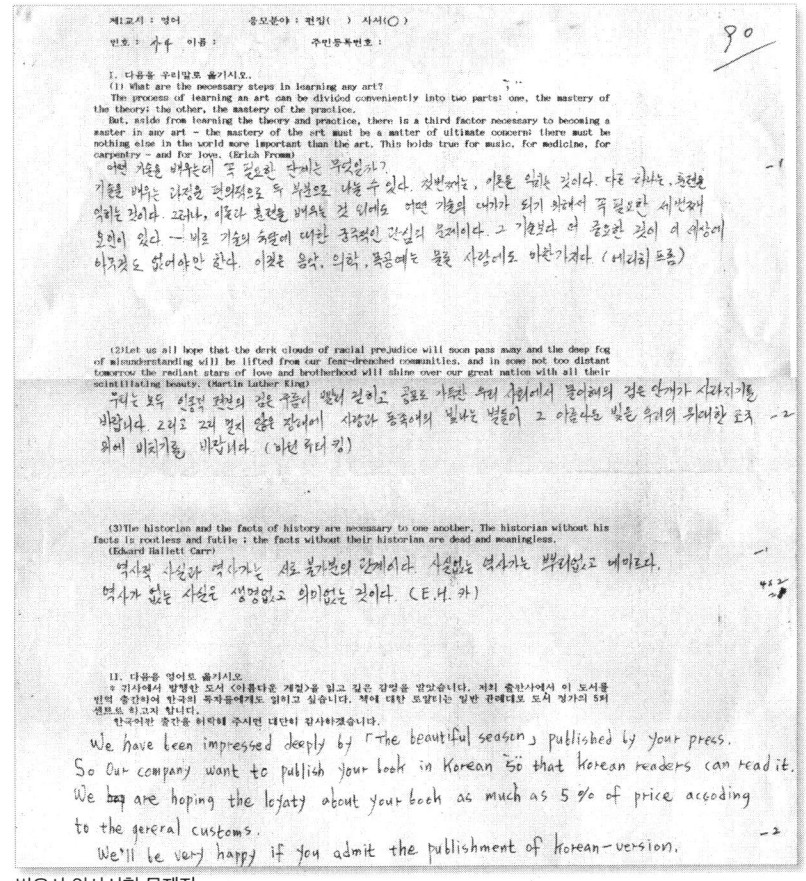

범우사 입사시험 문제지

1994년 339

었다. 신이 아니었다. 인간으로써 고통을 덜어보려 노력하였다.

5월 14일

아침에 신입 영업사원들과 회의를 하였다. 적극성을 요구하였다. 그렇게 해서라도 범우사를 키워보겠다는 생각이다.

정순이 딸(김세연)이 사표를 내었는데 오늘부로 그만두겠다는 것이다. 꾸짖어 주었다. 어떻게 달도 채우지 않고 주변도 둘러보지 않고 자기 마음대로 할 수 있을까 하는 생각이 들어 서글펐다. 요사이 아이들이 다 그렇지는 않을 터인데 실망이 컸다. 이모, 정순이, 정곤이, 정운이 다 생각했다. 그런데 그들과도 차차 멀어지는 것 같다. 이별도 삶의 한 과정이 아니겠는가. 기분이 울적해 권만택 사장과 점심을 하면서 정종 대포 한 잔을 했다.

그리고 3시에 중대에서 있는 희관 언론문화상 심사와 4시의 이사회에 참석했다. 그런데 신입회원 심사에 들어가니 고대에 있다는 김민환 교수라는 사람이 현업에 있는 사람에 대해 모욕적인 언사를 쓴다. 전에도 총회 때 그런 발언을 해서 한바탕 할려다가 참았다. 그런데 오늘도 회의 도중 내가 들리게끔 박사 이상이어야 되느니 등 내가 들으라는 듯 흘러내리더니 또 KBS를 비난한 사람은 회장 선거에서 찍어주지 않겠다 했다느니 하면서 입회의 수위를 높여야 하느니 해서, 내가 미운 오리 새끼 한 마리가 되었는데 그런 것은 정관을 고쳐서 하라, 누가 언론학회에 들어오겠다고 목메었느냐, 학회 취지에 산학협동이라 했지 않느냐, 순수 학술단체라면 현업에 있는 사람을 내쫓으면 될 게 아니냐는 등 좀 흥분해서 과격한 말 등을 했다. 그는 누그러지고 이대 송유재 교수, 서강대 최창섭 교수 등이 내 말에 동조를 했다. 그런 기분 때문에 저녁을 하지 않고 오려는데 이대 송 교수가 자꾸 불러들여 저녁을 하고 돌아왔다.

나는 결코 나에게 이익되지 않는 일이라도 참을 수 없는 말에 대해서는 정정당당히 맞서겠다.

박사, 박사하고 내세우는 작자들이 이 사회를 위해 무엇을 했단 말인가. 나약한 지성인 집단이 이 사회나 이 국가를 이 모양으로 만들지 않았는가. 정의감보다는 혹세무민하는 학기學妓의 무리들이 뚝하면 학벌을 내세운다. 오늘도 나는 몰랐는데 옆에 있던 이광재 교수가 수상자 두 사람이 또 서울대구만 하기에 내용이야 여하튼 그들이 우쭐할 것은 불을 본 듯했다.

이제 언론학회도 나가지 말자. 그 시간이면 책이나 보면서 쉬자. 이정춘 교수가 회장에 나왔으니 금전적으로 좀 도와주고 또 투표날 나가서 투표나 하고 오자.

세상사 모두가 고해다. 부처님이 그 고해를 낙원으로 만드는 것도 사람이라 했지 않느냐. 마음을 편하게 갖자.

5월 15일

비가 내리는데도 산행을 다녀왔다. 아침 10시 서울대 입구에서 윤병태 교수를 만나 송종극 선생, KBS, 이후재 씨와 범우 식구들 10여 명과 같이 애서가 바위까지 갔다.

비는 그치지 않고 심하게 내리고 추위까지 몸을 떨게 했다. 윤병태 교수가 12시부터 1시까지 〈책판과 그 목록〉이라는 유익한 발표를 해주었다. 범우사 사원이나 대부분의 사람들은 이해하기도 힘들고 또 흥미도 없는 이야기들이다. 그러나 나에게는 많은 가르침을 주었다.

하산을 하여 윤 박사와 고서연구회 노영식씨 와 같이 집에 와 맥주를 마시고 또 고서를 구경시켜주고 〈범우헌〉 7층에 가 담소를 하다가 그들은 돌아갔다. 나는 그곳에서 책 정리를 좀 하다가 집에 와 저녁을 먹고 어제 푸름이가 퇴원했다하여 큰아이 집에 갔다.

푸름이가 좀 나아졌다니 다행이다. 집안에 우환이 없었으면 한다. 큰 며느리가 좀 건강했으면 하는 아쉬움이 자꾸 일어났다. 약을 먹고라도 건강해야 할 터인데.

오늘도 무사히 지났다. 즐거웠다고 하자.

5월 18일

오늘은 부처님 오신 날로 휴무일이다.

그제(5.16)는 중대 대학원생들과 이천 서울유통에 견학을 갔다 왔다. 성과가 있었던 것 같다. 어제 저녁은 박환덕, 정규화 박사 등과 부산회집에서 저녁을 같이했다. 그들을 만나면 생각보다 경비가 많이 나지만 그들의 은혜에 비하면 아무것도 아니라는 마음가짐을 가져야 할 것 같다.

오늘 오전에는 처 작은 아버지 문병을 다녀왔다. 마음이 약해지신 것 같다. 내 자신도 마음이 약해지는 경우가 많은데 마음을 강하게 가져야겠다. 특히 병들 때나 고난에 부딪혔을 때 용기가 필요한 것 같다. 모든 병과 좌절은 마음에서 오는 것 같다.

오후에는 〈범우헌〉의 책 정리를 하였다. 거기에 시간을 너무 빼앗기고 있다. 판매기술 교정, 한 변호사 원고 등의 집필, 일본어 공부 등이 뒷밀리고 있다. 재미가 그 쪽에 쏠리고 있는 것 같다. 컴퓨터도 배워야 할 터인데. 글 쓰는 것이 힘들어진다.

5월 22일

어제(토요일)는 12시에 장을병 박사 3녀의 결혼식이 강남 교통회관에서 있어 그 곳에서 예식을 보고 점심은 한 변호사하고 같이 한 다음 심찬보 씨의 장남 결혼식이 교육문화회관에서 있어 그곳에 좀 일찍 도착하여 축하를 하고 나오려는데 이기하 사장이 들어오기에 인사를 했는데 그렇게 반가워하는 기색이 아니다. 내가 무엇 잘못한 것도 없는데 무슨 오해가 있는 것인지. 세월이 흐르면 풀리겠지.

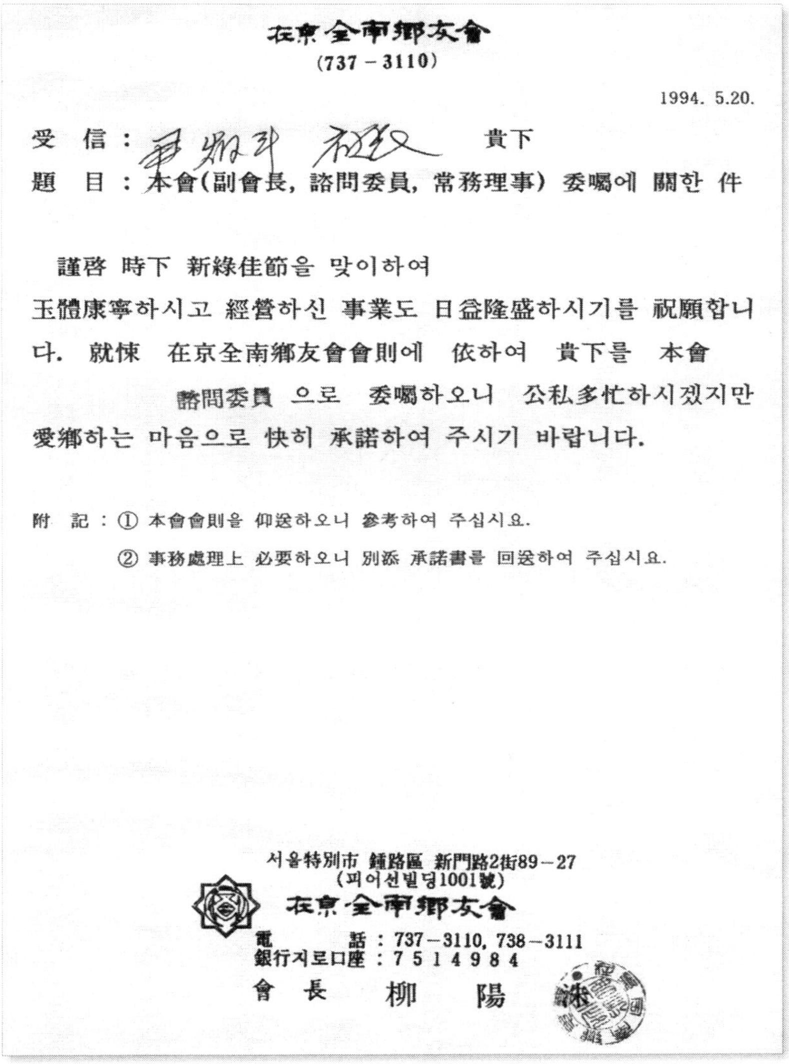

在京 全南鄕友會
(737 - 3110)

1994. 5. 20.

受 信 : 　　　　　　　　　　貴下
題 目 : 本會(副會長, 諮問委員, 常務理事) 委囑에 關한 件

謹啓 時下 新綠佳節을 맞이하여
玉體康寧하시고 經營하신 事業도 日益隆盛하시기를 祝願합니다. 就悚 在京全南鄕友會會則에 依하여 貴下를 本會 諮問委員 으로 委囑하오니 公私多忙하시겠지만 愛鄕하는 마음으로 快히 承諾하여 주시기 바랍니다.

附 記 : ① 本會會則을 仰送하오니 參考하여 주십시요.
② 事務處理上 必要하오니 別添 承諾書를 回送하여 주십시요.

서울特別市 鍾路區 新門路2街89-27
(피어선빌딩 1001號)
在京 全南鄕友會
電　話 : 737-3110, 738-3111
銀行지로口座 : 7514984
會 長 柳 陽

재경전남향우회 위촉장

사무실에 오니 최길동 씨가 《여사서 언해》 두 권을 가져왔기에 2백만 원에 샀다. 이제 이보다 좋은 책이 아니면 사지 않겠다.

집에 돌아와 〈범우헌〉에서 책 정리를 하는데 재준이에게 이상덕 씨 (삼영서관 사장)가 타계했다는 전화가 왔다는 것이다. 이틀 전 밤에 자다가 뇌출혈로 피를 토하고 의식을 잃었다지만 이렇게 빨리 운명하리라고는 생각지 못했다. 착하고 소심한 사람이었는데 나와 나춘호 사이에서 나춘호 때문에 나에게 정과 열을 다 주지 못한 사람이었다. 그는 그것이 최선이었을지도 모른다.

저녁 9시30분쯤 영안실에 가니 안철주, 김희락, 김병준, 이영호 사장 등이 와 있었고 그 후 이종국, 김두식, 남석순 국장 등이 와 있다가 12시 10분쯤 집으로 왔다.

인생이란 이렇게 허망한 것인데. 내가 죽었을 때 문상 올 사람이 또 한 사람 갔다. 분명 죽는 것은 나이순서가 아닌 것 같다. 나는 요사이 부처가 되기 위해 노력해야겠다는 생각이 든다. 그리고 내년부터는 앞으로 10년 계획을 세워 그대로 한 번 살기 위해 노력해보겠다는 생각을 해봤다. 좀 휴식시간을 많이 넣고 말이다.

오늘도 관악산에 다녀왔다. 이것이 즐거움이다.

5월 29일

어제는 언론학회 총회가 있어 성대에 다녀왔다. 이정춘 박사가 회장 출마를 하지 않았으면 가기 싫은 곳인데 할 수 없이 다녀왔다. 그런데 오늘 소식으로는 낙선한 것 같다. 오택섭 교수가 당선되었다 한다. 이제 언론학회에도 손을 끊어야 될 것 같다. 출판을 언론쪽도 하지만 학회 참여는 끊겠다.

관악산을 다녀왔다. 저녁은 식구들이 꽃등심 집에 가 했는데 큰 며느

각 교수별 심사대상 명단 및 심사위원 배정표 (윤영두)

'94학년도 전반기   신문방송대학원

번호	전공	성명	지도교수	심사위원장	심사위원	심사위원	심사일시	심사장소
1	출판잡지	이요성	윤영두	이정춘	강왕석	윤영두	6.2 2시	신방집 세미나실
2		이양란	이정춘	윤영두	강왕석	이정춘	6.2 1시	
3								
4								
5								
6								
7								
8								
9								
10								
11								
12								
13								
14								
15								
16								
17								

중앙대학교 신문방송대학원의 교수별 심사대상 명단 및 심사위원 배정표

리가 몸이 좋지 않다고 하여 같이 가지 못했다. 모두가 건강해 주었으면 한다. 우환이 집안에 없으면 그다지 부러울 것이 없는 집안이다.

좀 놀자 하는 기분으로 살고 있다. 장사가 되지 않아 그래도 신경은 쓰인다. 5~6월이 지나면 다시 경기가 살아나리라 본다.

준비를 열심히 하자. 그리고 때를 기다리자.

6월 6일

오늘은 현충일이라 쉬었다. 아침 11시에 경복궁 매표소 앞에서 범우 출판 장학금 수혜자들이 모인다고해서 택시를 타고 나갔다. 그곳에서 부길만, 윤세민, 김성동, 김춘태, 오정금, 이종찬, 이혜순 등 장학생 출신들을 만나 경복궁을 가볍게 둘러보고 건너편 음식점에서 점심을 먹으면서 간단하게 범우 출판 장학회 발기 모임을 가졌다.

나는 그 자리에서 장학회를 좀 더 키워 나갈 것과 또 장학금 수혜자들이 종횡으로 유대를 강화하여 범우 출판 장학회가 많은 성과를 발휘해 달라는 부탁도 하였다.

나는 범우 장학회를 도와 내가 살다간 근거를 남기는 하나의 사업으로 정착시키기 위해 노력하겠다. 지금 1억 1천만에 불과한 기금을 매년 늘려 나가겠다. 한국 출판학회와 범우 출판 장학회에 더 투자를 해야 할 것 같다.

고서에 투자한 돈을 특히 범우 장학회에 희사하여 출판인 양성에 이바지해야 할 것 같다. 그것이 보람이 아니겠는가. 사람들은 장학금이 무슨 필요 있는 것이냐, 지나면 다 잊어버리는 것이라 하지만 잊고 안 잊고간에 베푼다는 것에 의의가 있는 것이 아니겠는가.

3시경 집에 돌아와 〈범우헌〉 7층에서 도서 정리를 하고 재민이 식구와 저녁을 했다. 오늘 저녁 닭요리는 내가 했다. 식구대로 맛있게 먹었

6월, 고문고 종합광고

다. 그런데 요사이 내 혀가 어떤지 아프고 좋지 않다. 내일쯤에는 병원에 가 한 번 진찰을 받아봐야 될 것 같다.

건강을 위해 아침을 굶고 또 재배용 산삼을 사먹고 하는데 술은 완전 금주를 못 하고 있다. 집념이 약해서인 것 같다. 아직도 마음이 정돈되지 않고 무엇인가 요구하고 갈망하고 있는 것이 있는 것 같다. 다 버리자. 또 가지려 하지 말자. 범우사에 대해서도 너무 신경과민이 되지 말고 한 번 될 대로 되라고 놔두는 마음으로 서서히 관리해보자.

범우사가 침몰되지는 않겠지. 그러나 재민이를 독립시키는 문제 등은 심각하게 생각해보자. 자립력을 키워보는 것도 좋은 일이지만…….

6월 12일

어제는 고서연구회 총회와 나남 출판사 사옥 이전식에 참석하고 저녁 7시에 세종 호텔에서 전택부 선생님 금혼식이 있어 참석하였다. 나남 출판사 사옥은 현대식으로 잘 꾸민 5층 사옥이었다. 무척 빨리 발전하였으며 의욕이 대단했다. 금혼식에 참석했더니 오리 선생께서 초청도 하지 않았는데 왜 왔느냐고 농담을 하시더니 공개적인 인사를 할 때도 그 말씀을 하셨다. 악의는 아닌 것 같다. 재민이에게 초청장이 와서 나는 참석하는 것이 예의라 생각하고 끝까지 있다가 나올 때 오리 선생에게 회회갑까지 사시라는 말씀을 드렸다. 참으로 다행스러운 일이다. 작년에 병고에 무척 시달리셨다는데 완쾌가 되어서 기쁘다. 내 주변에 좋은 선배나 동료, 후배들이 건강해주었으면 한다.

내가 모든 세상사의 기준이나 중심은 될 수 없지만 못 된 사람보다 착한 사람, 또 세상에서 꼭 필요한 사람이 먼저 빨리 세상을 뜨는 것 같다. 참으로 세상이 잘못되어 가고 있다는 것을 어데서나 느끼게 한다. 그래서 착한 사람들이 피해를 보고 마음 앓이를 하고 병을 얻고 하는 경우가 많다.

오늘도 관악산 산행을 다녀왔다. 내가 〈문고와 법정의 무소유〉라는 제목으로 짧게 스피치를 했다. 문고에 대한 글을 몇 편 쓰고 싶다. 범우사를 쪼개는 문제도 심각하게 생각하자. 여하간 더 늘리지는 말고 현재의 인원으로 성과를 올려보자.

조계수 씨의 편지

6월 26일

6월달도 저문다. 그러면 1994년은 반이 넘는 것이다. 1994년은 연초부터 출협 회장 선거의 홍역으로 시작되어 지금껏 그 후유증이 가시지 않는다. 그렇게 잊기가 어려운 일이었던 것 같다.

이제 잊자. 그리고 인간들을 미워하지 말자. 모두가 불완성의 인간들이 아닌가. 내가 완벽하지 못하듯이 타인도 완벽할 수는 없는 것이 아니겠는가. 이제 진정 욕심을 버리자. 사회적인 명예도, 또 범우사에 대한 기대도 너무 갖지 말자. 그것이 나를 괴롭히고 또 재민이와의 사이에 금이 가게 할지도 모른다. 큰 실수가 없는 한 재민이에게 넘겨주자. 그리고 조금만 하고 겉으로 나타내지 말고 조용하게 여생을 보낼 수 있는 일을 하자. 출판학회도 내년에는 다른 사람이 맡게 하자. 내가 아니면 하는 생각을 버리자.

범우사 사업은 말할 수 없는 침체다. 그래도 가만히 두자. 그래서 스스로 재민이가 위기의식을 갖든 자신에 찬 신념을 갖든 하자.

돌아오는 29일에는 학회 제6회 세미나가 있다. 잘 추려보자. 지나놓고 난 다음 후회하지 말고 미리 준비를 하자. 그러면 좀 낫지 않겠는가.

　오늘밤은 산행을 다녀와 피곤하다. 일찍 쉬자.

6월 27일

　나는 여러 사람과 만나기를 피하고 있다. 그것이 출협 현 집행진을 위하는 길이기 때문이다. 이기웅 사장과 술 한두 번 한 일은 있다. 그러나 그 개인에 대해 서운함 같은 것을 이야기하였지 출협을 비방하지는 않았다.

　인간이란 사형선고를 받아놓고 있는 동물이다. 언제 그 집행이 될지 모르며 단지 집행이 보류되어 있는 상태이다. 죽음을 앞둔 인간에게 미움이 어데 있겠는가. 내 앞에 용서할 수 있는 사람이 있으면 용서하면서 깊이 생각해보자. 용서하고 않고가 어데 있겠는가. 미움도 부질없는 것 아니겠는가.

　지난 24일에는 하동호 선생이 돌아가셔서 서울대 병원 영안실에 다녀왔다.

6월 30일

　12시 5분. 5분 전은 6월 29일이었다. 그러니 벌써 어제다.

　한국출판학회 제6회 세미나가 있었다. 회장으로서 성대하게 마쳤다. 무사하게만 마쳐주기를 바랬다.

　아직 성혜가 들어오지 않았다. 세미나에 온 중대 신방대학원 동창들과 한 잔 하고 노래방이라도 간 모양이다.

　오늘(30일) 오후 8시에는 아내와 영자 처제가 캄에 간다고 한다.

　1시간 전에 재준이를 오라고 해서 맥주 한 잔씩을 했다. 그리고 지금 막 자기네 집으로 갔다. 재준이도 잘 되었으면 좋겠다.

초청의 말씀

귀하의 건승하심을 기원합니다.
본학회는 UR 이후 한국출판계의 대응책을 모색하고자
'출판시장의 개방과 출판정책 방향'으로
제6회 출판학술세미나를 개최합니다.
부디 참석해 주시면 감사하겠습니다.

사단법인 한국출판학회 회 장　윤 형 두
세미나 준비위원회 위원장　이 종 국

초청일시 : 1994년 6월 29일(수) 오후 2~6시
초청장소 : 한국프레스센터 19층 기자회견장

공동주제 : 출판시장개방과 출판정책 방향

제1부 세미나
　기조연설 : 국제화시대의 한국출판 / 이어령 박사(전 문화부장관)
　정부정책 : UR 이후 출판산업정책 / 정문교(문화체육부 문화산업국장)
　출판생산 : 출판시장개방과 전자출판 / 박석기((주)동아출판사 상무)
　출판유통 : 출판시장개방과 한국출판유통 산업의 현대화 방안 /
　　　　　　이두영(한국출판협동조합 전무이사)

제2부 공동토론
　토론자 : 김병준(지경사 대표)
　　　　　박원경(혜전전문대학 출판과 강사)
　　　　　임동욱(광주대학교 출판광고학과 교수)
　사 회 : 김형윤(한국출판학회 이사)

※ 본 학회 회원들께서는 당일 오후 1시 40분까지 세미나
　장소에 참석해주시면 감사하겠습니다.

사단법인 한국출판학회
서울특별시 마포구 구수동 21-1 범우사 내 / 전화 717-2121·2122

한국출판학회의 '제6회 출판학술세미나' 초청장

7~8시간 후면 또 범우사에 출근해야 한다. 몇 시간 전에 박원경 씨가 경영하는 찻집에 가 커피를 마셨기 때문에 빨리 잠이 오지 않은 것 같다.

원수도 미움보다 사랑으로 대하자. 그것이 마음 편할 것 같다.

김경희, 전병석 씨가 참석했다. 고맙게 생각하자. 신경을 쓴 것이다.

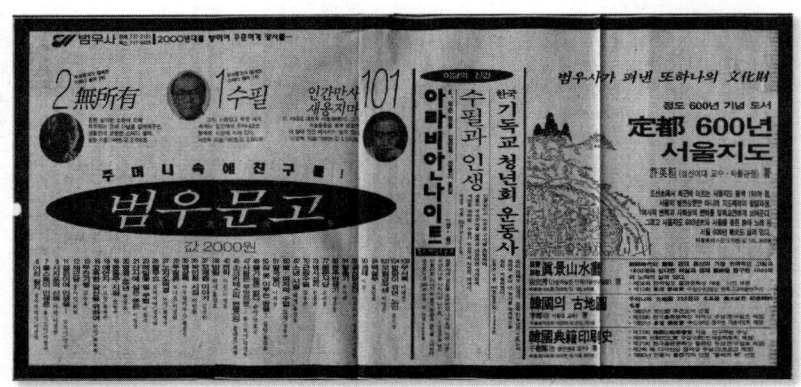
7월 1일자, 한겨레 광고

7월 3일

산행을 다녀왔다. 한승헌 변호사가 오셔서 마광수 교수의 음란물 필화사건에 대해 언급하셨다. 분명 역사는 마 교수의 소설을 정당화시켜 줄 것이다. 그러기에 한 변호사의 변론도 길이 역사에 남을 것이다. 현실적으로 유죄가 된다 하더라도.

인간은 역사를 생각하며 사는 사람과 현실을 생각하며 사는 사람의 부류가 따로 있다. 현실도 역사도 모두 차지하겠다는 그런 사람도 있다. 그러나 한 길만을 택한다면 역사 쪽에 서자.

산에서도 또 하산해서도 술을 많이 마셨다. 술을 삼가해야 하는데 그렇게 되지 않는다. 또 7층에 가 책 정리를 하다가 책상이 넘어져 크게 다칠 뻔했다. 다행히 발등에 책상이 넘어지지 않아 다치지 않았다.

오늘 아침에 읽은 홍이섭 교수의 글이 마음을 찌른다. 책 가진 것보다 한두 권의 책을 가지고 씨름하는 사람이 되는 편이 낫다는 글. 그것이 옳은 말이다.

책 욕심을 버리자. 한 편의 글이라도 쓰자. 이제 인생이 얼마 남지 않았다는 생각으로 좋은 글을 남기자. 그것이 내가 살다간 흔적이 아니겠는가.

일산 출판단지 문제가 해결되었다고 신문에 났다. 상황을 보아서 재민이와 의논하자. 마포에 터를 잡을 것인가, 일산으로 옮길 것인가. 앞날을 잘 계획해보자.

7월 10일

일기日氣가 덥기도 하지만 무엇인가 손에 잡히지 않는다. 출판 사업도 창업 후 가장 어려운 것 같고 또 제작하는 책마다 말썽을 일으킨다. 직원들을 몰아쳐서도 아닌데 무엇인가 덜구덕거린다.

그제부터 무역회관에서 94 도서전이 열리고 있다. open식 때 김영삼 대통령이 참석해 범우사 코너에 와서 서울 600년 지도를 10만 원에 사가셨단다. 재민이가 또 미니북《책》을 기증하였더니 포켓에 넣더라는 것이다.

어제 오후에 잠깐 도서전시장에 들렀다 입구에서 김낙준 회장을 만났다. 총회 후 처음이다. 고생한다는 인사를 했더니 한 번 만나자고 하곤 약속이 있다며 갔다.

오늘도 비가 오는데 산행을 다녀왔다. 절주, 아니 가능하면 금주를 하겠다고 마음다짐 하면서도 산에서 술 두 잔, 또 내려와서 전태성 형이 맥주를 한 잔씩 하자고 해서 또 두 잔 했다. 술을 끊어야 하는데 술을 마시게 된다. 사양을 하지 못하고 마냥 마시게 된다. 요사이 몸이 좀 나아졌는데 점심때도 가끔 술을 한다.

마음의 안정이 덜 되어서일까. 심약해서일까. 할 일은 많은데 하고 싶지가 않다. 기껏해야 안 선생과 김태환 형에게 사놓은 책을 좀 정리하는 정도다. 그것으로 무엇을 그래도 했다고 합리화시키고 있는지도 모르겠다.

한 변호사 회갑 논집 원고도 급한데 쓰여지지 않는다. 또 몇 가지 계획을 짜놓았는데도 무엇하나 진행시키지 못하고 있다. 어제는 김일성이 사망하였다는 뉴스로 하루가 가고 또 오늘도 그 화제가 온통 세상을 뒤덮고 있다. 북한의 변화도 예측해볼 필요가 있다. 그것이 한반도 전반의 변화가 아니겠는가. 그 변화를 출판인으로서 어떻게 맞이해야 하나 머리를 짜보자.

푹 쉬는 것 그것이 어쩌면 나의 발전인지도 모르겠다. 그렇게 합리화시켜보자.

7월 11일

아침 5시 반이다. 간밤에 잠을 이루지 못했다. 잡념이 머리를 온통 쥐어짠다. 무슨 생각들이 그렇게 이어지는지 모르겠다. 회상이다. 미래를 그려보려 하나 지난 일들이 너무 강렬하게 와 닿는다. 그만큼 지난 날들이 험난했던 것 같다.

어제 점심때는 한 변호사와 일본 출판뉴스사 아키타 사장 그리고 다테노 선생과 같이 식사를 했다. 일본은 출협, 학회, 도매 기구 등 회장이 금년에 바뀌었다고 한다. 일본 출판학, 중국 출판학에 대한 관심도 가져야 할 것 같다. 한승헌 변호사가 양국에 발이 넓으니, 내년 2월 총회에 한 변호사를 모시고 가서 많은 도움을 받아야겠다.

오늘 아침에 정동 로타리 모임이 있다. 신윤식 벗 때문에 입회한 것인데 그다지 마음이 내키는 것은 아니다. 나는 가입한 회 만큼은 탈퇴하지 않는다는 원칙이 있지만 로타리 만큼은 생리에 맞지 않는 것 같다. 그러나 가능한 참여를 해보자.

어제 경희 한방병원에 입원한 문복식 씨 병문 안을 다녀왔다.

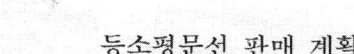

《등소평문선》 판매 계획

7월 15일

김포공항에서 MH063편으로 12시 30분에 이륙하여 코타 키나발루 (Kota Kinabalu)행 비행기에서 몇 자 적는다. 연초에 중국을 다녀온 후의 외국 나들이다. 오랜 정이 배어 있는 출판산악회의 해외 등반이어서 따라 나섰다. 네팔, 일본 북알프스 등반에 이은 해외 등반이다. 자신의 체력을 체크한다는 의의도 있지만, 일에서 떠나 잠시나마 나 자신을 한 번 되돌아보는 기회를 가져본다는 뜻도 있다.

허창성 · 이정일 · 박용 · 김형재 · 박원동 · 문형진 · 김정태 사장 등과의 정의情宜를 잇는 뜻과, 또 새로운 동행자들과의 인간관계를 맺는다는 것도 또 하나의 보람일 것 같다. 4박 5일의 여정 동안 타인에게 신세지지 않고 무사히 끝맺고 귀국할 수 있으면 다행이겠다. 우리 일행은 출판인 10명, 또 가족 동반인 5명 해서 15명이다.

서울에서 코타 키나발루까지는 4,100킬로미터이며 소요 시간은 5시간이다. 긴 시간이다. 기내에서 슐러의《불가능은 없다》라는 범우문고

키나발루 산 계곡

를 읽었다. 인생은 늙었다 해서 체념
할 것이 아니라 인생은 80부터라는
생각으로 살아 보려 하는 의욕이 중
요하다고 했다. 나는 아직 60이다. 참
으로 이제부터 참다운 업적을 남길
수 있다. 지금까지는 인생의 예행 연
습이라 쳐도 될 것 같다.

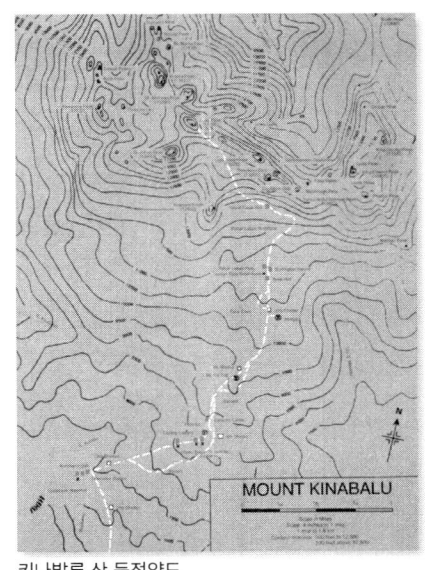

키나발루 산 등정약도

조로무老하지 말자. 이번 산행山行
을 마치고 난 다음 건강 체크를 하고
다시 시작하자. 그리고 언제나 적극
적인 사고와 긍정적인 사고로 삶을
이어 가자. 생각할 '考'자와 늙을 '老'
자는 비슷하면서도 반대의 개념이다. 기내에서 〈무엇이 길버트 그레이
프를 먹으려 하는가(What's eating Gilbert Grape, 한국 영화명은 길버트 그레이
프)〉라는 영화를 보았다.

현지 시간 4시 5분(한국 시간은 5시 5분으로 1시간의 시차)에 코타 키나발
루 공항에 도착했다. 코타 키나발루는 동 말레이시아 시바주의 중심도
시인데 깨끗하고 기온도 섭씨 40도라는데 그렇게 더운 감은 주지 않았
다. 그곳에서 버스를 타고 선창까지 와서 마누칸 섬으로 향하는 쾌속정
을 탔다. 약 30분 후 6시에 마누칸 섬에 도착하여 숙소를 정한 다음, 해
변에 나가서 해수욕을 했다. 몇 년 만에 바다에 뛰어든 그 기분은 상쾌
했다. 저녁은 야외에서 생선을 곁들인 식사를 했다. 일찍 잠자리에 들
었다.

우리 숙소인 탐분(Tambun) 2호실에 허창성 · 박원동 · 박용 사장과
같이 들었다.

키나바루트래킹 NAMELIST (071519)

NO	NAME	SEX	PASSPORT NO / DATE OF BIRTH	DATE OF IS / DATE OF EX	ADDRESS & REMARK
1	허 창 성 HUH/CHANGSUNG	M	3835393 / 361210-1006611	91. 10. 31 / 96. 103 21	서울시 종로구 필판동 150 평화출판사 O: 734-3341 F: 739-2129
2	김 형 재 KIM/HYUNGJAE	M	4964830 / 490204-1540719	. . / . .	서울시 성동구 자양동 627-25 도서산업사 O: 444-1991 F: 452-1413
3	박 용 PARK/YONG	M	3584867 / 410819-1001412	91. 06. 24 / 97. 05. 19	서울시 서초구 서초동 1658-22 미주빌딩 세화 O: 521-9334 F: 521-9335
4	윤 형 두 YOON/HYUNGDOO	M	4047227 / 351227-1067311	92. 02. 25 / 97. 02. 25	서울시 마포구 구수동 21-1 홍일빌딩 범우사 O: 717-2121 F: 717-0429
5	이 정 일 LEE/JUNGIL	M	4233933 / 501216-1052713	92. 06. 09 / 97. 06. 09	서울시 용산구 효창동 5-104 일진사 O: 704-1616 F: 715-3536
6	김 정 태 KIM/JUNGTAE	M	4106869 / 470401-1069012	92. 03. 28 / 97. 03. 28	삼호출판사 O: 547-3531 F:
7	김 성 실 KIM/SEONGSIL	F	5761793 / 650508-2541311	94. 07. 11 / 99. 07. 11	서울시 양천구 신원동 485-3 동양연립 302호 O: 322-5450 H: 325-5910
8	박 유 선 JPARK/YOOSEON	F	5345762 / 670507-2566518	. . / . .	서울시 관악구 봉천11동 196-70 롯데빌라 402호 O: 846-0909 H: 878-6263
9	박 원 동 PARK/WONDONG	M	4212208 / 470327-1026215	92. 05. 29 / 97. 05. 29	광화문 우체국 사서함 315 O: 732-8687 F: 732-8689
10	문 형 진 MOON/HYUNGJIN	M	4793628 / 481207-1026215	93. 04. 09 / 98. 04. 09	서울시 동대문구 용두동 253-214 세진사 O: 923-7224 F: 927-2462
11	황 선 명 HOANG/SUNMYONG		5143671 / 371216-1042517	93. 10. 12 / 99. 10. 12	서울시 은평구 구산동 216-27 O: 333-3156 H: 359-5931
12	이 혜 훈 LEE/HEAHUN	F	5695630 / 401108-2042514	94. 06. 20 / 99. 06. 20	서울시 은평구 구산동 216-7 O: H: 359-5931
13	황 한 순 HOANG/HYUNSOON	F	5695617 / 710322-20422523	94. 06. 20 / 99. 06. 20	서울시 은평구 구산동 216-7 O: H: 359-5931
14	황 선 일 HWANG/SUNILL	M	4909531 / 341028-1042410	93. 06. 12 / 98. 06. 12	서울시 구로구 독산동 954-2 삼주빌딩 A동 207호 O: 839-2860 H: 877-5515
15	선 우 길 SUNWOO/GUL	F	4170349 / 390920-2042412	92. 05. 04 / 97. 05. 04	서울시 구로구 독산동 954-2 삼주빌딩 A동 207호 O: H: 877-5515
16	좌 우 진 JWA/WOOJIN	M	4146263 / 670802-1951313	92. 06. 18 / 97. 06. 18	서울시 강남구 삼성동 169-1 대한기독교서회빌딩 2층 ALPEN TOUR O: 566-5177 F: 561-0678

키나발루 트레킹 일행 명단

7월 16일

간밤엔 무더워 깊은 잠을 이루지 못했다. 아침 5시에 일어나서 허창성 사장과 같이 왕복 2,800미터의 산책로를 걸었다. 산책로 끝 부분에 사각정이 있었는데 기와 모양의 지붕이 올려져 있었다. 망망한 남지나해가 펼쳐져 있다. 구름이 낀 날씨지만 수평선은 길게 늘어져 있다.

우리는 아침식사를 하기 위해 8시에 풀라우 마무틱(Pulau Mamutic)이란 섬으로 떠났다. 10여 분 후에 마무틱 섬에 도착하여 말 그대로 그림과 같은 섬 야외에서 아침식사를 했다. 키나발루 시의 '다리스랑'이란 한국 식당에서 배달해 온 김치와 해장국과 안남미安南米 밥으로 아침을 했다.

아침식사를 한 후 샤피아 섬으로 떠났다. 9시 20분에 도착하여 이곳에서 오후 3시 반까지 수영 등을 하면서 즐거운 휴식을 취하였다.

점심도 한식이었다. 어느 곳에 가든지 그 지방 음식을 먹어야 먹거리 여행도 되는데 한국 교포의 음식을 팔아 주려는 것 같았다. 토요일인데도 사람들은 붐비지 않았다. 코타 키나발루에서 얼마 떨어지지 않은 곳인데 관광객이 그다지 많지 않다. 2, 3년 전만 하더라도 이곳은 누드 수영 지구였다고 한다.

4시에 키나발루 시에 도착한 후 버스 편으로 마리샨萬里香 숙소로 향했다. 그곳에 8시경에 도착하여 저녁을 먹고 이정일 · 박원동 · 김정태 · 세진사의 문형

풀라우 마무틱 섬에서

키나발루 산정을 오르는 일행과

진 사장과 맥주 한 잔씩을 했다.

저녁에는 허창성 사장과 같이 잤는데 추워서 잠이 깊이 들지 않았다. 한편 1시경까지 안내원들과 김성실, 박유선 등은 여행이 즐거웠던지 늦게까지 잠자리에 들지 않자 허창성 사장이 내려가 내일 산행을 위하여 빨리들 자라고 하는 것 같았다.

내일부터 시작되는 산행의 성공을 기원한다.

7월 17일

집을 떠난 지 3일째다. 잠을 잘 자지 못하고 배변도 시원치 않아 몸 컨디션이 좋지 않다. 그러나 의지력으로 극복해 봐야겠다. 숙소 아래 부락은 꼭 한국 농촌의 어느 마을 같은 인상을 주었다. 아름답고 깨끗한 자연이 부럽다는 생각이 들었다.

아침 7시 반에 식사를 했다. 달걀 프라이 하나와 자장면인데 가는 면으로 된 조악한 식사다. 나는 달걀과 빵에다 딸기 잼을 발라 좀 먹었다. 너무 부실하면 산행에 지장을 줄까 봐서이다. 오늘부터 동말레이시아의 시바주 북부에 위치하고 동남아에서 최고로 높은 해발 4,100미터의 키나발루 산행이 시작된다. 아름다운 산을 관상하면서 즐거운 마음으로 한 발 한 발 산을 딛자. 그래서 산정山頂이란 목적을 향해 걸어 보자. 차분하게 인생을 살아가듯이.

섬 해변가 소나무 그늘에서 차 한 잔을 마시며

우리가 잔 곳은 군다상 지역의 몰리(중국명으로 마리산萬里香) 모텔인데, 몰리는 여주인의 이름이란다. 퇴역 정치인(지방 주장관)의 비서를 하다가 아내가 되었다는데 아주 열성적이었다. 떠날 때는 개개인에게 인사를 잊지 않았다.

몰리 모텔에서 8시 20분에 출발하여 키나발루 국립공원에 있는 입산入山 관리공단에서 8시 40분 입산 체크를 받고 소형 버스를 타고 팀폰 게이트로 떠났다. 팀폰 게이트(해발 1,890미터)에서 정식 등산이 시작되었다. 우리가 오르려고 하는 키나발루 산에는 애틋한 전설이 있다. 노예로 끌려온 중국인 남자와 결혼한 말레이시아 여인이, 돈을 벌러 배를 타고 남중국해로 떠나간 남편이 돌아오지 않자 기다리다 죽어서 망부석望夫石이 되었는데, 이 여인이 올라 바다를 바라봤던 산이 키나발루라 한다. 그래서 이 산을 죽은 영혼의 산이라 부르기도 한단다.

등정일지를 보면,

아침 9시 30분에 칸디스(Kandis, 해발 1,890미터)에 이어,

9시 45분에 우반(Uban, 해발 2,059미터)에서 이정일 사장과 냉수 한 컵씩 마

시다.

10시 20분에 폰독(Pondok) 로위(Lowii, 해발 2,286미터)에서 박용 사장과 인삼 캔디를 먹다.

11시 5분에 멤페닝(Mem-pening, 해발 2,518미터) 경유.

11시 40분에 라양라양 대피소(해발 2,621미터)에서 점심을 먹고 12시 20분 출발.

오후 1시 10분에 빌로사(Villosa, 해발 2,942미터) 지남.

오후 2시에 폰도우(Pondou, 해발 3,052미터)에서 잠깐 쉬고,

2시 40분, 라반라타 산장(해발 3,353미터)에 도착.

커피 한잔 하고, 3시경 침대에 들어 휴식을 취하다, 7시에 저녁을 먹고 9시에 잠자리에 들다.

김정태 사장이 소주를 가져와 가볍게 한잔 했는데 술이 좀 오른다. 술김에 한숨 푹 자야겠다.

7월 18일

잠을 자는 둥 마는 둥 새벽 2시 30분에 겨울 옷으로 준비를 단단히 하고 일행과 같이 산행에 들어갔다. 아래 옷이 부실해서 이정일 사장에게서 방수 바지를 빌려 입었다. 작은 손전등에 의지하여 가파른 산행을 시작한 것이다. 해발 3,353미터의 라반라타 산장에서 4,101미터의 로우픽 정상을 향해 올라가는 것이다. 나는 앞서 가다가 내 페이스를 지키기 위해 박원동·박용 사장과 같이 팀이 되었는데 가끔 세진사의 문형진 사장과 동행이 되기도 하였다. 밤길에 험난한 721미터를 오른다는 것은 여간 인내가 필요한 것이 아니었다. 로프를 잡고 오르다가 또 사닥다리길을 기어오르고 암벽과 자갈밭 길을 넘어지면서 걸어 올랐다. 이것이 내 의지를 시험하는 계기라는 생각과 일단 도전하였으니 성취해야겠다는 욕구가 더욱 강렬해졌다.

2년 전 일본 북알프스 등정시 다리를 너무 다쳐서 그것이 마음에 자꾸 걸렸다. 준비는 단단히 하고 왔지만 정상 등정을 하지 못하고 또한 동행자들에게 누를 끼칠까 두렵다. 중간에 쉴 장소가 한 곳이 있다는

아직 어둠에 싸여있는 로우픽 봉

사양사양 대피소(해발 3,800미터)에 도착한 것 이 그곳 시간으로 4시. 아직은 그 험난한 길이 301미터나 남았다고 생각하니 두렵기까지 했다.

그러나 용기를 더 내었다. 150보를 걷고 잠깐 쉬고 하는 전술戰術로 나갔다. 문형진 사장은 100보를 걷고 쉬는 작전을 펴고 있다는 것이다. 얼마쯤 갔을까, 5시가 될 무렵 먼 동쪽에 여명이 비치는 것 같았다. 마음이 급해졌다. 혹 해돋이를 보지 못하면 어쩌나 하는 조바심이 마음을 더욱 조급하게 했다. 그러나 200보를 걷지 못하고 지치고 또 지쳤다. 무릎과 다리가 아파왔다. 혹

키나발루 정상인 로우픽에서

키나발루 정상인 로우픽

옛날과 같은 증상이 오면 어쩌나 하는 생각이 급습해 왔다.

나는 심호흡을 깊이 하고서 다리를 몇 번 주무른 다음 또 오르기 시작했다. 5시 30분, 나는 드디어 키나발루 정상인 로우픽에 도달했다. 마지막 30분은 힘겨운 싸움이었다. 내가 태어나 이 지구상에서 가장 높은 땅을 밟은 것이다. 해발 4,101미터의 험준한 바위산, 한쪽은 깎아지른 듯한 절벽이었다. 아직 어둠이 완전히 가시지 않았다.

나는 남지나해에서 떠오르는 해돋이를 보기 위해 휘몰아치는 강풍强風을 피하며 바위와 바위 사이에 몸과 머리를 처박고 낮은 자세로 인내하고 있는 것이다. 인생도 이렇게 도전해 가면서 사는 것이 아니겠는가. 정상 밑으로는 운무雲霧가 융단처럼 깔려 있고 그 사이사이로 기산절벽奇山絶壁들이 솟아 있다. 드디어 6시 정각에 검은 구름 사이로 태양이 떠올랐다. 이글거리는 불덩이였다. 지구를 온통 불태울 것 같은 그런 위세로 솟아올랐다.

그곳에서 좀 내려오다 김정태 사장이 가져온 진로 소주를 병뚜껑으로 다섯 잔을 마셨다. 정상 등정을 자축하는 술이라 추위가 가시고 몸이 좀 풀리는 것 같다. 그러나 하산길에 또 일본 북알프스에서 고생했던 인대가 늘어나는 증세가 나타났다. 힘겨운 2시간이 지나 라반라타 산장에 도착하였다. 아침으로 옥수수죽이 꿀맛이었다. 그러나 소주를 마신 것이 좀 좋지 않았는지, 아니면 어제 아침에 빵을 먹은 것이 나빴는지 속이 안 좋았다.

아침식사 후 9시 40분에 아픈 다리를 끌고 라반라타 산장을 떠나 하산길에 들었다. 특히 밑으로 내려가는 내리막길에선 다리가 더욱 아팠다. 아픔을 잊으려고 허창성 사장과 박원동 씨와 같이 쓸데없는 말들을 지껄이며 내려가는데 몇 번이나 주저앉고 싶었다. 또 먼저 하산한 사람들이 기다리고 있을 것을 생각하니 마음도 급했다. 참으로 고난 끝에 일행이 기다리고 있는 하산 종점인 팀폰 게이트에 1시 30분에 도착했다.

2시쯤에 해물탕 정식을 했다. 속이 무척 쓰렸다. 하지만 맥주를 한잔 했더니 좀 나은 것 같다. 그곳에서 버스 편으로 3시에 코타 키나발루 시로 출발했다.

키나발루의 정상에서 내려오면서 박용 사장과

하산길에 문형진 사장과 잠깐 휴식을

코타 키나발루에서 이정일, 박원동 사장과 함께

아름다운 경관이었다. 국민소득 3,500불의 나라지만 집과 정원들이 깨끗했다. 그리고 입산을 할 때도 꼭 안내원이 따르는데 그들의 수입은 말레이시아 환율로 하루에 30불인데 우리 돈 1만 원쯤 되었다. 그들은 환경미화원을 겸하고 있었다.

5시 30분쯤 코타 키나발루에 도착하여 하이야트 호텔에 짐을 풀고 우선 목욕을 좀 하고 나니 살 것 같았다. 3일 동안 수염을 깎지 않았더니 제법 길었다. 서울까지 그대로 갈까 하고 거울을 봤더니 수염에도 하얀 수염이 섞여 있다. 눈썹에 없으니 수염에도 없으려니 생각했는데 또 한번 늙음을 절감했다.

허창성 사장에게서 면도기를 빌려 수염을 깎았더니 말쑥해졌다. 저녁에는 한식집 〈다리스랑〉에 갔다. 한국 사람이 하는데 성공한 것 같아 보였다. 여주인이 친절하고 깨끗했다. 거기서 내가 조니 워커 한 병을 사서 일행들에게 대접했다. 호텔에 돌아와 자려는데 이정일 사장이 술을 가지고 와서 또 한 잔씩 했다. 마셔서는 안 된다고 다짐했으면서도, 그러나 또 술을 마시고 있다.

7월 19일

초저녁엔 술김에 잠이 들었는데 3시경부터 잠이 오지 않는다. 그러나 이불 속에서 자보려 노력하다가 6시쯤 일어났는데 다리가 무척 아프다. 발, 허벅지가 온통 아프다. 무리였다. 어제 허창성 사장에게 이제 해외 산행은 어려울 것 같다고 했다. 몸이 말을 들어 주지 않는다. 뜨거운 물에 목욕을 하고나니 좀 나은 것 같았는데 또다시 그렇다. 7시 30분에 호텔에서 양식洋食으로 조반을 했다.

9시에 호텔을 떠나 현지 안내원인 안영선 씨의 안내로 시내 뒷동산에 올라 시내를 굽어보고 쇼핑센터 앞에 차를 대주어서 모두들 쇼핑을 했다. 나와 허창성 사장은 키나발루 산 등정로가 그려진 러닝셔츠 하나

윤종석 씨의 편지

씩을 샀다. 나는 이번에는 술도 사지 않았다. 이젠 그래야 될 것 같다.

12시 10분쯤 코타 키나발루 공항에 도착하여 수속을 밟고 1시 55분에 정시 출발을 했다. MH0062호를 타고 서울로 가고 있는 것이다. 지금은 한국 시간 정각 4시(말레이시아 시간 3시)다. 앞으로 2시간 50분이면 서울에 도착한다. 서울에서 온 안내원은 성균관대 출신으로 제주 태생인 좌우진이란 사람이다.

이번 여행에도 별다른 의미 부여는 하지 말자. 산이 좋아 산행을 시작했고, 그러다 이제 4,101미터의 고산高山에 올랐다. 그리고 아직 좀 무리는 있었지만 건강이 그것을 극복해 주었다. 서울에 가면 또 열심히 책을 만들자. 적극적인 사고로 말이다.

7월 25일

너무 밝은 빛을 보면 빛이 보이지 않는다. 너무 어두워도 앞이 보이지 않듯이.

8월 4일

벼르다가 여름 휴가를 떠난다. 온가족이 이렇게 같이 여름휴가를 떠나는 것은 생후 처음인 것 같다. 아니 나에게 여름휴가란 처음이다. 온 가족이 제주도로 휴가를 떠난다. 12시 30분에 이륙한 KAL 제주행 219편에 온가족이 탔다. 지금은 1시 5분 전,

돌산향토장학회 감사패

충청도 상공을 날아가고 있다. 아내와 아들 둘, 딸 하나, 며느리 둘, 손녀 넷 하여 열한 사람의 대가족 이동이다. 내가 세상에 나서 남긴 것이 있다면 이 가족이다. 그 외의 모든 것은 그 부산물이라 해두자. 그런데 이 자리에 어머니가 계셨다면 하는 생각이 문득 난다. 아버님은 너무 일찍 돌아가셨으니 너무 큰 탐이지만 어머니는 지금껏 살아계실 수도 있었는데. 그리고 손자가 하나쯤 밑으로 있었으면 하는 욕심을 부려본다. 그러나 그것은 욕심이다. 손녀들이 모두 건강하니 그것만으로도 만족하자.

가족들이 모두 나들이를 좋아한다. 무사히 3박 4일의 휴가를 즐겁게 마쳤으면 한다. 1시 20분이면 제주 공항에 도착한다고 한다. 남해바다가 보인다.

1시 30분에 제주 공항에 도착하였다. 아름다운 섬이다. 이 섬에서 나는 몇 번인가 좌절을 했다. 금년 겨울에도 와서 김낙준, 권병일, 정진숙, 김현식, 임홍조, 나춘호, 윤청광, 안재관 등 그 당시 출협 상임 등과 같이 와서 계성제지 회장 별장에서 이틀을 묵으면서 차기 출협 회장 일로 상황 판단을 시도했으나 참으로 절벽이었다. 내 혼자 정방폭포 등을 거닐며 많은 생각을 하였다. 그러나 승률이 없어도 명분을 가지고 도전하기로 하였다. 그 결과 나에게 표로는 패배를 가져왔지만 총 투표수의 45%가 넘는 423표를 얻었다는 것은 장한 쾌거였다. 나는 지고도 이겼다고 봤다. 후회 없는 시도였다.

몇 개월 후 온 식구와 같이 제주도에 왔다.

KAL 셔틀버스가 2시 10분에 서귀포 KAL HOTEL로 향했다. 서귀포 HOTEL에 짐을 풀고 여자들은 방이 없어 다른 HOTEL에 들었다. 내가 회원권이 있는데 무료이기 때문에 방이 없다고 하는 것 같다.

오후 3시가 넘어 점심을 HOTEL 한식부에서 했다. 모두들 맛있게 먹

김재윤 씨의 석사학위 논문

었다. 여자들은 다른 HOTEL에 갔다 한 시간쯤 후 왔다. 같이 풀장에서 수영을 하고 7시쯤 되어서 걸어서 영빈이란 일식당으로 갔다. 몇 개월 전 출협 간부들과 들렀던 집이다. 흑돔 한 마리를 사서 회를 쳤는데 모두들 맛있게 먹는다. 특히 아내가 기뻐하며 맛있게 먹는다. 아내에게 잘했다는 생각이 들었다. 아내에게 맡겼던 돈가방을 아무데나 놓고 정신을 파는 등 좀 실수를 하는 것 같다. 돈 관리도 가능하면 내가 해야 될 것 같다.

여자들이 들어있는 HOTEL이 불편하다고 큰 며느리가 저기압이다. 〈영빈〉에 부탁하여 KAL HOTEL에 방을 하나 잡기로 하였다. 내가 들렀을 때 좀 덥지만 방도 넓고 하던데 만족하지 못하는 것 같다. 젊은이들을 이해하자. 내가 살던 시대가 아니지 않느냐. 돈이 들더라도 이번만은 기쁘고 즐겁게 지내다 가자.

8월 5일

　오후 3시다. 서귀포 KAL HOTEL 511호실에 앉아있다. 아침에 HOTEL에서 식사를 하고 중문에 있는 해수욕장으로 9시에 떠났다. 수영복을 입고 일광욕을 좀 하다가 다시 KAL HOTEL로 돌아왔다. 나는 신문을 읽고 좀 눕기도 하며 오후를 보냈다. 온 가족은 HOTEL 풀장으로 갔다. 무념으로 시간을 보내고 싶으나 잡념이 머리를 그대로 두지 않는다. 여러 가지 잡상을 해보았다. 사업을 어떻게, 노후를 어떻게, 봉사를 어떻게. 그러나 어느 것 하나 결심을 할 만큼 뚜렷한 것이 떠오르지 않는다.

　점심도 HOTEL 한식에서 했다. 그 때 술 한 잔을 했더니 기분은 좋다. 식당에서 최선호 사장과 작가 김원우 씨를 만났다. 어디에나 눈이 있다는 것을 의식해야 할 것 같다. 가족에게 이번에는 최대한의 봉사를 하자. 이런 기회가 얼마나 있겠는가. 그리고 내 몸가짐, 의복 등에도 신경을 좀 쓰자. 한복을 입는 문제도 그리해보자. 이제 그럴 특징을 가질 나이도 된 것 같다. 너무 두드러지지 않게 패션도 변해야 할 것 같다.

　저녁에도 어제 갔던 〈영빈〉이란 일식집에서 했다. 가족들이 만족했다. 큰 며느리가 좀 고된 모양이다. 아이를 셋 거느린다는 것 힘들 것 같다. 집에서도 그럴 것 같다는 생각이 들지만 내가 어떻게 할 수가 없는 형편이다. 아내가 좀 신경을 써주었으면 좋겠는데 아내가 살아온 인생과 시대를 비교하니 그것도 어렵지 않겠는가. 이해하고 개선하도록 노력해보자. 이번에 돈 쓰는 일에도 내가 좀 대범해진 것 같다.

8월 6일

　6시에 일어나 풀무원 원고를 쓰다가 아내와 산책 약속시간이 되어 8시에 산책을 같이했다. 아내는 이번 여행을 흡족하게 여겨 고맙다는 생각이 들었다.

아침 9시에 재민이 친구인 오군이 봉고차 한 대를 가져와 같이 신양 해수욕장을 향해 떠났다. 가는 도중 오군이 신영균 씨가 영화박물관을 만들겠다고 수 만평을 사놓고 전혀 착수도 하지 않는다는 말을 했다. 나도 서울에서 영화 평론가인 한양대 교수가 그런 말을 하는 것을 들었다. 영화박물관을 만든다는 명분하에 땅 투기를 하고 있다고까지 심한 말을 했다. 영화박물관을 만들겠다는 사전 준비로 박물관에 들어갈 자료를 구해야 하는데 자료 한 점 구하는 것을 보지 못했다는 것이다.

나는 출판자료관을 만들기 위해 자료를 구하고 있다. 그러나 그것이 혹 재산 증식이나 유산용으로 목적이 변해서는 안된다. 2,3년 내 꼭 어떤 형태로던 자료관 문을 열고 사회에 기여하자. 아니 출판학계와 출판계에 기여하자.

수영장에 가는 도중 점심을 먹고 신양 해수욕장에서 즐겁게 수영을 하고 오후 4시 반 쯤 그곳을 떠나 HOTEL로 오는 도중 오군의 형이 경영한다는 〈대어〉라는 음식점에서 일찍 저녁을 먹었다. HOTEL에 돌아온 후 샤워를 하고 일찍 잠이 들었다.

8월 7일

아침에 일어나니 목, 등 등이 따겁다. 어제 한 두 시간 동안에 살결이 탄 모양이다. 아침에 글을 쓰고 있는데 최선호 사장이 아침 식사를 같이 하자고 전화가 왔다. 여덟시 반에 한식당에서 김원우씨와 같이 식사를 하고 커피숍에서 차를 같이 마시며 담소를 나누었다. 김 작가는 출판에도 관심이 많았다. 카사노바의 일기를 출판해 보라기도 하고 또 단행본으로 생명이 끝난 소설을 문고로 한번 출간해보라는 말도 했다. 나는 고려해보겠다고 말한 후 헤어지면서 서울에 가서도 많은 자문을 해 달라고 했다.

지금 아침 10시다. 식구들은 아침을 하러 가고 오늘 오후에는 서울로 돌아간다. 무사한 귀가를 바란다.

오전 중에는 HOTEL 방에서 《백범일지》를 읽기도 하고 원고를 쓰기도 하면서 시간을 보냈다. 《백범일지》를 읽으면서 국가와 민족을 생각한다. 그것도 개인사와 우정, 정의 참삶이 바탕이 되어야 한다고 생각했다.

중식은 한식당에서 꼬리곰탕을 하면서 죽엽주를 한 잔 했다. 12시에 짐을 챙겨 나왔기 때문에 로비에서 시간을 보냈다.

이번 여행에서의 경비는 줄잡아 150만 원쯤 든 것 같다. 많은 지출이었다. 그러나 그것을 의식하지 않기로 하였으니 방념하자. 제주 공항까지 1시간 10분 정도면 간다고 하여 버스를 탔더니 서귀포에서 오래 머문다. 운전수에게 5시 20분 발 KAL을 댈 수 있느냐고 했더니 자신할 수 없다고 한다. 내일 제주도에 태풍이 온다고 하여 최선호 사장이 돈을 좀 들여서라도 오늘 귀경하려 하나 되지 않는다고 걱정하는 것을 보아 오

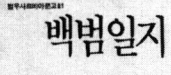

8월 7일.

제주도 KAL호텔에서 서울행 비행기를 타기 위해 시간을 보내는 동안 완독完讀을 하였다.

중학생 때 국사원國士院 간刊 《백범일지白凡逸志》를 읽은 후 몇 번 이 책을 읽었다. 어느 때는 앞부터 일부를, 또 어느 때는 인상 깊었던 중간에 체크한 것을, 또 어느 때는 말미末尾의 〈나의 소원〉을 읽었다.

이 책을 읽으면서 60여 년 전 '일지'를 쓰던 때나 지금이나 진리는 하나라는 것이고, 그의 혜안慧眼은 오늘도 그대로 뚫어보고 있다는 것이다. 양반에 대한 한이 좀 표면에 떠오르고 있다는 것 이외는 오늘 우리가 아니 내가 살아갈 좌표들이다. 또 시간이 나면 또 한 번 더 읽고 또 그의 정신을 닮고 선양宣揚하기 위해 마음을 써보자. 작은 문고로도 만들어 더욱 그의 꿈을 온 민족에게 심는 데에도 노력해보자. 여름휴가에 얻은 수확이다.

늘 비행기로 가지 못하면 어떻게 될지 모른다. 나는 서둘러 내려 TAXI 두 대로 분승하여 제주 공항으로 왔다. 시간의 여유가 좀 있었으나 잘했다고 본다.

로비에서 시간을 허송하면서 왜 그렇게 늑장을 부렸는지 모르겠다. 모든 것을 여유를 갖고 미리미리 준비하는 마음가짐이 아이들에게 있었으면 했다.

제주공항 서점에 들렀더니 모두 덤핑물이다. 《자기로부터의 혁명》을 하나 샀는데 정가도 없고 장정이 우리 것과 똑같다. 옛날에도 보고 넘겼지만 악을 제거하기 위해서는 고발이라도 해야 할 것 같다.

비행기에 올랐더니 좌석이 엉망이다. 36번 하에 앉았더니 온가족이 뿔뿔이다. 이것도 준비부족이다. 한진 멤버쉽에서 나와 있는 과장에게 미리 부탁하였던들 이럴 수가 없을 것이다. 외국여행을 할 때에도 여행사나 출판인들이 나를 챙겨주어 불편 없는 좌석을 주었다.

이번 여행에서 많은 것을 배운다. 가족이라는 것이 그렇게 허물없고 절대적인 신봉자들이 아니며 마음을 편안하게만 해주는 것이 아니라는 것을. 오히려 내가 서운하게 느끼고 또 상대방이 가장 서운하게 느낄 수 있는 상호관계라는 것을. 이 다음부터는 큰아이 작은아이 가족들끼리 따로따로 여행도 하고 나들이도 하게 하자. 매주 일요일 저녁 한번 가족끼리 만나 식사를 하는 것만으로도 만족하자.

좋은 체험이었다. 언제나 나는 나다. 나로서 나의 생은 평가받고 또 끝나는 것이다. 나를 위해 내가 무엇인가 남기고 나를 위해 내가 번 돈으로 보람 있는 일을 하던 즐기던 하자. 30분 후면 서울에 도착한다.

그동안 생각했던 것을 실천만 하면 된다. 항시 생각을 미룰 뿐이었다. 과감하게 생각을 실행으로 옮기자.

8월 15일

제주도에 다녀온 후 일기도 쓰지 못했다. 매일 30도를 넘는 무더위다. 밤에 하도 더워 2층 서재에 올라갈 수도 없다. 선풍기도 재준이가 연구실로 갖어가 한시도 있을 수가 없다.

지난 토요일(8월 13일)은 세종문화회관에서 김대중 선생 납치 21주년 세미나가 있었는데 책임자가 한승헌 변호사여서 갔더니 내 옆에 김충조 의원이 앉아서 주최측에서 갖다 주는 음료수를 나에게 두 번이나 건네주었다.

그런데 나는 거기에서도 지역적 한계를 뼈저리게 느꼈다. 이문영, 이우정 몇 사람을 제외하면 모두 호남인인 것 같았다. 나는 끝가지 있다 KOREANA HOTEL에서 있는 리셉션에는 참가하지 않았다. 갈 마음이 나지 않아 교보에 들렀다 집에 왔다. 교보에 가서 나는 출판에만 전념해야겠다는 생각이 들었다.

일요일에 관악산에서 하산하는데 학생 데모대 1만여 명이 서울대로 몰려갔다. 그런데 그들 깃발이 조선대, 광주대, 원광대, 여순지구 대학생회 등 거의가 호남대학들의 깃발이었다. 부산대, 경북대 깃발은 보이지 않았다. 호남인은 더욱 공부를 해야 하는데 하는 생각을 하며 30여 분 이상 길가에서 그들을 바라보았다.

관악산에서

어제와 오늘 나는 츠바이크의 《체스와 불안한 아내》라는 소설을 봤다. 오늘 어머

관악산에서

님의 산소에 갔다 오면서도 차 안에서 읽었다.

　재준이와 아내와 같이 산소에 갔더니 칡 넝쿨이 묘를 덮고 있었다.《체스》에서 많은 것을 깨달았다. 한 일에 전력투구하면 도를 통한다는 것과 침착하지 않으면 도도 깨어진다는 것을. 나는 참으로 출판인이 이제부터라도 되어야 한다. 모든 것을 버리고 출판만을 위해서. 그래도 시간이 아깝고 짧다. 다른 것을 하는 것보다 더 의의가 있는 것이 출판이다.

9월 7일

　날짜 가는 줄도 모르겠다. 일기를 쓴 지도 꽤 오래되는 것 같다. 무엇을 하는지 그래도 하루도 쉬지 않고 바쁘게 살았다. 그러나 무엇을 위해 살았느냐고 묻는다면 명확한 대답은 없다. 허송하지 안 했다는 것뿐이지 뚜렷하게 생산성을 말하기에는 역부족인 것 같다.

　오늘 오후에는 협동조합 장기발전 소위가 있어 참석했다가 중간에 나왔다. 내가 있으면서 의견을 낼만한 곳이 못 된다는 생각도 들고 또

좋은 책을 만드는 사람 5

범우사 대표
윤형두

활자와 더불어 산 40년을 말한다

종합출판 범우사의 윤형두 사장.
출판사 대표로서, 교수로서, 문필가로서,
장서수집가로서 그가 살아온 삶은 깊고 또 넓다.
하지만, 자신은 영원한 '출판인 윤형두'로 남기를 희망한다.

《뿌리와 날개》 8월호 기사

마포구 구수동 21-1, 범우사의 손바닥만한 입간판을 따라 골목길로 들어서면 얼마전까지 구화학교로 쓰이던 건물이 있다. 그 건물 3층 입구에서 범우사의 심벌마크 독수리가 그려진 큰 액자를 만났다. 독수리는 가장 높이 날고, 가장 멀리 보는 새. 조그만 병아리 한 마리를 잡기 위해서도 전력투구한다. 범우사의 윤형두 사장, 그가 원한 건 베스트셀러가 아니었다. 다만 모든 일, 그 어떤 책 한 권에도 전력투구하겠다는 생각이었다. 그래서 어제와 오늘, 그리고 내일의 기상 넘치는 독수리들이 범우사에는 모여 있다. 얼마전에 있었던 출협회장 선거에서 김낙준 회장과의 경합에 쓴잔을 들어야 했던 그이지만, 이제 그 일은 잊은 듯 했다. '뿌리와날개'의 방문에 그는 기꺼이 활자와 더불어 산 자신의 40년을 말했다.

최은주 출판계에 몸담으신 지 꽤 오래 되셨죠? 사장님께서 출판계와 인연을 맺게 된 특별한 계기라도 있으신가요?

"전 '54년 고등학교를 졸업하고, '55년 서울로 올라왔어요. 대학에 가고 싶어 상경하긴 했는데 형편도 안되었고, 사고무친(四顧無親)이어서 막상 잘 데도 없었어요. 서울역 대합실에서 상경 첫날을 보내고 여기저기 얹혀 살다가 고학을 위해 창평사라는 출판사가 하던 '신세계'라는 잡지에 취직을 했어요. 친구인 현 민주당 고문 김상현의 소개로 들어간 이 '신세계'는 당시 야당지로 유명했고, 주간이 김대중 씨였어요. 하지만 탄압이 심해 결국 문을 닫았어요. 사실 이때 저의 활자와의 인연이 시작된 셈이죠. 이렇게 해서 '신세계' 견습기자로 시작, '57년 '고시계'라는 잡지의 창간 작업에 참여했고 이어 군대를 갔어요. 제대 후 '66년 어떤 철학이 있었던 건 아니고, 단순히 실업자를 면하자는 생각에서 출판사 등록을 했어요. 제일 쉽게 할 수 있었으니까."

조규순 출판사 설립 후, 가장 힘들었던 때라면 언제입니까?

"여러분은 잘 모르실텐데 '72년 월간 '다리'지 필화사건이라고 있었어요. 그때가 선거를 치르기 전이었고 야당에서는 김영삼 씨, 이철승 씨, 김대중 씨가 후보로 출마를 했어요. 이철승 씨는 민주당 신파에 뿌리를 두었고, 김영삼 씨는 민주당 구파에 뿌리를 두었죠. 김대중 씨의 후보출마는 예상 밖이었어요. 그러니 선거운동을 해야 하는데 중앙당에서는 전혀 일을 안해 주고… 그래서 김대중 씨는 연설집 '내가 걷는 70년대'를 펴내고 다르게 선거운동을 시작했어요. 그때 제가 홍보를 맡았어요. 그가 강연할 때 우린 피켓, 팜플렛을 이용하고 부록을 제작하는 등 이전에 없던 홍보, 판매 전략을 폈어요. (흥겨워하며)근데 그게 반응이 너무 좋았지 뭡니까. 엄청나게 돈이 들어오는 거예요. 그랬더니 정부당국에서 그걸 하지 말라고 유혹이 들어 오더군요. 하지만 신의를 지키기 위해 그 일을 그만 둘 수는 없었어요. 그즈음 '다리'지에서는 학생운동에 대한 문학평론가 임중빈 씨의 특집기사를 게재했어요. 근데 그가 통혁당 사건으로 집행유예중이었죠. 결국 그게 문제가 돼서 반공법 4조 2항을 적용, 1백 일 정도 독방살이를 치렀어요. 형무소에 있는 동안 변호사 접견은 물론 책을 전혀 볼 수가 없었으니 제겐 가장 고통스런 때였어요. 그 이후 선거에서 박정희 씨가 당선되고, 그 사건은 무죄선고를 받았습니다. 일종의 정치사건이었죠."

이철호 38년 전과 지금, 출판환경이 많이 달라졌고 출판계도 상당한 변화를 겪어왔을텐데요.

"예전에 비해 정말 많은 출판물들이 나오고 있어요. 신간이 3만 종씩 쏟아진다고 하니 대단하죠. 하지만 최근 출판계는 너무 한쪽으로 치우치지

범우사를 지키고 있는 가족들이 자리를 함께 했다. 윤형두 사장의 오른쪽 옆에 선 이가 장남 윤재민 상무, 그리고 한 사람 건너 뿔옷 입은 이가 맥(?)인 성혜 씨다.

않나 해요. 전문서적, 전공서적에 대한 기획이 부진하고, 마치 하나의 유행처럼 베스트셀러를 위한 출판사들의 단발적인 기획, 대량광고가 눈에 띕니다. 물론 발전을 위한 하나의 과정이라고 희망을 갖고 있지만… 출판사, 독자를 위해 바람직하지 않은 일이죠."

오래도록 열매맺는 과수식 출판을 위하여

이 그렇다면 우리 출판계가 가진 가장 큰 문제가 뭐라고 보십니까.

"5·60년대 생겨나 지금까지 남아있는 출판사가 대략 10여개, 70년대의 출판사가 50여개에 불과합니다. 출판사의 유아 사망율이 너무 높다는 얘기죠. 지금은 출판사가 8천여 개에 달한다더군요. 하지만 생겨나는 것보다 중요한 건 오래된 출판사가 명맥을 유지하고 튼튼하게 정착해야 한다는 겁니다. 외국의 경우와 굳이 비교하지 않더라도 우리 출판사들은 너무 단명(短命)하는 경

그는 말한다. '책이 무엇이관데 이다지큰 마력으로 다가오는 것일까. 나는 책을 통해 1000년의 삶을 살아고 또 지금 도 책 속에서 1000년을 살고 있으며 앞으로도 1000년을 책과 더불어 살아갈지도 모른다.'

향이 있어요. 출판사들이 50년 이상 된 데가 없으니까요. 전 범우사를 오래갈 수 있는 출판사로 만들고 싶어요. 이를 위해선 생명이 긴 책이 있어야 해요. 최소한 5,6년 배나무나 감나무를 기르면 그 열매는 오래도록 따먹을 수 있어요. 제가 바라는 건 일종의 과수식(果樹式) 출판입니다. 그리고 재력이 있으면 1,2천년 이상 가는 비석식(碑石式) 출판을 하고 싶어요."

이 지금까지 만드신 범우사의 비석 출판물은 어떤 책입니까?

"'한국의 고지도' '진경산수화' 그리고 올해 나온 '정도 600년 서울 지도' '한국전적인쇄사' 등을 꼽을 수 있어요. 1억 이상을 투자하여 만든 책들로 튼튼하게 만들어 보존해야 하는 가치로운 책이라고 봅니다."

최 사장님께선 고(古)문서나 책 등 역사적 가치가 있는 자료 보존을 매우 중시하시나 봐요.

"이건 우리 모두가 해야할 일이 아닐까요? (안경을 벗으며) '뿌리를 찾는 작업'은 절대절명의 과제입니다. 벌레 먹고, 좀 쓸고, 젖기 쉬운 우리 고문서, 문화재들을 우리가 보존하는 건 당연한 것 아니겠어요? 프랑스에 있는 우리의 문화재들을 찾아오는 것보다 더욱 중요한 건 현재 한국에 있는 문화재들을 제대로 보존시켜야 하는 거죠. 그래서 저희 자체내에서 오랜 동안 발굴해온 방대한 양의 자료들을 정리, 자료실을 준비하고 있어요."

조 범우사에서 펴낸 책들이 총 1천 8백여 종. 엄청난 양인데요. 많이 펴내신 만큼 많이 벌어들이기도 하셨어요?

"전 대자본으로 출판하는 것은 아니라고 봐요. 언제나 넉넉하게 출판한 적은 없어요, 단지 한탕주의를 노리지 않기 때문에 특별히 많이 벌 생각을 하지 않았고, 쌓아두는 것도 없었어요. 제가 나름대로 자부심을 갖는 거라면 범우사는 책으로 번 건 다시 책에 투자를 해왔다는 점입니다. 사실 출판으로 번 돈은 출판에 투자를 해야 하는데 많이들 그러지 않고 있어요. 최근 번역물을 들여 오기 위해 몇 억씩이나 계약금을 주었다는 얘길 듣고 깜짝 놀랐어요. 물론 젊은 사람들과 의식이 다를 수 있다는 건 인정해요. 하지만 전 왜 그 좋은 돈을 외국 사람들에게 엄청난 로얄티를 주고 버리냐 하는 안타까운 심정이 들더라구요. 그게 국민정서에 보탬이 된다거나 문화적 소양을 높이는 것도 아닌데."

최 현재 출판학회 회장을 맡고 계시죠? 그것 말고도 이제까지 출판계에 종사하시면서 하신 많은 일들, 소개 좀 해 주시겠어요?

"먼저 '78년 한국 유통 협의회를 만들어 정가 판매제를 정착시켰어요. 그러면서 대형서점들이 생겨났

고, 도서유통이 조금 개선되지 않았나 해요. 또 독서진흥법을 발휘시키고, 출협 회장을 맡고 있을 때는 출판연구소를 만들었죠. 그리고 작년을 한성순보 이후 1백10년 만에 '책의 해'라는 의미있는 해로 제정하게 되었어요. 올해로 23년된 출판학회는 처음 안춘근 선생이 외롭게 만드셨어요. 출판이론의 정립이 필요하다는 생각에 만든 이 학회는 그렇게 호응이 좋은 편은 아니었어요. 하지만 학문적으로는 상당히 인정을 받고, 국제출판학회 활동은 활발하게 진행되어 왔어요. 동아(東亞)3국이 주축이 된 국제출판학회는 올해로 제6회를 맞아요. 작년 제5회 출판학회가 중국에서 열렸는데 거기에서도 우리나라의 출판환경이 아직 얼마나 열악한가 여실히 드러나더군요. 당장 출판학회가 생긴지 10년이 채 안된 중국만 해도 대학에 27개의 출판과가 있으니, 출판인구의 질적향상과 저변확대를 위한 그들의 노력을 알 수 있게 하죠. 이에 비해 우린 전문대 출판학과가 10여 군데, 4년제 대학은 없고, 대학원에서는 또 환영받고 있으니, 피라밋형이 되어야 할 그 분포가 호리병형을 보이고 있어요."

이 아시아가 주축이 된 국제출판협회라고 하셨는데요. 요즘은 어딜 가나 서구화, 세계화를 강조하잖아요.

"아시아 내에서도 한국, 중국, 문화 뿐 아니라 경제적, 정치적 유대를 더욱 강화시켜야 한다고 봅니다. 특히 중국은 종이가 처음 나온 나라로 활자역사가 대단히 길어요. 전 개인적으로 지리적, 정서적, 역사적으로 가까운 이 동아(東亞)3국이 주축이 되어 세계를 이끌어야 한다고 믿어요. 실제 세계무대에서 그 비중이 점점 더 커지고 있는 실정이고."

출판유통 구조 개선에 사활을 걸어야 한다

조 40년 가까운 사장님의 '출판 외

조규순
"많이 펴내신 만큼 많이 벌어들이기도 하셨어요?"

최은주
"고문서나 책 등 역사적 가치가 있는 자료 보존을 매우 중시하시는군요."

이철호
"시장개방을 앞두고 출판계가 해결해나가야 할 문제가 많습니다."

길 인생'. 과연 건강이 없었다면 그게 가능했을까요? 특별한 건강관리법이라도 있으세요?

"저는 20년 이상을 관악산만 다녔어요. 가끔 인수봉 바위타기 연습도 하고 알프스산, 에베레스트산 트래킹도 다녀왔어요. 어렸을 땐 살기가 어려워서 공부를 하고 싶어도 못하게 하시는 거예요. 한날 저희 어머님께서 나무를 50짐 해오라고 하시더군요. 결국 그 나무지기를 마쳤더니 어머님께서 학교를 보내주셨어요. 그렇게 시작된 저의 산행은 지금까지 계속 되고 있는데 산이 좋고, 산친구들이 좋아요. 변화무쌍한 산, 꾸준하게 한길을 타는 산은 곧 인생을 말해주는 것 같고… 지금도 '애서가 산악회'라는 모임을 통해 매주 산에 가고 산에서 책에 대한 이야기, 시국에 관한 이야기를 많이 나누는 편이예요."

이 가족 얘기 좀 들려주세요. 예전에 출판계에서 일한 사람들은 결혼도 어려웠다던데요.

"결혼생활도 매우 가난하게 시작했어요. 하지만 상황이 나아진 지금도 외국 한번 같이 못 나가고, 행여 지방엘 가도 제가 벼룩시장이나 고서를 찾아 헌 책방을 뒤지기 바쁘니 전혀 동행을 못해요. 책에 미친 사람 때문에 아내는 행복하지 않았을 겁니다. 맨날 싸가지고 오는 거라곤 맛있는 빵, 음식이 아니라 냄새 풀풀 나는 고서들 뿐이었으니까. 그래도 이해를 잘 해줬어요. 하긴 싫어도 어떻게 합니까. 이젠 아이들까지 모두 출판계에 종사하고 있는 걸."

조 지금 사장님 주변엔 든든한 자녀분들이 측근으로 포진해 있다고 하던데, 그야말로 출판가족이라고 할 수 있지요? 그렇게 되기도 쉽지 않을 것 같아요. 혹시 모종의 압력이 있었던 건 아닙니까?

"(목소리에 힘을 주며)압력이라뇨? 전 무죄입니다. 자라온 분위기가 영향을 미치지 않았나 해요. 좀 심하게 얘기해서 전 책이 곁에

1994년 381

없으면 허전해서 견디기가 힘들어요. 제가 워낙 책을 좋아하다 보니, 자연스럽게 보고 배운거죠. 현재 범우사에서 상무로 재직중인 큰 아이는 좀 예외였는데 저처럼 살기가 싫다는 겁니다. 그러다 지금은 함께 일하며 서일전문대에서 출판학 강의를 하고 있어요. 둘째가 경인여전에서 출판학 전임강사를 하고 있고, 막내는 범우사에서 미술부 차장으로 일하고 있습니다.

조 그렇다면 대권(?)이양은 어떤 식으로 할지, 그게 언제일지 궁금한데요?

"65세까지만 일할까 하는데 너무 이른가요? 전 66세가 되면 제 인생에 대해 정리를 하고, 글을 쓰기 시작할까 합니다. 금년중에 범우사를 주식회사로 전환하고 규모가 좀더 커지게 되면 경영사장제를 도입, 하나의 합의체를 만들고 싶어요. 일단은 제가 평생을 바쳐 해온 일인 만큼 큰 아이에게 그 일을 넘겨주고 싶군요. 그게 솔직한 심정입니다."

최 책을 즐겨 읽는 분으로서 독자들이 선별력을 가질 수 있는 독서법을 위해 한마디 해주세요.

"전 독자들이 무작위로 많은 책을 읽는 건 불필요하다고 봐요. 자기에게 필요하고, 자기가 좋아하는 책이라면 그 책을 선택하여 계속 읽어요. 유행에 휩쓸리지 말고 여러가지 읽는 것보다는 자기한테 피가 되고 살이 되는 걸 읽는 게 중요하죠."

조 지금 강단에 서고 계시고, 글도 쓰시고, 출판사도 운영을 하시고… 정말 끝까지 남기고 싶으신 건 어떤 직함입니까?

"그 어떤 수식어보다 출판인 윤형두로 남을 수 있다면 그걸로 족합니다."

이 시장개방을 앞두고 해결해나가야 될 문제가 많이 산재해 있습니다. 특히 가장 중요한 사안이 뭐라고 보시는지요.

"우선 출판계 주변의 지원이 필요해요. 전 우리나라 신문들이 문제가 많다고 생각합니다. 광고가 많으면 출판사 광고는 빼고, 광고가 없으면 출판사 광고를 집어 넣고, 그건 잘못된 거죠. 영상매체가 활자매체를 마구 공격해오는 요즈음, 활자매체들은 서로 공존할 필요가 있어요. 넓게 보면 출판이 살아야 신문도 살 수 있지요. 그렇지 않다면 신문은 죽을 수 밖에 없어요. 한편 출판사는 출판사대로 독자개발을 위해 다양한 방법들을 찾아야 해요. 그런데 그보다 더 결정적인 문제는 유통입니다. 한 권의 책이 만들어져서 독자의 손에 들어가야지만이 책은 '탄생' 되는 거라고 생각해요. 출판계가 상당히 발전했다고는 하지만 우리의 출판유통구조는 1950년 수준이죠. 나쁜 책은 막 팔고 좋은 책은 팔지도 않고… 문제가 심각합니다. 우리의 경우 유통구조가 필요치 않은 학습지, 교과서, 전집물들이 시장을 비대하게 차지하여 별다른 개선의 여지를 찾지 못하고 있어요. 일본은 대형출판사들이 공동투자로 원활한 도서유통의 초석을 만들었죠. 물론 이 과정에서 자기 책들도 성장했구요. 이젠 우리도 서점인, 대학, 출판학과 학생들 할 것 없이 출판에 관련된 모든 사람들이 자발적인 힘을 모아야 해요. 그것은 누가 해주길 바랄 게 아니라 우리 스스로 풀어나가야 할 과제입니다."

그의 방에서 풍겨난 그윽한 내음이 그것이었을까. 오래되어 빛바랜 책들과 창호지 바른 창문, 그리고 결은 나무바닥… 서도(書圖)를 품고 다니던 옛 선비의 책사랑을 오늘, 그에게서 본다. 🔳

독자 인터뷰어/ 이철호(스물 아홉 살, 메카 커뮤니케이션 근무)
조규순(스물 다섯 살, 학원강사)
최은주(스물 세 살, 인하대 가정관리학과 졸업)

진행/ 권정선
사진/ 이동기

범우사에서 나온 주요한 책들을 보니

한국의 고지도(이찬 지음)/ 진경산수화(최완수 지음)/ 정도 600년 서울 지도(허영환 지음)/ 한국전적인쇄사(천혜봉 지음)

범우사가 1년에 한 권씩 의욕적으로 펴낸 이 책들은 구하기 힘든 방대한 자료들을 수집, 체계적으로 정리하여 귀중한 성과라고 평가받고 있다. 오랜 시간과 경비를 투자하여 만든 이 출판물들은 범우사의 비석출판물이란 자부심을 가지고 있다고.

범우문고 ('무소유' 외)
범우소설문고 ('메밀꽃 필 무렵' 외)
범우고전선 ('독일 국민에게 고함' 외)
범우희곡선 ('에쿠우스' 외)
범우사상신서 ('자기로부터의 혁명' 외)
범우학술·평론 ('카프카 연구' 외)
범우캥거루문고 ('길은 여기에' 외)
범우사르비아문고 ('삼대' 외)
범우피닉스문고 ('그리스·로마 신화' 외)
범우오똑기문고 ('세종대왕' 외)

<94. 9. 6. 화>

판매 촉진실 9월 계획서

◎ 출장일 : 낮과 돈이 되록.
  ○ 김국장 : 9월 22일부터 경부선
  ○ 이부장 : 9월 26일부터 경북
  ○ 소과장 : 9월 26일부터 전남
  ○ 김하수 : 9월 13일부터 전북
  ○ 정재헌 : 9월 13일부터 충청도

◎ 업무사항
  ○ 외국어대학교 학술제 참가 9월6일부터 본사 인원 2名, 아르바이트 1名 배치예정
  ○ 책과인생 정기구독 및 마크 인쇄서점 선정 작업 1¾
  ○ 각급 도서관, 학교 납품 본사도서로 유도판매
  ○ 각 서점 재고조사 철저히 (중·대형서점 진열 작업)
  ○ 범우문고 다이 제작 고려중임 (시장조사 中) : 서점, 거리전용점.
  ○ 추석 연휴로 인한 매출저하 우려 연휴 전에 매출액 상승에 만전
  ○ 각 서점 수금 빠진 곳 없이 철저하게 할 것임
  ○ 전남지역 삼일총판 이체작업 마무리
    〈완도/국제 해남/해남 고흥/대광 3군데는 본사에서 정리 예정. 이체 작업에 불반응〉
  ○ 모든 영업부 직원 각 서점 집중 영업
  ○ 불량 거래처 선별 작업중. 선별 후 정리예정 (약 20군데 됨)
  ○ 《책과인생》 9월호 각 서점 발송 완료
    ("식사랑" 본사 차량으로 배달 9/6)
  ○ 《책과인생》 9월호 마아크 서점 (5,000부)
      식사랑 500부
      서울유통 1000부   대구/제일 500부
      대전/대훈 500부   경주/제일 500부
      부산/예림 500부   목동/한림문고 500부
      노량진/국민 500부 화곡동/까치 500부

판매 촉진실의 9월 계획서

한문영씨와 이용희 교수댁에 갈 약속도 되어서 나왔다. 강남 프라자 HOTEL에서 한 형과 만나 이용희 교수댁에 갔다. 서울대 교수, 통일부 장관 등 화려한 경력의 주인공으로 집도 깨끗했다. 또 33인의 이갑성옹의 아들로부터 참으로 복 받은 사람이다. 일제 때는 칼을 차고 다녔다는 말도 있다지만 나는 확인해보지 않았다. 그이가 쓴 〈한국 회화소사〉가 하도 내용이 좋고 서문 문고로 있다가 지금은 찍지 않는다고 하여 좀 더 보완을 한 대형판 단행본으로 내어 볼까하고 계약 차 가서 계약을 했다.

인품은 온후했다. 그런데 수전증으로 글도 쓰지 못했다. 건강이 얼마나 중요한 것이라는 것을 느꼈다. 계약을 할 때 내 안 호주머니에 넣고 왔던 도장을 찾으니 도장이 없다. 참으로 난감한 일이다. 모두 이 도장으로 저금도 하고 계약같은 것도 해 왔는데 도장이 없어진 것이다.

집에 와 찾아 보와도 없다. 사람이 죽지 않는 한 어떻게 되겠지 하면서도 골치 아플 일이다. 어떻게 되겠지, 또 어떻게 되지 않는다 해도 어쩔 수 없지 않겠는가.

마음이 편하지 않다. 인생살이란 이렇게 복잡한 것일까. 이용희 교수. 그도 무엇이 부러울 것이 있었겠는가. 그런데 수전증, 늙어감 그것은 어찌 할 수 없는 것 같다.

9월 14일

날짜 가는 줄을 모르고 사는 것 같다. 날짜를 의식하지 않고 사는 것 같다. 그러나 날짜를 생각하면 너무나 빠르구나 하는 생각이 든다. 아침에도 강경식 의원이 주최하는 경영전략 연구소의 중소기업에 대한 발표회에 참석하러 준비하다가 그냥 서재로 올라왔다. 가서 들으면 배울 점은 있겠지만 너무 이 곳 저 곳에 다닌다는 인상이 싫어졌다.

어제도 할 수 없이 김광일 중앙도서관장이 불러대어 독서에 관한 글

모음전 OPEN식에 가서 이민섭 장관을 비롯한 문화부 인사들과 테이프 컷팅 등을 같이 했지만 그런 것이 바람직한 일인지 모르겠다. 한 권의 책을 출판사 사장으로서 더 출간하고 수필가로서 좋은 한 편의 글을 쓰고, 대학원 강의자로서 내용이 충실한 강의록을 만드는 것이 더욱 의의 있고 보람 있는 일이 아니겠는가.

돌아오는 9월 24일에 범우사 28주년 기념행사를 한다. 독후감 시상, 장학금 전달, 모범사원 표창 등 그것 하나 준비하는데도 덜거덕거림이 많다. 범우사 사원도 정예화시켜야 한다. 그래서 밤낮을 가리지 않고 뛰는 사원으로 뭉치게 해야 한다. 그러기 위해선 그런 사람을 끌어들이고 처우를 잘해주어야 한다. 그렇게 노력해보자.

9월 24일

오늘 범우사 28주년, 9회 독후감, 4회 출판 장학금 수여식을 잘 맞혔다. 한승헌 변호사, 이상보 박사, 또 리영희 교수 등 많은 분이 오셨다.

출판학회와 고서연구회, 애서가 산악회 멤버들만 초청했는데 신문의 인사난을 보고 많이들 오셨다. 아직 내가 살아 움직이고 있다는 것을 느낄 수 있었다. 이제 나에게 요구만 하는 사람들보다 어울려 같이 살아가는 사람에게 신경을 써야 할 것 같다.

좀 귀찮다는 생각도 들지만 범우사를 위한 행사는 1년에 한 번씩 하자. 그리고 30주년에는 좀 성대하게 하

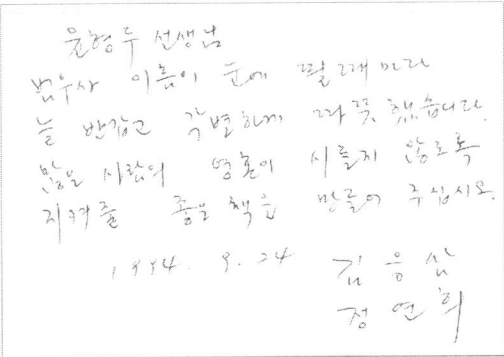

김응삼·정연희 씨의 편지

창립 28주년 기념식장에서 한승헌 변호사(앞줄 가운데), 이상보 박사(앞줄 왼쪽) 및 수상자들과 함께

汎友社 創立 28週年 記念
第7回 讀後感懸賞募集施賞式
第6回 汎友出版奬學會 奬學金授與式
日時: 1994年 9月 24日
場所: 韓國프레스센터 20層 내셔널프레스클럽
(中區 太平路)

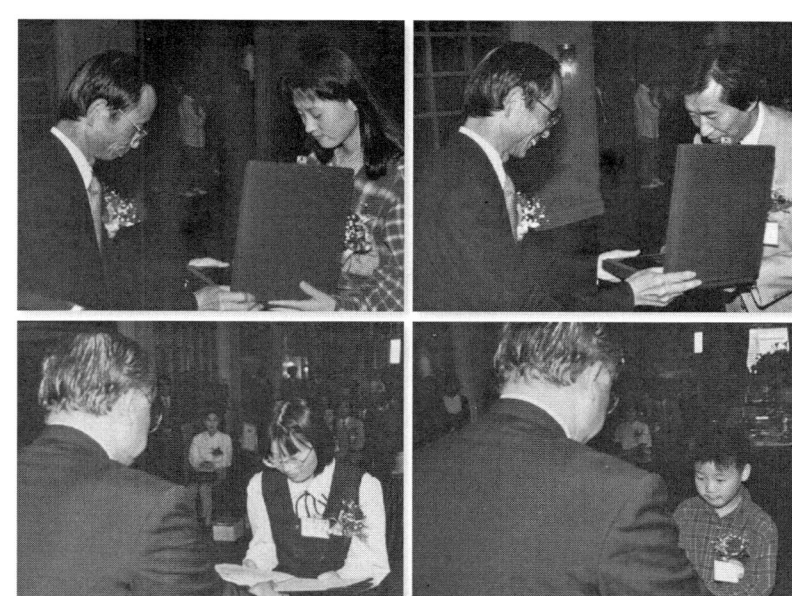

감사의 말씀

삼가 선생님의 평안하심을 기원합니다.
선생님께서 보살펴주신 덕분으로 저희 범우사 창립 28주년 기념
제9회 독후감 현상모집 시상식 및 제4회 범우출판장학회 장학금 수여식을
무사히 성황리에 끝마쳤습니다.
바쁘신 중에도 성원해주신 데 대해 먼저 지면을 통해 감사드립니다.
저희 범우사에 보여주신 관심을 격려의 말씀으로 알고
앞으로 출판문화 발전을 위하여 더욱 정진하겠습니다.
다시 한번 감사드리며 선생님의 건강과 발전을 기원합니다.

1994. 9. 26.
범우사 대표 윤형두

창립 28주년 기념식 참석 감사장

범우사 창립 28주년 기념 팸플릿

진 행

- 다과회
- 모범사원 표창
- 제4회 범우출판장학회 장학금 수여
- 범우출판장학회 이사장 인사말씀
- 제9회 독후감 현상모집 입상자 시상
- 제9회 독후감 현상모집 심사평
- 창립 28주년 기념사
- 범우사 역책 소개

범우사 역사

1966. 8. 3.	등록 (서대문구 냉천동 18-1).	
1967. 12. 10.	처녀 출판물 《사형의 엘》(양주동 외) 발간.	
1970. 4.	윤형두 사장, 월간 《다리》 주간 맡음 (이후 편집인·발행인으로 활동).	
9.	《내가 걷는 70년대》(김대중) 판금조치 당함.	
1971. 11.	윤형두 사장, 한국잡지협회 이사로 선임됨.	
1972. 11. 30.	범우고전선 제1권 《유토피아》 발간 (현재 33번).	
12. 5.	'루이제 린저 저작선집' 제1권으로 《잔잔한 가슴에 파문이 일 때》 발간.	
	윤형두 사장, 《한국문학》에 수필 〈콩과 액운〉으로 등단.	
1974. 12.	'생 텍쥐페리 선집' 제1권 발간 (1977년 6권 완간).	
1975. 2.	윤형두 사장, 한국수필가협회 이사.	
1976. 1. 15.	인문·사회과학 총서인 범우사상신서 제1권 《자유에서의 도피》 발간 (현재 53번).	
3. 20.	문고붐을 일으킨 범우에세이문고 제1권 《영사십리》 발간 (1986년 120권 완간).	
11. 10.	범우생활신서 제1권 《적극적 사고방식》 발간.	
12. 10.	범우소설문고 제1권 《메밀꽃 필 무렵》 발간 (1983년 60권 완간).	
	《같은 우리 앞에 있다》(김동길) 판금조치 당함.	
1977. 10. 15.	중·고등학생의 필독서 범우사르비아문고 제1권 《효-에세이 35인집》 발간 (1988년 150권 완간).	
1978. 1.	윤형두 사장, 대한출판문화협회 이사 선임.	
2.	윤형두 사장, 한국출판협동조합 이사 선임.	
1979. 4.	본사 사보 '범우'지의 전신으로 《새로 나온 책》이란 홍보물 발간.	
7. 10.	아동문고 범우오뚜기문고 (전기선) (1)~(20) 발간.	

8. 15.	범우오뚜기문고 (문학선) (21)~(40) 발간.	
1980. 2.	윤형두 사장, 한국출판금고 이사 선임.	
10. 20.	범우비평판세계문학선 제1권 《그리스·로마신화》 발간 (현재 83번).	
1981. 2.	범우에세이문고, 제21회 한국출판문화상 수상.	
1982. 2.	윤형두 사장, 중앙도서전시관 운영위원장 선임.	
3. 12.	윤형두 사장, 한국도서유통협의회 회장 선임.	
3. 20.	범우독일문학주해 제1권 《Der Prozeß》 발간 (현재 16번).	
9. 30.	최장기 베스트셀러 《자기로부터의 혁명》 발간.	
1983. 5. 18.	윤형두 사장, 한국출판학회 부회장에 선출.	
8. 1.	등록번호 변경 (10-39호).	
10. 20.	윤형두 사장의 수필집 《넓고 넓은 바닷가에》 발간.	
1984. 1. 20.	컬러판 범우오뚜기문고 제1권 《세종대왕》 발간.	
2. 6.	윤형두 사장, 대한출판문화협회 부회장 선임.	
9.	윤형두 사장, 중앙대 신문방송대학원 졸업.	
12.	범우사르비아문고 100권 발간.	
1985. 7. 5.	범우문고 제1권 《수필》 발간 (현재 115번).	
11. 1.	범우사르비아문고로 조일광고대상 본상 수상.	
1986. 7. 15.	윤형두 사장, 한국출판연구소 이사 선임.	
8. 4.	범우사 발전을 위한 사원 총회, 20년 동안 1000종의 도서 발간 확인 및 계속 좋은 책 출간의지를 다짐.	
9. 27.	창업 20주년 기념 제1회 독후감 현상모집 (3000만 원) 시상식.	
1987. 9. 20.	헤로도토스 《역사》 국내 최초 완역판 발간.	
12. 17.	총무과 업무에 전산화 시스템 도입.	

범우사의 社是

범우사는 진리와 자유를 위하여,
새시대의 새지식을 위하여,
독서의 생활화를 위하여
끊임없이 노력하고 있습니다.

1988.	5. 20.	10대 전반 소년·소녀를 위한 범우피닉스문고 제1권 《타임머신》 발간 (현재 26번).
	5.	컬러판 이솝이야기 그림책(전20권), 테이프(전 10개) 제작.
	6.	범우사 자료실 정비.
	6. 2.	윤형두 사장, 한국출판협동조합 이사장 피선.
	10. 15.	창립 22주년 및 범우사르비아문고 150권 완간 기념 독후감 모집 시상식.
	10. 25.	윤형두 사장, 제34회 독서주간 기념 유공 출판인 대통령상 수상.
	11. 30.	제임스 조이스 전집(전6권) 발간.
1989.	2. 25.	윤형두 사장의 저서 《출판물 유통론》 발간, 제12회 한국출판학회상 수상.
	4.	윤형두 사장, 국제펜클럽 한국본부 이사 선임.
	5. 31.	출판단지 해체와 더불어, 창립 23년 만에 본사 사옥을 마련하여 이사 완료.
	6.	심벌 마크, 로고 변경.
	7. 1.	윤형두 사장, 한국출판학회 회장 피선.
1990.	4. 20.	범우희곡선 제1권 《세일즈맨의 죽음》 발간 (현재 10번).
	5. 25.	《한국전적인쇄사》 발간, 제13회 한국출판학회상, 제6회 인쇄문화상, 제31회 한국출판문화상 등 수상 및 1990년 언론사 출판기자 선정 '올해의 책'에 뽑힘.
	7.	윤형두 사장, 한국언론학회 이사 선임.
	8. 20.	월간 《역사산책》 창간호 발간.
	10. 3.	독일 프랑크푸르트 제42차 북페어에 본사의 《한국전적인쇄사》와 《한지디자인》 출품.
	12. 4.	《범우사 간행 수상·선정·추천도서 목록》 발간.
	12. 6.	처음으로 범우사 캘린더 1000부 인쇄 발행.
1991.	4. 20.	윤형두 사장, 1억 기금 조성해 범우출판장학회 설립.
	9.	윤형두 사장, 중앙대 신문방송대학원 객원교수.
	9. 14.	창립 25주년 기념 제1회 범우출판장학금 수여식 및 제6회 독후감 현상모집 시상식.
	12. 27.	《한국의 고지도》 발간, 제33회 한국출판문화상, 위암 학술상 수상(위암 장지연 기념사업회 제정).
1992.	3. 1.	월간 《책과 인생》 창간호 발간.
	7.	윤형두 사장, '93 책의 해 제정준비위원회 부위원장.
	9. 26.	창립 26주년 기념 제2회 범우출판장학금 수여식 및 제7회 독후감 현상모집 시상식.
	10. 16.	윤형두 사장, 서울시 문화상 수상.
	12. 30.	《아라비안나이트》 1권 발간 (전10권 완간).
1993.	7. 31.	《겸재 정선 진경산수화》 발간, 제34회 한국출판문화상 수상, 제12회 동원 학술상 등 수상.
	9. 25.	창립 27주년 기념 제3회 범우출판장학금 수여식 및 제8회 독후감 현상모집 시상식.
1994.	3. 1.	중국 방문 《등소평문선》 저작권 계약(1994. 7. 20. 상·하 국내 첫 출간).
	3. 30.	《플루타르크 영웅전》 1권 출간 (전8권 완간).
	4. 22.	윤형두 사장, 동국문학상 수상.
	6. 10.	《정도 600년 서울지》 발간.

범우사의 캐치프레이즈
2000년대를 향하여 꾸준하게 양서를!

범우사 창립 28주년에
한 권의 책도 시류에 영합하지 않고

윤형두
본사 대표·한국출판학회 회장

올해로 汎友社는 창립 28주년이 되었습니다. 이제 장년기에 접어들었습니다. 발아기에서 유년기 그리고 청년기를 어렵게 넘겼습니다. 본시 문화사업이란 힘든 사업인 데다가 출판업이란 특히 유아사망률이 어느 업종보다 높은 업종이라 힘겨웠던 것 같습니다. 그러나 그 동안까지는 사업을 일으킨다는 일념으로 앞만 보고 살아왔습니다. 그러나 이젠 장년기에 접어들었으니 뒤도 돌아보고 현재의 위치도 살펴보며 앞날도 그려가면서 출판사를 운영하여야 하지 않을까 생각합니다.

汎友社는 28년 동안 1500여 종이 넘는 책을 발간하면서 나쁜 책을 내지 않겠다는 창업목표와 고전 위에 새지식을 심겠다는 정신을 지켜왔습니다.

또 현재 한국출판계가 시기물과 대량판매물을 좇는 성향이 짙어지면서 출판풍토가 황폐화되어가고 있습니다. 그러나 범우사는 한 권의 책도 시류에 영합하지 않고 문화재를 만들어낸다는 확고한 신념으로 일관하겠습니다. 앞으로도 '溫古之新, 法古創新' 이란 옛것을 본받아 새것을 창조한다는 마음가짐을 하나도 흐트러지 않고 기업을 경영하겠습니다.

이 기업정신 위에 범우출판장학회와 독서운동의 일환인 독후감 모집도 꾸준히 이어가겠습니다.

오늘 독후감 응모에 입선하신 분과 범우출판장학금을 받으시는 분을 비롯한 수상자들에게 축하를 드립니다. 그리고 끝으로, 그 동안 범우사를 도와주신 저·역자, 제작처의 많은 분들과 범우사 사원들에게 감사드리며 보다 나은 범우사의 앞날을 위해 많은 성원을 부탁드립니다.

긴장감과 기쁨을 함께 주는 작품들

이상보
문학박사 · 국민대 명예교수

출판문화 발전을 위해 다함께 노력합시다

한승헌
본장학회 이사장 · 변호사

제9회 독후감 현상모집 심사평

이번 제9회 범우사 독후감 현상모집에 응모한 원고들을 읽으면서 먼저 해두고 싶은 말이 있다. 그 유례없는 혹서에 대상도서를 열심히 읽고 독후감을 쓴 노고를 치하하지 않을 수 없어서다. 따라서 응모원고 한 편 한 편을 더욱 마음을 가다듬고 읽었음은 물론이다.

대학 · 일반부는 응모 편수도 많았을 뿐만 아니라 질적으로도 우수해서 범우사의 독후감 모집의 의의를 다시 확인하는 기회가 되었다고 볼 수 있다. 이번에는 지난해와는 달리 대상도서를 상당수 지정하였지만 특정한 도서에 편중되는 현상을 보여서 입선작도 편중되는 것을 막기 어려웠다는 것을 말해둔다. 금상은 《견견록(繭繭錄)》을 읽고(이수민)'를 정했는데 심사위원들의 의견 일치를 보았다. 필력 또한 박진감이 있어서 읽으면서 긴장감과 기쁨을 함께 느낄 수 있었다. 중 · 고등학생부와 국민학생부는 응모 편수가 적었고 수준도 기대에 미치지 못해 유감이다. 중 · 고등학생부에서는 금상 없는 은상으로 《효》를 읽고(윤소열)', 국민학생부의 금상은 '《자연의 ABC》를 읽고(김혜리)'를 뽑았다. 나머지 작품의 언급은 지면관계로 생략하는 바이다.

제4회 범우출판장학회 장학금 수여식에 부쳐

출판학을 공부하는 사람에 대한 장학사업을 실시하여, 한국 출판계의 발전에 공헌할 수 있는 유능한 인재의 양성을 목적으로 출범한 범우출판장학회가 올해로 네 돌을 맞습니다.

그 동안 해를 거듭할수록 출판학 전공자들이 늘어나고 본 장학회도 발전하여 그 대상학교도 13개 대학으로 확대되었습니다. 수혜자들도 올해의 13명을 합하여 이제는 50여 명의 대가족이 되었으며, 그 가족들이 이제는 정식으로 동문회를 발족하여 정기적인 모임을 갖고 있다 하니 고무적인 일이 아닐 수 없습니다.

오늘 영예의 장학금을 받으시는 여러분들은 장차 출판계의 중대한 분야를 떠맡을 소중한 일꾼들입니다. 이 자리가 새로운 각오를 다지는 계기가 되어 앞으로 우리나라 출판문화의 발전을 위해 헌신해주실 것을 당부드립니다.

대학·일반부

금상(1명) : 이수민 / 《전견록》을 읽고
(서울시 관악구 신림 9동 251-80)

은상(2명) : 손재중 / 《레 미제라블》을 읽고
(광주시 서구 본선동 965 라인원장아파트 102-302)

김숙자 / 《레 미제라블》을 읽고
(서울시 강서구 가양동 가양아파트 807동 301호)

동상(3명) : 정회식 / 《전견록》을 읽고
(경남 고성군 고성읍 성내리 196 고성군청 축산과)

김혜경 / 《동소평 문선》을 읽고
(서울시 관악구 녹번동 20-73)

강형순 / 《동소평 문선》을 읽고
(경남 창원시 봉서 2동 106-19)

장려상(3명) : 김정남 / 《전견록》을 읽고
(전남 순천시 덕곡동 49-13)

김문하 / 《전견록》을 읽고
(서울시 강남구 역삼동 702-13)

황규직 / 《레 미제라블》을 읽고
(부산시 북구 구포 3동 백산그린월드 102-1507)

중·고등학생부

금상 : 해당자 없음
은상(1명) : 윤소열 / 《효》를 읽고
(전주 우진중학교 1년)

동상(2명) : 유주연 / 《자기를 팔 만큼…》을 읽고
(창원 성지여자고등학교 1년)

임양희 / 《삼대》를 읽고
(경기 부천여자고등학교 1년)

국민학생부

금상(1명) : 김혜리 / 《자연의 ABC》를 읽고
(마산 교방국민학교 6년)

은상(1명) : 김경민 / 《파브르 곤충기》를 읽고
(서울 연남국민학교 6년)

동상(1명) : 최홍민 / 《소년 삼국지》를 읽고
(서울 장산국민학교 3년)

신비한 자연의 세계
— 《자연의 ABC》를 읽고

김혜리
마산 교방국민학교 6년

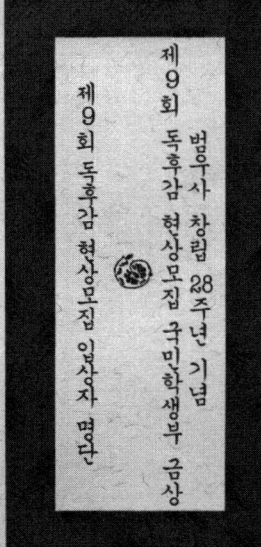

제9회 독후감 현상모집 입상자 명단

제9회 독후감 현상모집 국민학생부 금상

제9회 범우사 창립 28주년 기념 독후감 현상모집

……평소 예사로 보아왔던 물, 바람, 눈, 나무 등을 사람처럼 나타낸 이야기에 마음이 끌렸고, 생각보다 훨씬 재미있는 책이었다.

러시아의 작가, '일리인'과 그의 부인 '세갈'이 함께 만든 이 책은, 먼저 자연의 상태 설명부터 시작되었는데, 단순한 과학책으로서 뿐만 아니라, 문학 작품으로도 훌륭한 내용들이었다.

특히, '자연은 우리 생활에 도움을 주고 보호도 해주지만, 때로운 무서운 힘으로 심술을 부리며 위협하고 있다'고 알린 대목에서 나는, 순간 정신이 번쩍 들었다. 그래서 우리는 자연의 위험까지도 미리 대비해야 하는 것은 물론, 그것을 되려 이롭게 이용할 줄 알아야 한다는 점을 되풀이 강조하고 있었다. 뿐만 아니라, '하나 하나의 글자는 모여서 책 속의 이야기를 만들어내고, 하늘의 별은 모여서 별자리의 모양을 만들어낸다'는 첫장의 말은 우리가 《자연의 ABC》를 배우는 동안, 자연을 이용할 지혜로운 나침반을 발견하게 된다는 말처럼 생각된다. 비록 작은 상식 이야기지만, 그것을 알아내기까지는 얼마나 많은 시간과 연구와 경험이 있었을까싶다. 그리고 내게 용기를 더해주는 이야기도 잊지 않았다. 하늘에 떠다니는 저 구름을 움직이는 투명인간, 그는 모든 자연을 마음내키는 대로 부릴 수가 있었는데, 유독 사람한테는 번번히 실패하고 만다는 대목이 바로 그것이다. 사람에게는 슬기로운 지혜가 있기 때문에 그의 형편을 미리 살펴, 어떤 위험이라도 막아낼 준비를 먼저 해왔던 것이다. 역시 편리한 과학의 힘과 문명의 발달은, 자연을 바르게 아는 일에서부터 시작되어야 한다는 것을 깨달을 수 있었다…….

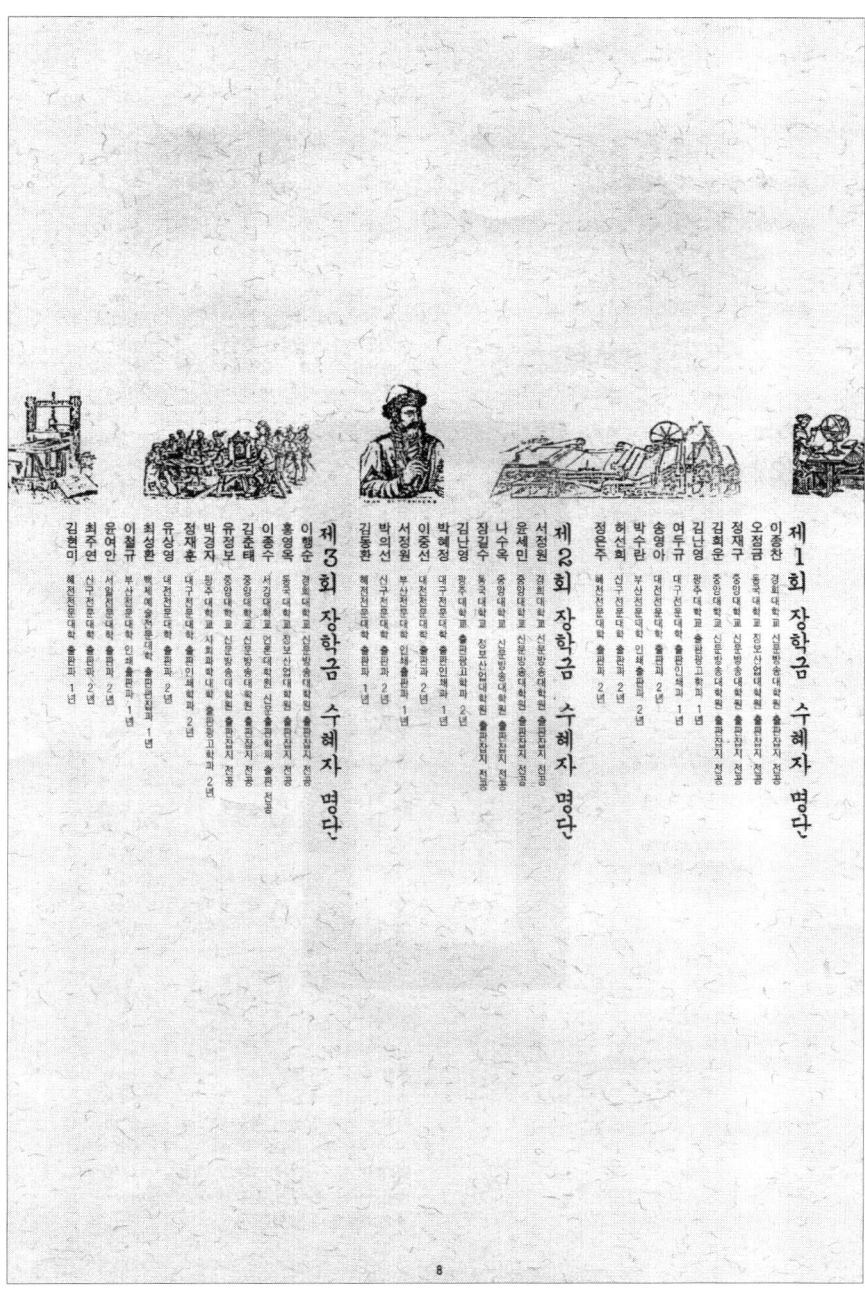

제1회 장학금 수혜자 명단

이종찬 경희대학교 신문방송대학원 출판잡지 전공
오정금 동국대학교 정보산업대학원 출판잡지 전공
정재구 중앙대학교 신문방송대학원 출판잡지 전공
김회운 중앙대학교 신문방송대학원 출판잡지 전공
여두규 광주대학교 출판학과 1학년
송영아 대구대학교 출판인쇄공학과 1년
박수란 부산전문대학 인쇄출판과 2년
허선희 대전전문대학 출판과 2년
정은주 혜전전문대학 출판과 2년

제2회 장학금 수혜자 명단

서정원 경희대학교 신문방송대학원 출판잡지 전공
윤세민 중앙대학교 신문방송대학원 출판잡지 전공
나수옥 중앙대학교 신문방송대학원 출판잡지 전공
장길주 동국대학교 정보산업대학원 신문방송출판잡지 전공
김난영 대구전문대학 출판인쇄과 2년
이중선 대전전문대학 출판과 1년
서정희 부산전문대학 인쇄출판과 1년
박의선 신구전문대학 출판과 1년
김동환 혜전전문대학 출판과 1년

제3회 장학금 수혜자 명단

이행순 경희대학교 신문방송대학원 출판잡지 전공
홍영욱 동국대학교 정보산업대학원 출판잡지 전공
이종주 서강대학교 언론대학원 신문출판 전공
김춘태 중앙대학교 신문방송대학원 출판잡지 전공
유정보 광주대학교 출판학과 전공
박경자 대구전문대학 사회과학부 출판인쇄공학과 2년
정재훈 대전전문대학 출판과 2년
최성환 백제예술전문대학 출판영상과 1년
유상영 부산전문대학 인쇄출판과 1년
이철규 서일전문대학 출판과 2년
유여안 신구전문대학 출판과 2년
최주연 혜전전문대학 출판과 1년
김현미 혜전전문대학 출판과 1년

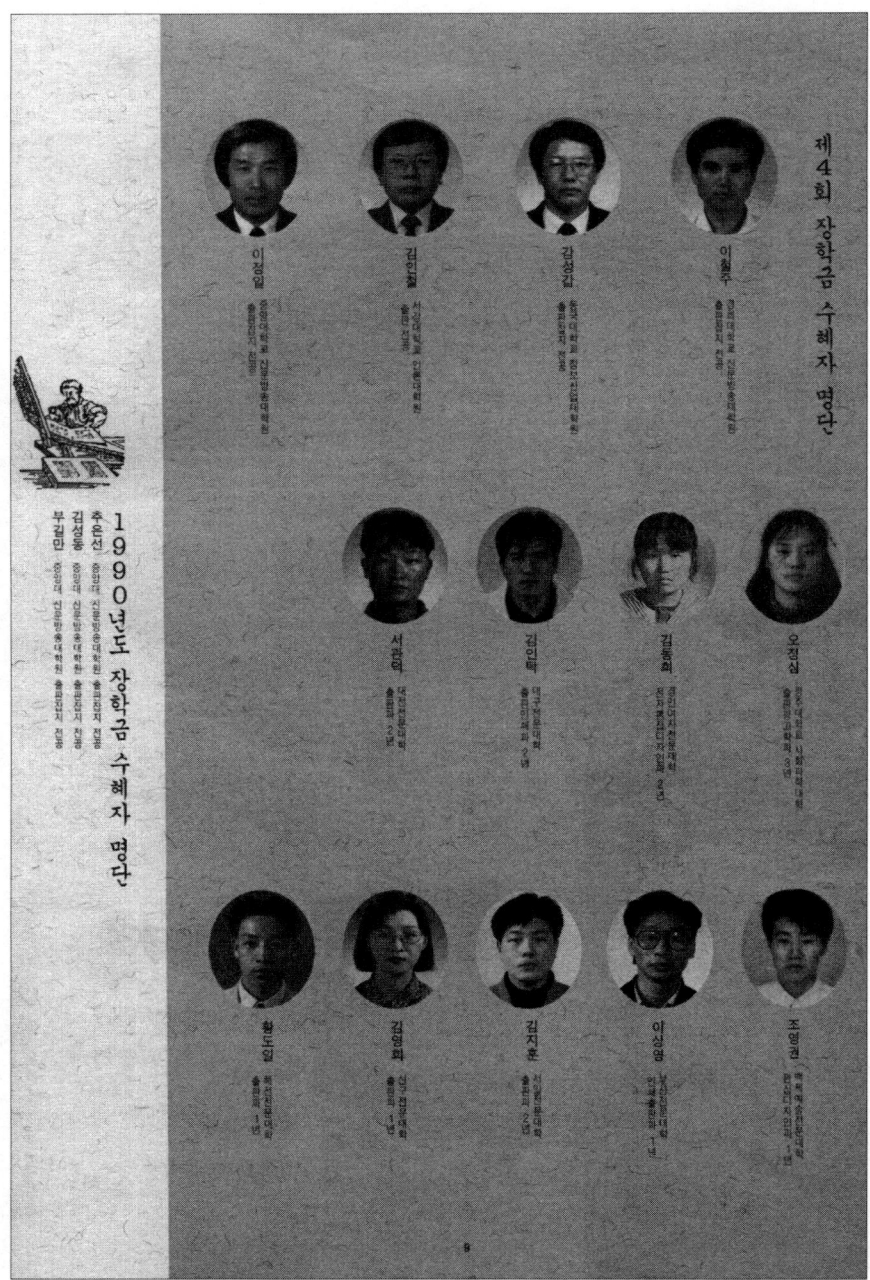

자. 지금부터 좋은 이벤트 행사라도 하나 마련하자. 〈범우헌〉에 출판 자료관 개관을 시도한다든지, 30년사를 하나 멋있게 만들든지 차분하게 지금부터 구상하자.

내년은 내 회갑이니 수필집 한 권쯤 내고 출판학원론을 공동 집필로 하나 내고 그러면 되지 않겠는가. 떠들썩한 것보다 영구히 남는 일을 하나쯤이라도 하자. 쓸데없는 일에 시간을 빼앗기는 일이 얼마나 많았던가.

9월 29일

오늘 오후 6시에 한국과학기술 출판협회의 기관지인 《과학기술출판》 창간호 발행 축하연에 가서 격려사를 했다. 내가 생각했던 것보다 훨씬 못했다. 그러나 기분이 좋아 술 한잔 마시고 집에 돌아왔다. 작은아들, 작은 며느리, 알음(윤지)이가 있었다. 딸도 있었다. 성혜라는 딸이 있었다.

9월 30일자, 문화일보 기사

판매 촉진실 10월 계획서

▶ 출장일

　　○ 김국장 : 10월 17일부터 경남, 대전
　　○ 이부장 : 10월 24일부터 경북
　　○ 소과장 : 10월 24일부터 전남
　　○ 김하수 : 10월 18일부터 전북
　　○ 김만성 : 10월 12일부터 장항선 · 계룡, 북앞거맹

▶ 업무사항

(가) 일반판매활동
　　A) 중·대형서점 진열 정비 및 구색 갖추기
　　B) 총판·도매점 관리 철저 및 영업활성화
　　C) 중점거래처 판매 촉진 집중 및 주변시장 판도 변화에 따른 판매상황 점검
　　D) 담당거래처 정기적 방문하여 진열 유지 및 재고조사 철저

(나) 특판활동
　　A) 기존거래처 활성화(커피점, 호텔, 동아출판사, 삶과 꿈 등)
　　B) 대학축제 등 특수주문분 구색 최대한 갖춰 출고하기 및 수금 철저

(다) 상품차별판촉활동
　　A) 문고, 범우특유상품차별화하여 진열 및 구색 갖추기
　　B) 전반적인 출판물 흐름 파악하여 영업에 활용

(라) 재고도서 판매 활성화
　　A) 교보(10/2~10/8)
　　　서울문고(10/17~10/30) ＞ 판매활성화
　　B) 수시로 기타 서점 등 로비 활성화
　　C) 서울탄생전 판매 계속 관심가지고 판촉
　　D) 맘총 새품사적 주점가족도

판매 촉진실의 10월 계획서 (1/2)

(마) 책과인생 영업
　A) 마크 선정 서점 로비 적극화
　B) 20부 단위판매 서점 확대 활동

(바) 부실서점 정리 계속화
　A) 공문발송
　　(삼선교/목민 면목/장진 중곡/문효 화양리/유진 장안동/문화 미아리/용진 중곡/유일 예산/동아 서산/기독 천안/해동 청주/문화 청주/청주 충주/문화 음성/대일 진천/진천 상주/명림/ 의성/스쿨 고창/서문 정주/배영사 전주/국민 이리/황토 포항/포항서관 부산/옥샘 울산/중앙 부산/산여울 대구/동아 강화/백합 광주/문화 주안/덕성
　B) 단계적으로 적극 정리 작업

(사) 기타
　A) 뉴코아 거래 증설 (평촌점 400평 규모 10월 중 하순)에 따른 초도물량 규모 조정 및 출고시 진열 상담 한도액 조정
　B) 장항선, 경북 북부지방 업무인수에 따른 제반사항 점검 (정재헌氏지역인수→김만성氏)
　　　　　　　10/6~

(아) 10월호 책과인생 마아크서점
　　서울유통　　　　　　1,000부
　　화곡동/까치서점　　　500부
　　목동/한림서적　　　　500부
　　대전/대훈　　　　　　500부
　　대구/하늘북　　　　　500부
　　대구/제일　　　　　　500부
　　경주/제일　　　　　　500부
　　부산/예림　　　　　　500부
　　안양 청운 마아크 없이　500부

12시가 넘었는데도 잠이 오지 않는다. 아내가 구라파 여행을 떠났으니 어덴가 한 곳 빈 것 같은 감정이 도는가보다. 딸에게 엄마에게 전화 왔느냐고 했더니 전화 안할꺼에요 라고 대답한다. 국제전화 통신요금이 돈이 아까워서 못할 것이라는 의미가 포함된 것 같다. 건강하게 잘 지내다가 돌아오기를 바란다.

늙을수록 아내가 필요한 것 같다. 젊어서는 그런 생각을 해보지 못하고 사업이다, 공부다, 글이다 또 딴 짓까지 하느라고 너무 바빴던 것 같다.

오늘 하루를 또 무사하게 넘겼다. 어제는 종합 진찰을 했는데 위에

중앙대학교 신문방송대학원 입학안내 팸플릿 (1/5)

1. 신문방송대학원 설립취지

　현대는 정보화 시대며 「커뮤니케이션」시대다. 따라서 현대의 조직사회에서 「커뮤니케이션」의 중요성은 더욱 강조되고 있으며 커뮤니케이션 수단은 이미 현대인의 생활필수화가 되었다.
　「커뮤니케이션」현상을 과학적인 방법으로 연구하고 이에 대한 보편타당한 지식체계, 즉 커뮤니케이션 이론을 정립함으로써 주어진 커뮤니케이션 현상을 예측하고 나아가 효과적인 운용과 그 응용에 대한 연구가 절실하게 요청된다.
　따라서 전문적 교육을 통한 바람직한 언론인의 양성은 물론 「매스미디어」업에 종사하고 있는 직업인들의 재교육이 있어야 한다.
　본 대학원은 신문과 방송 및 PR광고, 출판잡지, 영상매체 그리고 연극영화에 관한 이론과 실제를 연구, 교수함으로써 우리나라 언론문화창달에 기여할 수 있는 새로운 인력개발과 현 전문직업인들의 재교육을 위한 매스커뮤니케이션 전문대학원이다.

2. 출판 전문경영인 교육과정 개설취지

　출판학의 발전과 출판인의 전문화 교육에 기여해 온 중앙대학교 신문방송대학원은 다중적 삶의 질과 직결된 출판문화의 선진화에 선도적 역할을 담당하고자 한다.
　이러한 목적에 부응하여 건실한 출판사를 경영하고자 희망하는 희망자들에게 출판산업의 전문기업경영에 관하여 지식의 전수를 하고, 출판인의 경영철학과 전환기적 사회상황에 대한 당위적 현실인식력과 불확실성의 미래에 대한 과학적 예측력을 배양시키는 것을 목적으로 출판전문경영인 교육과정을 개설한다.

3. 과정운영과 수료자격

- 본 과정의 교육장은 중앙대학교의 건물로 한다.
- 본 과정의 강의개발기획과 교강사의 선임은 중앙대학교 신문방송대학원 출판잡지전공 주임교수가 신문방송대학원 원장과 상호협의하에 결정한다.
- 본 과정의 수료증은 중앙대학교 신문방송대학원 원장의 명의로 수여한다.
- 본 과정의 운영을 위해서 운영위원회를 둔다. 본 위원회는 원장과 한국출판연구소 및 한국출판학회가 선임하는 각 1인씩 모두 4인으로 구성한다.
- 본 과정의 강의운영은 중앙대학교 신문방송대학원이 규정하는 학사일정에 따르되 매주 2일간 신문방송대학원이 지정하는 요일에 실시하고 매주 90분간 4개 강좌를 운영하며, 강의기간중에 강의와 유관된 정보교환의 시간을 갖거나 현장수학을 한다.
- 강의시간은 1교시를 18시 30분부터 20시까지, 2교시를 20시 20분에서 21시 50분까지 운영하는 것을 원칙으로 한다.
- 제3기 과정은 10월부터 12월중까지 10주 강의를 이수한 수강생에게 수료자격이 결정된다.
- 본 과정의 이수는 시험에 의하지 않고 출석률에 의하여 인정되는것을 원칙으로 한다.

1. 신문방송대학원 설립취지

현대는 정보화 시대며 「커뮤니케이션」시대다. 따라서 현대의 조직사회에서 「커뮤니케이션」의 중요성은 더욱 강조되고 있으며 커뮤니케이션 수단은 이미 현대인의 생활필수화가 되었다.

「커뮤니케이션」현상을 과학적인 방법으로 연구하고 이에 대한 보편타당한 지식체계, 즉 커뮤니케이션 이론을 정립함으로써 주어진 커뮤니케이션 현상을 예측하고 나아가 효과적인 운용과 그 응용에 대한 연구가 절실하게 요청된다.

따라서 전문적 교육을 통한 바람직한 언론인의 양성은 물론 「매스미디어」업에 종사하고 있는 직업인들의 재교육이 있어야 한다.

본 대학원은 신문과 방송 및 PR광고, 출판잡지, 영상매체 그리고 연극영화에 관한 이론과 실제를 연구, 교수함으로써 우리나라 언론문화창달에 기여할 수 있는 새로운 인력개발과 현 전문직업인들의 재교육을 위한 매스커뮤니케이션 전문대학원이다.

2. 출판 전문경영인 교육과정 개설취지

출판학의 발전과 출판인의 전문화 교육에 기여해 온 중앙대학교 신문방송대학원은 다중적 삶의 질과 직결된 출판문화의 선진화에 선도적 역할을 담당하고자 한다.

이러한 목적에 부응하여 건실한 출판사를 경영하고자 희망하는 희망자들에게 출판산업의 전문기업경영에 관하여 지식의 전수를 하고, 출판인의 경영철학과 전환기적 사회상황에 대한 당위적 현실인식력과 불확실성의 미래에 대한 과학적 예측력을 배양시키는 것을 목적으로 출판 전문경영인 교육과정을 개설한다.

3. 과정운영과 수료자격

- 본 과정의 교육장은 중앙대학교의 건물로 한다.
- 본 과정의 강의개발기획과 교강사의 선임은 중앙대학교 신문방송대학원 출판잡지전공 주임교수가 신문방송대학원 원장과 상호협의하에 결정한다.
- 본 과정의 수료증은 중앙대학교 신문방송대학원 원장의 명의로 수여한다.
- 본 과정의 운영을 위해서 운영위원회를 둔다. 본 위원회는 원장과 한국출판연구소 및 국출판학회가 선임하는 각 1인씩 모두 4인으로 구성한다.
- 본 과정의 강의운영은 중앙대학교 신문방송대학원이 규정하는 학사일정에 따르되 매주 2일간 신문방송대학원이 지정하는 요일에 실시하고 매주 90분간 4개 강좌를 운영하며, 강의기간중에 강의와 유관된 정보교환의 시간을 갖거나 현장수학을 한다.
- 강의시간은 1교시를 18시 30분부터 20시까지, 2교시를 20시 20분에서 21시 50분까지 운영하는 것을 원칙으로 한다.
- 제3기 과정은 10월부터 12월중까지 10주 강의를 이수한 수강생에게 수료자격이 결정된다.
- 본 과정의 이수는 시험에 의하지 않고 출석률에 의하여 인정되는것을 원칙으로 한다.

중앙대학교 신문방송대학원 입학안내 팸플릿 (2/5)

4. 과정 강의요목

날짜	강의 내용	강사
10/11(화)	개강식 및 오리엔테이션	
10/13(목)	한국출판기업의 현황진단	윤 형 두
	친목의 장	
10/18(화)	출판기획연구(1)	김 희 락
	출판기획연구(2)	김 희 락
10/20(목)	출판기획연구(3) 국내사례	김 희 락
	출판기획연구(4) 외국사례	김 희 락
10/25(화)	출판제작거래처 관계 실무	홍 우 동
	저자관리 실무	허 창 성
10/27(목)	독자관리 실무	이 철 지
	출판윤리와 간행물 심의	이 원 홍
11/1(화)	현장견학 : 동아출판사(인쇄소, 제본소, 전자출판)	
11/3(목)	출판법규와 저작권(1) 해설	한 승 헌
	출판법규와 저작권(2) 판례	한 승 헌
11/8(화)	서점관리와 재고관리론(1)	김 병 준
	서점관리와 재고관리 실무(2)	김 병 준
11/10(목)	한국출판유통구조	윤 형 두
	출판/서점의 시장개방과 대응책	이 철 지
11/15(화)	현장견학 : 서울출판유통	
11/17(목)	출판광고의 전략과 실무	신 인 섭
	출판광고의 현황	신 인 섭
11/22(화)	한국 베스트셀러 현황	이 중 한
	한국 베스트셀러의 결정요인	이 중 한
11/24(목)	광고실무 Display	
11/29(화)	전자출판의 현황과 전망	김 희 락
	전자출판 실무 Display	김 희 락
12/1(목)	만화출판의 현황(1)	이 원 복
	만화출판의 전망(2)	이 원 복
12/6(화)	출판대행업의 현황과 전망	김 형 윤
	ISBN/POS 도입과 문제점	이 두 영
12/8(목)	현장견학 : 국립도서관 전자도서실/동국전산	
12/13(화)	북 디자인외 크리에이티브	정 병 규
	특강 : 국제화시대의 한국출판	이 어 령
12/15(목)	특강 : 출판정책 현황과 전망	정 문 교
	특강 : 국민독서실태와 출판문화	이 정 춘
12/20(화)	수료식 및 축하행사	

중앙대학교 신문방송대학원 입학안내 팸플릿 (3/5)

5. 교수·강사진

성 명	직위 및 직책	비 고
이 정 춘	본 대학원 원장	
김 병 준	지경사 사장	
김 형 윤	김형윤 편집회사 사장	
김 희 락	한샘출판연구소 소장 / 본 대학원 강사	
신 인 섭	한국 ABC협회 전무이사	
윤 형 두	본대학원 교수 / 한국출판학회장 / 범우사 사장	
이 두 영	출판협동조합 전무이사	
이 어 령	전 문화부 장관	
이 원 복	덕성여대 산업미술학과 교수	
이 원 홍	한국간행물윤리위원회 위원장	
이 중 한	서울신문 논설위원	
이 철 지	종로서적 사장	
정 문 교	문화체육부 문화산업국 국장	
한 승 헌	본 대학원 교수 / 변호사 / 대한출판문화협회 고문변호사	
허 창 성	한국전자출판협회 회장 / 평화출판사 사장	
홍 우 동	동국전산 사장	

6. 강의 기간 및 시간

- 교육기간 : 1994년 10월 11일(화)~12월 20일(화)
- 1교시 18 : 30~20 : 00
  2교시 20 : 20~21 : 50
- 현장견학은 오후시간을 이용하여 견학

중앙대학교 신문방송대학원 입학안내 팸플릿 (4/5)

7. 모 집

- 모집인원 : ○○명
- 응시자격 : 출판계 근무경력을 갖고있는 출판 전문경영 희망자
- 전형방법 : 서류전형
- 원서교부 및 접수
  - 가. 원서교부 : 1994. 9. 7(수)~9. 16(금) 19 : 00까지
  - 나. 원서접수 : 1994. 9. 7(수)~9. 16(금) 19 : 00까지
  - 다. 교부 및 접수처 : 신문방송대학원 교학부(대학원건물 1층)
  - 라. 전형료 : 10,000원
- 제출서류
  - 가. 입학원서(본 대학원 소정양식) ···················· 1통
  - 나. 반명함판 사진 ···································· 2매
- 합격자 통보 : 1994. 9. 27(화) 10시
  (본 대학원 게시판 및 개별통보)
- 등록기간 : 1994. 10. 1.(토)~10. 8.(토)

8. 후원단체 소개

- 한국출판연구소

  본 연구소는 1986년 7월에 출판문화 향상과 출판산업 발전을 위한 조사연구사업을 목적으로 설립되었으며, 민간연구기관(재단법인)이다.

  그동안 자체 연구사업의 결과로 출판연구총서 14권, 출판연구자료 3권, 기관지(출판연구) 5권을 발간했다. 또한 연구결과 발표회(4회)와 전시회(1회)를 개최하였다.

  본 연구소의 연구자료실에는 출판관계 문헌 3천 5백여종을 비치하고 있으며, 간행물 보급과 자료 이용을 위해 회원제를 운영하고 있다.

  김경희 이사장을 비롯한 11인의 이사회가 있고, 본 연구소의 사무국(TEL. 739-9040)은 출판문화회관 3층에 있다.

9. 기 타

- 기타 자세한 사항은 본 대학원 교학부로 문의 바람.
  TEL : 810-2037, 2038, 2039 FAX : 824-4995

출국 전 김포공항에서. 왼쪽부터 박연구 씨 내외, 부길만 교수 그리고 필자

염증이 있다고 한다. 내일은 피, 오줌 검사의 결과가 나온다. 괜찮겠지.

10월 4일

만 4년 만에 프랑크푸르트 도서전시회에 참석하기 위해 비행시간만도 12시간이 걸리는 여행을 떠난다.

지금은 오후 7시. 1시에 출발 예정이었던 KAL905편은 2시가 되어서야 김포공항을 이륙하였다. 큰아이의 친구인 한봉진 사장이 경영하는 수진여행사를 통해 수속을 밟았다. 유럽에 있는 딸들을 만나기 위해 박연구 씨 내외가 일찍 공항에 나와 있었다. 또 범우사에 있었던 유(兪)양도 일행이고, 신원기획의 김회장과 교원출판 클럽의 장평순 사장도 일행이다.

나는 해외여행을 떠나는 어느 때보다 몸 컨디션이 좋은 것 같다. 그동안 일 주일 이상 매일 술을 마셨는데도 옛날보다 건강이 좋아진 것 같다. 며칠 전 검진한 종합진찰 때도 위에 염증이 좀 있지만 다른 곳은 모두 좋다고 했다. 그러나 이럴 때일수록 건강을 지켜야 할 것 같다. 공적인 일을

1994 프랑크푸르트 도서박람회장 정문에서

그만두면 건강은 더욱 좋아질 것이다.

비행기에서 곽말약의《역사소품》을 다 읽었다. 번역에 가끔 걸림이 있으나 좋은 내용이었다. 특히 가의賈誼에 대한 글은 나의 삶과 비슷한 데도 있고 하여 시사하는 바 크다. 그와 같이 역사에는 남지 못한다 해도 한 인간으로서 의롭게 살고 싶다. 그리고 이런《역사소품》을 쓰고 싶다.

이번에《다리》지 사건에 대한 글을 10여 일 동안에 200자 원고지 90여 매를 정리했다. 그런 식으로 내가 살아온 삶을 하나씩 정리하자. 초조해 하고 들뜨지 말고 차분하게 글을 쓰자. 그리고 출판도 차분하게 하자. 이번 도서전에 참가하여 좋은 기획물을 하나쯤 건져보기 위해 최선을 다하자.

한국시간으로 오후 7시 반, 지금 시베리아 상공을 지나고 있다. 동토凍土의 땅이라 야산과 강이 얼음과 눈으로 덮여 있다. 이 광활한 땅이 유휴지遊休地가 되어 있다. 인간은 어느 때인가는 이 불모지 땅을 낙원으로 만들 것이다. 참으로 지구는 넓다. 우주는 얼마나 넓겠는가. 유한한 인생이라 너무 고급高級스럽게 살려고 아옹다옹거리고 있다. 한 번쯤 시간에 제한받지 말고 여유 있게 여행을 떠나자. 아니, 1년에 한두 번쯤. 가까운 일본만이라도 자주 나가는 것이 내 인생을 살찌게 하는 것이 아닐까. 1시간을 오는 동안 불빛이 보이지 않는 불모의 땅, 땅의 연속이다.

　30분 후면 프랑크푸르트에 도착한다. 내 시계는 한국시간으로 지금 10월 5일 새벽 2시인데 일부변경선을 넘어와 한국과는 시차가 8시간 되는 것 같다. 이곳은 10월 4일 오후 6시다. 한 4시간 잠을 잘 잤다. 공항에 내리면 또 저녁을 한번 더 먹게 되고 잠자리에 들게 될 것 같다. 엷은 구름 밑으로 깨끗한 독일이 보인다. 이곳 시간으로 오후 7시경에 공항에 도착하여 짐 찾는 곳에서 박연구朴演求 형 내외는 사위와 딸이 마중을 나와서 같이 나갔다. 우리는 마인츠 쪽 호텔로 가면서 〈김Kim〉이라는 한식집에서 저녁을 했다. 그곳에서 호프 냄새가 잔뜩 풍기는 맥주 한 잔을 했다.

　마인츠에 있는 브리스톨Bristol(또는 Ring Mainz)호텔 222호실에 부길만 실장과 같이 여장을 풀었다. 저녁 10시다. 한국시간은 아침 6시. 잠 깨는 시간인데 잠을 청해야 할 것 같다.

10월 5일

　새벽 3시경 일어나 한승헌 변호사 회갑 기념문집 원고를 썼다. 잘 써지지 않는다. 정신이 집중되지 않는다. 6시쯤 부길만 실장과 산책을 나갔다. 시골 같은데 마을마다 깨끗하다. 아침 날씨가 쌀쌀하다. 한국의 초겨울 날씨다. 사람은 보이지 않는다. 좋은 나라라는 생각이 들었다. 1시간쯤 산책을 하고 돌아와 샤워를 하고 아침을 단단히 먹었다.

　8시 반, 전시장을 향해 떠났다. 가는 도중에 라인 강이 보였다. 9시 좀 지나 전시장에 입장을 했다. 그곳에서 〈문화일보〉 조 차장, 〈스포츠서울〉 김기자 등 여럿을 만났다.

　한국에서는 출협, 동아, 웅진, 현암이 전시장에 출전出展을 했다. 외국 코너에 비해 초라했다. 그러나 그들이 고마웠다. 그들이 애국愛國하는 것이란 생각이 들었다.

프랑크푸르트 도서박람회 브라질 코너

(▲) 프랑크푸르트 도서박람회에서 작가 윤정모 씨(가운데)와

오전중에 대만 출판사 코너에 가서 예술도서공사藝術圖書公社, 우돈출판牛頓出版 등에 들러 상담을 하고 또 영국 코너에 가서 그 동안 서신왕래가 있었던 마샬 카벤디시 북스Marchall Cavendish Books와 상담을 하였다.

부길만 실장이 영어에 능통하여 우리의 의사는 모두 전달되었으나 계약을 맺지는 못하고 다시 서신연락을 하기로 했다. 점심은 태국 식당에서 《뿌리와 날개》이달희 부장, 크라운출판사의 편집부장,《문화일보》조차장,《스포츠서울》김기자 등, 또 한쪽에서는 작가 윤정모 일행 등이 식사를 했는데 식사비를 내가 냈다. 윤정모 씨는 황석영 씨의 석방서명을 받기 위해 독일에 왔다는 것이다. 고마운 일이다.

오후에는 아동물 코너를 둘러보고 금성출판사 부스에도 가보았다. 또 지도·관광 코너 등을 둘러보고 집합시간이 되어 버스를 타고 돼지고기 집에 가서 저녁을 먹은 후, 부길만 실장은 한길사 직원 등과 중도에 내리

프랑크푸르트 도서박람회장 앞에서

고 나만 222호에 돌아왔다.

도서전시장을 열심히 둘러보았다. 엄청난 세계적인 출판의 흐름이었다. 거기에서 난파당하거나 침몰당하지 않고 견디어 본다는 것은 힘드는 일이다. 그러나 한글로 된 출판은 내 나라에서 승부를 걸어야 한다. '교원'의 장사장이 단행본 출판으로 많은 손해를 봤다고 하지 않는가. 아직 범우사는 그런 단계는 아니다. 힘껏 만회해보자. 세계보다 한국 안을 보자.

10월 6일

짧은 잠을 몇 번 되풀이하며 잤다. 시차 때문인지 신경 때문인지 모르겠다.

오늘도 도서전시회에 나가서 주로 일본 출판물 코너에서 오전을 보냈다. NHK코너에서 《돈황화집敦煌畵集》에 대한 문의와 이와나미[岩波] 코너에서 수학, 과학에 대한 문의를 했다. 이와나미가 엄청난 출판물을 쏟

프랑크푸르트의 고서점

아내고 있다는 것을 느꼈다. 아침에 차를 타고 가면서 신원기획의 김회장이, 만화漫畵를 하려면 최소한 40억 원은 있어야 한다고 한다. 그렇게 많은 자본이 들어야 한다니 우리는 엄두도 낼 수 없다.

독일 고서점 내부

전시장을 나와서 부실장과 고서점가로 갔다. 그곳에서 1400년대의 양피지羊皮紙 인쇄물을 한 장 25만 원에 샀다. 자료실에 걸어두어야 할 것 같다.

점심은 '서울'이라는 한식집에서 했다. 여주인에게 문고본《사노라면 잊을 날이》한 권을 주고 왔다. 이곳에 20년 전에 왔다는데 범우사를 알고 있었다. 고지도가 있는 곳에 갔더니 한국이 있는 고지도가 있는데 발행연도가 없다. 또 값도 600마르크(30만 원)라 사지 않았다.

우리가 집합하기로 한 곳에 돌아와 같이 차를 타고 '김'이란 음식점에 와 저녁을 했다. 한봉진 사장이 어려워 하는 것 같다. 일행 중 나이든 사람들은 모두 개별행동을 하고 늙은이 중에는 나만 따라다닌다. 좀 주책스럽다는 생각이 들고 젊은이들이 귀찮아하는 것 같다. 다음 여행 때부터는 고려할 사항이다.

호텔에 돌아온 후 부실장은 젊은이들과 마인츠 시내에 간다고 나갔다.

라인강과 마인강이 합쳐진 곳에 형성된 도시 독일 마인츠 시의 시장에서

독일 마인츠 시에 있는 구텐베르크 박물관 앞에서

목욕을 하고 최선호 사장이 저녁에 연락을 한다고 하여 기다리면서 미니 바에 있는 적포도주 한 병을 꺼내놓고 마셨다. 이번 여행에서 얻은 것은

1994년 417

무엇인지. 내일 마인츠 인쇄 박물관에 가는 것이 이번 여행의 가장 중대 목표였으니 내일을 기대해보자.

10월 7일

부길만 실장과 나는 일행과 떨어져 구텐베르크 박물관을 향해 갔다.

택시로 20분 정도 걸리는 마인츠 중심가는 고풍스러웠다. 고성古城이 있고 돌길과 오랜 전통이 있는 장터엔 시장이 형성되어 있었다. 주로 과일, 꽃 그리고 빵가게였다.

우리는 1792년에 문을 열었다는 돔Dom 카페에 가서 커피 한 잔씩을 하고 근처 서점에 들러 마인츠에 관한 책을 사고 구텐베르크 박물관을 찾았다.

마인츠 시에 있는 구텐베르크 동상

구텐베르크 인쇄박물관은 상상보다 훌륭하였다. 기대가 어그러져서 실망하지 않을까 했는데 대만족이었다. 현관에서 참고도서와 포스터 등을 사고 지하에서 4층까지 샅샅이 구경을 했다. 플래시를 터뜨리지 말라는 것을 위반해가면서 몇 장 찍었다. 제지를 당할지라도 꼭 찍어야 할 것은 찍어야 될 것 같았다. 내 출판 자료관의 꿈이 아직 살아 있는 한 꼭 필요했다. 몇 번 주의를 받아 몇 장면은 찍지 못했다. 1450년대《42행 성서》등 1500~1700년대 책들이 가득했다. 또 알뜰하게 꾸며져 있었다.

그런데 4층 맞은편 한 면에 일본 인쇄물이 가득 전시되어 있었다. 그 중 백만탑 다라니경 복각본復刻本의 설명에 세계 최고最古의 현존 인쇄물이라 적히고 독일어로 'Hyakumanto Darani-zettel'이라 씌어져 있었다. 그리고 '《문도다라니文度陀羅尼》《상륜다라니相輪陀羅尼》《자심인다라니自心印陀羅尼》《근본다라니根本陀羅尼》, 복각물과 복각판 제작, 미즈노 마쓰오水野稚生(Masuo Mizuno)'라는 친절한 설명까지 씌어져 있었다. 설명에 따르면, 중국과 한국에 이어 목판인쇄가 진행되었으나 현존하는 인쇄물로는 최고最古라는 것이다.

그렇다면 우리나라의《무구정광 대다라니경》은 어떻게 된 것인가. 사실 기록이 분명한 것은 중국《금강경金剛經》으로 함통구계咸通九季 4월 15일, 서기 868년 것이다.

구텐베르크가 태어나 자란 곳에 소재한 구텐베르크 박물관 내부

1994년 419

마인츠 시내에서

　일본, 중국 코너를 지나 한국 코너가 있는데 최초의 금속활자본 간행국의 인쇄물로는 초라했다. 세계 최고最高의 인쇄출판 박물관에는 그래도 한국의 수준급 인쇄물은 전시되어 있어야 하는데 하는 생각이 들었다.
　1446년의 《훈민정음》 복제본. 1434년의 초주 갑인자본初鑄甲寅字本인 《당류唐柳 선생집》, 1455년의 을해자본乙亥子本인 《주자대전朱子大全》, 연대가 늦은 방병진자 대자倣丙辰字大字의 《자치통감강목》, 1420년 경자자庚子字의 《자치통감》은 낱장인데 그것도 3분의 1은 찢어진 것이었다.
　영·정조 때 간행된 《오륜행실도伍倫行實圖》도 정리자본이 아닌 목판본에다 단원檀園 김홍도金弘道의 그림이라고 확증되지 않은 고증을 해 놓았다.
　도자기 활자, 바가지 활자 등의 다양한 활자본의 전시와 또 한국에 대한 내용이 담긴 한글본 옛책과 호화본豪華本 등이 전시되었으면 하는 아쉬움이 앞섰다.

돌아오는 길에 서점 몇 곳을 들러 책을 샀다. 점심으로 생선요리와 포도주 한잔을 마시고, 돔 카페에 가서 레몬티 한잔씩을 하고 호텔로 돌아왔다. 오늘은 참으로 유익한 시간을 보냈다. 그 동안의 내 소원이 하나 풀린 것이다.

10월 8~9일

프랑크푸르트를 떠나 비행기를 타고 몇 시간 왔는데 벌써 9일

정의의 여신상 앞에서

오전 11시 10분이다. 일부 변경선을 넘어오면서 여덟 시간을 잃었다. 갈 때는 8시간 벌고 올 때는 잃어버려 도로아미타불이다.

8일 아침에 김연순 박사와 같이 식사와 차를 했다. 어젯밤 우리 호텔로 와서 부길만 실장과 나에게 이태리식 저녁을 사주러 온 것이다. 두 시간 이상 걸려 먼 곳에서 이곳까지 찾아주어 고마웠다. 김 박사는 원고뭉치를 내어놓으면서 출판을 고려해달라 했다. 자기의 일대기一代記란다. 검토해 보기로 하고 헤어졌다.

10시 좀 넘어 어제 우리가 다녀온 구텐베르크 박물관에 일행들과 같이 들러 구경을 하고, 한국관과 일본관이 있는 곳에서 10여 분 한국의 활자본에 대한 설명을 내가 했다. 모두들 많은 것을 배웠다는 말과 좀더 알았으면 좋겠다는 의사들도 비쳤다.

그곳에서 나와 신라 호텔에서 점심을 하고 시청 광장, 정의의 여신상, 괴테 하우스를 구경하고 다시 신라 호텔에 와 저녁을 먹었다. 그 후 프랑크푸르트 공항으로 나와 수속을 밟고 예정시간보다 3, 40분 늦게 그곳을 떠났다. 기내에서 또 밥을 먹었다. 아침인 모양이다. 계속 졸음은 오는데 덥고 짜증스럽고 하여 잠이 푹 오지 않는다. 또 서울에 가면 저녁이 될 테니 그때 잠을 청하기로 하고 잠을 참는다.

이번 여행은 전시회에서의 몇 가지 상담과 또 사람을 안 것 그리고 무엇보다 마인츠 인쇄 박물관을 보았다는 것이 큰 소득인 것 같다. 돌아가면 또 고서를 정리하자. 그래서 조그마한 출판 자료관이라도 만들자.

10월 17일

2층에서 잠을 잤다. 참으로 불편한 잠자리였다. 왜 이렇게 살아야 하는지?

어제 아내가 20여 일의 세계여행을 마치고 왔다. 괴롭다. 참으로 괴롭다. 이제 인생이 얼마나 남았다고 매냥 이렇게 살아야 하는 건지…….

가정에 충실해왔다. 그러나 그 가정의 아내가 나와는 너무 맞지 않는 것 같다. 비위를 맞추려 힘써왔다. 그러나 부딪힌다. 잠을 이룰 수 없는 밤이었다. 괴롭다. 괴롭다.

10월 22일

마음이 차분해지지 않는다. 어제는 강경중 사장과 점심을 하면서 한국 출판 유통업계의 전망에 대해 지금이 기회라는 이야기를 했다.

저녁 5시 김준기 시사문화사 사장 딸 결혼식에 갔다. 거기에서 많은 사람들을 만났다. 보고 싶지 않은 사람도 만났다. 그것이 인간세가 아니겠는가. 내가 도덕군자가 아니니 어떠겠는가. 그러나 수양을 쌓도록 노력하자.

최선호 사장이 강경중 씨를 서울 유통으로 끌어와 달라는 이야기를 했다. 오늘 강경중 씨가 찾아왔다는 말은 하지 않았다. 그것이 예의일 것 같아서다. 입을 무겁게 하는 것이 중요한 것 같다. 같이 사계절 사옥 신축 입주식에 갔었다. 그곳에도 젊은 출판인들이 많이 와있었다.

최선호 사장이 다음 회장 선거는 어찌할 것이냐는 것이다. 나는 할 마음이 없다고 했다. 그가 꼭 하셔야 합니다 라는 결의가 아니고 지나가는 말 정도로 묻는데 내가 무어라 대답하겠는가. 또 출판인 골프 클럽을 만들었는데 박맹호가 회장이고 자기가 총무이며 나춘호, 김현식 등이 회원이라고 자랑 비슷하게 말을 한다.

나는 회장은 이제 하지 않겠다는 마음다짐을 계속해야 할 것 같다. 그것을 의식하면 피곤하고 사람을 대할 때 비굴해지는 것 같다. 이제 초연할 수 있다.

그제 내일신문 1주년 행사에서도 많은 저명인이 나에게 문화계 원로로 인정해주지 않는가. 그러면 된 것이다. 무엇을 더 바라겠는가. 강경중이든 누구든 후배와 제자를 위해 밑거름이 되자. 김영종 사무실에도 부인인 강맑실 사장과 또 중대 신방대학원 출신 여성들이 5~6명 와 있으면서 나를 반가이 맞았다. 그러면 되는 것이다. 추하게는 살지 말자. 비굴하고 추한 일은 하지 말자. 고고해보자. 그것은 할 수 있지 않겠는가. 인간적이면서.

10월 27일

30분 후면 나리타(成田) 국제공항에 착륙한다는 방송이 나온다.

지금 시각은 12시 10분. 김포에서 9시 30분이 출발시간인데 짙은 안개로 1시간 늦게 출발했다.

이번 일본행은 큰 목적이나 사업의 계획도 없이 떠났다. 한국을 좀 떠나보고 싶었던 것이다. 10월 말이 되니 각종행사의 번거로움이 나를 떠나게 했는지도 모르겠다.

12시 40분경에 나리타(成田)공항에 도착하였다. 출입국관리소를 나서려는데 김영사의 박은주 사장과 한정혜(韓晶惠) 원장이란 분이 같이 있었다. 우리는 일행이 되어 리무진을 타고 도쿄시 정류장에 내려 같이 택시를 타고 오다가 나는 긴자(銀座) 제일 호텔에서 내리고 그들은 도오부 호텔에 숙소를 정했다며 갔다.

호텔에 와서 예약을 확인했더니 되어 있지 않았다. 서툰 일본어로 부탁을 했더니 5558호실을 내 주었다. 올라와 방에 짐을 두고 바로 택시를 타고 진보쵸의 산세이도(三省堂) 서점으로 갔다. 벌써 입구 등에 고서古書의 축제祝祭(후루혼마츠리)가 벌어져 야단들이다. 오늘은 산세이도 서점 신간 코너를 샅샅이 뒤지기로 했다. 출판관계, 언론관계, 정보관계 등의 신간이 쏟아져 나왔고 장정들도 호화로웠다. 1층에서만도 1시간이 넘게 책구경을 했다. 배가 고파와 케이크 점(서점에 달린)에서 초콜릿 케이크와 커피 한 잔을 하고 1층에서 봐둔 책을 카운터에 맡기고 7층에서부터 내려오며 구경을 했다. 5층에 내려오자 문닫을 7시 반이 다 되어서 6~7층에서 산 책과 1층에 맡겨둔 책을 사가지고 밖으로 나왔다. 아직 고서판매들은 하고 있었으나 어떻게나 사람들이 많은지 비집고 들어갈 틈이 없다. 나는 손에 든 짐도 많고 해 사람들에 밀려다니며 몇 곳을 구경하다 포기하고 말았다.

전에 하서출판사 김상욱 사장과 같이 식사하던 집을 찾아 고기구이에 정종대포 한 잔 할 양으로 찾아갔으나 여행사로 그 자리는 바뀌고 없었다. 이곳 저곳 기웃거리다가 호텔에 가서 저녁을 할까하다 배도 고프고 또 일본에 왔으니 일본풍日本風의 집에서 먹는 것이 좋을 것 같아 덴푸라 집에 가 새우 덮밥에 정종正宗 한 잔을 시켜서 맛있게 먹었다. 술이 좀 올랐다. 그러나 기분은 좋았다. 책 속에 파묻혀 사고 싶은 책을 일부나마 사고 또 배불리 먹었으니 더 바랄 것이 없었다.

진보쵸 거리로 나오니 모든 서점들이 포장을 걷고 있었다. 택시를 타고 호텔로 들어왔다. 즉시 집에다 전화를 걸었더니 성혜와 아내가 지금 큰아들 재민이가 사무실에 있으니 전화를 해보라는 것이다. 예감이 좋지 않았다. 전화를 했더니 누가 투서를 해서 세무사찰을 나온다는 것이다.

나는 그동안 그 험악한 군사정권 시절에도 몇 번 세무사찰을 당했다. 광화문에 있을 때는 광화문세무서, 서대문으로 옮겨서는 서대문세무서, 마포에 와서는 마포세무서 그리고 지방국세청, 심지어 검찰에 불려가는 등 세무사찰을 받지 않은 곳이 없다. 그러나 살아남았다. 참으로 깨끗하게 사업을 했다. 이번에 투서자에 의해 상처를 입는다면 나는 출판사업을 그만둘까 하는 생각도 든다. 그리고 재민이가 출판사를 한다면 놔두고 그렇지 않으면 또 다른 나의 길을 가겠다. 필화사건으로 형무소도 가고 또 중앙정보부 지하실에 가 고초를 당하기도 하였지만 세무사찰은 그것 못지 않는 고통이다. 나 혼자 당하는 것이 아니라 제작처, 서점 등 거래처 모두가 곤욕을 치르기 때문이다.

얼마나 살려는지는 모르지만 출판이 아니고도 더 보람있는 일이 있지 않겠는가. 인간들을 다룬다는 건 참으로 힘들다. 나혼자 좀 고되더라도 즐겁게 할 수 있는 일을 하겠다. 남을 미워하면 나쁘지만 간부들도 경영에 좀 소극적인 것 같다. 만약 무슨 일이 있으면 전

안춘근 저 《옛 책》

국의 거래처에 공문을 보내 책을 모두 수거하고 일단 매듭을 짓고 싶다.

책의 길 나의 길에 책의 길이 꼭 출판만은 아니지 않겠는가. 더 보람있게 할 수 있는 일도 찾아보자. 오늘 밤은 잠이 올 것 같지 않다. 모든 것을 운명에 맡기고 인간으로서 할 수 있는 일에 최선을 다해 보자.

내 건강이 뒤따라 주지 않고 또 내 마음이 뒤따라 주지 않고 또 내 수양이 뒤따라 주지 않으니 많은 것을 얻는다는 것은 힘겨운 것이다. 모든 것을 버리겠다는 마음을 정했으니 죽은 사람에 비하면 그보다는 다행이라고 생각하자.

10월 28일

어젯밤 12시쯤 간신히 잠이 들었으나 1시 반에 한번 깨고 3시쯤부터는 잠이 오지 않는다. 참으로 만감이 교차한다. 누구도 알아주지 않고 박수도 쳐주지 않는데 참으로 열심히 살아왔다. 끼니를 굶지 않기 위해 또 가족을 굶기지 않고 또 자식들 공부도 시키기 위해 피나도록 뛰며 살아왔다. 이렇게 살아온 것이 오늘의 나인지 모르지만 지금 나에겐 허허로움만이 가슴 가득히 차고 한낱 부질없는 욕심으로 지난 날의 나날을 채우며 살아왔지 않는가 하는 자회自悔 같은 것이 엄습해 온다.

그러나 또 내일 무엇을 하겠다는 뚜렷한 목표도 없다. 그저 놓여진 궤도軌道 위로 또 굴러갈 것이다. 그렇게 살아왔다. 한번의 변혁도 없이 그저 운명에 순종하면서 살아왔다. 한 번쯤 반역을 해보아도 될 듯한데 그런 용기도 없었다. 그래서 더욱 지쳐 있는지도 모르겠다. 매번 자의自意에 의해서라기보다 타의他意에 의해 내 삶에 굴곡屈曲이 있었던 것도 사실이다. 고서점을 그만 둔 계기, 다리지 필화사건, 협동조합이사장 사퇴, 출협회장선거 낙선, 어느 것 하나 꼭 나의 의지라기보다 그 상황의 흐름에 의해 결론지어진 일들이다. 그 중에 출협회장 선거의 후유증은 깊고

긴 것 같다.

　그 늪에서 빨리 빠져 나오려 하나 그렇게 용이치가 않다. 인간들에 대한 배신의 홈이 깊었던 것 같다. 가까운 사람들에 대한 신의의 상실이 너무나 가슴 아팠던 것 같다.

　이제 모두를 버리는 연습과 수련을 쌓자. 서울에 돌아간 후 어떤 일이 나에게 닥치더라도 초연하자. 그리고 범우사의 축소도 너무 인위적으로 하지 말고 자연의 순리에 맡기자. 범우사가 소강상태에 들어가면 차차 인사문제도 해결되지 않겠는가. 이제 한번쯤은 정리를 하자. 내년이 내 회갑이고 그 후년이 범우사 창립 30주년이다. 그것을 조용히 넘기고 97년부터 재민이 체재로 한번 비상을 시도해보자. 벌써 아침 6시가 넘었다.

　안춘근 선생의《옛책》이란 책을 다 읽었다. 서울에서는 읽지 못했던 책들을 여행하면서 읽는다. 이제 서울에 가면 잡다한 상념想念이나 일들을 떨쳐버리고 책도 읽고 글도 쓰자. 밖에서 아침을 먹고 인상파미전印象派美展이 우에노〔上野〕미술관에서 있다고 하여 양 형과 같이 그곳에 들렀다. 인산인해였다. 젊은이도 많았지만 7~80세 되는 노인들 수가 그렇게 많을 수가 없었다. 지식층 고령자高齡者가 많다는 것을 보여주었다. 좋은 관람을 했다.

　오후에도 진보쵸에 가서 어제 못 본 산세이도 서점의 3~4층을 봤으나 법경法經 도서라 별볼 것이 없었다. 소분가쿠〔叢文閣〕등 고서점에 들렀으나 이제 한국에 관한 것은 씨도 없이 말라버렸다. 한국 고서는 모두 한국에 간 것 같다.

　이와나미 서점과 고서축제전古書祝祭展에도 기웃거려 보았으나 살 것이 없어 돌아왔다. 책을 좀 사기 위해 여행용 가방도 하나 샀는데 가방이 빈 채 갈 것 같다. 그렇다고 쓸모없는 책을 살 필요도 없고 이번에는 엄선을 하였다.

호텔에 와서 일층 일식집에서 초밥을 먹고 방에 와 일본고서 사입仕入에 대한 책을 읽고 있다. 일본은 고서 매입買入 인구가 100만이 넘으며 만화 한 권에 몇백 만 원씩 한다니 놀랍다.

한국에 가서 가능하면 싸게 중국책을 한 번 모아보고 싶다. 그것이 장래가 있을 것 같다. 몇십 년 후에는 말이다.

수진여행사 박이란 친구에게서 전화가 왔다. 호텔로 찾아온다니 빨리 다녀가면 잠을 자야겠다. 집에는 통화중이다. 낮에 사무실에 전화를 했더니 아직은 별일 없다니 다행이다. 내일 가서 부딪쳐 보자.

10월 29일

지금 오후 3시. 일본 고베, 나고야 근처 상공을 지나고 있다. 아침 6시에 잠이 깨었다. 7시경 양 형에게서 요코하마(橫浜)에서 전화가 왔다. 7시 좀 지나서 전채호 씨를 그곳에서 만났다. 아침 식사를 갔는데 나는 티켓이 없어 돈을 내고 식사를 하였으나 기분이 나쁘다. 수진여행사에서 예약관계도 소홀하고 또 아침식사에 대한 것도 챙겨놓지 않은 모양이다. 신경쓰는 것이 싫다. 이제 내가 할 수 있는 것은 내가 해야겠다. 9시 50분에 리무진을 타고 나리타공항에 왔다. 공항내 식당에서 모밀국수 하나 간단히 먹었다.

처음 혼자하는 여행이지만 일본여행은 될 것 같다. 내가 난 곳이니 한 번 해보고 싶다. 서툴지만 해보자. 1년에 한두 번이라도.

비행기 탑승하는데도 비지니스니 뭐니해서 한쪽에서 빨리 탄다. 탑승 직전에 만났던 성하룡 사장을 비롯한 여러 사람이 우대를 받으며 탄다. 나는 아주 늦게 일반객과 같이 타는데 모두 젊은이다. 이제 내가 돈을 쓰면 얼마나 쓰겠는가. 여행할 때도 이제 좀 편안하게 하자. 벌어논 돈 일부라도 쓰고 죽자. 이것이 아주 속된 표현일지라도 그렇게 행동을 해야 하는 것 아니겠는가. 이번 일본 여행에서 이런 것만이라도 깨달았다면 큰 것을 깨달은 것이다.

고서쪽에 관심을 갖고 거기에서 번 돈, 벌 수 있는 돈을 출판에 투자하자. 혜원출판사의 전채호 사장은 출판사에 나가지 않고 직원들에게 성과급조로 매상에 책임을 지우는 방법을 취하고 있단다. 그것도 하나의 경영 방법일 것 같다.

4시 15분 김포공항에 도착하였다. 하강로下降路 때문에 약 5분간 지체된다고 한다. 비행장이 이제 만원이다. 기내에서 약간의 술을 마셨다. 이제 술, 커피 등을 삼가야겠다면서도 또 했다. 결심이 약한 것이다. 너무 얽매일 필요는 없지만 지켜보도록 노력은 해보자. 사무실에 들러야 될 것 같다. 또 최소한의 생존을 위해 뛰어야 되지 않겠는가.

생의 끝까지 그렇게 살 것 같다. 그것이 나에게 준 천심天心이며 천성天性이다. 어떻게 거역하겠는가.

11월 4일

밤중 1시다. 연기가 가득 차 숨 막혀 깨어나니 온 집안이 새까만 연기로 가득했다. 아내가 찌개그릇을 가스렌지에 얹어놓고 잠을 잔 것이다. 질식하지 않은 것은 다행이며 불이 집안건물에 붙어 화재가 나지 않은 것만도 다행이다.

쉰아홉 금년이 무척 힘들게 넘어간다. 연초에 출협 회장 선거에서 낙선했으니 액땜은 다 한 줄 알았더니 그렇지가 않다. 무엇 하나 풀리는 것 없이 모두 막힌다. 아예 사업이고 무엇이고 손을 놓고 있는데도 어려운 일만 닥친다. 아내가 정신을 좀 잃어가고 있는 것 같다. 종교에 너무 집착해서인지 그렇지 않으면 어디 따른 곳에 신경을 빼앗기고 있는 것인지 모르겠다. 피곤하다. 내 인생 하나 감당하기에도 벅차고 피곤한데 아내마저 내 신경을 무척 건드린다. 아예 모든 것을 방관해버리려 작정했는데도 왜 이

11월 22일자,
동아일보 기사

런지 모르겠다.

   범우사 사원도 줄였다. 더 줄여야 할 것 같다. 정진웅 부장이 오며는 거래처 정리 문제를 전담시키겠다. 소 과장과 같이 한 번 해보라 해야 할 것 같다. 거래처 100곳 이내 수금도 1억 정도면 끌고 나갈 수 있게끔 조직을 축소하고 그 범위내에서 좋은 책만 내자.

   박연구, 이강록 씨 등도 1주일에 이틀쯤 나오게 하고 잡지만은 끌어가 보자. 광고비를 줄여서라도. 고서 목록을 연재하더라도 필요할 것 같다.

11월 26일

일기를 쓰지 않은지도 오래된다.

   오늘도 홍경호 교수 아들 결혼식에 다녀서 5시경 집에 돌아왔다. 안

11월 24일자, 한국일보 기사

춘근 회장께서 산 책을 정리하였다. 안 회장께서도 그 많은 책을 사두고 다 읽지 못하고 간헐적으로 참고했던 것 같다.

모든 일이 자의로 손에 잡히지 않는다. 밀려오는 일들을 처리하다보면 하루하루가 지난다. 며칠 전에는 한승헌 변호사의 회갑연과 회갑문집 출판기념회가 성대히 치루워졌다. 1,200명의 하객이 왔다고 한다. 거기서 내가 가족소개를 했는데 마음먹은 대로 하지 못했다. 하지 않겠다고 거절했으나 한 변호사가 꼭 하라는 바람에 맡았는데 뜻대로 되지 않았다.

남의 앞에 나서는 일 등은 하지 말자. 강권에 못 이겨 하는데 그것도 철저하게 거절하자. 오늘도 시사 김준기 사장이 직원 결혼주례를 부탁하는데 거짓말을 하면서까지 거절했다. 미안하지만 잘했다.

요사이 또 술을 많이 마신다. 건강이 좀 좋은 듯하니 그러는 것 같다.

1994년 431

한승헌 변호사 회갑 때 또 어제도 홍우동 사장, 권병일 사장, 유준석 씨와 술을 마셨다. 오늘도 결혼식장에 오래 있으면서 아는 사람들 만나 또 술을 할 것 같아서 빨리 왔다. 전병석 사장도 있고 하여. 또 그리고 나는 요사이 마음도 좁아지는 것 같다. 한 때 대범했던 것 같은데 쫌생원이 되어 가는 것 같다. 폭 넓게 살자. 이제 줄 것 다 주더라도 궁색할 것 없지 않겠는가. 또 무엇 때문에 정이나 물질에 인색할 필요가 있겠는가.

며칠 전 형배 형님이 오셔서 저녁을 하면서 조부모님 산소에 비석도 내가 세우기로 하였다. 내년 봄에는 꼭 비석을 세우자. 또 아버님 묘소도 봐서 옮기거나 그렇지 않으면 묘소 단장을 하자.

이제 무엇을 하겠다는 불안하고 초조한 마음 갖지 말자. 이제 아무것도 하지 않겠다고 하지 않았느냐. 인생을 60부터라기도 하고 예수는 2년의 행적으로 영원을 누렸다고 하지만 나는 이제껏 부지런히 했으니 휴식을 취할 때가 되었다.

그런데 석사 논문 심사 의뢰가 12월 2일까지 4건, 또 청주 인쇄박물관 도서 구입 청탁원고 2건 등 마음을 놓을 수가 없다. 매냥 이렇게 끌려다녀야 하나보다. 글 쓸 것도 많은데 시간이 없다. 불면증은 없어지고 잠은 잘 자는 것 같다.

11월 30일

인생은 이렇게 살아가는 것인가 보다. 어제는 청주 인쇄박물관장이 와서 천혜봉 선생과 박물관 전시품 심사를 했다. 나는 안 회장에게 산책 한 권을 팔았다. 그 돈으로 남애 안춘근 출판문화상 기금을 만들기 위해서다.

오늘 저녁 때(4시 10분) 이기웅 사장을 원양 참치집에서 만나 정종 한 잔씩을 했다. 다음에 출협 회장 선거에 출마하라는 것이다. 자기가 선거 사

한승헌 변호사 회갑기념 문집 발간 축하연장에서

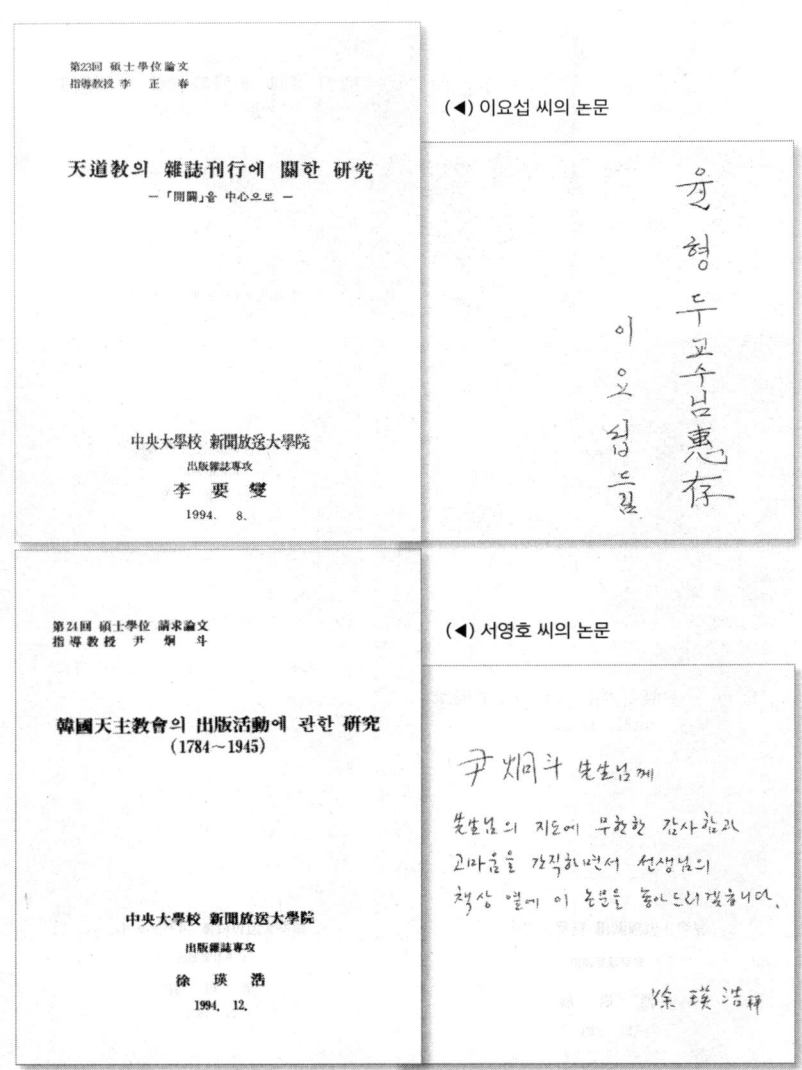

(◀) 이요섭 씨의 논문

(◀) 서영호 씨의 논문

무장이 되겠다는 것이다. 나는 금년 초 출협 회장 선거에서 떨어진 것은 그렇게 마음 아프지 않았다. 선거는 당선되기도 하고 낙선되기도 하는 것이다. 그러나 그 과정에서 인간을 잃은 것은 슬픈 일이다. 전병석 사장은 자기 나름대로 많은 것을 얻었다고 본다. 훈장(그것도 내가 밀었지만), 출판

(◀) 장영화 씨의 논문

저널 주간, 간행물 윤리위 상 등. 그러나 이기웅, 김경희 사장은 무엇을 얻었는가. 또 살아보자. 그러다 재미있는 일도 있지 않겠는가.

12월 3일

새벽에 잠이 오지 않아 5시경 서재에 올라왔다. 한적을 정리하다가 일기를 쓴다.

그제는 김대중 선생이 주관하는 아태 국제회의가 있었는데 그 곳에 참석할려고 시내에 들어가다가 한강에서 마음을 바꿨다. 나는 다른데 관심을 갖지 말고 출판과 책을 위해서 남은 생을 바치자는 다짐을 했다. 마포 범우사 쪽으로 가면서 잘했다는 생각이 들었다. 출판과 책 이것만도 얼마나 벅찬 일들이냐.

어제는 중대에 가서 석사학위 심사를 네 명 했다. 모두 통과시켰다. 그런데 논문의 질이 좀 떨어져 가는 것 같다. 또 서강대 언론대학원에서 내년 신학기 강의 요청이 와서 수락을 했다. 출판학 강의만은 가능하면 하자는 생각에서다.

이제 2001년도 2,222일 후로 다가온다. 나는 SBS현관 자막으로 21세기 22XX일 하는 불빛을 보면서 내가 21세기까지 무엇을 할 것인가 가끔 생각해보았다. 10일에 글 한 편이면 220편을 쓸 수 있고 10일에 책 한권을 발간하면 220권을 발간할 수 있다. 나는 가능하면 10일에 한 편의 좋은 글과 100일에 한 권의 좋은 책을 내야겠다는 생각을 했다. 글은 새로운 글이 나오지 않으면 써놓은 글을 다시 다듬는 일, 책은 신간이 아니면 구간을 다시 다듬는 일을 해서라도 개선과 창조를 끊임없이 해야겠다는 생각을 했다. 2,222일 중요한 나날들이 될 것이다. 방이 춥다.

12월 7일

새벽에 일기를 쓴다. 어제는 오후 6시에 63빌딩 3층에서 열렸던 이범경 사장의 한국방송사 출판기념회에 참석하고 왔다. 방송인이 많이 모였다. 내가 아는 사람은 별로 많지 않다. 내가 몸담지 않은 분야의 사람들이 모이는 자리라 당연히 그러리라 하면서도 나의 활동의 폭을 또한 말해주는 것 같다.

나는 출판인이란 생각만 갖자. 더 이상의 것은 생각하지 말자. 그제는 강인섭 의원의 후원의 밤에 참석했었다. 그 곳에서 강원채 씨가 참석했는데 내가 찾아가 인사를 하지 않았다.

인간관계를 억지로 맺고 끊을 필요는 없지만 가능하면 맺힌 끈은 풀며 살아보자. 그것이 풀어지면 내 마음이 편하기 때문이다.

금년도 며칠 후면 다 간다. 마음을 안정시키고 올해를 매듭짓고 내년은 내 회갑의 해다. 나를 위한 일을 정리해보자. 그래서 다시 뛰어보자. 회갑이 성숙한 인생의 시작이라고 볼 수 있지 않겠는가. 어영부영 허송은 하지 말자. 이만큼 다져놓은 재력으로 무엇인가 시도하면 한 둘쯤은 멋있는 일을 성취시킬 수 있지 않겠는가. 긍정적으로, 또 대범하게 살아보자.

12월 9일

오후 3시에 출판협동조합 장기발전위원회에 참석했다. 내가 오래전에 주장하였던 조합의 주식 회사화에 대한 논의다. 그런데 그것이 원목적이 아니라 일산단지 문제 해결에 이용하자는 의도가 짙다. 그러나 출판유통의 현대화를 위해서는 필요하다고 느껴 협조하는 쪽으로 돕고 있다.

저녁 6시에는 출판학회 이사회를 열었다. 모든 안건을 처리하고 내가 신상발언을 했다. 이제 임기를 내년 2월이면 마치니 떠나겠다고 했다. 미리 준비해달라고 했다. 나는 학자가 아니라 장사꾼이니 이제 학회는 학자들이 맡아야 한다고 했다. 내가 취임할 때도 나는 거봉巨峰의 역할이 아니라 거봉과 거봉 사이의 꼬랑을 건너는 징검다리 역을 하겠다고 하였으니 그 소임은 이제 마쳤다고 했다.

12년 전 1982년 출판학회가 유명무실할 때 부회장으로 들어가 학회를 재생시켰다. 그리고 6년 동안 회장을 맡아하면서 그래도 모습을 가추었다. 모든 평가는 시간이 지난 다음 내려줄 것이다. 그 평가를 바래서 한 것은 아니니 겸허하게 내 삶의 결과를 지켜보자. 홀가분하고 싶다.

12월 10일자, 중앙일보 광고

12월 11일

산행을 다녀왔다.

어제는 오후 5시에 삼성 박물관에서 있었던 한국 고서연구회 세미나와 송년회에 다녀왔다. 체신부에 있었던 진기홍 선생의 말씀이 있었고 여러 사람의 고서 소개도 있었다. 진 선생은 80이 넘었는데도 건강하시고 또 깨끗했다. 여자 한 분이 같이 왔는데 그녀도 나이는 많은 것 같은데 깨끗하고 멋도 한껏 냈다.

저녁을 같이하면서 술도 좀 했다. 2차 술값은 내가 내었다. 윤병태 교수가 고서연구회 회장이라 그를 봐서라도 내야 될 것 같았다. 또 3차를 간다는 것을 나는 집으로 돌아왔다. 11시가 넘었다.

오늘 아침에 일어나려니 힘들었다. 며칠간 술을 마셔서 몸에 무리가 온 것 같다. 연말 연초를 잘 지내야겠다는 생각을 하면서도 뜻대로 되지 않는다.

오늘도 산에 가서나 하산해서 술을 하지 않겠다고 마음먹었으나 뜻대

관악산에서

로 되지 않았다. 하산해서 또 박경만 씨의 강권으로 술을 했다. 나는 중간에 빠져나왔다. 술도 술이려니와 나는 집에 와 할 일이 많다. 일요일은 나만을 위한 시간을 보내야 하는데 빼앗기는 것 같다.

집에 돌아와 고서 정리를 좀 했다. 그런데 무엇인가 해야 할 것을 하지 않고 시간을 보내는 것 같아서 마음이 안정이 되지 않는다.

연말까지는 실컷 쉬어보자. 오늘 박경만 씨가 몽블랑 만년필을 주었다. 나도 무엇 하나 선물해야 될 것 같다.

12월 13일

아침 4시 좀 넘어 잠을 깨었는데 잠이 오지 않는다. 어제 저녁도 12시 경까지 잠이 오지 않아 이런 저런 잡념에 쌓였던 것 같다. 어제 아침에는 아침 7시에 롯데 HOTEL에서 젊은 출판인들이 도서 대여점과 할인 판매점 등에 대한 대책을 논의한다고 와 달라 해서 나갔다.

출판에 관한 문제는 참석할 때까지 참여하겠다. 발언도 하고 내가 아는 지식도 알리고 하겠다. 그것이 한국 출판계를 위한 일이 아니겠는가.

내 옆자리에 전두환 씨 아들인 전재국 씨가 앉아 이런 저런 이야기를 했다. 사람이 교양도 있고 착하게 생겼다. 말도 온순하고 또 조리도 있었다. 아버지의 역사적 과오가 아들에 대한 인상을 그르치고 있구나 하는 생각을 하였다. 재민이나 재준이, 성혜를 위해 나는 최소한의 애비로서의 지조나 학문이나 교양을 갖추고 있어야겠다는 생각을 했다.

이제 12월도 중반기에 들어섰다. 아무것도 생각지 말고 또 하지도 말고 연말까지라도 술 적게 마시고 몸을 해치지 말자고 또 한 번 다짐해본다.

이제 해놓은 것만을 거두어도 되지 않겠는가. 그러다 하고픈 마음이 들면 또 하자. 컴퓨터는 배워야겠다는 생각이 갑자기 든다. 그것도 시도할 수 있으면 해보자. 무엇을 할 때 능률이 날 것 같다. 현암 선생도 80에 컴퓨터를 배웠다 하지 않는가. 나는 거기에 비하면 20년이나 젊다.

12월 14일

어제 점심을 누구하고 했는지 기억나지 않는다. 그렇게 기억력이 약해졌다. 그런 내가 무엇을 하겠는가.

오늘은 새벽 6시 반에 집을 떠나 KOREANA HOTEL에서 있었던 일산단지 운영위에 참석하여 몇 마디 조언을 했고 12시에는 앰버서더 호텔에서 있었던 서울유통 이사회에서 또 몇 마디 거들었다.

늙은이의 말이지만 귀담아 듣는지 모르겠다. 어느 자리에서든 거의 내가 좌상이다. 대접이야 받든 못 받든 나가서 앉아있으니 좌상 역은 하는 것이다.

저녁 6시에는 종근당 15층에서 한승헌 변호사 화갑 논문집 봉정식과 송년회가 있었다. 거기에서 인사말을 했다. 적어서 해야 하는데 그냥해서 항시 후회를 낳는다.

이제 이런 기회가 오면 분명 MEMO를 보고 말하겠다. 어제 점심시간 일을 잊은 내가 그냥 공식석상에서 말을 한다는 것은 무리다. 또 잘못하면 횡설수설하여 자식들에게 망신을 시킬지도 모른다. 그러나 올해의 행사는 이제 범우사 종무식만 남았다. 이제 자연스럽게 홀가분하게 지내자. 지난해 이 맘 때는 참으로 힘들게 보냈다. 자유스럽게 보내자.

MEMO를 했는데 읽지 못하고 반도 말을 하지 못했다. MEMO를 붙인다.

〈한 변호사 화갑 논문집 봉정식. 송년회〉

감사 - 참석

반갑다 - 다사다난, 폭서, 사건사고 다발

유명 달리 - 하동호, 이상덕

한승헌 변호사 화갑기념 논문집 봉정식장에서

나 개인 - 연초에 대한 출협 회장 낙선 - 부덕, 무능

　　　허창성 등 도와주었는데 지자불언 패자무언

태풍은 생명과 활기를 가져온다.

출판학회 = 4반세기. 올해도 대과없이 넘겼다.

　　　내년에는 새로운 임원, 새로운 계획, 또 다시 새로운 출발

94 출판학 연구, 권두에 간단한 나의 소신을 밝힘

올해는 한 변호사님의 화갑의 해

이 시대의 양심. 11월 23일 회갑연. 한 변호사의 초상에 잘 그려짐

한국출판학회를 위해 국제대회 3, 5회, 주관. 4, 6회 동경과 중국에서 활동. 사단법인 설립에 공헌

한국 - 토암산의 해돋이. 향일암의 해돋이

일본 - 황혼. 유야께. 나스까레

훌륭한 분 노취를 보이지 않고 만절을 지켜주심

건강. 무병장수 기원. 새해 회원의 가정과 회원에게 행운. 감사.

12월 17일

오늘이 내 60세가 되는 생일이다(음력 동짓달 보름). 내년이면 회갑년이 된다. 이제 14일 지나면 새해다. 이제부터 정말 내 자신에 대해 책임을 질 나이가 된 것 같다. 이제까지는 다른 사람 얼굴 같은 것으로 살 수 있었다. 그러나 오늘부터는 내 얼굴을 분명하게 드러내놓고 이것이 나요, 하고 살아야 할 나이인 것 같다.

낮에는 윤재식 씨 딸 결혼식에 갔다가 이현주가 무엇이라 하는 것을 귀 곁으로 듣고 말았다. 돌아오다 참치집에 가 점심을 혼자 먹으러 들어가니 박광희 부장과 부길만 실장이 있어 범우사에 관한 이야기를 많이 했다.

능력 있는 사람으로만 채우자고 했다. 모든 것은 사람이 한다. 할 수 있는 사람만이 그 일을 추려 낼 수 있다. 모든 것이 사람이다. 옆에 사람을 잘 쓰자. 아이들에게도 용병술을 가르치자. 그것이 인생을 살아가는 데 가장 큰 재산이요 큰 힘이 될 것이다.

저녁에 큰 아이 집에서 저녁을 해놓아 그 곳에서 생일상을 받았다. 재민이와 성혜가 선물도 사왔다. 마음을 쓴다는 것이 고맙다. 딸아이에게 좀 더 마음을 쏟아야 할 것 같다. 어렵게 쉰아홉 고개를 넘겼다.

저녁달이 무척 밝다. 나의 앞길이 이렇게 밝을 것 같다. 이제 한 이십 년 보람되게 살아보자. 인생 60부터란 말 한 번 써보자.

12월 18일

산행을 다녀왔다. 말을 줄이자. 오늘도 하지 않을 말들을 많이 했다.
내 인생의 치부를 드러내 놓았다. 가까운 사람의 험담도 했다.
수양이다. 내가 인간이 되기에는 아직 멀었다 그런 자책을 해 본다.
1일 1선善. 운동 시작.
1일 1선은 오늘부터 시작하자.
사무실에 전화했다. 총무부 강 양이 나와 있다. 전화로 고맙다는 인사를 했다.
사장으로서 당연한 것이지만 그 동안까지는 신경을 쓰지 않았다.
이것도 적은 1일 1선이다. 꼭 하겠다.

12월 19일

오후 6시 롯데 HOTEL에서 있었던 차범석 선생의 고희 문집 출판기념회에 다녀왔다. 많은 분들이 참석했다. 성황이었다. 한 길을 살아온 분에 대한 예의인 것 같았다.

문집 속에 〈윤형두〉란 짧은 글이 실려 있었다. 나를 잡목 속의 소나무로 비유해주었다. 내가 걸어온 출판인의 길이 그런 것인지는 아직도 평하기에는 이른 시기이다. 지금부터라도 잘하면 그 평을 그대로 받아들이는데 부끄럽지 않게 될 수도 있다. 참으로 이제부터가 중요한 시기다. 그것을 항시 의식하면서 살아야 한다. 조금도 게을리 하거나 마음 흐뜨러짐 없이 행동하여야 한다.

오늘도 1일 1선을 아주 가볍게 행했다. 사원들에게 친절하게 했다. 또 자선 단체에 적은 돈이나마 송금했다. 식구들에게도 따뜻하게 했다. 큰 것을 한 번에 할 것이 아니라 적은 선들이 차곡차곡 쌓이게 하자. 그것이 한 번의 왕창보다 의의가 있다고 본다. 내일도 잊지 말자. 매일 적은 선이나마 행하자. 먼 곳보다 가까운 곳에 선을 베풀자.

12월 20일

―1일1선운동
① 권만택 사장 세브란스 119병동 1158호 병문안 가다.
② 정동로타리 양경호 회원(한미종합가구 대표) 별세.
이대 부속 병원 영안실에 조문가다.

아침 범우사 간부회의에서는 근면, 성실, 절약 체계를 또 강요했다. 되풀이되는 당부다. 그러나 근면, 성실, 절약이 무엇보다 우선이며 기본이다.

오경환이가 오장환 시인의 필사 시집을 가지고 왔다. 2백만 원을 달라는 것을 150만 원에 샀다. 참으로 큰돈이다. 그러나 이것은 어쩌면 세계에 단 하나밖에 없는 것인지도 모른다. 그런 욕심으로 샀다.

후회는 하지 않지만 욕심이다. 대단한 욕심이다. 내가 이번에 천혜봉 선생의 권유로 청주 인쇄박물관 개관에 필요하다고 하여 양여하고 받은 돈이 생겼기 때문에 이런 일을 하는 것인지 모른다. 그러나 귀중한 것인 것만큼은 틀림없다.

오후에 권만택 사장 병문안, 양경호 사장 조문 등 할 일을 했다. 친했던 안 친했던 예의를 치룰 것은 치루자. 다른 곳에서 입은 은혜를 또 딴 곳에 갚으면 어떠겠는가. 그렇게 마음 편히 살자.

오경호 교수와 점심 같이 하다.

12월 21일

―1일1선

12월 20일자, 한국일보 기사

12월 20일자, 한국일보 기사

임인규 회장 모친상가 조문

오경환 사장에게 몇 권의 책을 샀다. 그렇게 하고파 한 것이다. 여럿 생각이 있다. 한일 합병 당시 한국인에게 준 표창장, 애국부인회 간부 임명장 등 독립기념관에 들어갈 것 등이다. 그러나 기증을 하겠다는 생각은 아니다. 참고가 될까, 출판에 혹 이용할 수 있을까, 내년 광복 50주년에 이용해볼까 하는 생각. 또 돈이 될까 하는 생각도 했다.

점심은 한 변호사, 신찬균 형과 같이 KOREANA에서 했다. 신석정 문학 기념관을 만들어 보라고 제의했다. 그들이 그분의 제자라니 얼마나 뜻있는 일인가.

3시쯤 임인규 회장 모친 영안실(서울대 병원)에 갔다. 그 전에 교보에 들렀는데 범우사가 안 보인다는 생각이 들었다. 그만큼 다양해진 것이다. 상가에서 김낙준 회장 등 많은 사람을 만났다. 범우사에 오니 한국사기행을 낸 심 박사가 기다리고 있었다. 저녁을 하자고 해 그 곳에서 정종 대포 한 잔 반을 했다. 술을 피했는데 또 했다.

집에 돌아와 취중에 아내에게 지난 일요일, 형무소 있을 때 아내가 서운하게 한 것을 동행들에게 했는데 용서하라고 했더니 원인 제공은 내가 해놓고 왜 그 말을 했느냐고 한다. 나는 마음에 맺힌 것을 풀려고 했는데 풀리지 않고 또 매듭만 강해지는 것 같다. 내보고 입으로 망한다고 아내가 말하는데 오늘도 그런 결과다.

침묵은 금이라는데 왜 나는 말을 해 손해를 보는지 모르겠다.

12월 22일

—1일1선
'우리집' 등 자선단체에 송금

지하에 있는 문서 등을 7층(범우헌)으로 옮겼다. 이제 정리하여 보관하던 그렇지 않으면 박물관이나 도서관 또는 학문하는 사람에게 가야할 것 같다. 그러나 지금 심정으로는 기증을 할 마음은 없다. 팔아서 출판관계 자료도 더 구하고 또 돈으로 범우 장학금도 더 늘여야 할 것 같다.

오늘 별 일하는 것 없이 사무실에서 보냈다. 권만택 사장이 퇴원을 하여 사무실에 들렀는데 수척해졌다. 신경을 좀 덜 쓰라고 했다. 나는 그래도 요사이 좀 신경을 무디게 하고 있다.

성혜와 같이 퇴근했다. 퇴근 전에 재민이가 윤컴 편집위원들 셋을 데리고 와서 인사를 시켰다. 기획은 출판의 생명이란 말을 했다. 잘해나가 주기를 바란다. 이제 믿고 서서히 넘기자. 나도 뚜렷한 방향을 정해야 할 것 같다. 출판사, 고서점, 집필가 다 하고픈데 그것을 다하지는 않겠다.

12월 23일

—1일 1선
안춘근 회장 2주기 참석
새얼회, 중대 신방대학원 출판잡지동문회 기부

아침에 열화당에 가서 이기웅 사장 차로 여주에 있는 박영사 안원옥 회장 유택에 갔다. 가면서 이기웅 사장과 많은 이야기를 했다. 그러나 진심이 오지 않는다는 느낌이 들었다. 연초 선거 후유증이 아직도 심한 것 같다. 아니 영원히 가시지 않을지도 모른다. 다음에 자기가 선거 사무장을 하겠단 말을 무반응으로 받았다.

11시 반에 추도(2주기) 예배를 본다는 것이 조객 버스가 1시간쯤 늦게 도착하여 12시 반에서 1시경까지 행사를 치르고 점심을 여주에 와 먹고 올 때는 박충일 사장과 동승하였다.

서울에 오는 길에 개각 뉴스를 들었다. 신통치 않은 개각이다. 새로운 것이 없다. 보수회항이다. 안정이라고 하겠지.

저녁에는 새얼회 친구들과 송년회를 했다. 정을병, 주봉로, 전성진, 기대웅, 조훈섭 그렇게 왔다. 김완진이 연락 안 되고 김상현 의원은 바쁠 것 같아 연락하지 않았다. 내가 삼십만 원쯤 되는 회식비를 내었다.

또 종로회관에서 열린 중대 신방대 출판 잡지 전공 송년회에 갔다. 그곳에서 즐겁게 놀았다. 고향에 온 기분 같았다. 가식도 위선도 없이 즐겼다. 나는 너무 죽엄에 대한 말을 많이 하는 것 같다. 삼가하자. 말이 씨가 된다는 속담이 있지 않느냐. 마음속으로만 다지며 착하게 살아가자.

동문회 송년회에도 20만 원 찬조했다. 아깝지 않게 돈을 쓰자. 또 직원들에게도 배려하자.

12월 24일

一일1선
김갑환 모 별세 조의 50만 원
유영경 장녀 결혼 축의 100만 원

전일 술 탓으로 또 몸이 좋지 않다. 절주, 그렇게 어려운 것인지.

오후 3시에 공항터미널(강남)에서 있는 유영경 세무사 딸 결혼식에 참석했다. 그 곳에서 유영식 부인과 딸, 이현주 등을 만났다. 유 사장의 부인도 늙어감을 볼 수 있었다. 어찌할 수 없는 것인가 보다.

6시 30분에 있는 출판인 산악회 송년회 시간까지는 시간이 좀 남아 교보에 들렀다. 사람이 많다. 그런데 범우사 책이 서가에 쓰러져 있을 정도로 영업력을 갖추고 있지 못하다. 영업에 미스다. 중앙 대형서점을 중심으로 영업을 해야 하는데 동공 상태다. 마음이 아프다.

그곳에서 윤병태 교수를 만났다. 윤 교수와 같이 인사동에 와서 대형 목판 천자문책 수리를 맡긴 것을 찾고 출판인 산악회원 모이는 곳에 가 맥주 한 잔씩을 한 후 회원들이 와서 저녁을 같이 하고 9시가 되어서야 헤어졌다.

몸이 좋지 않다. 김갑환 상가에는 오덕봉 친구를 보냈다. 생활이 고달프다고 할까. 머리가 멍하다.

12월 25일

관악산행을 다녀왔다. 새벽에 아내와 재준이가 노량진 수산시장에 가서 횟감을 사와서 회와 매실주를 가지고 산행에 갔다. 송종극 선생이 집 앞에 와 계셔서 같이 재준이 차로 서울대 앞까지 갔다.

오늘은 가을처럼 공기가 맑았다. 즐거운 날인데 몸이 무거웠다. 그런데 오늘도 산에서 약간, 그리고 내려와서 또 동동주 두 잔쯤 했다. 마음에 내키지 않는 술이다. 거절하지 못한 것이 내 약점이다. 그리고 모두들 자리를 뜨기를 싫어한다. 나는 집에 와 할 일이 많은데 그들은 집에 가기를 싫어한다. 더 앉아서 노닥거리고 이야기하기를 원한다. 나와는 좀 맞지 않는 것 같다.

집에 와 남계영 씨 문집 발문 원고를 쓰는데 잘 되지 않는다. 그러나 마지못해 200자 10매는 썼다. 글은 마음에서 우러나와야 한다고 본다. 억지 춤은 어렵다. 그것도 강력하게 거절했어야 하는 건데 마음이 약해서다. 아니 우유부단해서다. 이것이 내 천성인지 모르겠다.

12월 27일

—12월 26일 1일 1선
한국 출판연구소에 100만원 희사 (김경희 이사장)

어제 저녁 일광에서 저녁 7시에 단행본 출판사 사장 20여 명이 모였다. 술이 한 순배 돈 후 각자 인사말을 하는데 나는 지난 해 단행본 모임때 강희일이에게 단행본이란 말을 했다가 빈찬당하고 윤청광이에게도 당한 수모가 생각났다. 또 금년 초 선거 3일전 일광에서 전병석, 배효선, 이기웅, 김경희 사장에게 눈물로 그들에게 퍼부었던 서운함이 떠올라 너희들이 도와주었다면 하는 말과, 변절자의 말로와 한 길을 파라는 말과 우화〈박쥐〉에 대한 말을 하였다. 그래서 내 할 말을 다했다. 속이 시원했다. 하지 않아서야 한다는 말을 김경희 사장이 뒤이어 했지만 나는 참으로 후련했다. 그리고 회장(출협)에 이제 연연하지 않겠다고 했다.

모두 헤어진 후 KOREANA Lipo에 가서 순천대 김진호 총장과 마시다 둔 양주를 놓고 김경희, 허창성과 술 한 잔을 더 했다. 그때 나는 출판연구소 기금으로 100만 원을 주었다. 잘한 일이라고 생각한다. 그가 한 일을 보면 한 푼의 협조도 할 일 아니지만 그 연구소 창설을 내가 제안한 것이 아닌가. 잘 되어야지.

오늘 저녁에는 산서회 모임이 있었는데 잠깐 들러 인사만 하고 집으로 돌아왔다. 그동안 며칠 술을 계속 마셨더니 좋지 않다. 그래서 돌아왔다.

12월 28일

12시부터 신문회관에서 있었던 언론학회상 심사위원회에 다녀왔다.

내가 나설 곳이 못 되는 줄 알면서도 이광재 회장이 나와달라 해서 나갔다. 몇 마디만 거들었다.

한승헌 변호사를 추천했는데 반응이 없다. 한 변호사에 대해서도 이제 무리를 하지 말자. 어떻게 보면 나만 혼자 너무 받들고 있다는 객관적 인상이 있는 것 같다. 중앙대 언론문화상만 해도 열심히 한 것 아닌가.

저녁에는 중대 신방대학원 동문회 회장단 모임이 있다고 해 나갔다. 거기에도 이후재 씨가 사무를 보고 있으니 나갔다. 저녁을 같이 하고 집에 들어오니 또 10시가 되어간다.

가마 인쇄소에 편의를 봐준 것이 또 추심 기일을 넘겨서 마음이 불편하다. 그때도 재민이가 가져와 사정하는 것을 거절하다 봐주었는데 이제는 정말 신경 쓰는 일은 천만금을 준다 해도 하지 말자. 좀 편하게 살자. 내일도 또 얼마나 속을 끓이겠는가. 잊자, 잊어버리자. 어떻게 되겠지.

12월 30일

―1일 1선
〈선천〉에서 저녁 65만 원 지출
박경석 20만 원

어제 저녁에는 연초에 내 출협 회장 선거 때 수고한 사람들을 〈선천〉(인사동) 집에 모셔서 저녁대접을 했다. 그곳에서 나는 회장 출마 때문에 2~30년 마음속 깊이 사귀어 오던 사람들을 잃었는데 또다시 사람을 잃지 않기 위해서도 회장에 나서지 않겠다고 했다. 또 여러분들에게 더 이상 신세를 지지 않기 위해서도 하지 않겠다고 단호히 말했다. 그랬더니 여러 가지 말들이 있었다. 그럴 법하다는 사람, 다음은 상황이 다르니

다시 해봐야 한다는 사람. 그러나 나는 진심으로 집단입회, 매표, 대리투표 마저 허용되는 선거는 출마하지 않겠다. 홀가분한 기분으로 집에 돌아왔다.

오늘 아침에는 10시에 전태성이와 해군회관 앞 다방에서 박경석 동창을 만났다. 병고로 고통을 받고 있는 친구다. 내가 20만원 그리고 다른 동창들이 합하여 30만원 합계 50만 원을 치료비에 보태어 쓰라고 주고 왔다. 완쾌를 빈다.

낮에는 한 변호사와 점심을 같이 하고 저녁에는 신윤식 친구가 미국에서 돌아와 저녁을 같이 했다. 저녁 값은 정진웅 씨가 냈다.

12월 31일

1994년 갑술년 마지막날 0시 35분이다.

신년 첫 달력을 폈던 날이 어제 같은데 365일이 갔다.

잠을 청하나 잠이 오지 않는다. 어려웠던 한 해였다. 그 어려움의 찌꺼기가 아직도 가시지 않아 잠을 설치게 한다. 포연이 쓸고 간 후의 매캐한 냄새가 아직도 가시지 않고 코끝에 맴돌고 있는 것 같다. 잊을 것은 잊어야 하는데 악몽처럼 끈질기다.

오늘 저녁에 만난 이재걸 친구들이 빈말인지는 몰라도 건강이 좋아진 것 같다는 위안이 싫지가 않다. 건강이 좋아졌다면 그 이상의 소득과 기쁨이 있겠는가. 그런데 이렇게 잠을 놓치다 보면 분명 또 건강이 해로울 터인데 잠은 오지 않는다.

이것 저것 구상이 많다. 그러나 늘리거나 벌려 놓지는 않겠다. 새해부터 오는 정진웅과 재민이 사이에 혹 금이 가지 않을까 걱정이 된다. 그런 일이 없도록 내가 잘 컨트롤 해야 할 것 같다. 그렇게 노력하자.

사무실에서 12시 10분에 종무식을 했다. 금년에 지출이 4억 4천만

원이나 많았다. 심각할 정도로 사업이 되지 않았다. 연초부터 아니 2~3년 전부터 출협일이다 무엇이다 하고 다녔던 것이 이 모양으로 만든 것 같다. 내년에는 좀 쉬어야겠다고 했는데 오히려 더 뛰어야 할 것 같다. 좋은 기획도 중요하지만 수익성이 없는 책은 내지 않도록 해야 할 것 같다. 내년에는 절대 적자를 내지 않겠다고 하였다. 그것이 경영자의 책임이요 의무다.

집에 돌아와 있는데 재민이가 서점현황표를 가져왔다. 그것을 보니

범우사(총괄실) 종무식

참으로 한심스러웠다. 어떻게 이렇게 사업을 하고 있었는가 하는 생각이 들었다. 김종대를 나무랄 것이 아니라 구슬러서 수습을 해야 할 것 같다. 그도 고생했고 그에 비하면 내가 더 돈을 벌지 않았느냐. 그가 좀 엉뚱한 짓과 생각을 갖고 있다 하더라도 달래며 수습을 하자. 철수 건 등 너무 피해를 많이 주었다. 모든 것을 이제 떨어버리고 잊을 것은 잊고 새로운 마음으로 시작하자. 출발이다. 갑술년 안녕.

| 중국 출판 관계자분들의 연말 연하장

(▲) 중국, 서백용徐柏容 선생의 연말연하장

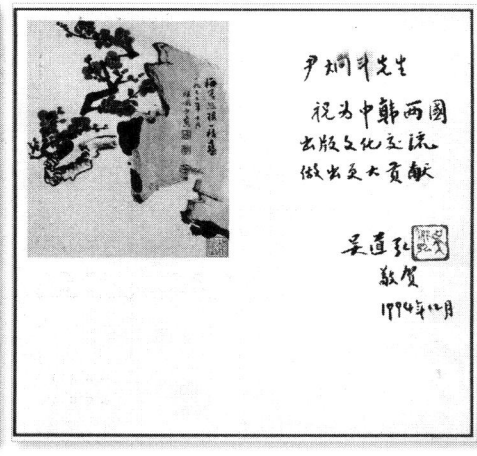
(▲) 중국, 오도홍吳道弘 선생의 연말연하장

(▲) 중국, 김국현金菊賢 선생의 연말연하장
(◀) 중국, 송원방宋原放 선생의 연말연하장

1994년 455

1993, 1994
한 출판인의 사초私草

초판 1쇄 발행 2018년 3월 12일

지은이   윤형두
펴낸이   윤형두
펴낸곳   종합출판 범우(주)

등록번호 제 406-2004-000012호(2004년 1월 6일)
          10881 경기도 파주시 광인사길 9-13(문발동)
대표전화 031)955-6900, 팩스 031)955-6905

홈페이지 www.bumwoosa.co.kr
이메일   bumwoosa1966@naver.com

ISBN 978-89-6365-235-1 04080

＊잘못된 책은 바꾸어 드립니다.
＊이 도서의 국립중앙도서관 출판시 도서목록(CIP)은 e-CIP홈페이지
(http://www.nl.go.kr/cip.php)에서 이용하실 수 있습니다.
(CIP제어번호 : CIP2016021285)